Libres enfants de Summerhill

Alexander S. Neill

Libres enfants de Summerhill

Traduit de l'anglais par
Micheline Laguilhomie
Préface de Maud Mannoni

La Découverte / Poche
9 *bis*, rue Abel-Hovelacque
75013 Paris

Cet ouvrage a été précédemment publié en 1970 à la librairie François Maspero dans la collection « Textes à l'appui / série pédagogie » et en 1985 aux Éditions Gallimard dans la collection « Folio / essais ».

Titre original : *A Radical Approach to Child Rearing*.

ISBN 978-2-7071-4216-0

PREFACE

Summerhill — c'est l'aventure d'une école autogérée (self governed) fondée en 1921 dans la région de Londres. Son fondateur, A. S. Neill, est un psychanalyste comme le fut A. Aichhorn[1] *et il a mis les découvertes psychanalytiques au service de l'éducation. Il ne s'est pas consacré, comme le fit Aichhorn, à l'enfance délinquante ou inadaptée, mais aux enfants dits normaux ; son action se voulait prophylactique*[2].

A. S. Neill s'est dressé contre l'école traditionnelle soucieuse d'instruire mais non d'éduquer. Il s'est dressé contre les parents hantés par le standard du succès (l'argent). Il s'est insurgé contre un système social qui forme, dit-il, des individus « manipulés » et dociles, nécessaires à l'ensemble bureaucratique hautement hiérarchisé de notre ère industrielle.

A l'autorité manifeste des siècles passés fondée sur la contrainte physique, s'est, nous dit A. S. Neill, substituée une autorité cachée, bien plus nocive et sournoise, fondée sur le « libre consentement », « libre consentement »

1. A. Aichhorn, *Wayward Youth*, The Viking Press, New York 1935.
2. « Dans tous les pays, qu'ils soient capitalistes, socialistes ou communistes, des écoles sont bâties pour éduquer les jeunes. Mais les laboratoires et les ateliers rutilants n'aideront pas John, Pierre ou Ivan à surmonter les troubles émotifs et les maux sociaux entretenus par la pression qu'exercent sur eux leurs parents et leurs maîtres, aussi bien que la pression coercitive de notre civilisation. »

obtenu par la manipulation de l'individu. De là vient l'échec, nous dit-il, de toutes les formes d'éducation dites libérales. Summerhill a sa place dans ce mouvement de pédagogie moderne appelé par certains « progressistes », mais cette école s'en distingue tout aussi radicalement et A. S. Neill est le contraire d'un Claparède.

La pédagogie moderne (de Jean-Louis Vivès en passant par Dewey et Claparède) a eu comme fin la « formation d'âmes vertueuses » adaptées à une société « moderne » idéale[3]*. L'éducation était subordonnée à l'assignation d'un idéal posé au départ par le pédagogue qui s'interdisait du même coup toute mise en question de cet idéal, c'est-à-dire toute mise en question du* désir *qui était le support de son choix pédagogique. Ce que l'on demandait à l'enfant, c'était de venir illustrer le bien-fondé d'une doctrine.*

L'autre position (qui fut celle d'un Rousseau, mais aussi d'un homme comme A. S. Neill) a pour visée l'enfant à éduquer en l'étudiant pour lui-même, et c'est à partir d'une telle interrogation sur l'enfant, mais aussi et surtout à partir d'une interrogation sur ce que cet enfant représente pour l'adulte, ses parents et les éducateurs, que se trouvent tracées les voies de la réflexion sur l'éducation, réflexion qui donnera corps à une doctrine pédagogique.

La première option prend sa source dans l'imaginaire (de l'éducateur) et participe de toutes les rêveries concernant un monde meilleur (rêveries présentes dans toutes les civilisations). Toute recherche pédagogique qui pose au départ l'idéal à atteindre ne peut que méconnaître ce qui touche à la vérité du désir (de l'enfant et de l'adulte). Cette vérité expulsée du système pédagogique revient sous forme de symptôme *et peut s'exprimer dans la délin-*

3. *Les grands pédagogues,* ouvrage collectif publié sous la direction de Jean Chateau, P.U.F., 1965.

quance, la folie et les diverses formes dites d'inadaptation.

L'autre option d'une recherche pédagogique (et c'est là que la psychanalyse peut apporter sa marque) s'efforce dans la constitution d'une doctrine scientifique de se dégager du manque de repérage qui caractérise l'imaginaire.

Dépassant la dualité nature-société, *elle introduit l'étude de leur rapport au langage, c'est-à-dire l'étude de la naissance du désir chez l'être humain, chez ce sujet humain qui, avant même d'être en mesure de pouvoir prendre la parole, fait l'expérience de son appartenance au monde du langage par le fait qu'il se réduit à un point, à un pôle autour duquel l'autre va répondre par oui ou par non*[4].

La tâche de la doctrine psychanalytique est justement d'étudier cette prise du sujet dans la chaîne signifiante. En dégageant ce que l'action analytique est appelée à bouleverser dans le rapport du sujet au signifiant, la psychanalyse indique du même coup ce qui la sépare de toute action sociale, religieuse, pédagogique ou politique[5].

La situation analytique est a-sociale.

Mais la pédagogie, elle, est bien obligée de se définir par rapport à la société dans laquelle elle se trouve. C'est ce qu'a essayé de faire A. S. Neill en restant analyste, et non tellement en réformateur ni en politicien. Il a bien mis en pièces le système de valeurs de la société dans laquelle il vit, et sa critique de la société industrielle est radicale, mais il n'a rien proposé à la place. Il ne s'est pas posé en réformateur. Il a révolutionné tout le système pédagogique (mais dans le secteur limité qui est le sien),

4. J. Lacan, *Le désir et son interprétation,* séminaire 1958-1959.
5. M. Mannoni et M. Safouan, « Psychanalyse et Pédagogie, Enfance aliénée », *Recherches,* septembre 1967.

il a bouleversé les préjugés établis et fabriqué des êtres libres, originaux et créateurs.

On me dira que c'est une autre idéologie.

Peut-être, mais elle n'a pas été posée au départ de son système éducatif. A. S. Neill n'a pas cherché à fabriquer un modèle d'individu idéal pour société idéale. On ne pourrait lui reprocher que d'avoir favorisé la contestation plutôt que l'obéissance servile.

L'option de A. S. Neill a été malgré tout une option individualiste. Il a été en rébellion contre tout système communautaire (qu'il soit israélien ou communiste). Il a défendu les droits de l'individu qu'il estimait menacés dans la société capitaliste aussi bien que dans la société communiste.

Si A. S. Neill était psychiatre, je dirais qu'il se situerait dans la lignée anarchisante qui donna naissance à l'antipsychiatrie. (Antipsychiatrie que certains accusent de faire le jeu du pouvoir en substituant à une véritable entreprise révolutionnaire une révolution intellectuelle. Les deux champs « révolutionnaires » ne peuvent en aucune façon se recouvrir et les antipsychiatres n'ont jamais eu cette prétention.)

*A. S. suit dans son livre une démarche typiquement anglaise, celle de l'*expérience. *Sa répugnance, voire son désintérêt à l'égard de toute théorisation risque de le desservir auprès du lecteur français habitué à des démarches théoriques plus rigoureuses. Certaines formulations (l'appel au bonheur, à l'amour, à la non-violence comme seuls remèdes aux maux sociaux) paraîtront désuètes, voire maladroites ; on peut les rattacher à une pensée philosophique (l'empirisme) qui a été à l'origine de toutes les mystifications et déviations aussi bien en psychanalyse qu'en pédagogie.*

La France a eu ses pionniers en matière d'éducation (Freinet, Deligny, A. Vasquez et F. Oury), pionniers qui ont eu pour souci de mettre l'éducation au service du peuple. Telle ne fut pas la démarche de A. S. Neill à qui on pourrait reprocher en fin de compte de mettre une idéologie anarchisante au service de la bourgeoisie. Sa démarche force néanmoins le respect et ce qu'il dégage de son expérience peut servir sous n'importe quel régime. Encore faut-il savoir le lire, c'est-à-dire savoir se dégager d'une formalisation maladroite pour le suivre à travers les traces de l'expérience analytique qui se révèle comme étant les repères les plus sûrs mis au service de la pédagogie.

L'auteur aborde tout au long de son livre (dont la moitié concerne Summerhill et dont l'autre moitié traite sous l'angle analytique des questions les plus variées, allant de problèmes sexuels à celui de la délinquance) des thèmes majeurs concernant la liberté, le savoir, la vérité et le désir. Sa « révolution » consiste à mettre l'enfant en situation de pouvoir se dégager de l'imaginaire parental et social pour avoir un meilleur accès à la vérité de son propre désir. Les enfants qui étaient pris dans une certaine structure en sortent remaniés dans leur position de sujet.

L'expérience d'un Makarenko[6] *est tout aussi « individualiste » que celle de A. S. Neill. Au sortir de la révolution russe se posait le problème des « enfants perdus » ou enfants nés de la guerre, enfants venus de nulle part, errant transis de froid et de faim, en opposition au monde des adultes, en rupture avec les lois des humains. La « colonie » Makarenko avait comme décor la misère, le vice et la laideur. Ce que Makarenko institua avec (et parfois malgré) les enfants, c'est une société d'humains bâtie autour de deux seules règles : l'interdit de parasitage (tabou anthropophagique) et l'interdit de l'inceste. C'est autour de ces deux repères-là que s'ordonnèrent les effets d'une parole juste, celle de Makarenko. Dans le système d'échanges instauré, il y eut place pour un ordre symbolique, la collectivité devenait en fait le support de l'inconscient (lieu du code), inconscient qui*

6. MAKARENKO, *Poème pédagogique*, Editions de Moscou.

n'était pas conçu comme une entité intrapsychique individuelle, mais qui prenait une fonction précise dans l'articulation des messages.

L'aventure se noua dans la rencontre de deux discours. C'est de là que se dégagea une parole vraie et que naquit — à partir de la rencontre avec des signifiants essentiels (la mort, la castration) — le désir *chez un sujet jusqu'alors aliéné dans un fantasme.*

Les autorités pédagogiques russes fraîchement sorties des universités ne comprirent rien à l'œuvre de Makarenko, œuvre qui fut par eux interrompue. Les autorités administratives avaient une idée et une visée sur l'idéal à atteindre. Makarenko, lui, s'était senti concerné par l'être de l'enfant, prêt à inventer *continûment, c'est-à-dire prêt continûment à surprendre le sujet en le délogeant par la parole de la forteresse du* MOI *dans laquelle l'autre (mais aussi lui-même) se trouvait à l'abri, défendu contre la vérité.*

L'aventure de A. S. Neill (moins exemplaire) peut être lue dans la perspective de celle où se situait l'aventure d'un Makarenko. Le miracle est toujours miracle du verbe. *Pour qu'il ait lieu, un champ de langage doit avoir été mis en place. Ce champ de langage, c'est tout ce qui, d'après Tosquelles, va être mis en jeu dans l'établissement (capté par le pouvoir) pour que l'institution qui s'y trouve cachée arrive à vivre*[7].

Un discours collectif se tient — il appartient à l'analyste (c'est-à-dire aux rouages institutionnels) de faire en sorte qu'il ne demeure pas prisonnier du seul registre de l'imaginaire. L'analyste, nous dit encore Tosquelles, ne doit pas cumuler dans une institution Pouvoir et Savoir.

Or A. S. Neill ignorait tout de ce qui a pu être théorisé sur le plan des recherches institutionnelles, mais, guidé par ce génie qu'ont certains éducateurs-nés, il réalise

7. F. TOSQUELLES, *Congrès de Milan « Psychanalyse, Psychiatrie, Antipsychiatrie »*, Institut de neuropsychiatrie, 13-14 décembre 1969.

une institution gérée en partie par les enfants eux-mêmes. Il n'y a pas de hiérarchie, pas de privilèges, pas de bureaucratie, le secrétariat est volontaire. Staff et enfants obéissent aux mêmes lois et se réunissent toutes les semaines pour discuter de tout ce qui a rapport au groupe, y compris les punitions infligées pour « offense sociale ». La plupart des aspects de la vie de l'école tombent sous le régime du self-government (y font exception les achats, les menus et les appointements des professeurs). Dans une société prolétarienne on verrait facilement comment inclure dans le self-government les problèmes de menus, des achats et tout ce qui concerne le rapport à l'argent, au budget. L'idée de A. S. Neill qu'un enfant doit demeurer à l'écart de la réalité quotidienne est évidemment une idée d'adulte qui court après sa propre enfance perdue. Mais c'est aussi le fantôme de cette enfance perdue qui constitue pour A. S. Neill un guide. Il insiste à juste titre sur le fait que notre société ne laisse plus aucune place à la fantaisie : « Nous ignorons tout du jeu, car le jeu est pour nous une perte de temps... L'enfant qui a perdu la possibilité du jeu est psychiquement mort et constitue un danger pour tout enfant qui entre en contact avec lui. » « Les enfants, dit-il ailleurs, ne sont pas faits pour bâtir des écoles. Dans une civilisation sensée, on ne devrait pas obliger les enfants à travailler avant 18 ans. » Par « travailler », A. S. Neill entend tout ce que l'adulte impose comme acquisition de savoir à l'enfant, à un âge où un savoir imposé risque d'entraver l'accès à la vérité du désir (et l'accès à l'intelligence des choses). L'enseignement viendrait ainsi s'opposer à l'éveil intellectuel de l'enfant. C'est pourquoi A. S. Neill est farouchement anti-enseignement. Les leçons dans son école sont facultatives (mais le groupe a le droit de rejeter celui qui par sa présence irrégulière empêcherait les progrès du groupe. Une communauté n'est jamais sacrifiée à un individu).

Les leçons existent... parce que, avoue A. S. Neill, il ne peut tout de même pas empêcher les enfants de vouloir passer des examens. La pression de la famille et de la société joue à un moment donné pour que l'enfant rattrape le temps perdu (qui s'avère en fait n'avoir jamais été perdu). Les méthodes d'apprentissage sont les plus vieilles du monde. Un enfant qui désire *apprendre une longue division l'apprendra quelle que soit la méthode employée. Il en va de même pour la lecture. La dyslexie pour A. S. Neill ne relève pas d'une pédagogie spécialisée.*

Les entretiens psychothérapiques (appelés à tort « rééducation ») ont tout d'un corps à corps dans lequel est arrachée à l'autre une parole vraie à travers le mur conventionnel qu'il oppose. Ces entretiens se font autour d'un feu de bois, ce qui domine, c'est l'effet de surprise qui amène le sujet à émerger d'un mensonge dans lequel il s'était perdu. Ces entretiens, l'enfant peut les refuser. Ils ne sont jamais instaurés en cas de difficultés de lecture ou de haine des mathématiques...

L'enfant non scolarisé n'est pas un enfant inactif, de multiples ateliers (fer, bois, mécanique, etc.) s'offrent à lui. A. S. Neill évoque l'histoire de certains enfants qui n'ont jamais été en classe. Entrés à cinq ans ils sont sortis à dix-sept ans, tout aussi rebelles à toute scolarité organisée et cependant ils ont appris à lire et à compter (en cachette de l'adulte) et à l'âge d'homme ils se sont révélés stables et efficaces dans leur métier.

Summerhill n'a pas produit de génies, nous dit A. S. Neill, mais des artistes de renom, des musiciens, des acteurs, des hommes de science et des mathématiciens qui font œuvre originale et puis des médecins (qui à la sortie de l'école ont voulu d'abord courir le monde comme chauffeurs de taxi), des cuisinières. A. S. Neill cite le cas d'une fillette de seize ans quittant l'école peu instruite et ouvrant plus tard à Londres un lieu d'art culinaire des plus appréciés.

Summerhill n'accepte que des enfants « normaux » — mais comment savoir s'ils le sont ou pas ? Tout en n'osant pas mettre en question la notion de débilité mentale (vis-à-vis de laquelle il a les préjugés de son époque), il dit en clair que le problème de l'enfant « retardé » ne lui pose aucune difficulté. Point de tests ni d'appareil de mesure. Ce qui importe à A. S. Neill, c'est que l'enfant supposé « retardé » puisse être mis en situation de pouvoir vivre sa vie propre et non celle que les parents souhaitent qu'il vive.

L'instruction, dit A. S. Neill, n'est pas une chose importante, ce qui compte c'est la formation du caractère. Les livres, dit-il encore, c'est bien ce qu'il y a de moins important dans une école.

Le jour où l'on chercha à imposer l'enseignement obligatoire au Tibet, on se heurta à la résistance des femmes.

— Mais ils sont fous ces hommes, de vouloir enlever nos enfants pour les instruire à un âge où ils ont tant à apprendre. *Instruire signifie imposer des idées qui ne sont pas celles des enfants. C'est une offense au droit de vivre de l'enfant. Dans une culture qui n'est pas notre culture occidentale,* un enfant n'appartient pas à ses parents. *La tradition veut qu'il soit donné dès sa naissance à l'Univers (qui est vie et mort) et le respect que les parents lui doivent est fait du même respect qu'ils doivent à leurs ancêtres.*

— Tu peux, dit-on aux parents, donner aux enfants ton amour, mais non tes idées. Tu peux enfanter leur corps, mais non leur âme. Tu peux essayer de devenir comme eux, mais tu ne peux exiger qu'ils deviennent comme toi, car la vie est projet *et non retour vers le passé.*

Dans notre civilisation, l'enfant est encore trop souvent un bien dont on dispose et que l'on capitalise. Le rapport à une éthique s'en trouve aussitôt radicalement modifié.

Le mérite de A. S. Neill est d'avoir mis en acte ce qu'il

pensait et ce qu'il pensait était trop non conventionnel *pour être reconnu.*

Il a restreint volontairement son champ, bouleversé des habitudes, mis en pièces les systèmes pédagogiques les plus solides pour n'en démontrer que mieux l'inanité. La société est absurde, il en a dénoncé l'absurdité, sans pour autant faire partager ses positions par les enfants à lui confiés.

Qu'on puisse dans le système anglais ne se mettre au travail scolaire qu'à l'âge de quatorze ans et réussir cependant l'examen d'entrée en faculté, A. S. Neill en tout cas a montré que c'était possible, que tout dans ce domaine était possible si la motivation de l'enfant se révélait suffisante.

A. S. Neill se méfie du politique qui clôt les questions qu'il désire maintenir ouvertes. Il ne désire pas s'offrir en exemple. Après avoir brossé une peinture vivante de son école (c'est-à-dire une tranche de quarante ans de vie), il dit au lecteur :

— Faites-en ce que vous voulez.

D'ailleurs, nous dit-il, il est possible d'inventer autre chose et de faire mieux. Ce que A. S. Neill demande à la postérité, c'est que l'idée *de Summerhill puisse continuer à vivre dans un monde appelé à des bouleversements. Cette idée n'est rien d'autre qu'un respect de l'enfance et des lois qui lui sont propres.*

Maud MANNONI.

Enfants des âges à venir
En lisant cette page indignée,
Sachez qu'au temps jadis
L'amour, le tendre amour était jugé comme un crime.

William BLAKE.

Vos enfants ne sont pas vos enfants.
Ils sont les fils et les filles de l'appel de la Vie à elle-même.
Ils viennent à travers vous mais non de vous.
Et bien qu'ils soient avec vous ils ne vous appartiennent pas.

Vous pouvez leur donner votre amour mais non point vos pensées,
Car ils ont leurs propres pensées.
Vous pouvez accueillir leurs corps mais pas leurs âmes,
Car leurs âmes habitent la maison de demain, que vous ne pouvez visiter, pas même dans vos rêves.
Vous pouvez vous efforcer d'être comme eux, mais ne tentez pas de les faire comme vous.
Car la vie ne va pas en arrière, ni ne s'attarde avec hier.
Vous êtes les arcs par qui vos enfants, comme des flèches vivantes, sont projetés.

....

Que votre tension par la main de l'Archer soit pour la joie.

Kahlil GIBRAN.

Un mot d'introduction par l'auteur

En matière de psychologie, nous ne sommes toujours pas très avancés. Les forces directrices de la psyché humaine, pour la plupart, nous sont encore un mystère.

Depuis que le génie de Freud lui a donné vie, la psychologie a accompli un long chemin ; cependant, elle reste encore une science nouvelle qui ne découvre que lentement les contours d'un continent inconnu. Il est probable que dans quelque cinquante ans les psychologues souriront de notre ignorance d'aujourd'hui.

Depuis que j'ai abandonné l'éducation pour me consacrer à la psychologie infantile, j'ai rencontré toutes sortes d'enfants : pyromanes, voleurs, menteurs, incontinents nocturnes et autres caractériels. Des années de travail intensif dans ce domaine m'ont convaincu que je connais relativement peu de chose sur les forces qui dirigent notre vie. Je suis certain, toutefois, que ceux qui ne s'occupent que de leurs propres enfants en savent beaucoup moins que moi.

C'est parce que je crois que l'enfant difficile est presque toujours amené à l'être par les insuffisances de son milieu familial que je me permets de m'adresser aux parents.

Quel est le domaine de la psychologie ? Je suggère que c'est la guérison. Mais de quelle guérison s'agit-il ?

Je ne veux pas être guéri de mes préférences pour l'orangé et le noir, ni de mon amour du tabac, ni de mon penchant pour la bière. Aucun éducateur n'a le droit de *guérir* un enfant de jouer du tambour. La seule guérison à laquelle on doive travailler, c'est celle du mal de l'âme [1].

Un enfant difficile est un enfant qui est malheureux. Il est en guerre contre lui-même et par contrecoup avec le monde entier.

L'adulte difficile est logé à la même enseigne. Jamais un homme heureux n'a troublé la paix d'une réunion, prêché une guerre, ou lynché un Noir. Aucune femme heureuse n'a jamais cherché noise à son mari ou à ses enfants. Jamais un homme heureux n'a commis un meurtre ou un vol. Jamais un patron heureux n'a fait peur à ses employés.

Tous les crimes, toutes les haines, toutes les guerres peuvent être ramenés au mal de l'âme. Je m'efforcerai dans cet ouvrage de montrer comment ce mal prend racine, comment il détruit des vies humaines et comment, par une éducation saine, on peut l'enrayer.

Plus que toute autre chose, cet ouvrage est l'histoire de Summerhill, un lieu où les enfants sont guéris de ce mal de l'âme et où, mieux encore, ils sont élevés dans la joie de vivre.

1. L'âme voulant dire ici le siège des émotions. (N.d.T.)

I

SUMMERHILL

L'idée fondamentale de Summerhill

Cette histoire est celle d'une école moderne : Summerhill.

Summerhill fut fondée en 1921. L'école est située dans le village de Leiston, dans le Suffolk, en Angleterre, à quelque cent soixante kilomètres de Londres.

Des élèves qui la constituent, quelques-uns y entrent à l'âge de cinq ans, d'autres à l'âge plus tardif de quinze. En général, ils y restent jusqu'à seize ans. Nous y avons, la plupart du temps, vingt-cinq garçons et vingt filles.

Les enfants sont divisés en trois groupes, selon leur âge : les plus jeunes, de cinq à sept ans, les moyens, de huit à dix ans et les grands, de onze à quinze ans.

En général, nous avons une sélection assez large d'enfants de divers pays. En ce moment (1960), nous avons cinq Scandinaves, un Hollandais, un Allemand et un Américain.

Les enfants sont logés selon leur âge et avec une surveillante pour chaque groupe. Les moyens dorment dans une bâtisse en pierre, les grands couchent dans des cabanes. Seuls, un ou deux des plus âgés ont une chambre personnelle. Les garçons vivent à deux, trois ou quatre par chambre, les filles de même. Les élèves ne sont soumis à aucune inspection de chambres et personne ne range leurs affaires. Ils sont libres. Personne ne leur indique quels vêtements ils doivent porter, ils portent ce qu'ils veulent, quand ils le veulent.

Les journaux appellent Summerhill *l'Ecole-à-la-Va-Comme-J'te-Pousse,* impliquant par là qu'elle est fréquentée par une bande de sauvages qui ne connaissent ni lois ni manières. Il me semble par conséquent nécessaire d'écrire son histoire aussi honnêtement que possible. Il est naturel que j'aie des préjugés, mais je m'efforcerai toutefois de montrer les mauvais aussi bien que les bons côtés de Summerhill. Ses bons côtés sont ceux qu'on rencontre chez les enfants sains, dépourvus de crainte et de haine.

Il est évident qu'une école où l'on force des enfants actifs à s'asseoir devant des pupitres pour étudier des matières inutiles est une mauvaise école. Une telle école n'est bonne que pour ceux qui croient à son efficacité, c'est-à-dire pour ces citoyens sans imagination qui veulent des enfants dociles, dénués eux aussi d'imagination et qui s'accommoderont d'une civilisation dont l'argent est la marque de succès.

Summerhill a débuté un peu comme une expérience. Mais elle n'en est plus là ; elle en est maintenant au stade de la démonstration, car elle a prouvé que l'éducation dans la liberté réussit.

Lorsque nous avons ouvert l'école, nous avions, ma première femme et moi, une vision fondamentale : *celle d'une école qui serve les besoins de l'enfant* — plutôt que l'inverse.

J'avais enseigné pendant bien des années dans des écoles traditionnelles. J'en connaissais donc la philosophie et je savais qu'elle était mauvaise. Elle était mauvaise parce que fondée sur une conception adulte de ce que l'enfant doit être et doit apprendre. Elle datait du temps où la psychologie était encore une science inconnue.

Nous décidâmes donc, ma femme et moi, d'avoir une école où nous accorderions aux élèves la liberté d'expression. Pour cela il nous fallait renoncer à toute discipline, toute direction, toute suggestion, toute morale préconçue, toute instruction religieuse quelle qu'elle soit. Certains dirent que nous étions très courageux, mais en vérité nous n'avions pas besoin de courage. Ce dont nous avions besoin, nous l'avions : une croyance absolue dans le fait que l'enfant n'est pas mauvais, mais bon. Depuis presque quarante ans maintenant cette croyance n'a pas changé, elle est devenue une profession de foi.

Je crois intimement que l'enfant est naturellement sagace et réaliste et que, laissé en liberté, loin de toute suggestion adulte, il peut se développer aussi complètement que ses capacités naturelles le lui permettent. Fidèle à cette logique, Summerhill reste un lieu où ceux qui ont les capacités naturelles et la volonté nécessaires pour devenir savants le deviendront, alors que ceux qui n'ont de capacités que pour balayer les rues les balaieront. Mais, à ce jour, nous n'avons produit aucun balayeur de rues. Cette dernière remarque est d'ailleurs dénuée de tout snobisme, car je préférerais voir sortir de nos écoles d'heureux balayeurs de rues que des savants névrosés.

A quoi ressemble Summerhill ? Pour commencer, les cours y sont facultatifs. Les élèves peuvent les suivre ou ne pas les suivre, selon leur bon vouloir, et cela pour aussi longtemps qu'ils le désirent. Il *existe* un emploi du temps — mais il n'est là que pour les professeurs.

Les cours respectent généralement l'âge des élèves, mais quelquefois aussi leurs intérêts. Nous n'avons pas de méthodes nouvelles parce que nous ne pensons pas que, dans l'ensemble, les méthodes d'enseignement soient très importantes en elles-mêmes. Il importe peu que telle école enseigne la division à plusieurs chiffres par telle méthode et qu'une autre l'enseigne par une méthode différente, car en définitive la division n'a aucune importance en elle-même que pour celui qui *veut* apprendre à la faire. Et l'enfant qui *veut* apprendre à faire une division l'apprendra, quelle que soit la façon dont elle lui sera enseignée.

Les élèves qui débutent à Summerhill dans la classe enfantine suivent les cours régulièrement depuis le jour de leur entrée, mais les élèves qui nous arrivent d'autres écoles jurent qu'ils ne se soumettront plus jamais à des devoirs détestables. Ils jouent, ils gênent les autres, mais ils refusent d'aller en classe. Cela dure parfois plusieurs mois. Le temps de convalescence est directement proportionnel à la haine qu'ils ont de leur ancienne école. Notre cas record a été celui d'une fille en provenance d'un pensionnat religieux. Elle a flâné trois ans. En général, la période d'aversion pour l'étude est de trois mois.

Ceux auxquels l'idée de liberté est étrangère se demanderont ce qu'est cet asile de fous où les enfants jouent toute la journée s'ils le désirent. Beaucoup disent : « Si j'avais fréquenté une telle école, je n'aurais jamais rien fait. » D'autres encore : « Ces enfants seront bien handicapés lorsque plus tard ils se trouveront en concurrence avec des enfants que l'on aura forcé à apprendre. »

Je pense à Jack qui nous quitta à l'âge de dix-sept ans pour entrer dans une usine. Le directeur le fit appeler un jour.

« Vous êtes le jeune gars de Summerhill, lui dit-il. Je serais curieux de savoir ce que vous pensez de l'éducation que vous y avez reçue maintenant que vous vous frottez à des gars qui sortent des vieilles écoles. Si vous aviez le choix aujourd'hui, iriez-vous à Eton ou à Summerhill ?

— Oh ! à Summerhill, bien sûr, répliqua Jack.

— Mais qu'est-ce qu'on y apprend qu'on n'apprend pas ailleurs ? »

Jack se gratta la tête. « J'sais pas, dit-il lentement, je

pense que c'est une école qui vous donne confiance en vous-même.

— Oui, dit le directeur d'un ton caustique, j'ai remarqué cela quand vous êtes entré dans mon bureau.

— Mon Dieu !, dit Jack en riant, je suis désolé de vous avoir donné cette impression.

— Ça m'a plu, dit le directeur. La plupart des hommes qui entrent dans mon bureau se trémoussent d'un air inconfortable. Vous, vous êtes entré comme un égal. Au fait, dans quel service avez-vous demandé à être transféré ? »

Cette histoire montre que le savoir en soi n'est pas aussi important que la personnalité ou le caractère. Jack rata son examen d'entrée à l'université parce qu'il détestait potasser. Mais son ignorance des *Essais de Lamb* ou de la langue française ne l'a pas handicapé dans la vie. Aujourd'hui, c'est un ingénieur fort compétent.

Malgré tout cela, on étudie beaucoup à Summerhill. Il est possible qu'un groupe de nos élèves de douze ans ne puisse égaler une classe d'autres élèves du même âge en écriture, en orthographe ou dans le calcul des fractions. Mais dans un examen qui demande de l'originalité nos élèves devanceraient de beaucoup les autres.

Nous ne donnons pas dans notre école de compositions proprement dites, mais, de temps en temps, j'en donne une pour le plaisir.

Voici le genre de questions qu'on y trouve :

Où trouve-t-on Madrid, l'Ile-du-Jeudi, hier, l'amour, la démocratie, la haine, mon tournevis de poche ? (Hélas, cette dernière question est restée sans réponse.)

Expliquer (le chiffre entre parenthèses indiquant le nombre de réponses possibles) : Hand (3)... *deux élèves seulement trouvèrent le troisième sens — unité de longueur en maréchalerie. Brass* (4)... *métal, culot, section d'un orchestre, état-major. Traduire la tirade d'Hamlet « Etre ou ne pas être » en dialecte summerhillien.*

Ces questions ne sont évidemment pas destinées à être prises au sérieux et elles ravissent les enfants. Les nouveaux, dans l'ensemble, ne montrent pas dans leurs réponses une imagination comparable à celle des élèves plus anciens à Summerhill. Ce n'est pas qu'ils soient moins intelligents mais plutôt qu'ils ont tellement l'habitude de penser sérieusement que toute légèreté les surprend.

Pour nous, c'est le côté amusant de notre enseignement. Il n'en reste pas moins qu'on travaille beaucoup dans toutes nos classes. Si l'un de nos professeurs doit s'absenter, c'est toujours une grande déception pour les élèves.

David, neuf ans, avait dû être isolé parce qu'il avait la coqueluche. Il pleura amèrement et protesta : « Je vais manquer le cours de Roger en géographie. » David était à Summerhill pratiquement depuis sa naissance, et il avait des convictions très établies quant à la nécessité d'étudier. Il est aujourd'hui maître de conférences à l'université de Londres.

Il y a quelques années, lors d'une assemblée générale (au cours de laquelle tous les règlements intérieurs de l'école sont votés à l'unanimité, chaque élève et chaque membre du corps enseignant ayant une voix), il fut proposé qu'un certain coupable soit privé de cours pendant une semaine. Ses camarades protestèrent en invoquant la trop grande sévérité d'une telle punition.

Les professeurs et moi-même avons une sainte horreur de tout examen. Pour nous, les examens d'entrée en faculté sont un anathème. Mais nous ne pouvons refuser d'enseigner les matières requises pour ces examens, car il est évident que tant que les examens seront nécessaires ils seront nos maîtres. Aussi les professeurs de Summerhill sont-ils tous qualifiés pour enseigner dans leur matière.

Peu de nos élèves d'ailleurs désirent passer des examens ; seulement ceux qui veulent entrer en faculté. Et ces élèves ne semblent avoir aucune difficulté à les préparer. En général, ils commencent à travailler à l'âge de quatorze ans et préparent leurs examens en trois ans. Naturellement, ils ne les passent pas toujours du premier coup. Ce qui est important, c'est qu'ils insistent pour les repasser.

Summerhill est probablement l'école la plus heureuse du monde. Nos élèves ne font pas l'école buissonnière et nous avons rarement des cas de nostalgie familiale. Nous avons peu de véritables batailles — des querelles, bien sûr, mais j'ai rarement vu des bagarres comparables à celles que nous avions quand j'étais jeune garçon. Il est rare que j'entende un élève pleurer, pour la simple raison que lorsque les enfants sont en liberté ils n'ont pas autant de haine à exprimer que les enfants opprimés. La haine engendre la haine, comme l'amour engendre l'amour. L'amour, c'est l'acceptation de l'enfant et c'est essentiel dans n'importe quelle école. Il est impossible d'aimer les enfants et de les punir ou de les gronder constamment. Summerhill est une école où les enfants savent qu'ils sont acceptés.

Remarquez bien que nous ne sommes pas au-dessus des faiblesses humaines. Je passai, un certain printemps, des semaines à planter des pommes de terre ; lorsqu'en juin je découvris qu'on m'en avait arraché huit plants, j'entrai dans une grande colère. Cependant, il y avait une différence entre ma colère et celle d'un homme imbu de son autorité. Ma colère était motivée par la disparition de mes pommes de terre, alors que celle de l'homme imbu de son autorité eût été prise au nom de la morale — du bien et du mal. Je ne fis pas du vol de mes patates une question de bien et de mal, j'en fis une question de *patates*. C'étaient *mes* patates et on aurait dû les laisser tranquilles. J'espère que la distinction est claire.

En d'autres termes, pour les enfants, je ne représente pas une autorité à craindre. Je suis leur égal et ma colère au sujet des plants de pommes de terre n'a pas eu pour eux plus d'importance que la colère de n'importe quel copain découvrant qu'on a crevé un pneu de son vélo. Il n'est pas grave de se fâcher contre un enfant lorsqu'on est à égalité avec lui.

Certains diront : « Tout ça, ce sont des histoires. Il n'y a pas d'égalité qui tienne. Neill est le maître, il est plus âgé et a plus d'expérience. » C'est d'ailleurs vrai. Je suis le maître et si la maison prenait feu les enfants se rallieraient autour de moi. Ils savent aussi que je suis plus âgé et plus sage, mais cela ne marche pas quand je les affronte dans un domaine précis, comme le carré de pommes de terre par exemple.

Quand Billy, âgé de cinq ans, me prie de quitter la pièce parce que je ne suis pas invité à son anniversaire, je sors immédiatement, comme lui-même sort de mon bureau quand je n'y désire pas sa présence. Il n'est pas aisé de décrire cette sorte de rapport entre maître et élève, mais tous les visiteurs de Summerhill me comprennent très bien quand je leur dis que c'est une relation idéale. Cela se voit dans l'attitude du personnel en général. Pour tout le monde, Rudd, le professeur de chimie, est Derek. Les autres membres du personnel sont Harry, Ulla et Pam. Je suis Neill, la cuisinière est Esther.

A Summerhill, nous sommes tous égaux en droits. Personne ne se vautre sur mon piano à queue et je n'emprunte aucune bicyclette d'élève sans la permission de son propriétaire. Aux assemblées générales, le vote d'un enfant de six ans a le même poids que le mien.

Les malins me rétorqueront qu'en pratique il n'en est certainement pas ainsi. L'enfant de six ans n'attend-il pas avant de lever la main de voir comment je vais voter ? J'aimerais bien qu'il en fût ainsi, car trop de mes propositions sont ignorées. Les enfants élevés dans la liberté ne sont pas facilement influencés ; l'absence de crainte explique ce phénomène. En fait, l'absence de crainte est la meilleure chose qui puisse arriver à un enfant.

Nos élèves ne nous craignent pas. Un des règlements de l'école dit qu'après dix heures du soir le silence doit régner dans le corridor de l'étage supérieur. Un soir, vers onze heures, une bataille de polochons était à son apogée et je quittai mon bureau pour protester contre le vacarme. Comme j'atteignais l'étage supérieur, il y eut un sauve-qui-peut général, puis le silence complet. Soudain, une voix désappointée s'éleva : « Bah ! Ce n'est que Neill. » Et la bataille recommença de plus belle. Lorsque j'expliquai que j'essayais d'écrire un livre au rez-de-chaussée, chacun montra de la bonne volonté et promit de faire silence. Le sauve-qui-peut avait été provoqué par la quasi-certitude que c'était le surveillant (un élève de leur âge) qui venait rétablir l'ordre.

J'insiste sur l'importance de l'absence de crainte de l'adulte. Un enfant de neuf ans vient me dire aisément qu'il a cassé un carreau avec son ballon. Il peut me le dire parce qu'il ne craint pas d'éveiller ma colère ou mon indignation. Il sait qu'il devra peut-être payer le carreau, mais il ne craint pas d'être sermonné ou puni.

Je me souviens d'un jour, il y a longtemps, où le gouvernement de l'école avait donné sa démission et où personne ne voulait présenter sa candidature pour former un nouveau gouvernement. Je profitai de l'occasion pour faire passer une petite note : « En l'absence d'un gouvernement, je me déclare dictateur. Heil Neill ! » Bientôt il y eut des murmures. Dans l'après-midi, Vivien, six ans, vint me trouver et m'annonça : « Neill, j'ai cassé un carreau dans la salle de gym. »

Je le congédiai d'un signe de la main. « Ne m'ennuie pas avec de telles peccadilles », dis-je en m'éloignant.

Un peu plus tard, il revint m'annoncer qu'il avait cassé deux carreaux. Cette fois je devins curieux et lui demandai pourquoi il avait fait cela.

« Je n'aime pas les dictateurs, dit-il, et puis j'aime pas rester sans bouffer. » (Je découvris plus tard que l'opposition à la dictature s'était portée sur la cuisinière qui avait alors rapidement plié boutique pour rentrer chez elle.)

« Et alors, demandai-je, qu'est-ce que tu vas faire ?

— Casser d'autres carreaux, répondit-il obstinément.

— Eh bien continue », dis-je, et il continua.

Quand je le revis, il m'annonça qu'il avait cassé dix-sept carreaux. « Remarque bien, ajouta-t-il, que je les paierai.

— Comment les paieras-tu ?

— Avec mon argent de poche. Combien de temps me faudra-t-il ? »

Je calculai rapidement. « Environ dix ans », dis-je.

Il parut se renfrogner un instant, puis je vis son visage s'éclaircir. « Mince alors !, cria-t-il, je ne dois pas du tout les payer.

— Et le règlement sur la propriété privée ? demandai-je. Les carreaux sont ma propriété personnelle.

— Je sais bien, mais il n'y a plus de règlement sur la propriété privée puisqu'il n'y a plus de gouvernement et que c'est le gouvernement qui établit les règlements. »

Ce dut être l'expression qu'il vit sur mon visage qui lui fit ajouter : « Mais va, j'les paierai quand même. »

Mais il n'eut pas à les payer. Quelque temps plus tard, au cours d'une conférence à Londres, je racontai l'histoire. A la fin de ma causerie, un jeune homme vint vers moi et me remit un billet d'une livre « pour payer les carreaux du jeune démon ». Deux ans plus tard,

Vivien racontait encore l'histoire des carreaux et de l'homme qui les avait payés. « Il devait être complètement fou car il ne m'avait jamais vu. »

Les enfants établissent des contacts avec les étrangers d'autant plus facilement qu'ils ignorent la crainte. La réserve britannique n'est au fond que de la peur ; et c'est pourquoi les gens les plus réservés sont ceux qui sont les plus riches. L'amabilité exceptionnelle dont font preuve les enfants de Summerhill vis-à-vis des visiteurs est toujours pour les professeurs et moi-même une source de fierté.

Il est vrai que beaucoup de nos visiteurs sont des gens intéressants. Le type de visiteur vraiment indésirable à Summerhill, c'est l'instituteur, surtout l'instituteur sérieux qui demande à voir les dessins et le travail écrit. Par contre, le visiteur le plus apprécié, c'est celui qui raconte de bonnes histoires — d'aventures, de voyages, ou, mieux encore, d'aviation. Les boxeurs, les joueurs de tennis sont entourés immédiatement, mais les faiseurs de théories sont abandonnés sans rémission.

Ce que nos visiteurs remarquent le plus fréquemment, c'est qu'ils ne peuvent distinguer les professeurs des élèves. C'est vrai parce que l'impression d'unité est très forte lorsque les enfants sont acceptés. Chez nous, il n'y a pas de déférence particulière vis-à-vis des professeurs. Ces derniers mangent la même nourriture que les élèves et obéissent aux mêmes lois communautaires. Les enfants seraient fort irrités si des privilèges spéciaux étaient accordés au personnel enseignant.

J'avais, dans le passé, l'habitude de faire aux professeurs une causerie hebdomadaire sur la psychologie ; il y eut de la part des élèves des murmures que ce n'était pas juste. J'ai changé cela en ouvrant la causerie à toute personne de plus de douze ans. Chaque mardi, mon bureau est maintenant plein de jeunes qui non seulement écoutent mais émettent aussi des opinions.

Les sujets qui semblent les intéresser le plus sont le complexe d'infériorité, la psychologie du voleur, la psychologie du gangster, la psychologie de l'humour, pourquoi l'homme est-il devenu moraliste, la masturbation, la psychologie des masses. Il est évident que ces enfants entreront dans la vie avec une connaissance assez étendue d'eux-mêmes et des autres.

Une des questions que posent le plus fréquemment nos visiteurs est celle-ci : « L'élève ne se retournera-t-il pas un jour contre vous pour blâmer votre école de ne pas l'avoir forcé à apprendre les mathématiques ou la musique ? » Je réponds généralement que rien n'empêchera jamais un jeune Einstein de devenir Einstein, ni un jeune Beethoven de devenir un Beethoven.

Le rôle de l'enfant, c'est de vivre sa propre vie — et non celle qu'envisagent ses parents anxieux, ni celle que proposent les éducateurs comme la meilleure. Une telle interférence ou orientation de la part de l'adulte ne peut que produire une génération de robots.

On ne peut pas *faire* apprendre la musique, ni aucune autre chose d'ailleurs, à un enfant sans le transformer plus ou moins en un adulte privé de volonté. On forme alors un être qui accepte tout statu quo — une bonne chose pour une société qui a besoin de mornes bureaucrates, de boutiquiers et d'habitués des trains de banlieue —, une société qui, pour tout dire, repose sur les épaules rabougries du pauvre petit conformiste apeuré.

Coup d'œil sur Summerhill

Laissez-moi vous décrire une journée type à Summerhill. Le petit déjeuner est servi entre 8 h 15 et 9 heures. Professeurs et élèves portent leurs plateaux de la cuisine au réfectoire. Les lits doivent être faits, en principe, avant 9 h 30, quand les cours commencent.

Au début de chaque trimestre, un emploi du temps est affiché. Ainsi Derek, au laboratoire, peut avoir classe I le lundi, classe II le mardi et ainsi de suite. J'ai un emploi du temps semblable pour l'anglais et les mathématiques ; Maurice en a un autre pour la géographie et l'histoire. Les petits (entre sept et neuf ans) restent avec leur instituteur ou institutrice généralement presque toute la matinée, mais ils vont aussi en classe de sciences dans la salle de dessin [1].

Aucun élève n'est obligé d'aller en classe. Mais si Jimmy, par exemple, vient en classe d'anglais le lundi et ne revient pas avant le vendredi de la semaine suivante, les autres peuvent fort bien objecter, à juste titre, qu'il retarde le cours et ils peuvent l'éjecter parce qu'il les gêne dans leur travail.

Les cours ont lieu jusqu'à treize heures, mais la classe enfantine et les plus jeunes déjeunent à 12 h 30.

1. Dans les écoles anglaises et américaines la salle de dessin s'appelle salle d'art. On y fait, en plus du dessin et de la peinture, toutes sortes de travaux manuels. (N.d.T.)

L'école a deux services. Les professeurs et les grands déjeunent à 13 h 30.

Les après-midi sont libres pour tous. Chacun fait ce qu'il veut. Pour ma part, je jardine et j'ai rarement des jeunes à mes côtés. Je vois les petits jouer aux gangsters. Quelques grands s'occupent de mécanique ou de radio, dessinent ou peignent. Par beau temps, les grands jouent à l'extérieur. Certains s'activent dans l'atelier à réparer leurs bicyclettes, à fabriquer des bateaux ou des revolvers.

Le thé est servi à seize heures. A dix-sept heures, les activités diverses commencent. Les petits aiment qu'on leur fasse la lecture. Les moyens aiment travailler dans la salle de dessin, où ils peignent, découpent du linoléum, travaillent le cuir ou tressent des paniers. Il y a toujours un groupe très actif dans le coin de la poterie ; en fait, le coin de la poterie semble être à toute heure du jour un repaire favori. Quant à l'atelier, il est plein tous les soirs.

Le lundi soir, les élèves vont au cinéma du coin, aux frais de leurs parents. Au changement de programme, le jeudi, ceux qui sont assez riches y retournent.

Le mardi soir, les professeurs et les grands élèves assistent à ma causerie sur la psychologie. Pendant ce temps, les plus jeunes se divisent en groupes pour lire. Le mercredi soir, on danse. Les disques sont choisis dans une grande pile. Les enfants sont tous de bons danseurs et certains de nos visiteurs avouent qu'ils se sentent inférieurs en dansant avec eux. Le jeudi soir, il n'y a rien de spécial. Les grands vont au cinéma à Leiston ou à Aldeburgh. Le vendredi est réservé aux énénements spéciaux, comme la répétition d'une pièce par exemple.

Le samedi soir est le plus important, car c'est celui de l'assemblée générale de l'école. Habituellement, on danse après. Pendant l'hiver, le dimanche soir il y a théâtre.

Il n'existe pas d'emploi du temps pour la menuiserie ou le travail manuel en général. Les enfants font ce qu'ils veulent. Et ce qu'ils veulent faire, invariablement, c'est un revolver, un fusil, un bateau ou un cerf-volant. Ils ne s'intéressent pas beaucoup au travail de détail du genre assemblage ; même les grands n'aiment pas beaucoup la menuiserie difficile. Peu d'entre eux s'intéressent à mon violon d'Ingres — le martelage sur cuivre — parce qu'ils ne trouvent pas beaucoup de fantaisie à une potiche en cuivre.

Par beau temps, on ne risque pas de rencontrer les gangsters de Summerhill. Ils sont dans des coins retirés, occupés à préparer leurs maîtres coups. Par contre, on voit les filles. Elles sont dans la maison, ou près de la porte, et jamais très loin des grandes personnes.

Souvent la salle de dessin est pleine de filles qui peignent ou font mille choses bariolées en tissu. Mais, dans l'ensemble, je pense que les jeunes garçons sont plus imaginatifs ; du moins, je n'entends jamais un garçon se plaindre qu'il s'ennuie parce qu'il n'a rien à faire, alors qu'il m'arrive d'entendre les filles se plaindre qu'elles s'ennuient.

Il se peut que je trouve les garçons plus imaginatifs parce que notre école est mieux équipée pour servir les garçons que les filles. Les fillettes d'une dizaine d'années ne s'intéressent pas à la ferronnerie ou à la menuiserie. Elles n'ont aucun penchant pour le rafistolage de moteurs, non plus que pour l'électricité ou la radio. Elles ont bien leur travail manuel, qui comprend la poterie, le découpage du linoléum, la peinture et la couture, mais pour certaines cela n'est pas suffisant. Cuisiner est aussi passionnant pour les filles que pour les garçons. Garçons et filles, également, écrivent et montent leurs pièces eux-mêmes, font leurs costumes et leurs décors. En général, le talent des acteurs est d'un niveau élevé parce que leur jeu est spontané et dénué de cabotinage.

Les filles paraissent aimer le laboratoire de chimie tout autant que les garçons. L'atelier est le seul endroit qui n'attire pas les filles de plus de neuf ans.

Les filles sont moins actives que les garçons dans leur participation aux assemblées générales de l'école et je ne suis pas encore arrivé à savoir pourquoi.

Jusqu'à ces derniers temps, les filles entraient souvent tardivement à Summerhill ; nous avons eu beaucoup d'échecs en provenance de pensionnat religieux et de diverses écoles de filles. Je ne considère jamais les enfants venant de telles écoles comme des exemples d'une éducation libre. Les filles qui nous venaient tardivement étaient en général les rejetons de parents qui n'appréciaient nullement la liberté, car s'ils l'avaient appréciée leurs filles n'auraient pas été des problèmes. Souvent, lorsqu'une fille avait été guérie à Summerhill d'une faiblesse personnelle, elle nous était reprise par les parents pour être envoyée « dans une excellente école où elle serait enfin éduquée ». Depuis quelque temps, toutefois, nous recevons des filles dont les parents ont confiance en nous. Nous en avons un gentil groupe plein de vie, d'originalité et d'initiatives.

Nous avons perdu plusieurs filles pour raison financière, par exemple parce que leurs frères étaient envoyés dans des écoles coûteuses. Il est dur de changer la tradition qui veut que le fils soit toujours le plus important. Nous avons aussi perdu des garçons et des filles à cause de la jalousie de parents qui ont eu peur de voir leurs enfants préférer la vie de l'école à la vie de famille.

Summerhill a toujours eu quelques difficultés à survivre. Peu de parents ont la patience et la foi nécessaire pour envoyer leurs enfants dans une école où les élèves ont le choix entre jouer et étudier. Les parents tremblent à l'idée qu'à vingt et un ans leurs fils ne seront pas capables de gagner leur vie.

Aujourd'hui, les élèves de Summerhill sont en majorité des enfants dont les parents désirent qu'ils soient élevés sans discipline restrictive. C'est fort heureux, car dans le passé j'avais souvent des fils qui m'étaient envoyés par leurs parents en désespoir de cause. De tels parents n'avaient pas à cœur la liberté des enfants et, au fond, nous considéraient probablement comme une bande de détraqués. Il était très difficile d'expliquer les choses à ces irréductibles.

Il me revient à l'esprit un certain monsieur, militaire, qui songeait inscrire son fils de neuf ans dans notre école. « L'endroit n'a pas l'air mal, dit-il, mais j'ai une crainte, c'est que mon fils apprenne ici à se masturber. »

Je lui demandai pourquoi cette crainte.

« Cela lui ferait beaucoup de mal.

— Cela ne nous a pas fait de mal, ni à vous ni à moi, n'est-ce pas ? », dit-je plaisamment.

Il se sauva rapidement avec son fils.

Il y eut aussi la mère riche qui, après m'avoir questionné pendant une heure, se tourna vers son mari et dit : « Je ne peux pas me décider à envoyer Marjorie ici ou ailleurs.

— Ne vous cassez pas la tête, dis-je, j'ai décidé pour vous. Je ne la prends pas. »

Je dus lui expliquer pourquoi. « Vous ne croyez pas vraiment à la liberté, dis-je. Si Marjorie venait ici, je perdrais la moitié de mon temps à vous expliquer ce que nous faisons et en fin de compte vous ne seriez pas convaincue. Le résultat serait désastreux pour Marjorie qui serait perpétuellement dans le doute : qui a raison, la maison ou l'école ? »

Les meilleurs parents sont ceux qui viennent me dire : « Summerhill est l'école qui convient à nos gosses ; il n'y en a pas d'autre. »

Quand nous avons ouvert l'école, les difficultés étaient particulièrement aiguës. Nous ne pouvions prendre que des enfants des classes privilégiées, parce qu'il fallait joindre les deux bouts. Nous n'avions pas de mécène. Au début, un bienfaiteur qui insista pour garder l'anonymat nous sortit de l'embarras une ou deux fois ; plus tard, le père d'un élève nous fit des dons généreux — une nouvelle cuisine, un poste de radio, une adjonction à un de nos bâtiments, un nouvel atelier. C'était le bienfaiteur idéal, car il ne posait aucune condition et ne demandait rien en échange de ce qu'il donnait. « Mon fils a reçu à Summerhill l'éducation que je désirais pour lui », nous dit-il simplement, car James Shand croyait vraiment au droit de l'enfant à la liberté.

Nous n'avons jamais pu prendre des enfants très pauvres. C'est dommage, car nous avons dû confiner notre étude aux enfants de la classe moyenne. Et il est parfois difficile de voir la nature d'un enfant quand elle est masquée par trop d'argent ou par des vêtements coûteux. Quand une fille sait qu'à vingt et un ans elle entrera en possession d'un bien assez substantiel, il n'est pas aisé d'étudier sa véritable nature. Heureusement, toutefois, la plupart de nos élèves ne sont pas dans l'ensemble gâtés par la fortune ; tous savent qu'ils devront gagner leur vie en sortant de l'école.

A Summerhill, nous avons des femmes de service du village, qui rentrent chez elles leur journée terminée. Ce sont des jeunes filles qui travaillent dur et bien. Dans une atmosphère de liberté où personne ne les surveille, elles travaillent plus et mieux que leurs collègues qui subissent une autorité. Elles sont à tous points de vue d'excellentes ouvrières. J'ai toujours eu honte de voir ces jeunes filles travailler si dur à cause de leur origine pauvre, alors que certaines de mes élèves, de familles aisées, n'ont pas l'énergie de faire leur lit. Il est vrai que j'ai moi-même horreur de faire le mien. L'excuse boiteuse que j'ai tant d'autres choses à faire, et que j'ai invoquée devant mes élèves n'a fait sur eux aucune impression. Ils se sont moqués de moi quand j'ai cherché à justifier qu'on ne peut pas demander à un général de vider les poubelles.

J'ai souvent répété que les adultes de Summerhill ne sont pas des modèles de vertu. Nous sommes humains, comme tout le monde, et nos faiblesses nous amènent à être en conflit avec nos théories. En famille, habituellement, lorsqu'un enfant casse une assiette, le père ou la mère en font une histoire — l'assiette devenant plus importante que l'enfant. A Summerhill, si une femme de service ou un enfant casse une assiette, ou même une pile d'assiettes, ni ma femme ni moi ne disons rien. Un accident est un accident. Mais si un enfant emprunte un livre et le laisse dehors sous la pluie, ma femme se fâche parce qu'elle aime les livres. Dans un tel cas, personnellement, je reste indifférent, car les livres ont peu de valeur à mes yeux. Par contre, ma femme ne paraît que vaguement surprise, alors que je fais une histoire, devant un outil cassé. Je tiens beaucoup aux outils, pas elle.

Notre vie à Summerhill se passe à donner perpétuellement. Les visiteurs nous épuisent plus que les enfants, car eux aussi veulent qu'on leur donne. Il se peut qu'il soit plus enrichissant de donner que de recevoir, mais c'est aussi plus fatigant.

Nos assemblées générales du samedi soir, hélas, témoignent des conflits entre adultes et enfants. C'est naturel, car dans une communauté qui inclut des gens de tous âges, sacrifier tout aux enfants ruinerait à coup sûr et totalement ces derniers. Les adultes se plaignent donc si un groupe de grands les a empêchés de dormir par ses rires et ses conversations après l'heure du coucher. Harry se plaint qu'il a passé une heure à raboter un panneau pour la porte d'entrée, qu'il est parti déjeuner et qu'au retour il a découvert que Billy avait converti son panneau en étagère. Pour ma part, je lance des accusations contre ceux qui ont emprunté mon matériel de soudure et ne l'ont pas remis en place Ma femme n'est pas contente parce que trois petits sont venus se plaindre à elle d'avoir encore faim après le souper, qu'elle leur a donné du pain et de la confiture et qu'elle a trouvé le pain par terre, dans le couloir, le lendemain matin. Peter annonce tristement qu'un groupe s'est servi de sa précieuse pâte à modeler au cours d'une bagarre dans la salle de dessin. La bataille entre le point de vue de l'adulte et le manque de conscience des jeunes n'en finit pas. Mais cette bataille ne dégénère jamais en conflits personnels, jamais en propos acerbes contre un individu en particulier. Cette bataille donne à Summerhill sa vitalité. Chaque jour quelque chose arrive et pas un jour nous ne nous ennuyons.

Il est heureux que les professeurs n'aient pas le sens de la propriété trop développé, quoique je doive admettre qu'il m'est pénible de découvrir qu'une fille a peint les pieds de son lit avec le pot de peinture que j'avais acheté pour un usage très spécial et qui m'avait coûté les yeux de la tête. Je suis très exclusif en ce qui concerne ma voiture, ma machine à écrire et mes outils, mais je ne le suis pas quant aux êtres humains. Un homme jaloux ne fait jamais un bon directeur d'école.

L'usure des objets à Summerhill suit un processus naturel. Nous ne pourrions y parer que par l'introduction de la crainte. L'usure des forces psychiques, elle, ne peut être évitée par aucun moyen, car les enfants demandent et il faut leur donner. Cinquante fois par jour la porte de mon bureau s'ouvre et un enfant demande : « C'est ce soir le cinéma ? » « Pourquoi est-ce que tu me donnes pas une L.P. (leçon particulière) ? » « As-tu vu Pam ? » « Où es Ena ? » Toute la journée c'est ainsi et je ne ressens pas de fatigue sur le moment, quoique nous n'ayons pas de répit, en partie d'ailleurs parce qu'à l'origine la maison n'a pas été conçue pour devenir une école — en tout cas du point de vue de l'adulte — et les enfants sont toujours sur notre dos. En fin de trimestre, cependant, ma femme et moi sommes complètement épuisés.

Un fait à signaler : le personnel s'énerve rarement. C'est d'ailleurs aussi vrai pour les enfants. En vérité, les enfants sont charmants et les occasions d'énervement fort peu nombreuses. Si un enfant est content de lui, il n'est généralement pas hargneux. Il ne trouvera aucun plaisir à irriter un adulte.

Nous avons eu un professeur, une femme, qui était très susceptible et les filles la taquinaient toujours. Elles ne pouvaient taquiner personne d'autre puisqu'elles n'obtenaient de réaction de personne d'autre. On ne peut taquiner que ceux qui se drapent dans leur dignité.

Les enfants de Summerhill montrent-ils la même agressivité que les autres enfants ? A vrai dire, tout enfant devrait avoir une certaine agressivité pour avancer dans la vie. L'excès d'agressivité qu'on trouve chez les enfants opprimés n'est qu'une forte protestation contre la haine qui leur a été manifestée. A Summerhill, où l'enfant n'est pas haï par les adultes, l'agressivité n'est pas tellement nécessaire. Les enfants agressifs que nous avons proviennent invariablement de foyers sans amour et sans compréhension.

Quand j'étais jeune garçon, à l'école de mon village, les saignements de nez étaient pour le moins hebdomadaires. L'agressivité qui pousse au combat, c'est la haine, et les jeunes pleins de haine ont besoin du combat. Quand les enfants vivent dans une atmosphère d'où la haine est éliminée, ils n'en ont pas en eux-mêmes.

Je pense que l'insistance des freudiens sur l'agressivité est due à l'étude de foyers et d'école *dans leur état actuel.* En psychologie canine, il n'est pas possible d'étudier le chien de chasse quand il est enchaîné. Pas plus qu'en psychologie humaine on ne peut énoncer des théories dogmatiques sur une humanité prisonnière — prisonnière de sa haine depuis des générations. Je trouve que dans l'atmosphère de liberté qui règne à Summerhill l'agressivité ne ressemble en rien à celle qu'on peut observer dans les écoles strictes.

La liberté à Summerhill, cependant, ne signifie pas pour autant abrogation du bon sens. Nous sommes très soucieux de la sécurité des enfants. Ils ne peuvent se baigner, par exemple, qu'en présence d'un surveillant pour six élèves ; aucun enfant au-dessous de onze ans n'a le droit de rouler seul à bicyclette sur la route. Ces règlements ont été établis par les enfants eux-mêmes et votés au cours d'une assemblée générale.

Mais nous n'avons pas de loi en ce qui concerne grimper aux arbres. Grimper aux arbres fait partie de l'apprentissage de la vie, et défendre toute entreprise dangereuse consisterait à faire un lâche d'un enfant. Nous défendons à nos élèves de grimper sur les toits, de même que nous prohibons les carabines à air comprimé et toutes les armes qui peuvent blesser. Je suis toujours anxieux quand la mode à Summerhill est aux sabres de bois. Je demande qu'on en recouvre les bouts avec du caoutchouc ou du tissu et même après cela je suis ravi quand cette toquade passe. Il n'est pas toujours facile de tracer la ligne de démarcation entre la prudence et l'anxiété.

Je n'ai jamais eu d'élèves favoris. Bien sûr, il y a des enfants qui sont meilleurs que d'autres, mais j'ai toujours réussi à ne pas montrer que je m'en rendais compte. Peut-être la réussite de Summerhill est-elle due au fait que les enfants se sentent tous traités de la même façon et avec respect. Je suis sceptique quant à l'efficacité d'une école qui adopte une attitude sentimentale vis-à-vis de ses élèves. Il est si facile de voir un cygne dans un canard ou un Picasso dans un jeune barbouilleur.

Dans la majorité des écoles où j'ai enseigné, les membres du corps enseignant formaient un petit noyau d'intrigues, de haines et de jalousies. Notre salle des professeurs est une salle où il fait bon vivre. La malveillance qu'on rencontre si souvent ailleurs n'a pas de place chez nous. Dans la liberté, les adultes acquièrent la même joie de vivre et la même bonne volonté que les enfants. Il arrive qu'un nouveau professeur réagisse en face de la liberté comme un nouvel élève : il ne se rase pas, paresse au lit le matin, désobéit aux règlements. Heureusement, le besoin chez l'adulte d'exprimer un complexe dure moins longtemps que chez l'enfant.

Un dimanche soir sur deux, je raconte aux enfants une histoire d'aventures dont ils sont les protagonistes. Je le fais depuis des années. Je les ai déjà emmenés au cœur de l'Afrique, sous les mers et dans l'espace. Il n'y a pas longtemps, je me suis fait mourir. Summerhill fut alors repris par un homme autoritaire du nom de Muggins. Il rendit les devoirs obligatoires ; au moindre « ouf », il sortait sa canne. Je décrivis comment les enfants lui obéissaient comme des moutons.

Les petits entre trois et huit ans furent très fâchés contre moi. « C'est pas vrai. On s'est sauvés. On l'a tué à coups de marteau. Comme si on aurait accepté un type comme ça ! »

Finalement, je ne pus les satisfaire qu'en ressuscitant et en flanquant M. Muggins à la porte.

Les enfants dont je parle étaient très jeunes, n'étaient jamais allés dans une école traditionnelle et leur réaction de colère était spontanée et naturelle. Un monde dans lequel le directeur d'école n'était pas leur ami ne pouvait être qu'un monde affreux auquel ils ne voulaient pas penser — et cela non seulement à cause de leur expérience à Summerhill, mais aussi à cause de leur expérience en famille où, là aussi, on était de leur bord.

Un visiteur américain, professeur de psychologie, critiqua notre école sous prétexte que c'est un îlot isolé, ne s'intégrant pas à une communauté et vivant en marge de la société. Ma réponse à ce critique est la suivante : si je voulais tenter de fonder une école dans une petite ville, essayant de l'intégrer à la communauté, qu'arriverait-il ? Sur cent parents, quel pourcentage serait en faveur du libre choix de l'étude ? Combien reconnaîtraient à l'enfant le droit de se masturber ? Du début à la fin je devrais compromettre ce que je crois être la vérité.

Summerhill *est* un îlot isolé. Il ne peut en être autrement puisque les parents de nos élèves vivent dans des villes très éloignées les unes des autres ou dans des pays différents. D'autre part, puisqu'il est impossible de rassembler tous les parents en la ville de Leiston, Summerhill ne peut pas faire partie de la vie culturelle, économique et sociale de cette ville.

Je m'empresse d'ajouter que Summerhill n'est pas un îlot isolé dans Leiston. Nous avons des contacts avec les gens du village et les relations de part et d'autre sont amicales. Toutefois, fondamentalement, nous ne faisons pas partie de la commune. Il ne me viendrait pas à l'idée, par exemple, de demander au directeur du journal local de publier des articles sur la réussite de mes anciens élèves.

Nous faisons des matches contre les jeunes du village, mais nos aspirations sur le plan éducatif sont fort différentes. N'ayant aucune affiliation religieuse, nous n'avons aucun contact avec les diverses paroisses de la commune. Si Summerhill faisait partie de l'administration locale, nous serions obligés de donner un enseignement religieux à nos élèves.

J'ai le sentiment très net que mon ami américain ne s'est pas très bien rendu compte de la portée de sa critique. Je crois qu'il a voulu dire exactement ceci : Neill n'est qu'un rebelle contre la société, son système ne peut prétendre à rendre cette société harmonieuse, à combler le fossé entre la psychologie de l'enfant et l'ignorance sociale de cette psychologie, entre la vie et ce qui est contre la vie, entre l'école et le foyer. Tout ce que je peux dire c'est que je ne fais pas de prosélytisme actif pour la société. Je ne peux convaincre cette société qu'elle doit se débarrasser de sa haine, de son masochisme, de son mysticisme. Je peux écrire et dire ce que je pense de la société, mais si j'essayais de la réformer *activement,* elle m'exécuterait comme un danger public.

Si, par exemple, j'essayais de former une société dans laquelle les adolescents seraient libres de vivre leur vie sexuelle naturellement, je serais condamné, sinon emprisonné, comme corrupteur de la jeunesse. Ayant horreur des compromis, je suis pourtant dans l'obligation ici d'en faire un et de comprendre que ma destinée n'est pas de réformer la société, mais d'apporter le bonheur à un tout petit nombre d'enfants.

Comparaison entre la pédagogie de Summerhill et celle des écoles traditionnelles

Je professe l'opinion que le but de la vie, c'est la poursuite du bonheur, c'est-à-dire la recherche d'un intérêt. L'éducation devrait être une préparation pour la vie. Notre culture, dans ce domaine, a échoué. Notre éducation, notre politique et notre économie ne nous mènent qu'à la guerre. Notre médecine n'a pas évincé la maladie. Notre religion n'a pas aboli l'usure et le vol. En dépit de nos prétentions à l'humanitarisme, l'opinion publique admet encore le sport barbare de la chasse. Les progrès de notre ère ne sont que des progrès en mécanique — la radio, la télévision, l'électronique, les avions à réaction. De nouvelles guerres mondiales nous menacent parce que la conscience du monde est encore primitive.

Si nous voulons bien examiner notre culture, posons-nous quelques questions gênantes. Pourquoi l'homme semble-t-il avoir plus de maladies que les animaux ? Pourquoi hait-il et s'épuise-t-il en guerres, alors que les animaux ne le font pas ? Pourquoi le cancer augmente-t-il ? Pourquoi tant de suicides ? Pourquoi tant de crimes sexuels ? Pourquoi l'antisémitisme ? Pourquoi la haine et le lynchage des Noirs ? Pourquoi la vengeance et la rancune ? Pourquoi la sexualité est-elle obscène et cause de plaisanteries malsaines ? Pourquoi la bâtardise est-elle en déshonneur ? Pourquoi la survivance de religions qui ont oublié depuis longtemps leur message d'amour, d'espoir et de charité ? Que de pourquoi dans une civilisation vantarde qui s'imagine glorieuse !

Si je pose ces questions, c'est que par profession je suis éducateur. Si je les pose, c'est aussi parce que celles que posent trop souvent les éducateurs ne sont pas celles qui sont importantes ; ils posent des questions académiques. Je vous le demande, que peuvent nous apporter des discussions sur le français, l'histoire ancienne, ou Dieu sait quoi encore, alors que de tels sujets ne valent pas un iota, comparés au domaine plus large de l'accomplissement naturel de la vie, de l'épanouissement du cœur humain ?

Quelle portion de notre éducation est véritablement constructive, réellement consentie ? Le travail manuel est trop souvent réduit à la confection de quelque objet fabriqué sous l'œil d'un expert. Même le système Montessori, reconnu comme un système d'enseignement imaginatif dirigé, n'est qu'un moyen artificiel de faire apprendre à l'enfant par l'activité. Je ne vois là rien d'imaginatif.

A la maison, on force constamment l'enfant à apprendre quelque chose. Dans presque tous les foyers, il y a toujours quelque adulte sans maturité d'esprit qui se précipite pour montrer à Tommy comment fonctionne son nouveau train électrique. Il y a toujours quelqu'un qui met bébé sur sa chaise quand il veut examiner quelque chose sur le mur. Chaque fois qu'on montre à Tommy comment marche son train électrique, on lui vole sa joie de vivre — la joie de la découverte —, la joie de vaincre l'obstacle. Bien pis, on l'amène à croire qu'il est inférieur et dépendant d'une aide extérieure.

Les parents sont lents à comprendre que l'enseignement donné à l'école n'a vraiment aucune importance. Les enfants, comme les adultes, n'apprennent que ce qu'ils veulent. Tous les prix, toutes les notes, tous les examens ne font que dévier le développement naturel de la personnalité. Seuls les pédants prétendent qu'on s'instruit dans les livres.

Les livres sont ce qui compte le moins à l'école. Tout ce dont un enfant a besoin, c'est de savoir lire, écrire et compter ; pour le reste, des outils, de la pâte à modeler, des sports, du théâtre, de la peinture et de la liberté suffiraient.

La majeure partie du travail de classe effectué par les adolescents n'est qu'une perte de temps, d'énergie et de patience. Il vole à la jeunesse son droit à jouer, à jouer encore et à jouer encore plus ; il met de vieilles têtes sur de jeunes épaules.

Au cours de mes conférences dans les écoles normales, je suis souvent ahuri par le manque de maturité de ces filles et garçons pleins de savoir inutile. Ah ! ils en savent des choses. Ils brillent dans la dialectique, ils citent les classiques — mais dans leur perspective sur la vie, beaucoup d'entre eux sont des nouveau-nés. Tout cela parce qu'on leur a appris à *savoir* mais qu'on ne leur a pas permis de *ressentir*. Ces jeunes gens sont aimables, plaisants, passionnés, mais quelque chose leur manque — le facteur émotif, le pouvoir de subordonner la pensée au sentiment. Je leur parle d'un monde qui leur a manqué et qui leur manquera toujours. Leurs livres d'études ne traitent pas du caractère humain, de l'amour, de la liberté, de l'autodétermination. Et ainsi le système se perpétue qui ne cherche ses modèles que dans les livres et qui sépare la tête du cœur.

Il est temps de remettre en question la notion de travail telle qu'elle est conçue dans nos écoles. C'est aujourd'hui un dogme que l'enfant doit apprendre les mathématiques, l'histoire, la géographie, un peu de science, un peu d'art et, évidemment, la littérature. Il est temps que nous réalisions que la moyenne des jeunes ne s'intéresse pas beaucoup à aucun de ces sujets.

Cela m'est prouvé par chacun de mes nouveaux élèves. Quand ils apprennent que l'école est libre, chacun s'écrie : « Hourrah ! Vous ne risquez pas de me trouver en train de faire des maths ou des trucs comme ça. »

Je ne dénigre pas l'étude. Mais elle devrait venir après le jeu. Et elle ne devrait jamais être assaisonnée de jeu pour la rendre plus agréable au goût.

Etudier est important — mais pas pour tout le monde. Nijinsky n'avait pas pu passer ses examens à Saint-Pétersbourg et il lui était impossible d'appartenir au Ballet national russe sans ces examens. Il n'avait jamais pu apprendre à l'école — son esprit était ailleurs. D'après une biographie, le Ballet national lui prépara un examen fictif, lui remettant les réponses en même temps que les questions. Quelle perte ç'eût été pour le monde si Nijinsky avait réellement dû passer ses examens.

Les créateurs apprennent ce qu'ils veulent apprendre, afin d'avoir les outils que leur originalité et leur génie exigent. Nous n'avons aucune idée des créations qui sont tuées dans les salles de classe, où l'on insiste sur la nécessité de l'étude.

J'ai connu une fille qui pleurait tous les soirs sur sa géométrie. Sa mère voulait qu'elle aille en faculté, alors que la jeune fille avait un tempérament artistique. Je fus ravi lorsque j'appris qu'elle avait raté ses examens d'entrée pour la septième fois. Sa mère la laisserait peut-être maintenant monter sur les planches, comme elle avait toujours rêvé de le faire.

Il y a quelque temps, je revis à Copenhague une jeune fille de quatorze ans qui avait passé trois ans à Summerhill et y avait parlé parfaitement l'anglais. « Je présume que tu es à la tête de ta classe en anglais », dis-je.

Elle fit une grimace lugubre. « Non, je suis la dernière parce que je ne connais pas la grammaire anglaise », me dit-elle. Je pense que cette anecdote est le meilleur des commentaires sur l'éducation conçue par les adultes.

Ces étudiants indifférents qui, sous la discipline, réussissent de justesse leurs examens et deviennent de médiocres professeurs, de mauvais médecins et des avocats incompétents feraient peut-être de bons mécaniciens, d'excellents maçons ou des gendarmes de première classe.

Nous avons observé à Summerhill que le gamin qui ne peut ou ne veut pas apprendre à lire avant l'âge de, disons, quinze ans est toujours un garçon qui a un penchant pour la mécanique et qui plus tard devient un bon ingénieur ou un bon électricien. Je n'oserais pas dogmatiser sur les filles qui ne viennent jamais aux cours, surtout ceux de mathématiques ou de physique. Souvent ces filles passent leur temps à faire de la couture et quelques-unes d'entre elles deviennent plus tard couturières ou dessinatrices de modes. Seul un curriculum absurde peut obliger une future couturière à étudier des équations ou des théorèmes.

Caldwell Cook à écrit un livre intitulé *Comment apprendre en s'amusant,* dans lequel il explique comment il a enseigné l'anglais en amusant ses élèves. C'est un livre fascinant, plein de bonnes choses, toutefois je ne peux m'empêcher de penser que l'auteur voulait démontrer d'une nouvelle manière, mais une fois de plus, qu'étudier est si important qu'il faut dorer la pilule pour la faire mieux avaler. Cette idée qu'un enfant perd son temps s'il n'apprend pas quelque chose est une véritable malédiction — une malédiction qui aveugle des milliers d'enseignants et presque tous les inspecteurs d'écoles. Il y a cinquante ans, le mot d'ordre était « Apprenez en travaillant ». Aujourd'hui, c'est « Apprenez en vous amusant ». Le jeu n'est ainsi envisagé que comme un moyen pour arriver à une fin, mais quelle fin, je n'en sais vraiment rien.

Si un maître d'école qui voit des enfants jouer avec de la boue cherche à rendre l'expérience plus excitante en faisant une dissertation sur l'érosion du sol, quelle fin poursuit-il ? Y a-t-il des enfants qui s'intéressent à l'érosion ?

De nombreux prétendus éducateurs ne se soucient pas tant de ce que l'enfant apprend que de ce qu'on lui *enseigne*. Et, naturellement, avec les écoles que nous avons — où l'on fabrique en série —, que peut faire un maître d'école, sinon enseigner quelque chose et se convaincre que l'enseignement en lui-même est ce qui importe le plus ?

Lors de conférences à des groupes d'enseignants, je commence par dire que je ne leur parlerai ni de matières académiques, ni de discipline, ni d'enseignement. Pendant une heure mon auditoire écoute dans un silence religieux, puis, après des applaudissements sincères, le président annonce que je répondrai aux questions qui me seront posées. Les trois quarts des questions, pour le moins, se réfèrent aux matières académiques et à l'enseignement.

Je ne raconte pas cela avec arrogance mais avec tristesse, afin de montrer à quel point les murs des salles de classe et les prisons qui sont nos bâtiments scolaires réduisent la perspective de l'enseignant et l'empêchent de voir ce qui est essentiel dans l'éducation. Son travail ne concerne que cette partie de l'enfant qui est située au-dessus du cou et, forcément, la partie émotive et vitale chez l'enfant est pour lui un territoire étranger.

Je voudrais voir une plus grande rébellion chez les jeunes enseignants. Ni les études poussées ni les diplômes universitaires ne pèsent dans la balance quand il faut faire face aux maux de la société. Un névrosé savant n'est en rien différent d'un névrosé moins savant.

Dans tous les pays, qu'ils soient capitalistes, socialistes ou communistes, des écoles sont bâties pour éduquer les jeunes. Mais les laboratoires et les ateliers rutilants n'aideront pas John, Pierre ou Ivan à surmonter les troubles émotifs et les maux sociaux entretenus par la pression qu'exercent sur eux leurs parents et leurs maîtres, aussi bien que la pression coercitive de notre civilisation.

Que deviennent les anciens élèves de Summerhill ?

La peur de l'avenir chez les parents est un mauvais augure pour la santé de leurs enfants. Cette peur, je ne sais pourquoi, s'exprime généralement par le désir des parents de voir leurs enfants apprendre plus qu'ils n'ont appris eux-mêmes. Ces parents ne se contentent pas de laisser Willie apprendre à lire quand celui-ci le veut, mais ont une peur panique que Willie devienne un raté à moins qu'ils ne le forcent à étudier. De tels parents ne peuvent attendre que l'enfant croisse à son rythme naturel. Ils se demandent : « Si mon fils ne sait pas lire à douze ans, quelles chances de succès aura-t-il dans la vie ? S'il ne passe pas ses examens d'entrée en faculté à dix-huit ans, que lui restera-t-il d'accessible sinon un emploi subalterne ? » Pour ma part, j'ai appris à attendre et à observer l'enfant, qu'il fasse ou ne fasse pas de progrès. Je ne doute jamais que finalement, si on ne l'ennuie ni le gâte, il réussisse dans la vie.

Naturellement, le philistin dira : « Ouais ! Peut-on dire qu'un conducteur de camion a réussi dans la vie ? » Mon critère de la réussite, c'est *la capacité qui permet de travailler joyeusement et de vivre positivement.* De par cette définition, la plupart des élèves de Summerhill réussissent dans la vie.

Tom vint à Summerhill à l'âge de cinq ans. Il en sortit à dix-sept, sans avoir jamais assisté à un cours. Il passait beaucoup de temps à l'atelier où il faisait toutes sortes de choses. Ses parents tremblaient pour son avenir. Il ne montra jamais aucun désir d'apprendre à lire. Mais un soir, alors qu'il avait neuf ans, je le trouvai dans son lit, lisant *David Copperfield*.

« Bonsoir, dis-je. Qui t'a appris à lire ?

— Je me suis appris tout seul. »

Quelques années plus tard, il vint me demander : « Comment additionne-t-on un demi et deux cinquièmes ? » Et je le lui expliquai. Je lui demandai s'il voulait savoir autre chose. « Non merci », me dit-il.

Plus tard dans la vie, il obtint un emploi dans un studio cinématographique comme aide-opérateur. Pendant son apprentissage, je rencontrai son patron au cours d'un dîner et lui demandai comment Tom s'en tirait.

« Le meilleur garçon que j'aie jamais eu, me dit son employeur. Il ne marche pas, il court. Et en fin de semaine il nous casse les pieds parce que ni le samedi ni le dimanche il ne veut sortir du studio. »

Jack, un autre de nos garçons, lui, ne pouvait apprendre à lire. Personne n'arrivait à le lui enseigner. Même quand il demandait une leçon particulière, il y avait quelque obstruction cachée qui l'empêchait de distinguer le *b* du *p* et le *l* du *k*. Il nous quitta à dix-sept ans, sans savoir lire.

Aujourd'hui, Jack est ingénieur dans la métallurgie. Il adore parler de tout ce qui est métal. Il sait lire aussi maintenant, mais autant que je sache il ne lit pratiquement que des articles sur la mécanique — et quelquefois des ouvrages de psychologie. Je ne pense pas qu'il ait jamais lu un roman ; pourtant sa grammaire est parfaite et ses connaissances générales remarquables. Un visiteur américain auquel je racontais son histoire s'exclama : « C'est un type très fort, ce Jack ! »

Diane, une de nos élèves, était une mignonne fillette qui assistait aux cours sans beaucoup d'intérêt. Elle n'avait pas l'esprit académique. Quand elle nous quitta, à seize ans, n'importe quel inspecteur d'écoles l'aurait cataloguée comme presque inéducable. Aujourd'hui, Diane est démonstratrice d'un nouveau genre de cuisine, à Londres. Elle est fort compétente dans son travail et, qui plus est, elle y est *heureuse.*

Une certaine firme exigeait de ses employés le niveau d'un examen de fin d'études. J'écrivis au directeur au sujet d'un de mes élèves, Robert : « Ce jeune homme n'a jamais passé d'examen parce qu'il n'a pas l'esprit académique. Par contre, il a du cran. » Robert obtint l'emploi qu'il désirait.

Winnifred, quatorze ans, et nouvelle chez nous, m'annonça qu'elle détestait toute étude et hurla de joie quand je lui dis qu'elle était absolument libre de faire ce qui lui plaisait. « Tu n'as pas besoin de venir en classe si tu ne le désires pas », dis-je.

Elle se prépara à bien s'amuser et, en fait, elle s'amusa fort bien — pendant quelques semaines. Puis je remarquai qu'elle s'ennuyait.

« Apprends-moi quelque chose, me dit-elle un jour, je me barbe.

— D'accord ! dis-je avec enthousiasme. Que veux-tu apprendre ?

— Je ne sais pas, dit-elle.

— Eh bien, moi non plus », dis-je et je la quittai.

Des mois passèrent. Puis elle revint vers moi. « Je veux passer les examens d'entrée en faculté, me dit-elle, et je voudrais que tu me donnes des leçons. »

Chaque matin, elle étudia avec moi et avec d'autres professeurs, et c'était une bonne élève. Elle me confia que les matières à étudier ne l'intéressaient pas beaucoup, mais que ce qui *l'intéressait* c'était son but. Winnifred le trouva parce qu'on lui permit de le chercher toute seule.

Il est passionnant d'observer que les enfants libres aiment les mathématiques. Ils trouvent du plaisir à étudier la géographie et l'histoire. Les enfants libres choisissent parmi les matières qui leur sont offertes celles qui les intéressent. Ils passent aussi la plus grande partie de leur temps à faire d'autres choses — de la menuiserie, de la mécanique, de la peinture, de la lecture, du théâtre ; ils laissent aussi vagabonder leur imagination et écoutent des disques de jazz.

Tom, huit ans, était toujours à ma porte pour demander : « Dis, qu'est-ce que je peux faire maintenant ? » Personne ne voulait le lui dire.

Six mois plus tard, si on voulait trouver Tom, il était dans sa chambre au milieu d'un fatras de papiers. Il passait des heures à dessiner des cartes de géographie. Un jour, un professeur d'une faculté de Vienne visita Summerhill. Il rencontra Tom et lui posa mille questions. Plus tard, il me dit : « J'ai interrogé votre petit gars en géographie et il m'a parlé de coins qui m'étaient totalement inconnus. »

Il faut tout de même que je vous parle de nos échecs. Barbel, une Suédoise de quinze ans, resta chez nous pendant un an. Durant tout ce temps, elle ne trouva rien qui l'intéressât. Elle était venue trop tard à Summerhill. Pendant dix ans de sa vie, des professeurs avaient pris les décisions à sa place. Quand elle vint à Summerhill, elle avait déjà perdu toute initiative. Heureusement, elle était riche et était promise à une vie aisée.

J'eus aussi deux jeunes sœurs yougoslaves de onze et quatorze ans. Summerhill ne réussit pas à les intéresser. Elles passaient la plus grande partie de leur temps à faire des remarques grossières sur moi en croate. Un ami peu aimable avait pris l'habitude de me les traduire. Une réussite dans ces deux cas eût été miraculeuse, car nos seuls points de communication étaient l'art et la musique. Je fus heureux quand leur mère vint les reprendre.

Au cours des années, nous avons remarqué que la

plupart des garçons qui veulent faire de la mécanique ne s'embarrassent pas d'examens. Ils vont directement dans des centres d'apprentissage. Ils ont aussi tendance à vouloir voir le monde avant de se lancer dans des études spécialisées. L'un d'eux fit le tour du monde comme garçon de cabine à bord d'un navire. Deux autres allèrent travailler dans une plantation de café au Kenya. Un autre voyagea en Australie et un cinquième alla même se perdre en Guyane anglaise.

Derrik Boyd est un exemple typique de l'esprit d'aventure qu'encourage une éducation libre. Il entra à Summerhill à l'âge de huit ans et en sortit à dix-huit, après avoir passé ses examens d'entrée en faculté. Il voulait être médecin, mais son père n'avait pas les moyens, à l'époque, de payer ses études. Derrik pensa qu'il attendrait en découvrant le monde. Il se rendit sur les docks de Londres et essaya pendant deux jours d'obtenir un emploi — n'importe lequel — même dans une cale de navire en construction. On lui dit qu'il y avait déjà trop de chômage dans la marine marchande et il retourna chez lui fort attristé.

A quelque temps de là, un copain lui parla d'une dame riche, en Espagne, qui cherchait un chauffeur. Derrik saisit la chance au vol, partit pour l'Espagne, bâtit une maison pour la dame en question, ou lui agrandit sa maison déjà existante, la promena en voiture à travers toute l'Europe et finalement entra à la faculté. La dame avait décidé de lui payer ses études. Deux ans plus tard, elle lui demanda d'interrompre pendant un an afin de l'emmener au Kenya et de lui bâtir une maison. Derrik termina ses études de médecine à Capetown.

Larry, qui entra chez nous à l'âge de douze ans, passa ses examens d'entrée en faculté à seize, puis partit pour Tahiti, dans la culture des fruits. Trouvant que cela payait mal, il devint chauffeur de taxi. Plus tard, il s'embarqua pour la Nouvelle-Zélande, où j'appris qu'il fit toutes sortes de métiers, celui de chauffeur de taxi inclus. Puis il entra à la faculté de Brisbane. Il n'y a pas longtemps, j'eus la visite d'un doyen de cette université qui me fit les louanges de Larry. « Au moment des vacances, alors que chacun rentrait chez soi, me dit-il, il partait travailler dans une scierie. » Larry est aujourd'hui médecin en Angleterre, dans l'Essex.

Certains de nos anciens élèves, il est vrai, n'ont pas montré un esprit entreprenant. Je ne peux donc pas parler d'eux. Nos réussites sont toujours des jeunes dont le foyer est solide. Les parents de Derrik, de Jack et de Larry étaient en parfait accord avec nos idées, si bien que leurs enfants n'étaient pas tiraillés par ce conflit pénible : qui a raison, la famille ou l'école ?

Summerhill a-t-il produit des génies ? Jusqu'à présent, non ; quelques créateurs, sans doute, mais pas encore célèbres ; quelques artistes originaux ; quelques très bons musiciens ; pas encore, que je sache, d'écrivain connu ; une excellente décoratrice et un excellent ébéniste ; quelques acteurs et actrices ; quelques savants et mathématiciens qui peut-être un jour feront des découvertes.

Je pense que, considérant notre petit nombre — environ quarante-cinq élèves annuellement —, une large part a choisi une profession qui demande de l'originalité et de l'imagination.

Toutefois, je l'ai souvent répété, une génération d'enfants libres ne peut pas prouver grand-chose. Même à Summerhill, quelques enfants ont mauvaise conscience quand ils ne vont pas en classe. Il ne peut en être autrement dans un monde où seuls les examens ouvrent la porte à certaines professions. Puis, aussi, il y a généralement une tante Mary qui s'exclame : « Douze ans et tu ne sais pas lire couramment ! » L'enfant sent vaguement que le milieu environnant est antiplaisir et protravail.

Dans l'ensemble, la méthode de la liberté réussit presque toujours avec les enfants au-dessous de douze ans, mais pour les enfants plus âgés, il faut attendre longtemps avant de les voir se remettre d'une éducation reçue à la petite cuillère.

Les leçons particulières à Summerhill

Dans le passé, ma tâche initiale n'était pas d'enseigner, mais de donner des « leçons particulières ». La plupart des enfants avaient besoin d'attention sur le plan psychologique, et pour ceux qui venaient d'autres écoles ces leçons particulières avaient pur but de hâter leur adaptation à la liberté. Si un enfant est intérieurement lié il ne peut pas s'adapter à la liberté.

Les L.P. se présentaient comme de petites causeries au coin du feu. Je m'asseyais, la pipe à la bouche, et l'enfant pouvait fumer si cela lui plaisait. La cigarette n'était souvent qu'un moyen pour briser la glace.

Un jour, je demandai à un garçon de quatorze ans de venir dans mon bureau. Il était nouveau à Summerhill et sortait d'un collège privé typique. Remarquant que ses doigts étaient jaunis par la nicotine, je sortis mon paquet de cigarettes et lui en offris une. « Merci, balbutia-t-il, je ne fume pas, Monsieur.

— Prends-en une, bougre de menteur », dis-je avec un sourire et il en prit une. D'une pierre, je faisais deux coups. Pour ce garçon, les directeurs d'école étaient des gens rigides, moralisateurs et disciplinaires qu'il fallait rouler à tout prix. En lui offrant une cigarette, je lui montrais que j'approuvais son désir de fumer. En l'appelant bougre de menteur, je me mettais à son niveau. En même temps, j'attaquais son complexe d'infériorité, en lui montrant qu'un directeur d'école peut jurer sans perdre sa bonne humeur. Je n'ai qu'un regret, c'est de n'avoir pas photographié l'expression de cet élève lors de notre première entrevue.

Il avait été renvoyé de son ancienne école pour vol. « J'ai appris que tu étais un peu escroc, dis-je. De quelle façon t'y prends-tu pour voyager dans le train sans payer ?

— Je n'ai jamais essayé de le faire, Monsieur.

— Eh bien, mon vieux, il faudra essayer. Moi, je connais des tas de façons de le faire. » Et je lui en indiquai quelques-unes. Il était sidéré. Il était assurément entré dans une maison de fous. Pensez donc, le directeur de l'école qui lui apprenait à devenir meilleur escroc ! Plus tard, il me dit que cette entrevue avait été le plus grand choc de sa vie.

Quelles sortes d'enfants avaient besoin de L.P. ? Je ne peux mieux répondre que par quelques illustrations.

Lucy, l'institutrice de la classe enfantine, vient me dire que Peggy semble malheureuse et agressive. Je dis : « Okay ! Envoie-la pour une L.P. » Peggy arrive dans mon bureau.

« Je ne veux pas d'une L.P., me dit-elle en s'asseyant. C'est stupide.

— Je suis bien de ton avis, opiné-je. Une perte de temps. Aussi, je ne t'en donnerai pas. »

Là-dessus, elle réfléchit. « C'est-à-dire, reprend-elle lentement, qu'une toute petite, ça irait encore. » Elle s'est assise sur mes genoux. Je lui parle de son papa, de sa maman et plus spécialement de son petit frère. Elle me dit que c'est un petit idiot.

« Je n'en doute pas, dis-je. Penses-tu que maman l'aime plus que toi ?

— Elle nous aime tous les deux pareil », dit-elle rapidement, puis elle ajoute : « Enfin, c'est ce qu'elle dit. »

Parfois, un moment de chagrin est amené par une querelle avec un autre enfant. Mais, le plus souvent, c'est une lettre de la famille, qui engendre les soucis, peut-être une lettre qui annonce que le petit frère a un nouveau vélo, ou la petite sœur une nouvelle poupée. Le résultat de la L.P., c'est que Peggy s'en va heureuse.

Avec les nouveaux, ce n'était pas si facile. Le jour où nous avons reçu un enfant de onze ans auquel on avait raconté que les nouveau-nés sont apportés par le docteur, il fut très dur de libérer cet enfant des craintes qui l'avaient envahi. Car, naturellement, l'enfant se sentait coupable à l'égard de la masturbation et ce sentiment de culpabilité, il fallait le détruire pour que cet enfant puisse devenir heureux.

La plupart des petits n'avaient pas besoin de L.P. La solution idéale, c'était qu'un enfant en *exige* une. Certains des plus âgés en exigèrent ; parfois, mais plus rarement, quelques jeunes aussi en demandèrent.

Charlie, seize ans, se sentait inférieur aux camarades de son âge. Je lui demandai dans quelle circonstance il se sentait le plus inférieur et il me dit que c'était l'heure du bain parce que son pénis était plus petit que celui des autres. Je lui expliquai d'où lui venait ce sentiment d'infériorité. Il était le plus jeune d'une famille de sept enfants qui comptait six filles, toutes plus âgées que lui. Dix ans le séparaient de la plus jeune. Le foyer était un foyer féminin. Le père était mort et les grandes sœurs commandaient. Donc, Charlie s'identifiait au féminin, afin de pouvoir, lui aussi, un jour, commander.

Après dix L.P., Charlie cessa de me rendre visite. Je lui demandai pourquoi. « Je n'ai plus besoin de L.P., répliqua-t-il gaiement, mon engin est aussi gros que celui de Bert, maintenant. »

Il y avait évidemment d'autres éléments au problème de Charlie. On lui avait raconté que la masturbation le mènerait à l'impuissance à l'âge d'homme, et la crainte d'une telle chose l'avait affecté physiquement. Il guérit après que son complexe de culpabilité et le mensonge ridicule au sujet de l'impuissance furent éliminés. Charlie quitta Summerhill un ou deux ans plus tard. C'est maintenant un homme sain et heureux qui fera son chemin dans la vie.

Sylvia avait un père sévère qui ne lui faisait jamais de compliments. Au contraire, il la critiquait et la grondait constamment. Le seul désir de Sylvia était d'être aimée par son père. Elle pleura amèrement en me racontant cela. Son cas était difficile à résoudre. Une analyse de la fille ne changerait pas le père. Il n'y avait pas de solution pour Sylvia tant qu'elle ne quitterait pas son foyer. Je la prévins qu'elle risquait de faire un mauvais choix en se mariant pour échapper à son père.

« Quelle sorte de mauvais choix ?, demanda-t-elle.

— Le choix d'un homme comme ton père qui te traitera avec sadisme », dis-je.

Sylvia était un triste cas. A Summerhill, elle était sociable et gentille avec tout le monde. En famille, elle était odieuse. Il est évident que c'était son père qui avait besoin d'être analysé — pas elle.

Un autre cas insoluble fut celui de la petite Florence. Elle était illégitime et ne le savait pas. L'expérience m'a démontré que tout enfant illégitime sait inconsciemment qu'il l'est. Florence, assurément, savait qu'il y avait un mystère derrière sa naissance. J'informai la mère que la guérison de la haine et de la souffrance de sa fille ne pourrait s'effectuer qu'en lui apprenant la vérité.

« Neill, je n'ose pas la lui apprendre. Pas à cause de moi, mais si je lui dis la vérité elle la répetera et ma mère la déshéritera. »

Dans ces conditions, il faudra, je le crains, attendre la mort de grand-mère avant de pouvoir aider Florence. On ne peut rien faire tant qu'une vérité vitale reste cachée.

Un ancien élève de vingt ans revint nous voir pour quelque temps et me demanda une L.P.

« Mais je t'en ai donné des douzaines dans le passé, dis-je.

— Je sais, me dit-il lentement, des douzaines que je n'ai pas écoutées, mais maintenant je sens que j'en ai besoin. »

De nos jours, je ne fais plus de thérapie. Avec la moyenne des enfants, une fois qu'on a éclairci la question de la naissance et celle de la masturbation, qu'on a expliqué que la situation familiale crée des haines et des jalousies, il ne reste plus grand-chose à ajouter. Pour guérir une névrose chez un enfant, il suffit de libérer l'émotion et la cure ne sera pas plus avancée parce qu'on exposera à l'enfant des théories psychiatriques et qu'on lui dira qu'il a un complexe.

Je me souviens d'un garçon de quinze ans que j'essayai d'aider. Pendant des semaines, il assista silencieusement aux L.P., ne répondant que par monosyllabes. Je décidai alors d'être énergique et lors de la L.P. suivante je lui dis : « Ce matin, je vais te dire ce que je pense de toi. Tu es paresseux, stupide, prétentieux et méchant.

— Moi ? dit-il rouge de colère. Et toi, qu'est-ce que tu crois que tu es ? » A partir de ce moment, le dialogue devint facile et positif.

Il y eut George aussi, un garçon de onze ans. Son père était un petit commerçant de Glasgow. Le gamin m'avait été envoyé par le médecin de famille. Le problème de George, c'était une peur intense. Il avait peur de quitter son foyer, même pour aller à l'école du village. Il hurlait de terreur quand il devait partir de chez lui. Avec beaucoup de difficulté, son père l'amena à Summerhill. Il pleura et se serra contre lui afin que celui-ci ne reparte pas. Je suggérai au père de rester chez nous quelques jours.

Le docteur m'avait remis le dossier de l'enfant, et ses

commentaires, à mon avis, étaient justes et fort utiles. La question du départ du père devenait aiguë. J'essayai de parler à George, mais il ne faisait que pleurer et voulait rentrer chez lui. « Cette école est une prison », sanglotait-il. Je continuai à parler et ignorai ses larmes.

« Quand tu avais quatre ans, dis-je, ton petit frère a été conduit à l'infirmerie et en est ressorti dans un cercueil. (*Redoublement de sanglots.*) Tu as peur de quitter ta famille parce que la même chose t'arrivera — tu retourneras chez toi dans un cercueil. (*Sanglots encore plus forts.*) Mais ce n'est pas le plus important, George, mon garçon ; ce qui l'est, c'est que *tu as tué ton frère !* »

Là, il protesta violemment et me menaça d'un coup de pied.

« Tu ne l'as pas *réellement* tué, George, mais tu pensais que ta mère l'aimait plus que toi ; et quelquefois tu souhaitais qu'il meure. Quand il est *vraiment* mort, tu t'es senti très coupable parce que tu as cru que *tes* souhaits l'avaient tué et que Dieu te punirait de la même façon si un jour tu quittais la maison. »

Les sanglots cessèrent. Le lendemain, quoiqu'il fît une nouvelle scène à la gare, son père put repartir.

George ne se remit pas tout de suite de sa nostalgie pour son foyer. Mais la suite de l'histoire, c'est que dix-huit mois plus tard il insista pour aller en vacances chez lui tout seul — traversant Londres pour se rendre d'une gare à une autre, et qu'il refit seul le voyage en sens inverse pour revenir à Summerhill.

Plus je vais, plus je crois que la thérapie n'est pas nécessaire si les enfants sont libres d'exprimer et d'épuiser leurs complexes. Toutefois, dans le cas de George, la liberté seule n'aurait pas été suffisante.

Dans le passé, j'ai donné des L.P. à des voleurs et ai observé des guérisons, mais j'ai aussi eu des voleurs qui refusaient de venir aux L.P. Pourtant, après trois ans de liberté, ils étaient guéris de leur besoin de voler.

A Summerhill, c'est l'amour qui guérit ; l'approbation et la reconnaissance du droit à être soi-même. De nos quarante-cinq enfants, seule une petite fraction reçoit des L.P. J'ai de plus en plus confiance en la thérapeutique du travail imaginatif. Il faudrait laisser faire aux enfants plus de travail manuel, de théâtre, de danse.

Je voudrais qu'on comprenne clairement que le seul but de mes L.P. était de libérer des émotions.

Si un enfant était malheureux, je lui donnais une L.P. Mais s'il ne pouvait apprendre à lire ou détestait les mathématiques, je n'essayais pas de le guérir par un traitement analytique. Parfois, au cours d'une L.P., il s'avérait que l'incapacité d'apprendre à lire datait du temps où maman insistait pour qu'on soit « un gentil petit garçon, intelligent comme ton frère », ou que la haine des mathématiques datait du temps où l'on avait détesté un professeur d'arithmétique.

Naturellement, je suis le symbole paternel pour tous nos élèves et ma femme, elle, le symbole maternel. Dans la vie de notre groupe, ma femme est moins favorisée que moi, car elle hérite de toute la haine inconsciente contre la mère que les filles lui portent, alors que moi j'ai leur affection. Les garçons, au contraire, expriment leur amour filial à ma femme et leur haine du père à moi. Mais les garçons n'expriment pas leur haine aussi facilement que les filles. Cela est dû à ce qu'ils peuvent plus aisément s'occuper de choses, alors que les filles s'occupent plutôt de gens. Un garçon en colère donne un coup de pied dans un ballon, alors qu'une fille jette des invectives à un symbole maternel.

Pour être juste, je dois cependant préciser que ce n'est que durant une certaine période que les filles sont méchantes et difficiles à vivre — pendant la préadolescence et la première année d'adolescence. Et toutes les filles ne passent pas par ce stade. Cela dépend beaucoup des écoles qu'elles ont fréquentées et, plus encore, de l'attitude de leur mère au regard de l'autorité.

Au cours des L.P., il était facile de distinguer entre les réactions envers le foyer et les réactions envers l'école. Dans toute critique qui m'était adressée personnellement, je reconnaissais une critique du père. Toute critique adressée à ma femme, je le savais, était en vérité dirigée contre la mère. J'essayais de rester objectif ; entrer dans les profondeurs subjectives eût porté préjudice à l'enfant.

En certaines occasions, cependant, une explication subjective était nécessaire, comme dans le cas de Jane. Jane, treize ans, faisait le tour de l'école en disant aux élèves que Neill désirait les voir.

J'eus une séquelle de visiteurs : « Jane a dit que tu voulais me voir. » J'expliquai à Jane plus tard qu'elle m'envoyait les autres parce qu'en réalité c'était elle qui voulait me voir.

Avais-je une technique pour les L.P. ? Je n'avais aucune méthode préconçue. Parfois, je commençais par une question. « Quand tu te regardes dans la glace, aimes-tu ton visage ? » La réponse était toujours non.

« Quelle partie de ton visage détestes-tu le plus ? » La réponse invariable était : « Mon nez. »

Les adultes font la même chose, le visage représentant la personne que voit le monde extérieur. Nous pensons des visages ce que nous pensons des gens. Au point que le visage devient le symbole de l'être intérieur. Quand un enfant dit qu'il déteste son visage, il veut dire qu'il se déteste tout entier. Le stade suivant, en ce qui me concernait, consistait à abandonner le visage pour passer au moi de l'enfant.

« Qu'est-ce que tu détestes le plus en toi ? », demandais-je.

Habituellement, la réponse se référait au physique.

« Mes pieds sont trop grands. » « Je suis trop gros. » « Je suis trop petit. » « Mes cheveux. »

Jamais je ne donnais d'opinion — jamais je n'agréais avec l'enfant qu'il était trop gros ou trop maigre. Si le corps semblait intéressant, nous en parlions, puis nous l'abandonnions et nous passions alors à la personnalité.

Souvent, je faisais passer un examen. « Je vais écrire quelques petites choses, disais-je, et tu t'y jugeras. Tu te donneras la note que tu voudras. Par exemple, je vais te demander quelle note sur cent tu te donnerais en adresse aux jeux, en courage, etc. » Et l'examen commençait.

En voici un, passé par un garçon de quatorze ans :

Beauté physique : « Oh ! Pas beaucoup, à peu près 45. »
Intelligence : « Hum ! 60. »
Courage : « 25. »
Loyauté : « J'laisse jamais tomber les copains — 80. »
Musique : (*Bredouillement incompréhensible.*)
Haine : « Ça, c'est trop difficile. Non, là, je ne peux pas répondre. »
Sociabilité : « 90. »
Idiotie : « Oh ! A peu près 190. »

Naturellement, les réponses donnaient cours à une discussion. Le mieux était de commencer par l'ego parce qu'il éveillait l'intérêt. Puis, quand plus tard nous passions à la famille, l'enfant parlait avec aise.

Avec les jeunes enfants, la technique était plus spontanée. Je suivais les indices qu'ils me donnaient. Voici un cas typique de première L.P. avec une petite fille de dix ans, Margaret. Elle vint dans mon bureau et me dit : « Je veux une L.P.

— D'accord ! », dis-je.

Elle se cala dans un fauteuil.

« Qu'est-ce que c'est une L.P. ?, demanda-t-elle.
— Ce n'est pas quelque chose qui se mange, dis-je, mais quelque part dans ma poche, j'ai un caramel. Ah ! Le voilà ! » Et je le lui donnai.
« Pourquoi veux-tu une L.P., demandai-je.
— Parce qu'Evelyn en a eu une et alors j'en veux une aussi.
— Bon. Tu commences. De quoi veux-tu parler ?
— J'ai une poupée. (*Pause*). Où as-tu eu le truc qui est sur ta cheminée ? (*Il devenait évident qu'elle n'attendrait pas ma réponse.*) Qui c'est qui habitait ici avant que tu viennes ? »
Ses questions indiquaient un désir de connaître une vérité vitale et j'avais une sérieuse idée qu'il s'agissait de la naissance des enfants.
« D'où viennent les bébés ? », demandai-je à brûle-pourpoint.
Margaret se leva et se dirigea vers la porte.
« Je déteste les L.P. », dit-elle et sortit. Mais quelques jours plus tard elle redemanda une L.P. — et nous progressâmes.
Le petit Tommy, six ans, lui aussi aimait bien les L.P., tant que je m'abstenais de mentionner des choses « grossières ». Il quitta les trois premières L.P. indigné et je savais pourquoi. Je savais que seules les choses « grossières » l'intéressaient vraiment. Il était, lui aussi, victime de l'interdit sur la masturbation.
Bien des enfants n'ont jamais eu de L.P. Ils n'en voulaient pas. C'était des enfants qui avaient été élevés sainement, sans mensonges et sans sermons de la part de leurs parents.
La thérapie ne guérit pas instantanément. La personne traitée n'en profite pas tout d'abord, pas même la première année. C'est pourquoi je n'ai jamais été pessimiste quant aux élèves âgés qui quittaient l'école dans une condition psychologique incertaine.
Tom nous fut envoyé parce qu'il ne réussissait pas en

classe. Je lui donnai une année d'intensives L.P. sans résultat apparent. Quand il quitta Summerhill, il semblait qu'il serait un raté toute sa vie. Mais un an plus tard ses parents m'écrivirent qu'il avait soudainement décidé de devenir médecin et qu'il étudiait très sérieusement à la faculté.

Bill semblait être un cas plus grave. Ses L.P. durèrent trois ans. Il quitta l'école, en apparence un jeune gars de dix-huit ans sans aucun but. Il traîna d'emploi en emploi pendant plus d'un an, puis il décida de devenir fermier. Aux dernières nouvelles, il s'en tire très bien et est très content de ce qu'il fait.

Les L.P. étaient en somme une rééducation. Leur objet était d'abattre tout complexe résultant de la morale et de la peur.

Une école libre comme l'est Summerhill pourrait fonctionner sans L.P. Celles-ci ne font que hâter le processus de rééducation en commençant par un bon nettoyage de printemps avant l'été de la liberté.

L'autodétermination

Summerhill a un gouvernement autonome, de forme démocratique. Tout ce qui a rapport à la vie du groupe, punitions incluses, est établi à la suite d'un vote qui a lieu au cours de l'assemblée générale du samedi.

Chaque membre du personnel enseignant et chaque enfant, quel que soit son âge, ont une voix. Ma voix a la même valeur que celle d'un enfant de sept ans.

Certains souriront et diront : « Mais en réalité votre voix a plus de valeur, non ? » Eh bien voyons. Une fois, je demandai la parole à une assemblée générale et proposai qu'aucun enfant au-dessous de douze ans n'ait le droit de fumer. Je défendis mon point de vue : le tabac est une drogue, un poison, il détruit l'appétit des enfants et, surtout, il n'est qu'un moyen pour avoir l'air d'un adulte. Contradictions diverses. On vota. Je fut battu par une large majorité.

La suite de l'histoire vaut son pesant d'or. Après ma défaite, un garçon de seize ans proposa qu'aucun enfant au-dessous de douze ans n'ait le droit de fumer. Sa proposition fut acceptée. Cependant, à l'assemblée suivante, un gamin de douze ans proposa l'annulation du nouveau règlement, donnant cette explication : « On va tous fumer en cachette dans les toilettes, comme font les autres gosses dans les autres écoles. Moi, je dis que ça c'est tout à fait contre les idées de Summerhill. » Son discours fut applaudi et le règlement annulé. J'espère que maintenant on me croira quand je dirai que ma voix n'est pas toujours plus forte que celle d'un enfant.

Une autre fois, je me récriai violemment contre les infractions au règlement concernant l'heure du coucher, en invoquant le bruit infernal et les figures de papier mâché que je rencontrais dans l'escalier tous les matins. Je proposai que les coupables paient une amende, de leur poche, pour chaque infraction. Un garçon de quatorze ans proposa alors qu'on donne une récompense horaire d'un centime à tous ceux qui resteraient debout après l'heure du coucher. J'obtins quelques votes, mais il obtint la majorité.

Le gouvernement autonome de Summerhill n'a pas de bureaucratie. A chaque assemblée un nouveau président est désigné par le président sortant; le secrétaire est toujours un volontaire. Les surveillants de chambres ne restent jamais en place plus de quelques semaines à la fois.

Notre démocratie établit des lois — et certaines sont très bonnes. Par exemple, il n'est pas permis de se baigner à la plage sans la surveillance d'un professeur. Il est défendu de grimper sur les toits. L'heure du coucher doit être respectée; en cas d'infraction, les coupables paient une amende. La question de la cessation des cours le jeudi ou le vendredi précédant des vacances est réglée à main levée à une assemblée générale.

Le succès des assemblées dépend beaucoup de la personnalité du président, car il n'est pas toujours facile de faire régner l'ordre parmi quarante-cinq enfants pleins de vitalité. Le président a le pouvoir de donner une amende aux citoyens bruyants. Quand le président est faible, les amendes sont trop fréquentes.

Les professeurs prennent part, naturellement, aux discussions. Moi aussi, quoique dans certaines situations il vaille mieux que je reste neutre. En fait, j'ai vu une fois un gars, jugé pour une offense, être acquitté après avoir présenté un alibi parfait, alors qu'il m'avait confié précédemment qu'il était coupable. Dans un cas comme celui-là, je me dois de rester loyal à l'individu.

Comme tout le monde, je vote sur toutes les questions, même mes propositions. Par exemple, je posai un jour la question de savoir si oui ou non on devait jouer au football dans le grand foyer. Celui-ci est sous mon bureau et j'expliquai que je déteste les bruits de pieds quand je travaille. Je proposai donc que le football à l'intérieur soit interdit. Mes supporters furent les filles, quelques grands garçons et la majorité des professeurs. Néanmoins, ma proposition ne fut pas acceptée et je dus continuer à travailler avec des bruits de pieds sous mon bureau. Finalement, après bien des débats publics, j'obtins à la majorité l'approbation pour abolir le football au foyer. Et c'est ainsi que généralement à Summerhill la minorité s'impose : il faut insister. Cela est vrai pour les petits enfants comme pour les adultes.

Certains aspects de notre vie, naturellement, ne sont pas soumis au régime intérieur. Ma femme aménage les chambres, prépare le menu, établit et paie les factures. Je recrute le personnel et le congédie si je ne le trouve pas satisfaisant.

Le rôle du gouvernement intérieur de Summerhill ne consiste pas uniquement à établir des lois, mais aussi à discuter des activités sociales de notre groupe. Au début de chaque trimestre, les règlements concernant l'heure du coucher sont votés. L'heure du coucher varie avec l'âge des enfants. Puis, les questions de conduite et de tenues sont posées. Des comités sportifs doivent être élus, ainsi qu'un comité du bal de fin de trimestre, un comité théâtral et quelques surveillants pour les jours de sortie, qui doivent rendre compte de toute mauvaise tenue observée en dehors de l'école.

Le sujet de discussion le plus passionnant est celui de la nourriture. Combien de fois n'ai-je pas revigoré une assemblée sans éclat en proposant l'abolition du rab au réfectoire ? Tout signe de favoritisme à la cuisine est sévèrement traité. Par contre, quand la cuisine se plaint du gâchis de nourriture, l'assemblée sombre dans l'indifférence. L'attitude des enfants vis-à-vis de la nourriture est essentiellement personnelle et égocentrique.

Aux assemblés générales, toute discussion académique est évitée. Les enfants sont éminemment pratiques et les théories les ennuient. Ils aiment le concret, pas l'abstrait. Je proposai un jour que les jurons soient abolis par un règlement et j'exposai pourquoi : alors que je faisais visiter l'école à une mère et à son fils, un futur élève, j'entendis, venant de l'étage supérieur, un substantif des plus impressionnants. La mère avait rapidement rembarqué son fils hors des lieux. « Pourquoi, demandai-je à l'assemblée, mon revenu devrait-il souffrir parce que quelque crétin jure devant des parents ? Il ne s'agit pas là d'une question morale mais purement financière. Vous jurez et je perds un élève. »

Un gars de quatorze ans répondit à ma question. « Neill raconte des bêtises, dit-il. Il est évident que si la mère en question a été choquée elle n'avait pas confiance en Summerhill. Même si elle avait inscrit son fils ici, la première fois qu'il serait rentré à la maison en disant " j' m'en fous " ou " la vache ", elle l'aurait retiré. » Tous furent d'accord et ma motion fut repoussée.

Une assemblée générale doit souvent régler des questions de brimades. Notre groupe est très sévère sur ce point et j'ai remarqué que le règlement contre les brimades a été souligné sur le tableau des annonces. « *Toute brimade sera sévèrement punie.* » Les brimades, cependant, ne sont pas aussi fréquentes à Summerhill que dans les écoles traditionnelles et la raison en est simple. Sous la férule de l'adulte, l'enfant devient haineux. Comme il ne peut exprimer sa haine aux adultes impunément, il se venge sur les plus faibles ou les plus petits que lui. Mais cela arrive rarement à Summerhill. Plus souvent, quand on enquête sur une accusation de brimade, elle se résume au fait que Jenny a traité Peggy de folle.

Parfois un cas de vol est cité à l'assemblée générale. Il n'y a jamais de punition pour le vol, mais il faut réparer. Souvent un enfant vient me dire : « John a volé des sous à David. Est-ce un cas que tu régleras ou devons-nous en parler à l'assemblée générale ? »

Si je considère que le cas demande de la psychologie et de l'attention individuelle, je réponds que je réglerai la question moi-même. Si John est un petit gars heureux et normal qui a volé quelque chose d'insignifiant, je permets qu'on porte une accusation contre lui. Au pire, il se videra les poches jusqu'à ce qu'il ait payé sa dette.

Comment se présentent nos assemblées générales ? Au début de chaque trimestre, un président est élu pour une assemblée seulement. A la fin de l'assemblée, il désigne son successeur. Ce procédé se poursuit tout le trimestre. Si quelqu'un a une doléance ou une suggestion à faire, une accusation à porter, ou une nouvelle loi à proposer, il lève la main et parle. Voici un exemple typique : Jim avait pris les pédales du vélo de Jack parce que son propre vélo était en pièces détachées et qu'il voulait partir avec des copains pour faire une randonnée.

Après un sérieux examen de l'offense, il est décidé que Jim remplacera les pédales et ne partira par en randonnée.

Le président demande : « Y a-t-il des objections ? »

Jim se lève et crie aux membres de l'assemblée qu'ils sont tous de beaux dégoûtants. Avec la seule différence qu'il n'emploie pas exactement le mot « dégoûtants ». « Ce n'est pas juste ! s'écrie-t-il. Je ne savais pas que Jack se servait encore de ce vieux clou. Ça fait une semaine qu'il traîne dans un buisson. Je veux bien lui remonter ses pédales, mais la punition n'est pas juste. Je ne pense pas qu'on devrait me priver de ma randonnée. »

Une rapide discussion s'ensuit. Au cours du débat il transpire que Jim reçoit d'habitude de l'argent de poche, mais que depuis six semaines il n'a rien reçu et qu'il n'a pas un rotin. L'assemblée vote l'annulation de la sentence, sans perdre de temps. Mais cela ne règle pas la question pour Jim. Finalement, on décide d'ouvrir une souscription pour la réparation de son vélo. Ses copains donnent ce qu'ils peuvent pour lui acheter des pédales et le voilà parti en randonnée.

D'habitude, le verdict de l'assemblée générale est accepté par le coupable. Toutefois, si le verdict ne lui paraît pas acceptable, l'accusé peut faire appel, auquel cas le président ramène la question à la fin de l'assemblée. Au cours de cet appel, la question est étudiée plus sérieusement et généralement le verdict initial est adouci, au vu du mécontentement de l'accusé. Les enfants comprennent fort bien que si l'accusé sent qu'il a été jugé injustement il y a de fortes chances pour qu'il l'ait été.

Aucun coupable à Summerhill ne montre de défi ou de haine envers l'autorité du groupe. Je suis toujours surpris par la docilité que nos élèves montrent quand ils sont punis.

Au cours d'un trimestre, quatre de nos plus grands élèves furent accusés d'avoir fait quelque chose d'illégal — avoir vendu des articles de leur garde-robe. Une loi l'interdisant avait été passée, invoquant qu'un tel acte était injuste vis-à-vis des parents qui achètent les vêtements, et tout aussi injuste vis-à-vis de l'école, car, lorsque les enfants rentrent chez eux sans leurs vêtements, les parents accusent l'école de négligence. Les quatre garçons furent privés de sortie pendant quatre jours et durent se coucher à huit heures chaque soir correspondant. Le lundi soir, alors que tout le monde était au cinéma, je trouvai Dick, un des coupables, lisant au lit.

« Tu es nigaud, lui dis-je. Ils sont tous au cinéma, pourquoi ne te lèves-tu pas ?

— Ne fais pas le rigolo », dit-il.

Cette loyauté des élèves de Summerhill envers leur propre démocratie est surprenante. Elle n'est causée ni par la peur, ni par le ressentiment. Il m'est arrivé de voir un élève jugé sévèrement pour un acte antisocial et à l'issue de l'assemblée générale être élu président pour la prochaine assemblée.

Le sens inné de la justice chez les enfants ne cesse jamais de m'émerveiller. Et leur capacité d'organisation est énorme. L'autodétermination, en matière d'éducation, a une valeur infinie.

Certains types d'offenses sont soumis automatiquement au régime des amendes. Prendre un vélo sans la permission de son propriétaire coûte six sous. Jurer en ville (tous les jurons sont permis dans l'enceinte de l'école), se mal tenir au cinéma, grimper sur les toits, jeter de la nourriture dans le réfectoire, toutes ces infractions entraînent automatiquement une amende.

Les punitions sont presque toutes des amendes : on donne son argent de poche de la semaine ou on est privé de cinéma.

Une objection que j'ai souvent entendue concernant le jugement des enfants, c'est qu'il est trop dur. Je ne trouve pas. Au contraire, les enfants sont indulgents. Jamais je n'ai observé de sentence dure à Summerhill. Et, invariablement, la punition a toujours un rapport avec le crime commis.

Trois de nos filles dérangeaient les autres pendant leur sommeil. Punition : aller se coucher une heure plus tôt pendant une semaine. Deux garçons furent accusés de jeter de la terre aux autres. Punition : transporter de la terre sur un terrain de hockey.

Souvent le président dit : « Cette question ne mérite pas qu'on s'y arrête. » Et il décide de ne rien faire.

Lorsque notre secrétaire fut jugé pour avoir emprunté le vélo de Ginger sans sa permission, lui et deux autres membres du personnel, coupables avec lui, furent condamnés à se pousser mutuellement sur le vélo de Ginger, dix fois autour de la pelouse.

Quatre petits garçons étaient montés sur l'échelle du maçon qui nous bâtissait un nouvel atelier ; ils furent condamnés à monter et à descendre de l'échelle sans s'arrêter pendant dix minutes.

Au cours des assemblées générales, les élèves ne demandent jamais l'avis des adultes. Je me souviens de la seule occasion où cela arriva. Trois filles avaient fait une descente dans le garde-manger de la cuisine. Elles furent condamnées à payer de leur poche la nourriture raflée. La nuit même, elles recommencèrent. Elles furent alors privées de cinéma. Elles firent une troisième razzia et l'assemblée était à quia quant à la solution à apporter au problème. Le président me consulta. « Donne-leur deux sous de récompense à chacune, suggérai-je.

— Quoi ? Mais tu vas avoir toute l'école dans le garde-manger si je fais ça.

— Non, dis-je. Essaye. »

Il essaya. Deux des filles refusèrent l'argent et les trois déclarèrent qu'elles ne descendraient plus dans le garde-manger. Elles tinrent parole — pendant deux mois environ.

Les attitudes poseuses sont rares aux assemblées. Tout signe de pose est très mal vu par le groupe. Un garçon de onze ans, qui était un exhibitionniste notoire, avait l'habitude de se lever et de se faire remarquer en disant toutes sortes de choses qui n'avaient aucun rapport avec les problèmes traités au cours de la soirée. Il essaya plusieurs fois, mais fut hué. Les jeunes ont du nez pour l'hypocrisie.

A Summerhill, nous avons prouvé que l'autodétermination réussit. En fait, une école dans laquelle on ne la pratique pas ne peut se réclamer du droit à s'appeler une école nouvelle. C'est une école de compromis. On ne peut pas parler de liberté tant que les enfants ne se sentent pas libres de décider de leur vie sociale. Où il y a un patron, il n'y a pas de liberté. Cela s'applique aussi bien au patron autoritaire qu'au patron bienveillant. L'enfant indépendant peut se rebeller contre un patron dur, mais le patron doux ne fait que le rendre impuissant et lui enlève toute certitude quant à ses convictions.

L'autodétermination dans une école ne peut réussir pleinement que lorsqu'il y a un nombre suffisant de grands élèves qui aiment le calme et combattent l'indifférence ou l'opposition des plus jeunes de l'âge gangster. Les élèves plus âgés ne sont pas toujours majoritaires aux assemblées, mais ce sont eux pourtant qui respectent et désirent le plus un gouvernement. Les enfants jusqu'à, disons, douze ans de pratiquent pas très bien l'autodétermination parce qu'ils n'ont pas encore atteint l'âge social. Pourtant, à Summerhill, un enfant de sept ans rate rarement une assemblée générale.

Un certain printemps, nous eûmes une saison de déveine. Plusieurs de nos grands élèves qui entretenaient au mieux l'unité de notre groupe nous avaient quittés après leurs examens d'entrée en faculté, si bien que nous ne restions qu'avec quelques grands. La majorité de nos élèves étaient à l'âge que j'appelle l'âge gangster. Quoiqu'ils fussent assez mûrs dans leurs paroles, ils ne l'étaient pas autant dans leurs actes. Ils passaient des quantités de lois qu'ils oubliaient ou enfreignaient. Les quelques grands qui restaient, comme par hasard, étaient assez individualistes et tendaient à vivre dans leur propre groupe, si bien que le personnel enseignant était toujours en majorité pour s'en prendre aux infractions aux règlements. Je dus alors, au cours d'une assemblée générale, lancer une vigoureuse attaque contre l'esprit non plus antisocial mais asocial des grands élèves qui ne respectaient plus l'heure du coucher et restaient à discuter tard dans la nuit et qui, de plus, ignoraient la conduite, elle antisociale, des plus jeunes.

A dire vrai, les jeunes enfants ne sont que très relativement intéressés par le gouvernement. Livrés à eux-mêmes, je me demande s'ils en formeraient même un. Leurs valeurs ne sont pas les nôtres, leurs manières non plus.

La discipline stricte est la meilleure façon pour un adulte d'avoir la paix. N'importe qui peut être adjudant. La méthode de rechange pour avoir la paix, je ne la connais pas. Nos essais et nos erreurs à Summerhill n'engendrent pas pour les adultes une vie tranquille. Mais, d'autre part, ils n'engendrent pas une vie déréglée pour les enfants. Peut-être que l'ultime test, c'est le bonheur. De par ce critère, Summerhill a trouvé un excellent compromis dans le gouvernement intérieur.

Notre loi contre les armes dangereuses est aussi un compromis. Les carabines à air comprimé sont défendues. Les quelques garçons qui voudraient en apporter à l'école détestent cette loi, mais dans l'ensemble ils s'y conforment. Quand ils sont en minorité, les enfants ne semblent pas aussi agressifs que les adultes.

Nous avons à Summerhill un problème perpétuel que nous ne pouvons jamais résoudre ; on pourrait l'appeler *le problème de l'individu face à la société*. Les élèves, comme les professeurs, sont exaspérés quand un groupe de petites filles, menées par une forte tête, ennuient les autres, jouent à s'asperger d'eau, ne respectent pas l'heure du coucher et sont constamment une source d'ennuis.

La forte tête, Jeanne, est prise à partie à l'assemblée générale. On prononce des mots violents pour condamner son mauvais usage de la liberté et son esprit d'anarchie.

Un visiteur, une psychologue, me dit alors : « Ce n'est pas juste. On voit sur son visage que cette enfant est malheureuse ; elle n'a jamais eu d'affection et toutes ces critiques ouvertes ne font qu'exacerber son sens d'aliénation. Elle a besoin d'affection, pas d'opposition.

— Chère Madame, lui répondis-je, nous avons essayé de la changer avec de l'affection. Pendant des semaines, nous l'avons récompensée d'être antisociale. Nous lui avons témoigné affection et tolérance et elle n'a pas réagi. Au contraire, elle nous a pris pour des idiots et des cibles faciles pour son agressivité. Nous ne pouvons pas sacrifier toute la communauté à un individu. »

Je ne connais pas de solution adéquate. Je sais que lorsqu'elle aura quinze ans, Jeanne ne sera pas une meneuse. Je place ma confiance dans l'opinion publique. Nul enfant ne désire être détesté et critiqué toute sa vie. Quant à la question de sa condamnation à l'assemblée générale, il est absolument impossible de sacrifier tous les autres enfants à une enfant difficile.

Une fois, nous eûmes pour élève un garçon de six ans qui avait eu une vie misérable avant d'entrer à Summerhill. C'était un enfant violent, destructif et plein de haine. Il faisait souffrir et pleurer les petits de quatre et cinq ans. Il fallait que nous fassions quelque chose pour les protéger et, pour ce faire, nous étions obligés de nous opposer à cet enfant sadique. Il n'y avait aucune raison pour que les erreurs de deux parents soient supportées par d'autres enfants qui, eux, avaient été aimés et bien élevés par leurs parents.

En de rares occasions, j'ai dû renvoyer un enfant qui rendait la vie impossible aux autres. J'avoue cela avec un regret, avec un vague sentiment de faillite, mais je ne voyais rien d'autre à faire.

Mes vues sur l'autodétermination se sont-elles altérées avec le temps ? Dans l'ensemble, non. Je ne pourrais pas imaginer Summerhill sans gouvernement intérieur. Il a toujours été le bienvenu. Il est ce que nous avons de mieux à montrer à nos visiteurs. Remarquez qu'il a quelquefois ses inconvénients, comme le jour où, par exemple, une fille de quatorze ans vint me murmurer à l'oreille, au cours d'une assemblée : « Je voulais parler des filles qui bouchent les w.-c. avec des serviettes hygiéniques, mais je ne peux pas devant les visiteurs. » Je lui conseillai d'envoyer les visiteurs au diable et de dire ce qu'elle avait à dire — ce qu'elle fit.

Il ne faut pas sous-estimer le profit éducatif d'une instruction civique pratique. A Summerhill, les élèves se battraient à mort pour leur droit à l'autodétermination. A mon avis, une assemblée générale hebdomadaire a plus de valeur qu'une semaine de travail académique. C'est une excellente plate-forme pour apprendre à parler en public et la plupart des enfants parlent bien et sans timidité. J'ai souvent entendu des discours intelligents d'enfants qui ne savaient ni lire ni écrire.

Je ne vois pas d'alternative à la démocratie de Summerhill. Elle est probablement plus juste que la démocratie politique, car les enfants sont charitables les uns envers les autres et ils n'ont pratiquement pas de droits acquis. De plus, c'est une démocratie plus honnête, car les lois sont établies au cours de réunions ouvertes à tous et la question de délégués élus avec un pouvoir absolu ne se pose pas.

En somme, c'est la vue large des choses que les enfants acquièrent qui donne à notre gouvernement intérieur son importance. Les lois traitent de questions essentielles, pas d'apparences. Les lois qui régissent la bonne tenue en ville ne sont que des compromis avec une civilisation moins libre. « En ville » — dans le monde extérieur —, on gâche son énergie précieuse à s'inquiéter des petits riens. Comme s'il était important dans l'ordre de la vie de bien s'habiller ou de se vêtir comme un sac. Summerhill, en échappant aux vétilles extérieures de la vie, a un esprit communautaire en avance sur son temps. Evidemment, on y appelle sans doute trop souvent une bicyclette une foutue bécane, mais, au fond, cela a-t-il tant d'importance ?

La mixité

Dans presque toutes les écoles, un plan très défini est établi pour la séparation des garçons et des filles, surtout dans les dortoirs. Les amours ne sont pas encouragées. Elles ne le sont pas non plus à Summerhill — mais elles ne sont pas pour autant découragées.

A Summerhill, on laisse les garçons et les filles tranquilles. Les relations entre les deux sexes semblent y être très saines. Ni l'un ni l'autre des deux sexes ne grandira avec des illusions sur l'un ou l'autre. Ce n'est pas que Summerhill soit une grande famille à elle toute seule, où tous les gentils petits enfants sont frères et sœurs. S'il en était ainsi, je me dresserais immédiatement à mort contre la mixité.

Dans une éducation mixte bien comprise — pas celle du genre où les garçons et les filles vont en classe ensemble, mais vivent et dorment séparément —, la curiosité malsaine est presque déterminée. Il n'y a pas de voyeurs à Summerhill. Il y règne beaucoup moins d'anxiété concernant les questions sexuelles que dans les autres écoles.

De temps en temps, un adulte qui vient nous rendre visite demande : « Mais ne couchent-ils pas tous les uns avec les autres ? » Et quand je réponds que non, le visiteur s'écrie : « Mais, pourquoi pas ? A leur âge j'aurais fait une vraie nouba. »

C'est ce genre de personne qui présume que si les garçons et les filles sont éduqués ensemble ils doivent nécessairement se livrer à l'anarchie sexuelle. A vrai dire, bien des gens n'osent pas s'avouer que c'est cette pensée qui détermine leurs objections. Alors, ils rationalisent en disant que les garçons et les filles ont des capacités intellectuelles différentes et que, par conséquent, ils ne devraient pas étudier ensemble.

Les écoles devraient être mixtes parce que la vie est mixte. Mais l'éducation mixte effraie bien des parents et des professeurs, à cause du danger de la grossesse. J'ai même entendu dire que certains proviseurs d'écoles mixtes passent des nuits blanches à s'inquiéter de cette possibilité.

Les enfants des deux sexes qui sont conditionnés sont souvent incapables d'aimer. Cette nouvelle sera peut-être un réconfort pour ceux qui craignent la sexualité, mais pour la jeunesse en général, l'incapacité d'aimer est une grande tragédie humaine.

Quand j'ai demandé à certains adolescents d'un collège privé bien connu s'il y avait des amourettes dans leur école, la réponse a été négative. Devant ma surprise, l'un d'eux a dit : « De temps en temps, il y a une amitié entre un garçon et une fille, mais ce n'est jamais une question d'amour. » Ayant observé quelques beaux gars et quelques jolies filles sur le campus, j'en ai conclu que l'école imposait à ses élèves un idéal dont l'amour était exclu et que son atmosphère hautement morale inhibait la sexualité.

Je demandai un jour au principal d'une école nouvelle : « Avez-vous des histoires d'amour dans votre école ?

— Non, répliqua-t-il gravement. Mais aussi, nous n'acceptons pas les enfants difficiles. »

Ceux qui ne sont pas en faveur de la mixité peuvent objecter que le système rend les garçons efféminés et les filles masculines. Mais au fond tout cela n'est que peur morale et aussi peur jalouse. La sexualité dans l'amour est le plus grand plaisir au monde et si on le refoule, c'est justement parce qu'il *est* le plus grand plaisir. Tout le reste n'est que littérature.

La raison pour laquelle je ne crains pas que les grands élèves de Summerhill qui sont ici depuis l'enfance tombent dans l'anarchie sexuelle, c'est que je sais que ces enfants n'ont pas une sexualité refoulée et que, par conséquent, leur intérêt pour les questions sexuelles est normal.

Il y a quelques années, deux nouveaux élèves arrivèrent chez nous en même temps : un garçon de dix-sept ans en provenance d'un collège privé et une fille de seize ans venant, elle aussi, d'un collège semblable. Ils tombèrent amoureux l'un de l'autre et on les voyait toujours ensemble. Je les rencontrai un soir tard et les arrêtai. « Je ne sais pas ce que vous faites tous deux, dis-je, et moralement cela m'est égal, car ce n'est pas une question morale du tout. Mais économiquement parlant, cela ne m'est pas égal. Si toi, Kate, tu as un enfant, c'est la fin de mon école. »

Et j'expliquai plus avant : « Vous voyez, vous êtes nouveaux à Summerhill. Pour vous cela veut dire la liberté de faire ce que bon vous semble. Naturellement, vous n'avez aucun sentiment particulier pour cette école. Si vous y étiez entrés à l'âge de sept ans, je n'aurais pas à vous parler comme je vous le fais. Vous auriez un tel attachement pour l'école que vous *penseriez* aux conséquences que vos actes pourraient avoir pour Summerhill. » C'était la seule façon d'aborder le problème. Heureusement, je n'eus jamais à y revenir.

Le travail

Nous avions dans le passé à Summerhill une loi communautaire prévoyant pour chaque enfant de plus de douze ans et pour chaque membre du personnel un minimum de deux heures de travail par semaine dans le jardin. Le salaire était un paiement symbolique de cinq centimes de l'heure. Si aucun travail n'était effectué, on devait payer une amende de dix centimes Certains, parmi eux des professeurs, se contentaient de payer des amendes. Ceux qui travaillaient avaient toujours l'œil sur la pendule. Aucun élément récréatif n'était lié à cette tâche, aussi le travail rasait tout le monde. La loi fut réexaminée et les enfants l'abolirent par un vote presque unanime.

Il y a quelques années, nous eûmes besoin d'une infirmerie. Nous décidâmes de la bâtir nous-mêmes — en brique et en ciment. Aucun de nous n'avait jamais posé une brique, mais nous nous mîmes à l'ouvrage. Quelques élèves nous aidèrent à creuser les fondations et à démolir de vieux murs pour en retirer les briques. Mais ils demandèrent à être payés. Nous refusâmes. Pour en finir, l'infirmerie fut bâtie par les professeurs et des visiteurs. Le travail était trop ennuyeux pour les enfants et, dans leurs jeunes esprits, le besoin d'une infirmerie restait trop abstrait. Ils ne voyaient aucun intérêt à cette construction. Plus tard, par contre, quand ils voulurent un hangar pour leurs vélos, ils le bâtirent entièrement, sans aucune aide adulte. Je parle des enfants non pas comme nous, adultes, pensons qu'ils devraient être, mais comme ils sont réellement. Leur sens communautaire — leur sens de la responsabilité sociale — ne se développe pas avant l'âge de dix-huit ans ou même plus tard. Leurs intérêts sont immédiats et le futur, pour eux, n'existe pas.

Je n'ai jamais vu d'enfant paresseux. Ce qu'on appelle de la paresse est ou un manque d'intérêt ou de la mauvaise santé. Un enfant en bonne santé n'est jamais oisif ; il fait toujours quelque chose. J'ai connu un garçon plein de santé qui était considéré comme un fainéant. Les mathématiques ne l'intéressaient pas, mais le curriculum scolaire insistait pour qu'il les apprît. Comme naturellement il ne voulait pas se plier à cette étude, son professeur de mathématiques avait conclu qu'il était paresseux.

J'ai lu récemment qu'en une soirée un couple qui danserait chaque danse ferait une moyenne de quarante kilomètres. Pourtant ce couple ne ressentirait que peu ou pas de fatigue parce que toute la soirée Il aurait eu du plaisir — à condition que les danses lui eussent toutes plu. C'est la même chose chez l'enfant. Le garçon qui est paresseux en classe courra des kilomètres dans un match de football.

Je ne peux jamais trouver de jeunes de dix-sept ans pour m'aider à planter des pommes de terre ou à désherber des oignons ; pourtant, ces mêmes jeunes passeront des heures à essayer d'augmenter la puissance de leurs engins mécaniques, à laver des autos ou à fabriquer des postes de radio. Il m'a fallu longtemps pour comprendre ce phénomène. La vérité commença à m'apparaître le jour où je retournais le jardin de mon frère Stephen, en Ecosse. Je n'éprouvais aucun plaisir à faire ce travail et je réalisai soudainement que ce qui n'allait pas, c'était que je retournais un jardin qui ne m'intéressait pas personnellement. Et mon jardin n'intéresse pas non plus mes élèves, tandis que leurs vélos et leurs radios les intéressent. Le véritable altruisme est long à se développer et il ne perd jamais son facteur d'égoïsme.

Les petits enfants ont une attitude très différente des adolescents envers le travail. Les juniors à Summerhill, qui ont entre trois et huit ans, travailleront comme des esclaves pour mélanger du ciment, transporter du sable ou nettoyer des briques ; ils le feront sans espoir de récompense. Ils s'identifient aux adultes et leur travail est comme un rêve devenu réalité.

Cependant, à partir de huit ou neuf ans, jusqu'à dix-neuf ou vingt ans, le désir chez les jeunes de faire un travail manuel sans éclat est absent. C'est vrai pour la plupart d'entre eux ; il y a, évidemment, des exceptions qui resteront des travailleurs du début jusqu'à la fin de leur vie.

Le fait est que nous, adultes, exploitons les enfants trop souvent. « Marion, va me porter cette lettre à la poste. » Aucun enfant n'aime qu'on l'utilise. La moyenne des enfants réalise qu'elle est nourrie et vêtue par ses parents, sans effort de sa part à elle. Elle sent que ces soins lui sont dus naturellement, mais elle comprend aussi qu'en échange on attend d'elle, et qu'elle est obligée de faire, mille tâches serviles et corvées désagréables que les parents ne veulent pas faire.

J'ai lu un jour qu'une école en Amérique avait été bâtie par les élèves eux-mêmes. Dans le passé, je croyais que c'était idéal. Mais ce ne l'est pas. Si des enfants en viennent à bâtir leur école, vous pouvez être sûrs qu'il y a derrière eux quelque monsieur rempli d'autorité bienveillante et joviale qui administre de vigoureux encouragements. A moins qu'une telle autorité existe, *les enfants ne bâtissent jamais d'écoles.*

Je pense que dans une civilisation saine on ne devrait pas demander aux enfants de travailler avant l'âge de dix-huit ans. Bien des garçons et des filles travailleraient avant cet âge, mais ce serait pour le plaisir et ce travail ne serait probablement pas rémunérateur du point de vue des parents. Je suis déprimé quand je pense au travail gigantesque que les étudiants doivent fournir pour préparer des examens. Je comprends pourquoi dans le Budapest d'avant-guerre près de cinquante pour cent des étudiants tombaient malades physiquement ou psychiquement après leurs examens de fin d'études.

La raison pour laquelle à Summerhill nous recevons tant de compliments sur le travail de nos anciens élèves, dans quelque emploi qu'ils exercent, c'est qu'ils ont vécu à fond, chez nous, l'âge des rêves égocentriques. Quand ils deviennent de jeunes adultes, ils peuvent faire face aux réalités de la vie sans aucun regret inconscient d'une enfance mal vécue.

Le jeu

On peut décrire Summerhill comme une école où le jeu est de la plus haute importance. Pourquoi les enfants et les chatons jouent-ils, je n'en sais rien. Je pense que c'est une question d'énergie.

Je ne pense pas au jeu en termes de terrains de sports et de jeux organisés ; je pense au jeu en termes de fantaisie. Les jeux organisés se compliquent d'adresse, de compétition, de travail en équipe, mais le jeu des enfants ne demande généralement pas d'adresse, que peu de compétition et guère de travail en équipe. Les jeunes enfants peuvent jouer aux gangsters en sortant un revolver ou un sabre imaginaires. Bien avant l'ère du cinéma les enfants ont joué aux brigands. Une histoire ou un film peuvent leur fournir un thème de jeu, mais les fondements du jeu sont dans le cœur des enfants de toutes races.

A Summerhill, les enfants de six ans jouent toute la journée — ils jouent avec des rêves. Pour un petit enfant, la réalité et le rêve sont très proches. Quand un garçon de dix ans se déguise en fantôme, les tout petits hurlent de plaisir ; ils savent bien que c'est Tommy, ils l'ont vu se revêtir du drap. Pourtant quand ils s'avance vers eux, ils se mettent à hurler de terreur.

Les petits enfants ont une imagination très vive qu'ils entraînent avec eux dans l'action. Les garçons entre huit et quatorze ans jouent aux gangsters et ne cessent d'assassiner quelqu'un ou de s'envoler vers les cieux dans leurs avions imaginaires. Les petites filles aussi passent par le stade du brigandage, mais il ne se traduit pas par l'usage de revolvers et de sabres. Les bandes rivales chez les garçons ne sont rivales que pendant le jeu. C'est pourquoi il est plus facile de vivre avec les petits garçons que les petites filles.

Je n'ai jamais pu découvrir où commence et où finit le rêve chez l'enfant. Quand une petite fille donne à manger à sa poupée dans une vaisselle en miniature, pense-t-elle sur le moment que sa poupée est vivante ? Un cheval de bois est-il un vrai cheval ? Quand un garçon crie « Haut les mains ! », pense-t-il, ou sent-il qu'il a un vrai revolver ? J'ai tendance à croire que les enfants imaginent leurs jouets réels et qu'ils ne reviennent sur terre brutalement que lorsque quelque adulte dépourvu de sensibilité intervient sans façon pour leur rappeler qu'ils rêvent. Les parents intelligents n'interrompent pas les rêves de leurs enfants.

Les garçons ne jouent généralement pas avec les filles. Ils jouent aux gangsters et au prisonnier ; ils font des cabanes dans les arbres ; ils creusent des tunnels et des tranchées.

Les filles jouent rarement en groupe. Les jeux bien connus de la maîtresse ou du docteur sont inconnus chez les enfants élevés en liberté, car ils n'éprouvent pas le besoin d'imiter ce qui représente l'autorité. Les filles les plus jeunes jouent à la poupée ; mais les plus âgées semblent préférer les contacts avec les gens plutôt qu'avec les objets.

Nous avons souvent formé des équipes mixtes de hockey. Les jeux de cartes et autres jeux intérieurs sont aussi mixtes.

Les enfants adorent le bruit et la boue ; ils dégringolent les escaliers ; ils crient comme des rustres ; ils ignorent les meubles. Quand ils jouent à chat, ils sauteraient aussi bien sur le vase chinois de la tante

Agathe s'il se trouvait sur leur chemin — ils ne le verraient même pas.

Les mères, trop souvent, ne jouent pas assez avec leurs enfants. Elles semblent penser que mettre un ours dans le landau de leur bébé résout la question pour une heure ou deux, oubliant que les bébés veulent être chatouillés et serrés dans les bras.

Si nous voulons admettre que l'enfance est le temps du jeu, comment nous, adultes, réagissons-nous devant ce fait ? Nous *l'ignorons*. Nous l'oublions complètement — parce que pour nous le jeu est une perte de temps. Aussi nous bâtissons de grandes écoles, avec beaucoup de salles de classe, des dispositifs coûteux pour enseigner, et le plus souvent nous n'offrons que peu de place concrète à l'instinct du jeu.

On pourrait dire avec quelque vérité que les maux de notre civilisation sont dus au fait que l'enfant ne joue jamais assez. En d'autres mots, que l'enfant est élevé en serre et qu'il devient adulte longtemps avant l'âge.

L'attitude de l'adulte envers le jeu est arbitraire. Nous, les vieux, dressons à l'enfant son emploi du temps : études de neuf heures à midi, puis une heure pour le déjeuner; leçons à nouveau jusqu'à quinze heures. Si l'enfant était libre d'établir un emploi du temps, il donnerait plus de place au jeu et beaucoup moins aux leçons.

La peur est à la base de l'antagonisme de l'adulte envers le jeu. Mille fois j'ai entendu la question inquiète : « Mais si mon fils joue toute la journée, apprendra-t-il jamais quelque chose ? Comment passera-t-il ses examens ? » Très peu acceptent ma réponse : « Si votre enfant joue autant qu'il le désire, il pourra passer ses examens après deux ans de préparation au lieu des habituels cinq, six ou sept ans dans une école qui ignore le jeu comme facteur de la vie. »

Mais je dois ajouter : « C'est-à-dire — à condition qu'il *veuille* passer ces examens. » Le fils voudra peut-être devenir danseur ou ingénieur radio. La fille peut vouloir devenir couturière, ou jardinière d'enfants.

Oui, la peur de l'avenir amène les parents à priver leurs enfants de leur droit à jouer. Il y a plus dans cette peur qu'il n'apparaît tout d'abord. Il y a une vague idée morale derrière la désapprobation du jeu, une idée que ce n'est pas si bien d'être un enfant, une idée qu'on retrouve dans la remontrance aux jeunes adultes : « Ne fais pas l'enfant. »

Les parents qui ont oublié les désirs ardents de leur enfance — ceux qui ont oublié comment jouer et imaginer — font de pauvres parents. Quand un enfant a perdu la capacité de jouer, il est psychiquement mort et est un danger pour tout autre enfant qui entre en contact avec lui.

Des professeurs israéliens m'ont parlé de leurs merveilleux centres communautaires. L'école, me suis-je laissé dire, fait partie d'une communauté dont le besoin primordial est le travail ardu. Des enfants de dix ans, me dit un professeur, pleurent si — comme punition — on ne leur permet pas de bêcher le jardin. Si j'avais un enfant de dix ans qui pleurait parce qu'on lui avait défendu de bêcher les pommes de terre, je me demanderais s'il n'est pas anormal. L'enfance, c'est le temps du jeu et tout système communautaire qui ignore cette vérité est dans l'erreur. A mes yeux, la méthode israélienne sacrifie la jeunesse à des besoins économiques. C'est peut-être nécessaire, mais je n'oserais pas appeler un tel système l'idéal de la vie communautaire.

Il serait curieux, quoique bien difficile, d'estimer le dommage causé aux enfants auxquels on n'a pas permis de jouer tout leur soûl. Je me demande souvent si toutes ces masses qui se pressent aux matches de football ne cherchent pas à revivre leur enfance arrêtée dans sa croissance, en s'identifiant aux joueurs et en jouant par procuration. La majorité de nos anciens élèves ne vont pas voir de matches de football et ne s'intéressent pas aux spectacles pompeux. Je doute que beaucoup d'entre eux fassent des kilomètres pour aller voir un défilé royal. Les spectacles d'apparat sont assez enfantins ; leur couleur, leur formalisme, leurs mouvements au ralenti rappellent les magasins de jouets et les poupées costumées. C'est sans doute pourquoi les femmes plus que les hommes aiment les processions. Au fur et à mesure que les gens deviennent plus âgés et plus mûrs, ils sont de moins en moins sensibles aux spectacles d'apparat, de quelque genre que soient ceux-ci. Je doute que les généraux, les politiciens et les diplomates ressentent quelque chose au cours de défilés officiels, si ce n'est de l'ennui.

Il existe quelque évidence que les enfants élevés librement et avec le maximum de jeu tendent à devenir individualistes. Parmi les anciens de Summerhill, les seuls qui semblent capables de pousser des hourras enthousiastes dans une foule sont ceux qui viennent de familles à tendance communiste.

Le théâtre

En hiver, le dimanche soir à Summerhill est soir de théâtre. Les pièces sont toujours très populaires. J'ai vu jusqu'à six soirées de dimanche successives avec un programme dramatique. Il arrive, par contre, qu'après une vague de théâtre on ne joue rien pendant quelques semaines.

Le public n'est pas trop difficile. Il se tient bien — mieux que celui de Londres. Il est rare qu'on entende chahuter, taper des pieds ou siffler.

La salle de théâtre de Summerhill est située dans une ancienne salle de squash aménagée ; elle contient environ cent places. Elle a une scène mobile, c'est-à-dire faite de boîtes qui peuvent être placées en forme d'escalier ou de plate-forme. Elle a un bon éclairage, avec des dispositifs compliqués pour réduire ou augmenter la lumière. Il n'y a pas de décors — rien que des rideaux gris.

A l'annonce « Entrez villageois par la trouée dans la haie », les acteurs écartent le rideau.

La tradition de l'école exige que seules les pièces écrites à Summerhill soient jouées. Et le droit coutumier veut qu'une pièce écrite par un professeur ne soit jouée que s'il y a carence de pièces chez les enfants. La troupe fait ses propres costumes et ceux-ci sont exceptionnellement bien faits. Nos pièces tendent plus vers la comédie et la farce que la tragédie ; mais quand nous avons une tragédie elle est bonne — quelquefois même très bonne.

Les filles écrivent plus de pièces que les garçons. Les petits garçons présentent souvent leurs propres pièces, mais habituellement les rôles ne sont pas écrits. Ce serait bien inutile, la tirade majeure de chaque personnage étant « Haut les mains ! » A la fin de telles pièces, le rideau tombe sur un amoncellement de cadavres, les petits garçons étant généralement consciencieux et intransigeants.

Daphné, une fille de quatorze ans, avait l'habitude de nous donner du Sherlock Holmes. Je me souviens d'une séance au cours de laquelle un agent de police s'en allait avec la femme du commissaire. Avec l'aide d'un limier et, naturellement, de « Mon cher Watson », le commissaire suivait sa femme jusque chez l'agent de police. Là, un spectacle remarquable les attendait : l'agent de police était allongé sur un sofa, le bras autour de la taille de la femme infidèle, pendant qu'un essaim de demi-mondaines se livraient à des danses sinueuses, au centre de la pièce. *L'agent de police était en robe du soir*. Les drames de Daphné étaient toujours extrêmement colorés.

Les filles d'environ quatorze ans écrivent quelquefois des pièces en vers qui sont très bonnes. Naturellement, tout le monde à Summerhill n'écrit pas des pièces.

Il existe une forte aversion pour le plagiat. Quand, il y a quelque temps, une pièce fut retirée du programme et que je dus en écrire une en hâte pour boucher le trou, j'écrivis sur un thème de W. W. Jacob. Une clameur s'éleva : « Copieur ! Escroc ! »

Les enfants de Summerhill n'aiment pas les histoires dramatisées. Non plus que le fatras intellectuel si courant dans les autres écoles. Notre groupe ne joue jamais Shakespeare ; mais quelquefois, j'écris un sketch shakespearien, comme par exemple *Jules César* dans un cadre de gangstérisme à l'américaine — le texte étant un mélange de Shakespeare et de magazine policier.

Mary reçut la plus grande ovation lorsque, jouant le rôle de Cleopâtre, elle poignarda tous les acteurs en scène et enfin, regardant la lame de son couteau, y lut à haute voix : « Inoxydable », et se la plongea dans le sein.

Le talent des élèves est d'un niveau élevé. Parmi les acteurs le trac est inconnu. Les petits sont un délice à observer ; ils vivent leurs rôles en toute sincérité. Les filles sont plus comédiennes que les garçons. En fait, les garçons de moins de dix ans jouent rarement sur scène, sauf dans leurs pièces de gangsters ; et quelques enfants ne jouent jamais, ni ne semblent en avoir le désir.

Au cours de notre longue expérience, nous avons découvert que le plus mauvais acteur est celui qui joue un personnage dans la vie. Un tel enfant ne peut jamais oublier sa propre personne lorsqu'il est sur scène.

Jouer sur scène fait nécessairement partie de l'éducation. C'est pour une large part de l'exhibitionnisme, mais à Summerhill quand le jeu de scène devient uniquement exhibitionnisme, personne ne l'admire.

Pour jouer sur scène, il faut pouvoir s'identifier aux autres. Chez les adultes, cette identification n'est jamais inconsciente, les adultes savent qu'ils jouent la comédie. Mais je ne suis pas sûr que les enfants le savent. Très souvent, quand un enfant entre en scène et que la question « Qui es-tu ? » lui est posée, au lieu de répondre : « Je suis le fantôme de l'abbaye », il répond : « Je suis Peter. »

Dans une des pièces de nos plus jeunes, il y avait une scène de repas avec de vrais aliments. Le souffleur eut quelque mal à faire se presser les acteurs pour passer à la scène suivante. Les enfants se remplissaient les poches de nourriture, complètement indifférents au public.

Jouer la comédie est une méthode entre autres pour acquérir de la confiance en soi. Mais certains enfants qui ne montent jamais sur scène me disent qu'ils détestent les séances théâtrales parce qu'ils se sentent inférieurs . Voilà une difficulté que je n'ai jamais pu résoudre. Ces enfants, généralement, trouvent une autre activité dans laquelle ils peuvent affirmer leur supériorité. Le cas le plus difficile est celui de la fille qui aime jouer la comédie mais la joue mal. Il est tout à l'honneur de notre école qu'une telle fille ne reste jamais sans rôle.

Les garçons et les filles de quatorze ans refusent les rôles d'amoureux, mais les jeunes enfants jouent n'importe quel rôle avec plaisir. Les élèves de plus de quinze ans accepteront des rôles d'amoureux si la pièce est une comédie. Seuls un ou deux grands acceptent des rôles d'amoureux sérieux. Les scènes d'amour ne peuvent être bien jouées que lorsqu'on a fait l'expérience de l'amour. Par contre, les enfants qui n'ont jamais éprouvé de chagrin dans la vie réelle sont parfois splendides dans des rôles tristes. J'ai vu Virginia éclater en sanglots au cours de répétitions et pleurer pendant qu'elle jouait un rôle triste. Cela s'explique par le fait que tout enfant connaît le chagrin en imagination. En fait, la mort entre très tôt dans les rêves de l'enfant.

Les pièces pour enfants devraient être au niveau de ces derniers. C'est une erreur de leur faire jouer des pièces classiques qui ne correspondent pas à leur vie imaginative réelle. Leurs pièces, comme leurs lectures, devraient être de leur âge. Les enfants de Summerhill lisent rarement Scott, Dickens ou Thackeray, parce que les enfants aujourd'hui appartiennent à l'ère du cinéma. Quand un enfant va au cinéma, on lui donne en une heure un quart une histoire aussi longue que

Westward Ho — une histoire qui lui prendrait des journées s'il la lisait et qui comprenait mille descriptions ennuyeuses de gens et de paysages. Dans leur théâtre comme au cinéma, les enfants ne veulent pas une histoire d'Elseneur, ils veulent une histoire qui a trait au monde dans lequel ils vivent.

Quoique les enfants de Summerhill jouent leurs propres pièces, quand on leur en donne l'occasion ils réagissent avec enthousiasme devant du bon théâtre. Un hiver, j'ai lu une pièce par semaine aux grands. Je leur ai lu tout Barrie, Ibsen, Strindberg, Tchekhov, un peu de Shaw et de Galsworthy, et quelques pièces modernes comme *La Corde d'argent* et *Le Vortex*. Nos meilleurs acteurs et actrices ont beaucoup aimé Ibsen.

Les grands s'intéressent aux aspects techniques du théâtre et ont des idées originales. Il existe un truc bien connu en dramaturgie qui consiste à ne jamais permettre à un personnage de quitter la scène sans se trouver une excuse pour le faire. Quand un dramaturge veut se débarrasser du père, afin que la mère et la fille puissent se dire qu'elles pensent qu'il n'est qu'un idiot, le vieux père se lève toujours complaisamment en disant avant de s'éclipser : « Je pense que je vais aller voir si je jardinier a planté les choux. » Nos jeunes dramaturges, à Summerhill, ont une technique plus directe. Ainsi qu'une fille me le faisait remarquer : « Dans la vie, on quitte une pièce sans dire où l'on va. » On sort tout simplement et dans le théâtre summerhillien aussi.

Summerhill se spécialise dans une certaine branche de l'art dramatique que nous appelons le théâtre spontané. Je prépare un thème comme : « *Enfilez un manteau imaginaire, puis enlevez-le et pendez-le à un portemanteau. Cueillez un bouquet de fleurs et trouvez un chardon au milieu. Ouvrez un télégramme qui vous apprend la mort de votre père* (*ou de votre mère*). *Prenez un repas hâtif dans une buvette de gare ; vous êtes sur les dents parce que vous avez peur que le train parte sans vous.*

Parfois, la comédie est « du parlant ». Par exemple, je m'assois devant une table et annonce que je suis un agent des douanes. Chaque enfant a un passeport imaginaire et doit être prêt à répondre à toutes mes questions. C'est très amusant.

Ou alors, je suis producteur de films et j'auditionne des acteurs éventuels, ou homme d'affaires et je recherche une secrétaire. Une fois, je fus un patron qui avait placé une annonce pour une mécanographe. Aucun des enfants ne savait ce que le mot voulait dire. Une fille joua le rôle comme s'il s'agissait d'une manucure et le quiproquo était fort drôle.

Le théâtre spontané est le côté créatif de notre théâtre scolaire — son côté vital. Notre théâtre a fait plus que toute autre chose pour l'esprit de création à Summerhill. Tout le monde peut jouer un rôle, mais tout le monde ne peut pas écrire une pièce. Les enfants doivent comprendre, même si ce n'est que partiellement, que leur tradition de ne jouer que des pièces originales, montées entièrement par eux, encourage l'esprit de création plutôt que de reproduction et d'imitation.

La danse et la musique

Maintenant, passons à la danse — celle qu'on danse selon les règles. Et, chose surprenante, la foule accepte des règles que l'individu généralement réprouve.

Pour ma part, une salle de bal londonienne symbolise l'Angleterre. La danse, qui devrait être un plaisir créatif et individuel, y est réduite à une marche raide. Tous les couples dansent de la même manière. Le conservatisme de la foule empêche la plupart des danseurs d'être originaux. Pourtant, le plaisir de la danse, c'est celui de l'invention. Quand l'invention est éliminée, la danse devient mécanique et sans intérêt. La danse des Anglais exprime pleinement leur peur des sentiments et de l'originalité.

S'il n'y a pas de place pour la liberté dans un plaisir comme la danse, comment peut-on espérer la trouver dans les aspects plus sérieux de la vie ? Si l'on n'ose pas inventer ses propres pas de danse, comment pourrait-on inventer ses propres pas en matière de religion, d'éducation ou de politique ?

A Summerhill, tout programme comporte des danses. Elles sont toujours arrangées et présentées par les filles qui s'en tirent fort bien. Elles préfèrent la musique de jazz à la musique classique. Nous avons vu un ballet dansé sur la musique d'*Un Américain à Paris*, de Gershwin. J'en écrivis le scénario et les filles interprétèrent le ballet. J'en ai vu de pires sur les scènes londoniennes.

La danse est un excellent exutoire pour la curiosité sexuelle inconsciente. Je dis *inconsciente* parce qu'une fille peut être belle, mais si elle danse mal elle ne trouvera pas de partenaire pour danser.

Presque tous les soirs, notre salon privé est rempli d'enfants. Nous mettons souvent des disques, et là des désaccords surviennent. Les enfants veulent entendre Duke Ellington et Elvis Presley, que je déteste. J'aime Ravel, Stravinsky et Gershwin. De temps en temps, quand je suis excédé par le jazz je fais la loi et j'insiste que puisque je suis dans mon salon je peux jouer ce qui me plaît.

Le Chevalier à la rose, Les Maîtres chanteurs déchaînent un sauve-qui-peut. Mais, aussi, peu d'enfants aiment la musique ou la peinture classiques. Nous ne cherchons pas à élever leurs goûts — si toutefois cela veut dire quelque chose.

En vérité, il importe peu pour être heureux qu'on aime Beethoven ou le jazz hot. Les écoles réussiraient beaucoup mieux si elles incluaient le jazz dans leur programme et abandonnaient Beethoven. A Summerhill, trois de nos garçons, inspirés par des orchestres de jazz, ont appris à jouer d'un instrument. Les deux premiers achetèrent une clarinette, le troisième choisit la trompette. En quittant l'école, tous trois allèrent étudier au Royal Academy of Music. Aujourd'hui, ils appartiennent tous trois à des orchestres qui jouent de la musique classique exclusivement. J'aime à penser que la raison de ce progrès dans leur appréciation de la musique tient à ce qu'à Summerhill chacun d'eux put, comme il le désirait, écouter Duke Ellington et Bach, ou tout autre compositeur.

Les sports et les jeux d'équipe

Dans presque toutes les écoles, les sports sont obligatoires. L'assistance aux matches l'est aussi. A Summerhill, les jeux d'équipe, comme les études, sont facultatifs.

Un de nos garçons est resté dix ans dans l'école sans participer à aucun jeu d'équipe et sans qu'on lui demande jamais de le faire. Les plus jeunes de nos élèves n'organisent pas de jeux d'équipe. Ils jouent aux gangsters et aux Indiens ; ils bâtissent des cabanes dans les arbres et font tout ce que font les jeunes enfants en général. Puisqu'ils n'ont pas atteint encore l'âge de la coopération, il n'y aurait aucune raison pour organiser des jeux d'équipe à leur intention. Les jeux organisés et les sports viennent naturellement, en temps voulu.

A Summerhill, nos principaux jeux d'équipe sont le hockey en hiver et le tennis en été. Le plus difficile avec des enfants, c'est d'obtenir une bonne collaboration dans les matches de tennis doubles. Ils comprennent fort bien le travail en équipe pour le hockey, mais souvent deux joueurs de tennis jouent individuellement plutôt qu'en collaboration. Le travail en équipe se fait plus facilement vers l'âge de dix-sept ans.

La natation est très populaire à tous les âges. La plage de Sizewell, hélas, n'est pas très bonne pour les enfants, car la marée y semble toujours haute et les grandes étendues de sable parsemées de rochers et de trous d'eau si chers aux enfants ne se trouvent pas sur notre côte.

Nous n'avons pas de cours de gymnastique et nous ne les croyons pas nécessaires. Les enfants font tout l'exercice dont ils ont besoin au cours de leurs jeux, quand ils nagent, quand ils dansent et quand ils roulent à bicyclette. Je doute que des enfants élevés librement aient jamais le désir de suivre un cours de gymnastique. Nos jeux d'intérieur sont le ping-pong et les cartes.

Les petits ont un bassin pour patauger, une fosse à sable, une bascule et des balançoires. La fosse à sable est toujours pleine d'enfants crasseux par temps chaud ; et les petits se plaignent constamment que les grands viennent les déranger et jouer avec leur sable. Il semble que nous devrions avoir une fosse à sable pour les grands. L'âge du sable et des pâtés dure plus longtemps que nous l'avions pensé au début.

Nous avons eu des débats et des polémiques au sujet de notre illogisme quant aux récompenses sportives. Cela réside dans le fait que nous refusons résolument d'introduire des prix et des notes dans notre vie. L'argument contre la récompense, c'est qu'une chose doit être faite pour elle-même, pas en vue d'une récompense ; et cet argument est des plus valables. On nous demande parfois pourquoi il nous semble juste d'accorder un prix pour le tennis et injuste d'en accorder un pour la géographie. C'est peut-être parce qu'une partie de tennis est a priori compétitive et consiste à battre l'adversaire, alors qu'il ne s'agit pas de la même chose en géographie. Si je connais la géographie, il m'est indifférent qu'un autre en sache plus que moi. Je sais aussi que les enfants *veulent* des prix pour les jeux d'équipe et qu'ils n'en désirent pas pour le travail académique — du moins pas à Summerhill. En aucun cas, chez nous, nous ne faisons des héros de nos vainqueurs sportifs. Le fait que Fred soit capitaine de l'équipe de hockey ne donne pas plus de poids à son vote à l'assemblée générale.

Les sports à Summerhill sont à leur juste place. Un garçon qui n'en pratique aucun n'est jamais regardé de travers ou considéré comme inférieur. « Vivre et laisser vivre » est une devise qui trouve sa meilleure expression chez les enfants qui sont libres de choisir ce qui leur convient. Personnellement, je m'intéresse peu aux sports, par contre, je m'intéresse vivement à l'esprit sportif. Si les professeurs de Summerhill avaient encouragé les élèves avec des « Allons les gars, tous sur le terrain ! », les sports, dans notre école, se seraient dépravés. Ce n'est que dans la liberté du choix que peut se développer le véritable esprit sportif.

RAPPORT DES INSPECTEURS DU GOUVERNEMENT BRITANNIQUE

MINISTÈRE DE L'ÉDUCATION

Rapport des inspecteurs de Sa Majesté
sur
l'Ecole Summerhill
Leiston, Suffolk Est
Inspectée les
20 et 21 juin 1949

NOTES

1. Ce rapport est confidentiel et ne peut être publié qu'avec la permission expresse de l'école. S'il est publié, il devra l'être dans sa totalité.

2. Les droits de reproduction du rapport sont la possession du Service de contrôle du bureau des Archives de Sa Majesté. Le Service du contrôle ne voit aucune objection à la reproduction de ce rapport, à condition qu'il soit clairement compris par les intéres-

sés que les droits de reproduction sont la possession exclusive de celui-ci.

3. Il est entendu que la publication de ce rapport ne saurait entraîner aucune forme de recommandation de la part du ministre.

Ministère de l'Education
Curzon Street
London, W. 1

Réf. 38B/6/8

Cette école est connue dans le monde entier comme une école nouvelle, fonctionnant selon des idées révolutionnaires et dans laquelle les théories publiées de son directeur, bien connu et fort discuté, sont mises en pratique. Son inspection s'avéra exigeante et intéressante ; exigeante, à cause de la grande différence entre les principes en action dans cette école et ceux avec lesquels les inspecteurs étaient jusqu'à présent familiarisés ; et intéressante, à cause de l'occasion offerte d'essayer non pas uniquement d'observer, mais d'estimer la valeur de l'éducation donnée.

Tous les enfants de l'école sont pensionnaires et les frais de pension annuels sont de cent vingt livres. En dépit des salaires peu élevés du personnel, dont nous reparlerons plus loin, le directeur rencontre des difficultés pour maintenir l'école à ce prix, qu'il hésite à augmenter en vue de ce qu'il connaît de la situation financière des parents. Quoique la pension soit peu élevée, comparée à celles de beaucoup de pensionnats privés, et compte tenu du grand nombre de professeurs, les inspecteurs furent quelque peu surpris par les difficultés financières dont le directeur se plaignit. Seul un examen sérieux des comptes pourrait indiquer s'il serait possible de réduire les dépenses sans qu'il y eût perte, et il serait peut-être bon de faire faire cet examen par un organisme compétent et indépendant. Cela posé, il faut préciser que, quelles que soient les déficiences de l'école, les enfants sont en bonne santé et très bien nourris.

Les principes selon lesquels l'école fonctionne sont bien connus des lecteurs des ouvrages de son directeur. Quelques-uns de ces principes ont été largement adoptés depuis leur publication, quelques autres exercent une influence grandissante sur les écoles en général, alors que d'autres encore sont considérés avec scepticisme et répugnance par la majorité des enseignants et des parents. Tout en s'efforçant de rester dans leur ligne d'observation habituelle, afin d'évaluer les résultats d'une façon objective, les inspecteurs trouvèrent impossible d'établir un rapport impartial sans donner quelques explications sur les principes et les buts de l'école, qu'ils soient en accord avec ceux-ci ou non.

Le principe fondamental de l'école est la liberté. Cette liberté n'est pas tout à fait sans qualifications. Il existe un certain nombre de lois sur la sécurité individuelle, établies par les enfants et approuvées par le directeur si elles sont suffisamment rigoureuses. Les enfants, par exemple, ne peuvent se baigner qu'en présence de deux membres du personnel qui possèdent leur brevet de secouriste. Les enfants les plus jeunes ne peuvent quitter l'enceinte de l'école qu'en compagnie de plus grands. Ces règlements, ainsi que d'autres similaires, sont catégoriques et les transgresseurs sont punis par un système d'amendes. Toutefois, le degré de liberté accordé aux enfants est beaucoup plus grand que celui qui est accordé dans les autres écoles, d'après l'observation des inspecteurs, et cette liberté n'est pas théorique. Aucun enfant, par exemple, n'est obligé de se rendre en classe. Ainsi qu'il se révéla plus tard, la majorité des enfants s'y rendent, pour la plupart régulièrement, mais un des élèves vécut dans cette école pendant treize ans sans assister à aucun cours et est maintenant ingénieur dans la fabrication d'instruments de précision. Ce cas extrême est mentionné afin de montrer que la liberté accordée aux enfants est réelle et qu'elle n'est pas retirée dès que les résultats deviennent gênants. L'école, cependant, ne fonctionne pas selon des principes anarchistes. Les lois sont établies par un parlement scolaire qui se réunit régulièrement sous la présidence d'un enfant auquel assistent tout membre du personnel et tout enfant qui le désirent. Cette assemblée a un pouvoir de discussion illimité et, apparemment, de législation assez large. En une occasion, elle discuta le renvoi d'un professeur, témoignant, fut-il compris, d'un excellent jugement dans ses opinions. Cependant, une telle occurrence est rare et, normalement, le parlement ne traite que des problèmes sociaux quotidiens de la communauté.

Les inspecteurs purent assister à une session le premier jour de leur inspection. Les questions principales qui furent discutées étaient l'application des règlements concernant l'heure du coucher, établis par le parlement, et du contrôle de l'accès de la cuisine aux heures non autorisées. Ces questions furent discutées avec vigueur et beaucoup de liberté d'expression, d'une façon raisonnablement ordonnée, et sans tenir compte des personnes. Quoiqu'il parût que beaucoup de temps fut passé en des arguments inutiles, les inspecteurs furent disposés à convenir avec le directeur que l'expérience acquise par les enfants au cours de cette discussion sur l'organisation de leurs propres affaires avait finalement plus de valeur que le temps perdu.

Il est évident qu'une majorité de parents et d'enseignants hésiteraient beaucoup à accorder la liberté totale en matière de sexualité. Beaucoup, qui seraient d'accord avec le directeur jusqu'à un certain point, ne le suivraient pas plus loin. Ils ne trouveraient peut-être pas difficile d'accepter son idée que la curiosité de l'enfant en matière de sexualité devrait être satisfaite librement, que la sexualité devrait être libérée de la culpabilité, et que certaines inhibitions acceptées depuis longtemps ont causé un mal infini, mais, dans une école mixte, ils montreraient sans doute plus de prudence que lui. Evidemment, il est extrêmement difficile de commenter impartialement les résultats, dans un cas comme dans l'autre. Dans toute communauté d'adolescents, la sexualité est sans aucun doute présente, et elle ne sera certainement pas éliminée parce qu'on la recouvrira de tabous. Ceux-ci ne feraient, en fait, que l'exacerber. En même temps, et le directeur de Summerhill est d'accord, la liberté totale d'exprimer cette sexualité n'est pas possible, même si elle est désirable. Tout ce qu'on peut dire raisonnablement en ce qui concerne le cas présent, c'est qu'il serait difficile de trouver un ensemble de garçons et de filles plus naturels, ouverts et francs, et que des catastrophes auxquels certains auraient pu s'attendre ne se sont pas produites à Summerhill au cours des vingt-huit années de son existence.

Une autre question discutable qu'il faut mentionner, c'est l'absence de toute instruction ou vie religieuses. La religion n'est pas proscrite et si le parlement scolaire décidait de l'introduire, elle le serait sans aucun doute. De même, si un individu la désirait, il ne serait rien fait pour lui créer des obstacles. Les enfants sont tous de familles dans lesquelles on n'accepte pas les doctrines chrétiennes dans leur orthodoxie et, en fait, aucun désir n'a été exprimé en ce qui concerne la religion. Sans vouloir faire violence au terme, on peut toutefois dire que bien des principes chrétiens trouvent leur application dans l'école et qu'il y a beaucoup dans cette école que tout chrétien approuverait. Les effets de l'absence totale d'instruction religieuse ne peuvent être, évidemment, jugés après deux jours d'inspection.

Il a paru nécessaire d'offrir cette introduction de l'école, avant de passer aux questions plus usuelles constituant un rapport. C'est dans ce cadre de liberté réelle que l'organisation et les activités de l'école doivent être considérées.

Organisation

Il y a soixante-dix enfants, âgés de quatre à seize ans. Ils vivent dans quatre bâtiments séparés qui seront décrits dans la section concernant les locaux. Dans cette même section, l'éducation, dans son sens le plus strict, sera également décrite. Il y a six classes, organisées très approximativement selon l'âge des enfants, mais, d'une façon plus précise, selon leurs capacités. Ces classes fonctionnent selon un emploi du temps ordinaire et conforme aux normes et, se réunissent cinq matinées par semaine, chacune pour une durée de quarante minutes. Elles ont lieu dans des locaux déterminés et avec des professeurs bien définis. Elles diffèrent des mêmes classes dans les écoles ordinaires en ce qu'il n'existe pas la moindre garantie que tous les élèves, ou même un seul, y assisteront. Il apparaît que l'assistance aux cours augmente en régularité au fur et à mesure que les enfants prennent de l'âge, et que lorsqu'un enfant a décidé de fréquenter une certaine classe, il le fait régulièrement. Il fut plus difficile de découvrir si la quantité du travail accompli et des matières enseignées était suffisante. Etant donné que beaucoup d'enfants passent l'examen de fin d'études, leurs choix sont soumis aux conditions requises pour passer un tel examen, au fur et à mesure que sa date approche; mais les plus jeunes élèves sont complètement libres dans leurs choix. Dans l'ensemble, les résultats obtenus par ce système ne sont pas impressionnants. Il est vrai que les enfants travaillent avec une volonté et un intérêt qui sont des plus rafraîchissants, mais leurs accomplissements sont plutôt maigres. Cela n'est pas, de l'avis des inspecteurs, un résultat inévitable du système, mais plutôt du système qui n'est pas au point. Parmi les causes on peut citer :

1. Le manque d'un bon professeur pour les plus jeunes, qui pourrait contrôler et intégrer leur travail et leurs activités.

2. La qualité de l'enseignement en général. L'enseignement dans la classe enfantine est, autant qu'il peut en être jugé, éclairé et efficace, et l'enseignement n'est pas mauvais dans les classes plus élevées, mais le manque d'un bon professeur qui pourrait inspirer les enfants de huit, neuf et dix ans, est des plus apparents. Quelques méthodes étonnamment vieillottes, à côté d'autres traditionnelles, sont utilisées et, lorsque les enfants atteignent l'âge auquel ils sont prêts pour des études plus avancées, ils souffrent de désavantages considérables et présentent à leurs professeurs des problèmes sévères. L'enseignement donné aux plus grands élèves est d'une meilleure qualité et même, dans un ou deux cas, d'une très bonne qualité.

3. Les enfants manquent d'orientation. Il est louable qu'une fille de quinze ans puisse décider d'apprendre le français et l'allemand, deux langues qu'elle avait précédemment négligées, mais lui permettre d'entreprendre une telle tâche avec deux cours d'allemand et trois de français par semaine est certainement irréfléchi. Les progrès de l'enfant étaient lents en dépit de son admirable détermination et elle aurait dû recevoir un plus grand nombre de cours. Il semble aux inspecteurs

qu'un système de cours individuels pourrait être mis au point afin d'aider les enfants dans leur travail.

4. L'impossibilité de s'isoler. « Summerhill est un lieu où il est difficile d'étudier. » La phrase est du directeur. C'est une ruche active où mille choses captent l'attention et l'intérêt. Aucun enfant n'a une chambre pour lui seul et il n'existe aucune pièce désignée pour étudier dans le calme. Une personne résolue pourrait sans doute toujours trouver quelque endroit, mais le degré nécessaire de détermination est rare. Peu d'enfants restent à l'école après l'âge de seize ans, quoique rien ne les en empêche. Il y a, et il y eut dans le passé à Summerhill, quelques enfants extrêmement intelligents et capables, mais il est douteux que, sur le plan académique, ils y aient trouvé ce dont ils avaient besoin.

Cependant, un excellent travail est fourni quand la qualité de l'enseignement est bonne. Le travail artistique est hors ligne. Il fut difficile de détecter quelque différence significative entre la peinture des enfants de Summerhill et celle des enfants d'écoles beaucoup plus traditionnelles, mais, quel que soit le critère de jugement, le travail était très bon. On était en train d'installer un four à céramique pendant l'inspection et la poterie qui allait être cuite était fort belle. Les dispositions prises pour l'achat d'un métier à tisser permettront l'adjonction d'un travail manuel dont les premiers essais ont été prometteurs.

Il est fait beaucoup de travail littéraire, comprenant un journal et des pièces écrites et jouées chaque trimestre. On parla beaucoup de ces pièces, mais, apparemment, il n'est pas coutumier à Summerhill de conserver les textes, aussi il ne fut pas possible de juger de leur qualité. Récemment, une représentation de *Macbeth* fut offerte dans le petit théâtre de l'école, les décors et les costumes ayant été faits par les élèves. Il fut intéressant d'apprendre que cette représentation avait été donnée par les enfants, allant à l'encontre des souhaits du directeur qui préfère que les élèves jouent des pièces de leur composition.

L'éducation physique est donnée en accord avec les principes de l'école. Il n'y a pas de sports ou d'entraînement sportif obligatoires. On joue au football, paraît-il, avec beaucoup de compétence, grâce à la présence d'un expert parmi les professeurs. Le jour de l'inspection, un match de cricket contre une école voisine fut disputé, au cours duquel Summerhill décida de retirer son meilleur joueur après avoir appris que le meilleur joueur de l'équipe adverse était malade.

On passe beaucoup de temps en plein air et les enfants mènent une vie active et saine dont les résultats sont visibles. Seule une enquête minutieuse pourrait révéler les inconvénients, si toutefois il en existe, causés par l'absence d'une éducation physique plus traditionnelle.

Locaux

L'école est sise sur un terrain dont l'étendue offre de grandes possibilités de récréation. Le bâtiment principal, qui était à l'origine une maison privée, pourvoit pour les besoins scolaires une grande salle commune, un réfectoire, des chambres d'infirmerie, une salle de dessin, une petite salle pour le travail manuel et le dortoir des filles. Les plus jeunes enfants dorment dans un cottage où se trouve aussi leur salle de classe. Les dortoirs à l'usage des autres garçons et les salles de classe restantes sont situés dans des cabanes à l'intérieur de la propriété, où se trouvent également les chambres de quelques membres du personnel enseignant. Toutes les pièces ouvrent directement sur le jardin. Les salles de classe, quoique petites, sont de taille suffisante, l'enseignement étant donné par petits groupes. Un des dortoirs représente un notable effort de construction de la part des élèves et des professeurs : il lui fut bâti pour devenir une infirmerie qui apparemment ne trouva pas son usage. L'aménagement des dortoirs est quelque peu rudimentaire, comparé à celui des locaux scolaires habituels, mais il doit être noté que le dossier médical de l'école est bon et les aménagements peuvent donc être considérés comme satisfaisants. Les salles de bains et lieux de nécessité sont en nombre suffisant.

Si les locaux paraissent a priori étonnamment primitifs, ils semblent, en fait, être éminemment appropriés à la création d'une atmosphère de camp de vacances permanent qui est une des caractéristiques les plus frappantes de l'école. De plus, ils offrirent la possibilité de voir les enfants en étude sans qu'ils fussent dérangés par les nombreux visiteurs qui étaient présents le jour de l'inspection.

Le personnel enseignant

Le personnel enseignant est payé huit livres par mois, logé et nourri. Trouver des hommes et des femmes qui non seulement sont d'accord avec les principes de l'école, mais encore sont suffisamment mûrs et équilibrés pour vivre sur un pied d'égalité avec les enfants, qualifiés sur le plan académique et extrêmement habiles dans leur tâche d'enseignants, et persuader de telles personnes de travailler pour huit livres par mois, doit être fort difficile pour le directeur. Avoir enseigné à Summerhill n'est pas une référence dans bien des milieux ; de plus, un tel ensemble nécessaire de conviction, de désintéressement, de personnalité et de compétence est rare. Il fut indiqué précédemment que le personnel enseignant n'est pas à la hauteur de toutes les tâches requises, cependant, il est bien meilleur que celui de beaucoup de collèges privés qui offrent des salaires plus élevés. Ces professeurs comprennent un licencié d'anglais (avec mention) de l'université d'Edimbourg, un licencié ès sciences de l'université de Liverpool, un ancien élève de l'université de Cambridge, classé premier à l'examen de mathématiques, un licencié de français et d'allemand (avec mention) de l'université de Londres et un licencié d'histoire (avec mention) de l'université de Cambridge. Quatre d'entre eux sont des professeurs certifiés. Cette liste n'inclut pas les professeurs de dessin et de travaux manuels qui ont des diplômes étrangers et qui sont parmi les meilleurs du groupe.

Tout en montrant un besoin de perfectionnement, çà et là, les professeurs actuels sont loin d'être faibles, et en suivant quelques classes d'observation ils pourraient améliorer et rafraîchir leur enseignement, se mettre au courant des nouveautés et faire, alors, un très bon travail. En même temps, on ne peut espérer qu'un salaire de quatre-vingt-seize livres par an puisse continuer à attirer à l'école les professeurs dont elle a besoin, et il est clair que cette éventualité devra être sérieusement considérée.

Le directeur est un homme profondément convaincu et sincère. Sa foi et sa patience semblent inépuisables. Il a le rare pouvoir d'avoir une forte personnalité sans être dominateur. Il est impossible de le voir dans son école sans le respecter, même si l'on n'est pas d'accord avec toutes ses idées et si l'on en déteste quelques-unes. Il possède un sens de l'humour, une chaude humanité et un solide bon sens qui feraient de lui un bon directeur dans n'importe quelle école. Sa vie de famille heureuse est partagée avec les enfants qui sont, il est à présumer, aussi capables que les enfants éduqués ailleurs de profiter d'un exemple.

Il envisage largement l'éducation comme le moyen d'apprendre à vivre abondamment et quoiqu'il admettrait le bien-fondé de quelques-unes, au moins, des critiques faites dans ce rapport, il resterait convaincu que son école doit fonder sa réputation sur le genre d'enfants dont son système permet la formation plutôt que sur les matières spécifiques qui y sont enseignées. De cette base d'évaluation il peut être dit :

1. Que les enfants sont pleins de vie et d'entrain. D'ennui et d'apathie, il n'y a aucun signe. Une atmosphère de contentement et de tolérance imprègne l'école. L'affection que lui portent les anciens élèves est la preuve même de sa réussite. Une moyenne de trente d'entre eux assistent aux représentations données à la fin de chaque trimestre et beaucoup d'entre eux établissent leur quartier général à l'école pendant les vacances.

Il est peut-être bon de noter ici que, tandis qu'à ses débuts l'école était fréquentée presque exclusivement par des enfants « problématiques », l'enrôlement, de nos jours, comprend une moyenne d'enfants de tous genres et milieux de la population.

2. Que les manières des enfants sont charmantes. Ils négligent, çà et là, quelques conventions usuelles, mais leur franchise, leur grâce et leur naturel, ainsi que leur manque absolu de timidité et d'embarras, rendent les rapports avec eux faciles et agréables.

3. Que l'initiative, la responsabilité et l'intégrité sont des qualités encouragées par le système et que, autant qu'il put en être jugé, elles sont en fait développées.

4. Que selon toute évidence, il n'est pas permis de penser que les enfants éduqués à Summerhill ne s'intégreront pas à une société ordinaire après avoir quitté l'école. Les renseignements suivants ne donnent pas, naturellement, une idée définitive sur ce point,

mais ils indiquent que l'éducation reçue à Summerhill n'est pas incompatible avec la réussite dans le monde. La liste des anciens élèves comporte un capitaine dans la R.E.M.E. (Royal Electrical Mechanical Engineers), un quartier-maître dans l'artillerie, un pilote de bombardier et un commandant de groupe, une jardinière d'enfants, une hôtesse de l'air, un clarinettiste dans la musique des grenadiers de la Garde, un boursier chargé de cours au Collège impérial, un membre du corps de ballet de Saddler's Wells, un opérateur de radio, un auteur de nouvelles qui paraissent dans un grand journal quotidien, un enquêteur sur l'étude des marchés d'une grande firme. Ils ont obtenu, entre autres, les diplômes suivants : une licence d'économie politique, avec mention, de l'université de Cambridge, une bourse au Royal College of Art, une licence ès sciences, avec mention, en physique, de l'université de Cambridge, une licence de philologie moderne, avec mention, de l'université de Manchester.

5. Les vues du directeur en matière d'éducation font de cette école un lieu exceptionnellement adapté au type d'éducation dont le travail fondamental est basé sur l'intérêt des enfants et dont les études ne sont pas motivées par les exigences des examens. Avoir pu créer une situation dans laquelle le travail académique le plus intelligent pourrait être d'une haute qualité, est un accomplissement mais, en fait, ce travail n'étant pas d'une haute qualité, une grande occasion, en ce cas, est manquée. Avec un meilleur enseignement à tous les niveaux, surtout chez les jeunes enfants, le travail pourrait atteindre un niveau élevé et une expérience d'un profond intérêt pourrait alors avoir la chance de faire ses preuves.

Il reste dans l'esprit quelques doutes en ce qui concerne à la fois les principes et les méthodes. Une connaissance plus longue et plus approfondie de l'école en éliminerait peut-être quelques-uns et en intensifierait peut-être quelques autres. Ce dont on ne peut douter, c'est qu'une fascinante et enrichissante étude pédagogique se poursuit ici qu'il serait bon pour tous les éducateurs de pouvoir observer.

Notes sur le rapport des inspecteurs de Sa Majesté

C'est vraiment une chance que nous ayons eu deux inspecteurs aux idées larges. Pendant les deux jours d'inspection nous avons eu bon nombre de discussions amicales. Nous avons rapidement laissé tomber les « Monsieur ».

J'étais convaincu que les inspecteurs d'écoles avaient l'habitude de prendre un livre de français en main, devant une classe, et de poser des questions afin d'évaluer ce que les élèves savaient. Je raisonnais qu'un tel état d'esprit et une telle expérience seraient de peu d'utilité pour estimer la valeur d'une école dans laquelle les leçons ne sont pas le critère primordial. Je dis à un des inspecteurs : « Je doute que vous puissiez inspecter Summerhill, car nos critères sont le bonheur, la sincérité, l'équilibre et la sociabilité. » Il eut un large sourire et me dit qu'ils essaieraient tout de même. Nos deux inspecteurs s'adaptèrent d'une façon remarquable et, de toute évidence, prirent plaisir en même temps à ce qu'ils firent.

Des choses curieuses les frappèrent. L'un d'eux remarqua : « Quelle surprise agréable d'entrer dans une salle de classe et de s'apercevoir que les enfants ne font pas attention à vous, après tant d'années passées à observer des classes qui se mettent au garde-à-vous à votre entrée. » Oui, nous avons eu vraiment de la chance d'avoir ces deux inspecteurs.

Mais parlons du rapport. « Les inspecteurs furent un peu surpris par les difficultés financières... » La réponse à cela on la trouve surtout dans de mauvaises dettes, mais celles-ci ne sont pas l'unique raison. Le rapport mentionne que la pension annuelle est de cent vingt livres, mais depuis, et afin de pouvoir faire face à l'augmentation de la vie au cours des années, nous avons dû la porter à deux cent cinquante livres. Elle ne comprend pas le coût des réparations, l'achat de matériel et autres frais. Une chose est certaine, les dégâts matériels à Summerhill sont plus nombreux que dans une école disciplinée. Les enfants de Summerhill peuvent vivre à fond leur période de gangstérisme et, en conséquence, il y a une plus grande détérioration de mobilier.

Le rapport indique que nous avons soixante-dix enfants. Aujourd'hui, nous sommes redescendus à quarante-cinq, un fait qui compense dans une certaine mesure l'augmentation de la pension.

Le rapport parle de l'enseignement inférieur donné à nos jeunes élèves. Nous avons toujours eu ce problème. Même avec un excellent professeur, il est difficile de faire effectuer le travail de classe ordinaire, ne serait-ce que parce que les enfants ont la liberté de faire autre chose. Si dans les écoles d'Etat les enfants de dix et douze ans pouvaient grimper aux arbres et creuser des tunnels au lieu d'aller en classe, leur niveau d'instruction serait le même que chez nous. A Summerhill, nous acceptons que nos garçons et filles traversent une période pendant laquelle leur niveau d'instruction sera moindre, parce que nous pensons que le jeu a une plus grande importance que l'étude pendant cette période de leur vie.

Même si je présume que le retard dans l'instruction de nos jeunes enfants est important, il n'en est pas moins vrai que plus tard ces jeunes enfants devenus plus âgés passeront les examens d'entrée à Oxford avec de très bonnes notes. Ces élèves furent testés sur un total de 39 sujets, avec une moyenne de 6 sujets 1/2 pour chaque élève. Les résultats révélèrent 24 *Très bien*, ce qui est supérieur à 70 pour cent. Dans les 39 examens, il n'y eut qu'un échec. Le handicap que représente l'infériorité au niveau exigé dans les autres écoles, pour un enfant de Summerhill, ne signifie pas nécessairement qu'il sera d'un niveau inférieur quand il sera plus grand.

Pour ma part, j'ai toujours aimé les succès tardifs chez les enfants. J'ai vu bien des enfants brillants qui pouvaient réciter Milton à quatre ans et devenaient ivrognes ou minables à vingt-quatre. J'aime rencontrer un homme qui, à l'âge de cinquante-trois ans, me dit qu'il ne sait pas exactement ce qu'il va faire dans la vie. J'ai une idée que le garçon qui sait à sept ans ce qu'il fera plus tard est peut-être un inférieur qui aura une attitude conservatrice dans la vie.

Le rapport dit : « Avoir pu créer une situation dans laquelle le travail académique le plus intelligent pourrait être d'une haute qualité, est un accomplissement, mais, en fait, ce travail n'étant pas d'une haute qualité, une grande occasion, en ce cas, est manquée. » C'est le seul paragraphe dans lequel les deux inspecteurs ne purent s'élever au-dessus de leurs préoccupations académiques. Notre système est florissant quand un enfant *veut* une éducation académique, ainsi que les résultats aux examens le montrent. Mais peut-être le paragraphe des inspecteurs veut-il dire que d'un enseignement meilleur aux jeunes enfants il en résulterait un plus grand nombre d'élèves désireux d'obtenir un diplôme de fin d'études.

N'est-il pas temps de mettre l'instruction académique à sa place ? Trop souvent elle essaie de faire une bourse de soie d'une oreille de cochon. Je me demande ce qu'une instruction académique aurait accompli pour quelques-uns de nos anciens élèves — une dessinatrice de modes, une coiffeuse, un danseur, quelques musiciens, quelques ouvriers spécialisés et une demi-douzaine d'artistes.

Toutefois, le rapport est honnête, sincère et généreux. Je le publie simplement parce qu'il est bon que les lecteurs aient de Summerhill une vue qui ne soit pas la mienne. Notez bien que le rapport ne saurait en aucune façon constituer une reconnaissance officielle par le ministère de l'Education. Personnellement cela m'est égal, mais une reconnaissance eût été la bienvenue pour deux raisons : nos professeurs auraient droit à la retraite de l'Education nationale et les parents auraient une meilleure chance d'obtenir des bourses de l'Etat pour leurs enfants.

Je tiens à dire que Summerhill n'a jamais eu aucune difficulté avec le ministère de l'Education nationale. Toute requête de ma part ou visite au ministère ont été accueillies avec courtoisie et gentillesse. Ma seule déconvenue fut de voir le ministre refuser la permission à des parents scandinaves d'importer et d'ériger à Summerhill des bâtiments préfabriqués, juste après la guerre.

Quand je pense à l'intérêt paternaliste que portent certains gouvernements européens aux écoles privées, je suis heureux de vivre dans un pays qui accorde autant de liberté à l'entreprise privée. Je fais preuve de tolérance à l'égard des enfants ; le ministère fait preuve de tolérance à l'égard de mon école. Je suis ravi.

L'avenir de Summerhill

Maintenant que j'ai soixante-seize ans, je sens que je n'écrirai pas d'autre livre concernant l'éducation, car je n'ai rien de nouveau à dire[1]. Mais ce que j'ai à dire est un peu en mon honneur; je n'ai pas passé les quarante dernières années de ma vie à consigner sur papier des *théories* sur les enfants. La plupart de ce que j'ai écrit a été basé sur mon observation des enfants, en vivant avec eux. Il est vrai que je me suis inspiré de Freud, de Homer Lane et d'autres; mais, graduellement, j'ai tendu à laisser de côté les théories quand le test de la réalité démontrait leur invalidité.

C'est un curieux travail que celui d'un auteur. Comme à la radio, il adresse un message à des gens qu'il ne connaît pas et dont il ignore le nombre. Mon public est spécial. Ce qu'on appelle le public en général ne me connaît pas. La B.B.C. ne penserait jamais à m'inviter à une émission sur l'éducation. Aucune université, pas même la mienne, celle d'Edimbourg, ne songerait à me remettre un diplôme honoris causa. Quand je fais une conférence aux étudiants d'Oxford ou de Cambridge, aucun professeur ne vient m'écouter. J'en suis plutôt fier, pensant qu'être accepté par les officiels signifierait que je suis démodé.

1. A. S. Neill a publié un nouvel ouvrage en 1966, intitulé *Freedom — not Licence.* (N.d.T.)

Il fut un temps où j'étais irrité parce que le *London Times* ne publiait jamais les lettres que je lui adressais, mais aujourd'hui je prends son refus pour un compliment.

Je ne cherche pas à dire que j'ai échappé au désir d'être reconnu, mais l'âge amène des modifications — surtout dans les valeurs. Récemment, je fis une conférence devant sept cents Suédois dans un hall qui avait été bâti pour contenir six cents personnes ; cela ne me fit ni chaud ni froid. Je pensais vraiment que cela m'était indifférent jusqu'au moment où je me suis posé la question : « Qu'aurais-tu ressenti s'il n'y avait eu que dix personnes ? » La réponse fut : « J'aurais été bougrement vexé. » Au moins, si l'orgueil me fait défaut, je suis capable de dépit.

L'ambition meurt avec l'âge. Le besoin d'être reconnu, c'est une autre affaire. Je n'aime pas voir un livre qui s'intitule *Anthologie des écoles nouvelles,* quand un tel ouvrage ignore mes travaux. Je n'ai jamais rencontré une personne qui soit honnêtement indifférente à la reconnaissance.

L'âge présente un aspect comique. Pendant des années, j'ai cherché à atteindre les jeunes — jeunes étudiants, jeunes professeurs, jeunes parents. Maintenant que je suis vieux — un de ces vieux contre lesquels j'ai prêché si longtemps —, je ressens les choses différemment. Récemment, alors que je m'adressais à trois cents étudiants de Cambridge, j'avais l'impression d'être la plus jeune personne dans la salle. *Absolument.* Je leur dis : « Pourquoi avez-vous besoin qu'un vieux bonhomme comme moi vienne vous parler de liberté ? » Aujourd'hui, je ne pense plus en termes de jeunesse et de vieillesse. Je sens que les années ont peu à voir avec la façon de penser. Je connais des gars de vingt ans qui en ont réellement quatre-vingt-dix et des hommes de soixante ans qui en ont vingt. Je pense ici en termes de fraîcheur, d'enthousiasme, de manque de conformisme, de stagnation, de pessimisme.

Je ne sais pas si mon caractère s'est adouci ou non. Je supporte les idiots moins facilement que par le passé, je suis plus irrité qu'autrefois par les conversations ennuyeuses et moins intéressé par les histoires personnelles des gens. Il est vrai que trop de celles-ci m'ont été imposées au cours des trente dernières années. Je m'intéresse aussi moins aux objets et je désire rarement acheter quelque chose. Je ne suis pas entré dans un magasin d'habillement depuis des années. Et même les magasins d'outillage d'Euston Road qui m'étaient si chers ne m'attirent plus.

Si j'ai maintenant atteint l'âge où le bruit des enfants me fatigue plus qu'auparavant, je ne peux pas dire que l'âge m'ait rendu impatient. Je peux encore voir un enfant faire toutes sortes de bêtises, épuiser tous les vieux complexes, sachant qu'en temps voulu il deviendra un bon citoyen. Avec l'âge, la peur diminue. Mais le courage aussi. Dans le passé, quand un garçon me menaçait de sauter par la fenêtre si je ne faisais pas sa volonté, je pouvais aisément le défier. Je ne suis pas sûr que je pourrais le faire aujourd'hui.

On me demande souvent : « Mais Summerhill n'est-elle pas l'école d'un seul homme ? Pourrait-elle continuer de fonctionner sans vous ? » Summerhill n'est absolument pas l'école d'un seul homme. Dans le travail quotidien, ma femme et les professeurs sont aussi importants que moi. *C'est l'idée de la non-interférence avec la croissance de l'enfant et de la non-pression sur l'enfant qui fait de l'école ce qu'elle est.*

Summerhill est-elle connue dans le monde entier ? Guère. Et seulement par une poignée d'éducateurs. Summerhill est mieux connue en Scandinavie qu'ailleurs. Depuis trente ans nous avons des élèves norvégiens, suédois et danois — quelquefois vingt à la fois. Nous avons aussi des élèves australiens, néo-zélandais, sud-africains et canadiens. Mes livres ont été traduits dans de nombreuses langues, y compris le japonais, l'hébreu, l'indoustani et le gujarati. Summerhill a eu une certaine influence au Japon. Il y a plus de trente ans, nous eûmes la visite de Seishi Shimoda, un éducateur extraordinaire. Toutes ses traductions de mes ouvrages se sont bien vendues et il paraît qu'à Tokyo certains professeurs se réunissent pour discuter de nos méthodes. M. Shimoda passa à nouveau un mois avec nous en 1958. Un directeur d'école au Soudan me dit que Summerhill intéresse quelques professeurs dans son pays[1].

J'énumère ces faits sans illusion. Arrêtez mille personnes dans Oxford Street et demandez-leur si le mot de Summerhill éveille en elles quoi que ce soit. Il est probable qu'aucune d'elles ne connaît ce nom. On devrait avoir un peu d'humour quant à sa propre importance, ou au manque de celle-ci.

Je ne pense pas que le monde utilisera la méthode éducative de Summerhill pendant très longtemps — s'il l'utilise jamais. Le monde peut en trouver une meilleure. Seul un vaniteux prétendrait que ses travaux dans un domaine puissent être définitifs. Le monde *doit* trouver une meilleure méthode. Car la politique ne sauvera pas l'humanité. Elle ne l'a jamais fait dans le passé. La plupart des journaux politiques sont pleins de haine et de venin. Trop d'entre eux sont socialistes parce qu'ils détestent les riches au lieu d'aimer les pauvres.

Comment pouvons-nous avoir des foyers où règne l'amour, alors que le foyer n'est qu'un petit coin d'un

1. Depuis la publication de *Summerhill* aux Etats-Unis, en 1960, l'université de Harvard inclut dans ses cours de pédagogie aux futurs enseignants l'étude des principes de Neill. Ces principes ont trouvé leur application aux Etats-Unis plus que dans tout autre pays et un grand nombre d'écoles privées y fonctionnent selon la méthode summerhillienne. (N.d.T.)

pays qui exprime de la haine de mille façons ? Je me refuse à faire de l'éducation une question d'examens, de classes, ou d'instruction académique. Les écoles évitent la question la plus importante, à savoir que tout le grec, toutes les maths et toute l'histoire au monde n'aideront pas à rendre le foyer plus chaud, l'enfant exempt d'inhibitions et les parents de névroses.

L'avenir de Summerhill n'a probablement que peu d'importance. Mais l'avenir de l'idée de Summerhill est de la plus haute importance pour l'humanité. Les nouvelles générations doivent avoir le droit de croître dans la liberté. Le don de la liberté, c'est le don de l'amour. Et seul l'amour peut sauver le monde.

II

PEDAGOGIE

L'enfant prisonnier

L'enfant façonné, conditionné, discipliné, refoulé, l'enfant prisonnier dont le nom est Légion vit dans tous les coins du monde. Il habite dans notre ville, juste de l'autre côté de la rue. Il est assis devant un pupitre ennuyeux, dans une école ennuyeuse et, plus tard, il est assis devant un bureau plus ennuyeux encore, dans quelque entreprise, ou bien il travaille à la chaîne dans une usine. Il est docile, prêt à obéir à toute autorité, fanatique dans son désir d'être normal, conventionnel, correct, et il craint les critiques. Il accepte ce qu'on lui a enseigné sans jamais se poser de questions, et il passe à ses enfants tous ses complexes, toutes ses peurs et toutes ses frustrations.

Les psychologues prétendent que la plupart des troubles psychiques chez les enfants sont causés pendant les cinq premières années de leur vie. Il serait peut-être plus juste de dire que les troubles causés pendant les cinq premiers mois, ou les cinq premières semaines, ou même les cinq premières minutes, peuvent le marquer pour le restant de sa vie.

L'emprisonnement commence à la naissance. Pis, il commence bien avant. Si une femme refoulée, au corps rigide, met au monde un enfant, qui peut dire quel effet cette rigidité maternelle a eu sur le nouveau-né ?

Ce n'est sans doute pas une exagération de dire que tous les enfants de notre civilisation sont nés dans une atmosphère qui désapprouve la vie. Les défenseurs des tétées à heures fixes sont anti-plaisir. Ils veulent discipliner l'enfant dans ses tétées parce que la tétée aux heures choisies par l'enfant suggère le plaisir sexuel au sein. L'argument de la nutrition est habituellement une rationalisation ; le motif profond, c'est le désir de façonner l'enfant en une créature disciplinée qui fera passer le devoir avant le plaisir.

Considérons la vie de John Smith, enfant moyen dans une école primaire. Ses parents vont à l'église de temps en temps, mais ils insistent pour que John y aille chaque dimanche. Les parents se sont mariés, à juste titre, parce qu'ils étaient sexuellement attirés l'un vers l'autre ; il a *fallu* qu'ils se marient parce que dans leur milieu on ne vivait pas ensemble sexuellement en dehors de la respectabilité — c'est-à-dire le mariage. Comme il arrive si souvent, l'attraction sexuelle ne fut pas suffisante et les différences de tempéraments rendirent le foyer tendu. Il y avait des moments de tendresse, bien sûr, et le petit John les acceptait comme parfaitement normaux, mais les querelles de ses parents le heurtaient dans le plexus solaire et alors il avait peur, criait et recevait une fessée parce qu'il pleurait pour rien.

Dès le début il fut conditionné. Les tétées à heures fixes lui causèrent beaucoup de frustration. Quand il avait faim, la pendule disait qu'il y avait encore une heure à attendre. Il était enveloppé dans trop de vêtements qui le serraient. Il découvrit qu'il ne pouvait pas gigoter à son aise La frustration causée par les tétées à heures fixes le poussèrent à sucer son pouce. Mais le docteur de famille dit qu'il ne fallait pas qu'il prenne de mauvaises habitudes et maman reçut l'ordre de lui enfermer les mains dans ses manches ou de lui mettre sur les doigts un produit qui avait mauvais goût. Ses fonctions naturelles furent ignorées tant qu'il porta des couches, mais dès qu'il se mit à quatre pattes et fit dans sa culotte, les mots *vilain* et *sale* commencèrent à emplir la maison et un sévère dressage débuta pour lui apprendre à être propre.

Avant cela, on avait retiré sa main chaque fois qu'il se touchait le sexe et bientôt il apprit à associer cette prohibition avec le dégoût acquis de ses selles. Ainsi plus tard, devenu représentant de commerce, son répertoire d'histoires comprendra surtout des blagues se référant au sexe et aux w.c.

Son éducation, en grande partie, fut conditionnée par la famille et les amis. Le père et la mère faisaient tout pour être corrects — pour être comme il faut. Si bien que lorsque la famille ou des amis venaient à la maison, John devait se conduire comme un enfant bien élevé. Il devait dire *merci* quand Tatie lui donnait un morceau de chocolat, il devait faire très attention à ses manières à table et, surtout, il ne devait pas parler quand les adultes, eux, ne s'en privaient pas.

Il portait d'abominables habits du dimanche à l'intention des amis. Avec cette éducation dans la respectabilité commença un système élaboré de mensonges — un système dont habituellement il n'était pas conscient. Le mensonge débuta tôt dans sa vie. On lui dit que Dieu n'aimait pas les vilains garçons qui disaient des gros mots, et que le contrôleur du train le fesserait s'il se promenait dans le couloir.

Sa curiosité des origines de la vie rencontra des mensonges maladroits et si efficaces qu'elle disparut. Les mensonges sur les origines de la vie se combinèrent avec la peur qu'il avait eue de sa mère, à cinq ans, quand elle l'avait trouvé avec sa sœur, ou sa petite voisine, s'explorant mutuellement le sexe. La fessée sévère qui avait alors suivi (à laquelle papa en avait ajouté une en rentrant le soir) avait fait comprendre pour toujours à John que la sexualité est une chose sale, un péché, une chose à laquelle on ne doit pas penser. Le pauvre John dut refouler sa curiosité de la sexualité jusqu'à la puberté ; alors il put enfin ricaner au cinéma lorsqu'une femme disait qu'elle était enceinte de trois mois.

La carrière intellectuelle de John fut normale. Il apprenait facilement et ainsi put échapper aux sarcasmes et punitions qu'auraient pu lui infliger des professeurs stupides. Il quitta l'école avec un bagage en grande partie inutile et une culture satisfaite aisément par des condensés, des films banals et des romans policiers.

Pour John, le mot Colgate s'associait uniquement à une pâte dentifrice et Beethoven et Bach étaient des raseurs qui le gênaient quand il aurait voulu écouter Elvis Presley ou les Beatles.

Le riche cousin de John Smith, Reginald Worthington, fut éduqué dans un collège privé, mais son développement quant à l'essentiel ne fut pas différent de celui du pauvre John. Il accepta aussi docilement les même valeurs de seconde catégorie, le même esclavage du statu quo, la même négation de l'amour et de la joie.

Ces portraits de John et de Reginald sont-ils d'injustes caricatures ? Pas exactement, car je ne les ai pas encore terminés. J'ai oublié la chaude humanité de ces deux personnages, une humanité qui survit au plus maléfique conditionnement. Les Smith et les Worthington que nous rencontrons dans la vie sont, dans l'ensemble, honnêtes, braves, pleins d'une foi naïve et superstitieuse, de confiance et de loyauté également naïves. Eux et leurs semblables constituent la masse des citoyens Tout-le-monde qui font les lois et réclament la justice. Ils sont de ces gens qui exigent que les animaux soient tués humainement, que les animaux domestiques soient bien traités, mais qui restent en panne lorsqu'il s'agit d'humanité envers l'homme. Ils acceptent sans y penser un code criminel des plus cruels et des moins chrétiens et ils acceptent aussi la tuerie dans les guerres comme un phénomène naturel.

John et son cousin acceptent les lois stupides, mauvaises et haïssables sur le mariage et l'amour. Ils sont bien d'accord qu'il faut une mesure pour les hommes et une autre pour les femmes. Tous deux espèrent bien que leurs fiancées seront vierges. Quand on leur demande s'ils le sont, ils froncent les sourcils et disent : « Un homme, c'est différent. »

Tous deux soutiennent ardemment l'état patriarcal, même s'ils ne comprennent pas ce que cela veut dire. On les a façonnés en un produit que l'état patriarcal juge nécessaire à sa continuation. Leurs émotions tendent à être des émotions de *masse* plutôt que des sentiments *individuels*.

Longtemps après avoir quitté l'école qu'ils détestaient étant enfants, ils s'exclameront : « J'ai été battu à l'école et cela m'a fait beaucoup de bien. » Et ils enverront leurs fils dans la même école ou dans une autre semblable. En termes psychologiques, ils acceptent le père sans rébellion constructive, et ainsi la tradition de l'autorité paternelle se perpétue de génération en génération.

Pour compléter le portrait de John Smith, je me dois de faire un croquis rapide de sa sœur Mary — rapide parce que, à tout prendre, son environnement répressif est le même que celui qui étouffe son frère. Elle a, cependant, des handicaps spéciaux que John n'a pas. Dans une société patriarcale, elle est nettement inférieure et elle est dressée pour le savoir. Elle doit aider au ménage de la maison pendant que son frère lit ou joue. Elle apprend rapidement que lorsqu'elle aura un emploi elle sera moins bien payée qu'un homme.

Mary, de coutume, ne se rebelle pas contre son statut inférieur dans une société masculine. L'homme veille à ce qu'elle reçoive des compensations du genre clinquant. Devant elle, on observe des manières, on la traite avec déférence, un homme restera debout en sa présence si elle n'est pas assise. On la demandera gracieusement en mariage. On enseigne subtilement à Mary que sa fonction première est d'être aussi jolie que possible, le résultat étant qu'on dépense des millions en vêtements et en cosmétiques plutôt qu'en livres et pour les études.

Dans le domaine sexuel, Mary est aussi ignorante et refoulée que son frère. Dans une société patriarcale, les hommes exigent que leurs femmes soient pures, virginales et innocentes. Ce n'est pas la faute de Mary si elle a grandi avec la conviction sincère que les femmes ont un esprit plus pur que les hommes. D'une façon presque mystique, le monde masculin lui a fait penser et sentir que sa fonction dans la vie était uniquement de reproduire et que le plaisir sexuel était le domaine de l'homme.

La grand-mère de Mary et probablement sa mère aussi n'étaient pas censées avoir des relations sexuelles avant que le Prince Charmant vienne réveiller la Belle au Bois Dormant. Mary s'est un peu émancipée de cette vie, mais pas autant qu'on pourrait le croire. Sa vie amoureuse est dominée par la peur de la grossesse, car elle sait bien qu'un enfant illégitime diminuerait ses chances de trouver un mari.

Une des grandes tâches qui nous attendent aujourd'hui et demain, c'est l'investigation de l'énergie sexuelle refoulée et de son rapport avec la maladie. Notre John Smith peut mourir d'une maladie de reins et Mary Smith d'un cancer ; ni l'un ni l'autre ne se demanderont si leur vie émotive restreinte et refoulée a eu quelque rapport avec leur maladie. Un jour, l'humanité découvrira peut-être l'origine de ses maux, de ses haines, de ses maladies dans la forme particulière de sa civilisation qui est essentiellement anti-vie.

Si une éducation rigide du caractère donne des corps rigides — engourdis et emprisonnés au lieu d'être vivants et vibrants — il semble logique de conclure que la même torpeur peut arrêter la pulsation dans tout organe humain nécessaire à la vie.

En somme, je soutiens qu'une éducation répressive ne peut avoir pour résultat qu'une vie qui n'est pas vécue pleinement. Cette éducation ignore presque entièrement les émotions humaines, et parce que ces émotions ont un dynamisme propre, le fait qu'elles ne peuvent être exprimées résulte en de la médiocrité, de la laideur, de la haine. Seule la tête est éduquée. Si les émotions pouvaient véritablement être libérées, l'intellect suivrait.

La tragédie de l'homme réside dans le fait que, comme le chien, son caractère peut être façonné. On peut donner mauvaise conscience à un chien mais pas à un chat. Cependant, la plupart des gens préfèrent les chiens parce que leur obéissance et leurs mouvements de queue flatteurs donnent au maître la preuve visible de sa supériorité et de sa valeur.

Les méthodes employées avec les petits enfants rappellent le dressage des chiens ; l'enfant fouetté, comme le chiot fouetté, devient un adulte obéissant et inférieur. De même que nous dressons nos chiens pour servir à notre usage personnel, nous élevons nos enfants pour servir nos buts. Comme les chiots dans le chenil, les petits des hommes doivent être propres, ne pas aboyer trop fort, obéir au coup de sifflet et manger quand on pense qu'il est bon qu'ils le fassent.

J'ai vu quelque cent mille chiens obéissants et serviles, bougeant la queue, au Templehoff de Berlin quand, en 1935, Hitler le grand dresseur sifflait ses ordres.

J'aimerais citer ici quelques *Instructions aux futures mères,* publiées il y a quelques années par un centre médical de Pennsylvanie.

« On peut empêcher le bébé de sucer son pouce en lui plaçant le bras dans un tube de carton allant plus haut que le coude, afin qu'ainsi il ne puisse plier ce dernier. »

« Parties génitales : elles doivent être gardées scrupuleusement propres, afin d'éviter l'inconfort, l'inflammation et *les mauvaises habitudes* (c'est moi qui souligne). »

Je tiens la profession médicale pour responsable de beaucoup de mauvais conseils aux mères. Les médecins, de coutume, ne sont pas pédagogues, pourtant beaucoup de femmes tiennent la parole du médecin pour sacrée. S'il dit qu'un enfant doit être fessé parce qu'il se masturbe, la pauvre mère ne sait pas qu'il exprime sa propre culpabilité sexuelle et non sa connaissance scientifique de la nature de l'enfant. Je blâme les médecins de prescrire des heures de tétée stupides, des façons pour empêcher l'enfant de sucer son pouce, des défenses ridicules aux mères de jouer avec leurs bébés et de satisfaire leurs désirs.

L'enfant difficile est celui qu'on pousse à la propreté et au refoulement sexuel. Les adultes sont convaincus qu'ils doivent apprendre aux enfants à se conduire de telle façon que les adultes puissent mener une vie aussi tranquille que possible. De là l'importance accordée à l'obéissance, les manières, la docilité.

L'autre jour, j'ai vu un enfant de trois ans installé dans le jardin par sa mère. Ses vêtements étaient sans tache. Il commença à jouer avec de la terre et les salit légèrement. Aussitôt maman arriva, le gifla, le rentra dans la maison et le ressortit, pleurant dans des vêtements propres. Dix minutes plus tard, il avait à nouveau sali son costume et le jeu alors recommença. J'eus envie de dire à cette femme que son fils la haïrait pour la vie ; pis, qu'il haïrait la vie elle-même. Puis, je compris que je perdrais mon temps.

Presque chaque fois que je traverse une ville, je vois un enfant de trois ans qui trébuche et tombe, et je me contracte à la vue de sa mère qui le fesse parce qu'il est tombé.

Presque chaque fois que je voyage en chemin de fer, j'entends une mère dire : « Si tu vas dans le couloir encore une fois, le contrôleur t'arrêtera. »

La plupart des enfants sont élevés dans un enchevêtrement de mensonges et de prohibitions ridicules.

Bien des mères qui traitent leurs enfants relativement bien à la maison les grondent et les fessent en public parce qu'elles craignent l'opinion de leurs voisins. L'enfant est forcé dès le début à s'intégrer à notre société insensée.

Un jour, au cours d'une conférence que je faisais dans une station balnéaire anglaise, je remarquai : « Réalisez-vous, mères qui m'écoutez, que chaque fois que vous fessez votre enfant vous lui montrez que vous le haïssez ? » La réaction fut extraordinaire. Les femmes m'invectivèrent violemment. Quand, plus tard dans la soirée, j'exposais mes vues sur la question : « Comment pouvons-nous améliorer l'atmosphère morale et religieuse de nos foyers ? », le public me siffla sans vergogne. J'en fus ahuri car, généralement, quand je fais des conférences, je m'adresse à ceux qui ont les mêmes convictions que moi. Mais là, j'avais un public de classe ouvrière moyenne qui n'avait jamais entendu parler de psychologie. Je réalisai alors à quel point la solide majorité qui est contre la liberté des enfants — et contre sa propre liberté — est retranchée.

Notre civilisation est malade et malheureuse, et je prétends que l'origine de ses maux est dans l'emprisonnement de la famille. Les enfants sont engourdis par des forces de réaction et de haine ; ils le sont depuis le berceau. On les a dressés à dire *non* à la vie parce que les jeunes vies sont un non permanent : ne fais pas de bruit, ne te masturbe pas, ne mens pas, ne vole pas.

Ils sont dressés à dire *oui* à tout ce qui est négatif dans la vie : respecte les vieux, respecte la religion, respecte tes professeurs, respecte l'autorité paternelle. Ne pose pas de questions — Obéis, c'est tout ce qu'on te demande.

Il n'y a pas de vertu à respecter quelqu'un qui n'est pas respectable, pas plus qu'à vivre légalement dans le péché avec une femme qu'on a cessé d'aimer, ni même à aimer un dieu qu'on craint.

La tragédie, c'est que l'homme qui tient sa famille en esclavage est lui-même un esclave — car la prison pour le geôlier, c'est aussi une réclusion. L'esclavage de l'homme, c'est l'esclavage de la haine : il opprime sa famille et ce faisant s'opprime lui-même.

La femme esclave doit donner son fils à la guerre que l'homme appelle guerre défensive, guerre patriotique, guerre pour sauvegarder la démocratie, guerre pour finir toutes les guerres.

L'enfant difficile n'existe pas ; ce qui existe, ce sont des parents difficiles. Peut-être vaudrait-il mieux dire que *ce qui existe, c'est une humanité difficile.* C'est pourquoi la bombe atomique est si sinistre, car elle est entre les mains de gens qui sont anti-vie : y a-t-il des personnes dont les mains furent attachées dès le berceau qui ne sont pas anti-vie ?

Il y a beaucoup de camaraderie et d'amour dans l'humanité, et j'ai la ferme conviction que de nouvelles générations qui n'auront pas été faussées au cours de leur enfance vivront dans la paix — c'est-à-dire si les haineux d'aujourd'hui ne détruisent pas le monde avant que ces nouvelles générations aient le temps de prendre les commandes en main.

Le combat est inégal, car les haineux contrôlent l'éducation, la religion, les lois et nos infâmes prisons. Seule une poignée d'éducateurs s'efforcent de laisser croître en liberté ce qu'il y a de meilleur dans l'enfant. La vaste majorité des enfants sont façonnés par les supporters de l'anti-vie, avec leur détestable système de punitions.

Il y a encore des filles dans quelques pensionnats religieux qui doivent se couvrir pour prendre un bain, afin qu'on ne voie pas leur corps. Il y a encore des garçons auxquels on dit que la masturbation est un péché qui mène à la folie ou à toutes sortes de conséquences effroyables. Récemment, j'ai vu une femme fesser son bébé de dix mois parce qu'il avait soif.

C'est une course entre les adeptes de la torpeur et les adeptes de la vie. Et personne ne peut rester neutre : ce serait la mort. Il faut être d'un côté ou de l'autre. Le côté de la mort nous donne l'enfant difficile, le côté de la vie nous donne l'enfant sain.

L'enfant libre

Il y a si peu d'enfants autonomes [1] dans le monde que tout effort pour les décrire ne peut être qu'une tentative. Les résultats observés jusqu'à présent évoquent les débuts d'une nouvelle civilisation, plus profondément modifiée dans son caractère que toute nouvelle société promise par quelque parti politique que ce soit.

Accorder l'autonomie à un enfant implique la foi dans la bonté de la nature humaine. Tout enfant vivant a été façonné par des parents, par des éducateurs et par la société. Quand ma fille Zoé avait deux ans, un magazine, *Picture Post,* publia un article à son sujet, accompagné de photographies, disant qu'à son avis, de tous les enfants anglais, elle était celle qui avait le plus de chances de devenir libre. Ce n'était pas tout à fait vrai, car elle vivait — et vit encore — dans une école, parmi d'autres enfants qui n'avaient pas toujours été autonomes. Ces autres enfants avaient été plus ou moins conditionnés et, puisque le façonnement du caractère mène automatiquement à la peur et à la haine, Zoé se trouvait en contact avec des enfants qui étaient anti-vie.

Elle avait été élevée sans peur des animaux. Pourtant, un jour que j'arrêtais la voiture devant une ferme

1. L'auteur emploie le terme *self-regulated :* qui se règle de lui-même, c'est-à-dire de façon autonome. (N.d.T.)

et lui dis : « Viens voir les meus-meus », elle eut soudain l'air effrayé et dit « Non, non, les meus-meus mangent les enfants. » Une enfant de sept ans, qui n'avait pas été élevée dans l'autonomie, lui avait raconté cela. Sa peur ne dura d'ailleurs que quelques semaines. Une histoire subséquente de tigres cachés dans les buissons eut aussi une influence assez courte sur elle.

Il semblerait que l'enfant autonome soit capable de vaincre les influences d'enfants conditionnés en un temps relativement court. Les peurs acquises et les curiosités refoulées de Zoé ne durèrent jamais longtemps ; cependant, personne ne peut juger de quelle façon permanente ces peurs acquises ont marqué son caractère.

Bien des étrangers venus de tous les coins du monde ont dit de Zoé : « Voilà quelque chose de nouveau, une enfant gracieuse, équilibrée et heureuse, en paix avec le monde autour d'elle. » C'est vrai, elle est, autant qu'on puisse l'être dans une société névrosée, une enfant naturelle qui semble connaître automatiquement la limite entre la liberté et l'anarchie.

Un des dangers qui menacent l'enfant autonome, c'est que les adultes lui témoignent trop d'intérêt et qu'il devienne le point de mire. Il est probable que dans un groupe d'enfants autonomes, où tous seraient naturels et libres, aucun enfant ne se remarquerait plus qu'un autre. Aucun d'eux ne serait encouragé à s'exhiber. Alors, il n'y aurait pas la jalousie qu'on observe chez les autres enfants lorsqu'ils sont mis en face d'un enfant autonome.

Comparée à son ami Ted, Zoé bébé était souple et libre dans ses mouvements. Vous la preniez dans vos bras et son corps était aussi détendu que celui d'un chaton. Avec Ted, on aurait cru soulever un sac de pommes de terre. Il ne pouvait pas se détendre ; ses réactions étaient toutes de défense et de résistance ; il était anti-vie.

Je me permets de prophétiser que les enfants autonomes ne traverseront pas cette phase. Je ne vois pas pourquoi ils auraient à le faire. Car s'ils n'ont pas le sentiment d'être tenus et restreints dans leur très jeune âge par leurs parents, ils n'auront aucune raison plus tard d'entrer en rébellion contre l'autorité paternelle. Déjà dans les foyers semi-libres, l'égalité entre les parents et les enfants est assez grande pour qu'une rébellion en vue d'une libération n'ait pas lieu.

L'autonomie infantile, c'est le droit d'un bébé à vivre librement, sans contrainte extérieure en ce qui concerne ses activités psychiques et somatiques. Cela veut dire que bébé mange quand il a faim, qu'il devient propre quand il en ressent le besoin, qu'il n'est ni grondé, ni fessé, qu'il est toujours aimé et protégé.

Tout cela semble facile, naturel et évident ; cependant, un nombre incroyable de parents qui trouvent cette philosophie attrayante ne la comprennent pas du tout. Tommy, quatre ans, frappe avec un maillet sur le piano du voisin. Ses parents le regardent avec approbation, un sourire triomphant sur les lèvres qui paraît dire : « N'est-ce pas que l'autonomie est une chose merveilleuse ? »

D'autres parents pensent qu'ils ne devraient pas forcer leur enfant de dix-huit mois à se coucher, afin de ne pas gêner sa nature. Bébé doit avoir le droit d'être debout le soir ; quand il sera épuisé, maman le portera dans son lit. Ce qui se passe en vérité, c'est que bébé devient de plus en plus fatigué et grincheux. Il ne peut pas dire qu'il veut dormir parce qu'il ne peut pas exprimer son besoin par des mots. Le plus souvent, la mère énervée l'emporte au lit pendant qu'il hurle.

Un jeune couple vint me trouver d'un air plutôt gêné pour me demander si ce serait une erreur de mettre un garde-feu dans la chambre de leur enfant. Toutes ces illustrations montrent que toute idée, vieille ou nouvelle, est dangereuse si elle n'est pas alliée à un peu de bon sens.

Seul un idiot permettrait que dans une pouponnière les fenêtres n'aient pas de barres d'appui, ou que la cheminée reste sans garde-feu. Pourtant, trop souvent, des jeunes enthousiastes de l'autonomie viennent nous rendre visite et sont surpris de notre manque de liberté parce que nous enfermons les fioles marquées « poison » dans un placard du laboratoire ou parce que nous défendons aux élèves de jouer dans l'escalier de secours de l'école. Le mouvement en faveur de la liberté est gâché et rendu détestable parce qu'un trop grand nombre de ses adeptes n'ont pas les pieds sur terre.

L'un d'eux récemment protesta parce que j'enguirlandais sévèrement un garçon de sept ans qui flanquait des coups de pied dans la porte de mon bureau. Il pensait que j'aurais dû sourire et tolérer l'enfant jusqu'à ce que celui-ci ait épuisé son désir de taper dans la porte. Il est certain que j'ai passé bien des années à tolérer patiemment la conduite destructive d'enfants difficiles, mais je ne l'ai fait que lorsque je le jugeais nécessaire en tant que thérapeute.

Si une jeune mère pense que son fils de trois ans devrait avoir le droit de peindre en rouge la porte d'entrée, sous prétexte qu'il a besoin de s'exprimer, il est évident qu'une telle mère ne comprend pas l'autonomie.

Je me souviens d'un ballet à Covent Garden, auquel j'assistai avec un ami. Durant la première partie, un enfant devant nous parlait à haute voix à son père. A l'entracte, je nous trouvai d'autres places. Mon compagnon me dit : « Que feriez-vous si un de vos élèves se conduisait de cette façon-là ?

— Je lui dirais de la fermer, dis-je.

— Vous n'auriez pas à le faire, dit mon ami, aucun de vos élèves ne se conduirait ainsi. » C'est sûr.

Une fois, une femme m'amena sa fille de sept ans. « Monsieur Neill, me dit-elle, j'ai lu tout ce que vous avez écrit et avant même que Daphné soit née j'avais décidé de l'élever selon vos principes. »

Je jetai un coup d'œil sur Daphné qui était montée sur mon piano avec ses grosses chaussures. Elle sauta de là sur le sofa et le défonça presque. « Vous voyez comme elle est naturelle », me dit la mère. « Une véritable enfant neillienne ! » Je crois bien qu'alors j'ai rougi.

C'est cette distinction entre la liberté et l'anarchie que beaucoup de parents ne saisissent pas. Dans le foyer discipliné, les enfants n'ont *aucun* droit. Dans le foyer désordonné ils les ont *tous*. Le foyer équilibré est celui où les enfants et les adultes ont des droits égaux. C'est la même chose en ce qui concerne l'école.

Je dois répéter sans arrêt que la liberté n'implique pas l'anarchie. Si un bébé veut marcher à quatre pattes sur la table de la salle à manger, vous devez l'en empêcher. Il doit vous obéir, c'est vrai, mais d'autre part vous devez vous aussi lui obéir quand c'est nécessaire. Je sors de la chambre des petits quand ils m'en donnent l'ordre.

Certains sacrifices de la part des adultes sont nécessaires pour que les enfants vivent selon leur nature intérieure. Les parents sains arrivent à faire un compromis ; les parents malsains deviennent violents, ou alors ils gâtent leurs enfants en leur donnant le droit de faire tout ce qu'ils veulent.

En pratique, les divergences entre parents et enfants quant à leurs intérêts respectifs peuvent être atténuées, sinon résolues, par des efforts positifs mutuels. Zoé respectait mon bureau et ne semblait pas vouloir s'amuser avec ma machine à écrire. A mon tour, je respectais sa chambre de bébé et ses jouets.

Les enfants sont très sagaces et acceptent les règles sociales. C'est pourquoi on ne devrait pas les exploiter comme on le fait. Trop souvent, un parent dit : « Jimmy, donne-moi un verre d'eau », alors que l'enfant est occupé à jouer.

Beaucoup de la mauvaise volonté des enfants vient de ce qu'on ne les traite pas intelligemment. Zoé, quand elle avait environ un an, traversa une période pendant laquelle elle s'intéressa fort à mes lunettes. Je ne protestai pas, je ne lui montrai aucune irritation du regard ou de la parole. Très vite, elle se lassa de mes lunettes et ne les toucha plus. Sans doute, si je lui avais dit sévèrement de laisser mes lunettes tranquilles — ou pis, si je lui avais frappé la main — sa curiosité aurait duré, mêlée à la peur de moi et à une rébellion contre moi.

Ma femme la laissa jouer avec des objets cassables. Elle les prenait délicatement et rarement cassa quoi que ce soit. Elle découvrit les choses par elle-même. Evidemment, il y a des limites à l'indépendance. On ne peut permettre à un bébé de découvrir qu'une cigarette allumée brûle cruellement. C'est un tort, d'ailleurs, dans un tel cas, de crier ; la seule chose à faire, c'est d'éloigner la cause du danger sans faire d'histoire.

A moins qu'un enfant soit mentalement débile, il découvrira rapidement ce qui l'intéresse. Loin des cris et des voix grondeuses, il sera incroyablement adroit dans son usage des objets de toutes sortes. La mère tourmentée qui se tient devant le fourneau à gaz, effrayée parce que ses enfants pourraient se brûler, n'a jamais eu confiance dans leurs mouvements. « Va voir ce que le petit fait et dis-lui de s'arrêter », est encore une phrase commune dans bien des foyers.

Quand une mère m'écrit pour me demander ce qu'elle doit faire quand ses enfants font des bêtises pendant qu'elle prépare le dîner, je ne peux que lui répondre que sans doute elle les a élevés d'une façon qui les pousse à se conduire ainsi.

Deux parents qui avaient lu quelques-uns de mes livres furent pris de remords à la pensée du mal qu'ils avaient fait à leurs enfants. Ils réunirent la famille. « Nous avons très mal agi envers vous. A partir d'aujourd'hui, vous pourrez faire tout ce que vous voudrez. » J'oublie à combien se monta la liste des dégâts, mais je me souviens qu'ils durent avoir une nouvelle réunion de famille pour annuler la motion précédente.

L'argument habituel contre la liberté des enfants est celui-ci : la vie est dure et nous devons élever nos enfants de façon à ce que plus tard ils s'adaptent à cette vie. Par conséquent, il faut les discipliner. Si nous leur permettons de faire ce qui leur plaît, comment pourront-ils accepter les directives d'un patron ? Comment pourront-ils rivaliser avec les autres qui auront connu la discipline ? Comment pourront-ils eux-mêmes se discipliner ?

Ceux qui refusent d'accorder la liberté aux enfants et qui se servent de cet argument ne réalisent pas qu'au départ leur supposition qu'un enfant ne se développera pas à moins qu'on l'y oblige ne repose sur aucune base solide et n'a jamais été prouvée. Trente-neuf ans d'expérience à Summerhill nous ont démontré son invalidité. Prenons, entre cent autres, le cas de Mervyn. Il vécut dix ans à Summerhill, de sept à dix-sept ans. Au cours de ces dix années, il n'est jamais allé en classe. A l'âge de dix-sept ans il savait à peine lire. Pourtant, quand il nous quitta et décida de devenir ingénieur, il apprit rapidement à lire et tout seul absorba en un temps très court les connaissances techniques nécessaires. Par ses propres efforts il se rendit apte à l'apprentissage. Aujourd'hui, ce même garçon est remarquablement éduqué, il reçoit un bon salaire et est fort actif socialement dans la commune où il habite. Quand à la discipline personnelle, Mervyn bâtit sa maison en grande partie de ses propres mains et il fait vivre une excellente famille de trois garçons du fruit de son travail.

De même, chaque année, des garçons et des filles de Summerhill, qui jusqu'alors avaient rarement étudié, décident d'aller en faculté et, de leur propre chef, commencent le dur labeur de la préparation aux examens. Pourquoi le font-ils ?

L'idée commune que les bonnes habitudes qui ne nous ont pas été inculquées de force dans notre prime enfance ne peuvent se développer en nous plus tard dans la vie est une idée avec laquelle nous avons été élevés et que nous acceptons aveuglément, tout simplement parce qu'elle n'a jamais été contestée. Pour ma part, je la renie.

La liberté est nécessaire à l'enfant parce que seule la liberté peut lui permettre de grandir naturellement — de la bonne façon. Je vois les résultats de l'asservissement dans mes nouveaux élèves en provenance d'écoles secondaires de toutes sortes. Ils ne sont qu'un tas d'hypocrites, avec une fausse politesse et des manières affectées.

Leur réaction devant la liberté est rapide et exaspérante. Pendant les deux premières semaines ils tiennent les portes pour laisser passer leurs professeurs, ils m'appellent « Monsieur » et se lavent soigneusement. Ils regardent dans ma direction avec respect, ce que je reconnais facilement comme de la crainte. Après quelques semaines de liberté, ils montrent leur vrai visage. Ils deviennent impudents, sans manières, crasseux. Ils font toutes les choses qui leur ont été défendues dans le passé : ils jurent, ils fument, ils cassent des objets. Et pendant tout ce temps ils ont une expression polie et fausse dans les yeux et dans la voix.

Il leur faut dix mois pour perdre leur hypocrisie. Après cela ils perdent leur déférence envers ce qu'ils regardaient auparavant comme l'autorité. Au bout de dix mois environ, ce sont des enfants naturels et sains qui disent ce qu'ils pensent, sans rougir, ni haïr. Quand un enfant grandit librement dès son jeune âge, il n'a pas besoin de traverser ce stade de mensonge et de comédie. La chose la plus frappante à Summerhill, c'est la sincérité de ses élèves.

La question de sincérité dans la vie et vis-à-vis de la vie est primordiale. C'est ce qu'il y a de plus primordial au monde. Chacun réalise la valeur de la sincérité de la part de nos politiciens (tel est l'optimisme du monde), de nos juges, de nos magistrats, de nos professeurs, de nos médecins. Cependant, nous éduquons nos enfants de telle façon qu'ils n'osent être sincères.

Il se peut que la plus grande découverte que nous ayons faite à Summerhill, c'est qu'un enfant naît sincère. Nous avons décidé de laisser les enfants tranquilles afin de découvrir leur véritable nature. C'est la seule façon de procéder avec eux.

Les écoles de l'avenir devront travailler dans ce sens si elles veulent contribuer à l'éveil de l'enfant et, ce qui est plus important, à son bonheur.

Le but de la vie, c'est le bonheur. Les maux résident dans tout ce qui limite ou détruit ce bonheur. Bonheur veut dire bonté ; malheur, à son extrême limite, veut dire haine du Juif, torture des minorités et guerre.

Je dois dire toutefois que la sincérité a ses côtés embarrassants. Comme lorsque récemment une de nos élèves de trois ans regarda un de nos visiteurs qui portait une barbe et lui dit : « Je crois que je n'aime pas ta figure. » Le visiteur se montra à la hauteur de la situation. « Eh bien, moi, j'aime la tienne », dit-il et Mary sourit.

Je refuse de discuter du bien-fondé de la liberté des enfants. Une demi-heure passée auprès d'un enfant libre est plus convaincante que tout un ouvrage d'arguments. Voir c'est croire.

Donner la liberté à un enfant n'est pas facile. Cela veut dire se refuser à lui enseigner une religion, à lui donner des idées politiques, ou à le rendre conscient d'appartenir à une classe sociale. Un enfant ne peut pas être libre s'il entend son père tonner contre un parti politique quelconque, ou s'il entend sa mère tempêter contre les gens de maison. Il est pratiquement impossible d'empêcher les enfants d'adopter une attitude envers la vie. Il est évident que le fils d'un boucher ne prêchera pas le végétarisme — à moins que la peur de l'autorité paternelle ne le pousse dans une direction opposée à celle de son père.

La nature même de la société est hostile à la liberté. La société — la foule — est conservatrice et ennemie de toute nouvelle idée.

La mode symbolise le dédain de la foule pour la liberté ; elle demande l'uniformité. A la ville, je passe pour un hurluberlu parce que je porte des sandales ; dans mon village, je passerai pour tel si je portais un chapeau haut de forme. Peu de gens osent faire *ce qui ne se fait pas*.

La loi anglaise — la loi de la foule — défend l'achat des cigarettes après huit heures du soir. Je ne connais aucune personne qui individuellement approuve cette loi. Pourtant, en masse, nous acceptons des lois stupides.

Rares sont les individus qui voudraient prendre la responsabilité de pendre un meurtrier ou d'envoyer un criminel à une mort vivante dans une de nos prisons. Mais la foule peut maintenir des actes barbares tels que la peine capitale ou le système pénal parce qu'elle n'a pas de conscience. La foule ne pense pas, elle ne peut que sentir. Pour la foule, le criminel est un danger ; la meilleure protection contre ce danger, c'est de le pendre ou de l'enfermer. Notre code criminel périmé est fondé sur la peur et notre système d'éducation oppressif est aussi fondé sur la peur — la peur de la nouvelle génération.

Sir Conway, dans son livre plein d'esprit *La foule en temps de paix et en temps de guerre,* remarque que la foule aime les vieux. En temps de guerre, elle choisit de vieux généraux ; en temps de paix, elle préfère de vieux médecins. La foule s'accroche aux vieux parce qu'elle a peur des jeunes.

L'instinct de conservation de la foule voit dans la nouvelle génération un danger — le danger d'avoir plus tard une nouvelle foule rivale — une foule qui pourrait détruire la vieille. Dans la plus petite des foules — la famille —, la liberté est refusée aux jeunes pour la même raison. Les adultes s'accrochent aux vieilles valeurs — de vieilles valeurs *sentimentales.* Il n'y a aucune base logique à la défense que fait un père à sa fille de vingt ans de fumer. Cette défense émane de sources émotives conservatrices. Derrière cette défense se tient la peur suivante : *Que va-t-elle faire après cela ?* La foule est gardienne de la moralité. L'adulte craint de donner la liberté aux jeunes parce qu'il craint que ceux-ci fassent tout ce que lui, adulte, aurait voulu faire. L'éternelle imposition aux enfants de conceptions et de valeurs adultes est un grand péché contre l'enfance.

Accorder la liberté à l'enfant, c'est lui permettre de vivre sa vie. Ainsi exprimé, cela semble simple. Seule notre habitude désastreuse d'enseigner, de façonner, de moraliser et de forcer nous rend incapables de réaliser la simplicité de la véritable liberté.

Quelle est la réaction de l'enfant face à la liberté ? Qu'ils aient ou n'aient pas l'esprit ouvert, les enfants acquièrent tous quelque chose qu'ils n'avaient pas auparavant — quelque chose de presque indéfinissable dont les signes extérieurs les plus visibles sont une croissance de la sincérité et une diminution de l'agressivité. Quand les enfants ne sont pas sous l'emprise de la peur ou de la discipline, ils ne sont pas manifestement agressifs. Une fois seulement en trente-huit ans à Summerhill j'ai vu une bataille qui se termina par des saignements de nez. Nous avons toujours quelque petit batailleur parmi nous — car quelle que soit la liberté accordée à l'école, celle-ci ne peut complètement neutraliser l'influence d'un mauvais foyer. Le caractère acquis dans les premiers mois de la vie peut être modifié par la liberté, mais il ne peut être complètement changé. Le plus grand ennemi de la liberté, c'est la peur. Si nous abordons la question sexuelle avec les enfants, ne deviendront-ils pas dévergondés ? Si nous ne censurons pas les pièces de théâtre, les gens ne deviendront-ils pas immoraux ?

Les adultes qui craignent la corruption des jeunes sont ceux qui sont eux-mêmes corrompus — de même que ce sont les gens qui ont un esprit malsain qui voudraient voir tout le monde porter un bikini. Si un homme est scandalisé, c'est toujours par la chose qui l'intéresse le plus. Le prude est un libertin qui n'a pas le courage de mettre son âme à nu.

La liberté, c'est aussi la conquête de l'ignorance. Les gens libres n'ont nullement besoin de censeur pour le théâtre ou l'habillement. Car les gens libres ne s'intéressent pas aux choses qui scandalisent, pour la simple raison qu'on ne peut pas les scandaliser. Les élèves de Summerhill ne sont pas scandalisables, non pas parce qu'ils sont engagés dans le péché, mais parce qu'ils ont épuisé leur curiosité des choses qui scandalisent et qu'elles ne les intéressent plus, ni comme objets ni comme sujets de conversation.

Les gens disent toujours : « Mais comment des enfants libres s'adapteront-ils jamais au côté fastidieux de la vie ? » J'espère bien que ces enfants seront les pionniers de *l'abolition* de ce qui est fastidieux.

Nous devons permettre à l'enfant d'être égoïste — sans générosité —, de suivre ses propres inclinations durant toute son enfance. Quand les intérêts individuels de l'enfant se trouvent en conflit avec des intérêts collectifs, les premiers doivent avoir priorité. L'idée entière de Summerhill se résume par la libération : permettre à l'enfant d'épuiser ses intérêts naturels.

Toute école devrait faire de la vie d'un enfant un jeu. Je ne veux pas dire que tout devrait lui être rendu facile. La facilité est fatale au caractère de l'enfant. Mais la vie elle-même présente tant de difficultés que les problèmes artificiels que nous présentons aux enfants ne sont pas nécessaires.

Je crois qu'imposer quoi que ce soit avec autorité est injuste. L'enfant ne devrait jamais être forcé à faire quelque chose avant d'être arrivé de lui-même à l'idée — son idée — qu'il doit la faire. La malédiction qui pèse sur l'humanité, c'est la contrainte extérieure, qu'elle vienne du pape, de l'Etat ou du professeur. C'est du fascisme.

La plupart des gens exigent un dieu ; comment pourrait-il en être autrement quand le foyer est dominé par des dieux de pacotille des deux sexes, des dieux qui réclament la vérité entière et une conduite morale ? La liberté, cela signifie faire ce qui vous plaît tant que vous ne gênez pas la liberté des autres. Le résultat, c'est la discipline personnelle.

La politique du pays en matière d'éducation est un refus de la liberté. Nous persuadons par la crainte. Mais il y a une grande différence entre obliger un enfant à s'arrêter de jeter des pierres et l'obliger à étudier le latin. Jeter des pierres affecte les autres, mais étudier le latin ne regarde que l'individu. La société a le droit de restreindre la conduite antisociale d'un enfant parce qu'elle interfère avec la liberté d'autrui, mais la société n'a pas le droit d'obliger un enfant à faire du latin, car apprendre le latin est une affaire personnelle. Forcer un enfant à apprendre va de pair avec forcer un homme à adopter une religion par décret gouvernemental. C'est tout aussi idiot.

J'appris le latin étant enfant — c'est-à-dire qu'on me remit des livres dans lesquels j'étais censé l'étudier. Je ne pus jamais m'y mettre, car j'avais l'esprit ailleurs. A l'âge de vingt et un ans, je découvris que je ne pouvais pas entrer dans une université sans connaître le latin. En moins d'un an j'en appris assez pour passer l'examen d'entrée. Mon intérêt personnel me fit apprendre le latin.

Tout enfant a le droit de porter des vêtements qu'il importe peu qu'il salisse. Tout enfant a le droit de parler. Pendant des années, j'ai entendu des enfants dire les « j'm'en fous » et les « merde » qu'on leur avait empêché de dire quand ils étaient petits.

La chose la plus surprenante, c'est qu'avec tant de millions de gens élevés dans la haine et la peur de la sexualité le monde ne soit pas plus névrosé qu'il l'est. A mon avis, cela démontre que l'humanité naturelle a le pouvoir inné de vaincre finalement les maux qui lui sont imposés. On voit une direction lente vers la liberté sexuelle et autre. Aujourd'hui, les femmes montrent leurs jambes et leurs corps. Les enfants acquièrent plus de liberté avec chaque génération. Aujourd'hui, seuls quelques hurluberlus mettent de l'aloès sur le pouce de leurs enfants pour les empêcher de le sucer. Aujourd'hui, seuls quelques pays permettent qu'on batte les enfants dans les écoles

La liberté progresse lentement; un enfant peut mettre plusieurs années à comprendre ce qu'elle signifie. Quiconque attend des résultats rapides est un incurable optimiste. J'aimerais pouvoir dire que, la liberté touchant essentiellement à l'émotivité, tous les enfants — intelligents ou obtus — réagissent de la même façon dans son atmosphère. Cela je ne peux pas le dire.

On voit la différence en matière de travail académique. Tous les enfants élevés dans la liberté jouent la plupart du temps pendant des années, mais à un moment donné les enfants intelligents se mettront au travail pour apprendre les matières requises pour les examens du gouvernement. En un peu plus d'un ou deux ans, un garçon ou une fille couvriront le programme qui prit à d'autres huit années.

Le professeur typique soutient que seule la discipline assure un bon travail et la réussite aux examens. Nos résultats prouvent qu'avec des élèves intelligents c'est une erreur. Dans la liberté, seuls les élèves intelligents peuvent se concentrer et produire un travail intensif, chose difficile dans une communauté comme Summerhill qui offre en permanence tant de distractions.

Je sais qu'avec de la discipline des étudiants comparativement faibles passent des examens, mais je me demande ce qui leur arrive plus tard. Si toutes les écoles étaient libres et les cours facultatifs, je suis sûr que les enfants trouveraient leur niveau propre.

J'entends d'ici la mère tourmentée, occupée devant son fourneau — pendant que son bébé court à quatre pattes et fait du désordre — demander avec irritation : « Qu'est-ce que c'est que cette histoire d'autonomie pour les enfants ? Tout cela est très bien pour les femmes riches qui ont une gouvernante, mais pour moi ce n'est que mots et remue-ménage. »

Une autre demande : « J'aimerais bien, mais par où commencer ? Quels livres dois-je lire ? »

La réponse à cela, c'est qu'il n'y a pas de livre, pas d'oracle, pas d'expert. Tout ce qu'il y a, c'est une petite minorité de parents, de docteurs et d'enseignants qui ont foi dans la personnalité et l'organisme de l'enfant et qui sont décidés à ne rien faire qui puisse fausser cette personnalité ou raidir le corps de l'enfant par une interposition inopportune.

Nous sommes un petit groupe qui cherchons, sans

nous imposer par la force, la vérité sur l'humanité. Tout ce que nous offrons, c'est un résumé de nos observations sur de jeunes enfants élevés dans la liberté.

L'amour et l'approbation

Le bonheur et le bien-être d'un enfant dépendent du degré d'amour et d'approbation qu'il reçoit. Nous devons être de son bord. Etre de son bord, c'est lui donner l'amour — pas l'amour exclusif — pas l'amour sentimental — mais l'amour qui consiste à se conduire avec l'enfant de façon qu'il sente qu'on l'aime et qu'on l'accepte.

C'est faisable. Je connais des tas de parents qui sont du bord de leurs enfants, ne demandant rien en échange de leur amour et par conséquent recevant beaucoup. Ils comprennent que les enfants ne sont pas de petits adultes.

Quand un fils de dix ans écrit chez lui : « Chère maman, s'il te plaît envoie-moi cinq francs. J'espère que vous allez bien. Je t'embrasse ainsi que papa », les parents aimants sourient, sachant que c'est ainsi qu'un enfant de dix ans écrit quand il est sincère et qu'il ne craint pas de s'exprimer. Les mauvais parents soupirent devant une telle lettre et pensent : « La sale petite bête égoïste, toujours à demander quelque chose. »

Les bons parents de mon école ne demandent jamais comment leurs enfants se portent ; ils le sentent d'eux-mêmes. Les mauvais parents me posent toujours des questions anxieuses : « Sait-il lire ? Quand apprendra-t-il à être soigneux ? Va-t-elle aux cours ? »

Tout est question de foi. Certains l'ont, la plupart ne

l'ont pas. Et si vous n'avez pas foi en eux, les enfants le sentent. Ils sentent que votre amour n'est pas très profond, ou alors vous auriez confiance en eux. Quand vous acceptez vos enfants, vous pouvez leur parler de n'importe quoi et de tout, car l'approbation chasse bien des inhibitions.

Mais une autre question se pose. Peut-on accepter ses enfants quand on ne s'accepte pas soi-même ? Si vous ne vous connaissez pas, vous ne pouvez pas vous accepter. En d'autres termes, plus vous êtes conscients de vous-même et de vos mobiles, plus vous vous accepterez.

J'ai au fond du cœur l'espoir qu'une connaissance plus grande de soi et de la nature de l'enfant éventuellement aidera les parents à libérer leurs enfants de névroses. Je répète que les parents gâchent la vie de leurs enfants en les forçant à accepter des croyances, des manières et une morale périmées. Ils sacrifient l'enfant au passé. Cela est plus spécialement vrai des parents qui imposent une religion dogmatique à leurs enfants comme elle leur fut imposée à eux-mêmes.

Je sais bien que la chose la plus difficile au monde, c'est de renoncer à ce que nous considérons comme important, mais ce n'est que dans la renonciation que nous trouvons la vie, le progrès et le bonheur. Les parents doivent renoncer. Ils doivent renoncer à leur haine déguisée en autorité et en critique. Ils doivent renoncer à l'intolérance qui résulte de la peur. Ils doivent renoncer à la moralité d'antan et aux verdicts de la populace.

Ou, plus simplement, les parents doivent devenir des individus. Ils doivent savoir ce qu'ils veulent. Ce n'est pas facile. Car un homme n'est pas seulement lui-même. Il est un mélange de tous ceux qu'il a rencontrés et il retient certaines de leurs valeurs. Les parents imposent l'autorité de leurs propres parents, parce que tout homme porte en lui son propre père, toute femme sa propre mère. C'est l'imposition de cette rigide autorité qui engendre la haine et, avec elle, les enfants difficiles. La haine, c'est l'opposé de l'approbation.

Bien des filles sont venues me dire : « Je n'arrive jamais à plaire à ma mère. Elle fait tout ce que je fais mieux que moi, en couture et en tricot. »

Les enfants n'ont pas autant besoin d'enseignement que d'amour et de compréhension. Ils ont besoin d'approbation et de liberté pour s'épanouir sainement. Ce sont les parents véritablement forts et aimants qui ont davantage le pouvoir de donner à leurs enfants la liberté d'être bons.

Le monde souffre de trop de condamnation ; ce qui est une façon poétique de dire que le monde souffre de trop de haine. C'est la haine des parents qui rend l'enfant difficile, comme c'est la haine de la société qui fait du criminel un problème. Le salut est dans l'amour, mais ce qui le rend difficile c'est que personne ne peut *forcer* quiconque à aimer.

Les parents de l'enfant difficile doivent réfléchir et se poser ces questions : « *Ai-je vraiment montré à mon enfant que je l'acceptais ? L'ai-je compris ? Ai-je eu confiance en lui ?* » Je ne fais pas de théorie. Je sais qu'un enfant difficile peut entrer dans mon école et y devenir heureux et normal. Je sais aussi que les principaux éléments nécessaires à une cure sont l'approbation, la confiance et la compréhension.

L'approbation est tout aussi nécessaire aux enfants normaux qu'aux enfants difficiles. Le commandement auquel tout parent et tout professeur doivent obéir, c'est *Tu seras du côté de l'enfant.* L'obéissance à ce commandement est ce qui assure la réussite de Summerhill. Car nous sommes toujours du côté de l'enfant — et l'enfant le sait inconsciemment.

Je ne dis pas que nous sommes des anges. Il nous arrive de nous fâcher. Si je suis en train de peindre et que Robert vient flanquer de la terre sur ma peinture fraîche, je tempête contre lui, car il est chez nous depuis longtemps et ce que je lui dis n'a pas d'importance. Mais supposez que Robert vienne d'arriver d'une école qu'il détestait et que jeter de la terre sur la porte soit une façon d'exprimer sa haine de l'autorité ; je prendrais de la terre moi aussi et la jetterais avec lui sur la porte, parce que son salut est plus important que la porte. Je sais que je dois rester de son côté pendant qu'il épuise sa haine, afin de le voir à nouveau devenir sociable. Ce n'est pas facile. J'ai observé un jour un gamin endommager mon tour mécanique. Je savais que si je protestais, il m'identifierait à son père qui menaçait toujours de le battre sévèrement s'il cassait ses outils.

Ce qui est curieux, c'est que vous pouvez être du côté de l'enfant, même si parfois vous vous fâchez contre lui. Si vous êtes de son côté, l'enfant le sait. Quelque petit différend que vous puissiez avoir au sujet de pommes de terre ou d'outils ébréchés n'affecte en rien la relation fondamentale. Quand vous parlez à un enfant sans amener la question d'autorité ou de morale, il sent que vous êtes de son côté. Dans sa vie passée, l'autorité et la morale étaient comme des gendarmes qui restreignaient ses activités.

Quand une fille de huit ans passe près de moi et me dit : « Neill n'est qu'un idiot », je sais que c'est sa façon négative d'exprimer son affection, de me dire qu'elle se sent à l'aise. Les enfants n'aiment pas autant qu'ils veulent être aimés. Pour chaque enfant, l'approbation de l'adulte, c'est de l'amour, tandis que la désapprobation, c'est de la haine. L'attitude des enfants vis-à-vis du personnel de Summerhill est la même que vis-à-vis de moi. Les enfants sentent que le personnel est toujours de leur côté.

J'ai mentionné précédemment la sincérité des enfants libres. Cette sincérité est le résultat de l'approbation qui leur est donnée. Ils n'ont pas besoin d'essayer artificiellement de se bien conduire, ils n'ont pas de tabous qui les limitent. Ils n'éprouvent pas la nécessité de vivre une vie qui est un mensonge.

Les nouveaux élèves, venant d'écoles où ils respectaient l'autorité, m'appellent *Monsieur*. Ce n'est que lorsqu'ils découvrent que je ne suis pas une autorité qu'ils laissent tomber le *Monsieur* et m'appellent Neill. Ils ne recherchent jamais mon approbation personnelle — seule l'approbation de toute la communauté scolaire les intéresse. Mais du temps que j'étais instituteur de village en Ecosse n'importe quel enfant restait après la classe pour m'aider à ranger ou à tailler une haie, recherchant — faussement — mon approbation parce que j'étais le patron.

Aucun enfant à Summerhill ne fait quoi que ce soit pour obtenir mon approbation, quoique certains visiteurs aient prétendu le contraire lorsqu'ils ont observé quelques filles et garçons qui m'aidaient à désherber les plates-bandes. Le motif de leur travail n'avait rien à voir avec moi personnellement. Dans ce cas particulier, les enfants désherbaient avec moi parce qu'un règlement avait été établi par les élèves lors d'une assemblée générale, demandant que tout élève de plus de douze ans travaille deux heures par semaine dans le jardin. Ce règlement fut plus tard annulé.

Dans toute société, cependant, il existe un désir d'approbation. Le criminel est celui qui a perdu le désir d'être approuvé par la majorité de la société, ou plutôt c'est celui qui a été forcé de changer son désir d'approbation en un désir opposé, celui du mépris de la société. Le criminel est toujours l'Egoïste Numéro Un : *Que je m'enrichisse et que tout le monde aille au diable.* Les peines de prison ne font qu'endurcir cet égoïsme. Une peine de prison ne fait que pousser le criminel à devenir un solitaire qui remâche sa haine et son horreur de la société qui le punit. Ni punitions ni peine de prison ne peuvent réformer le criminel parce qu'elles ne sont pour lui que la preuve de la haine de la société. La société élimine sa chance de devenir sociable. Notre système pénal insensé et inhumain est futile parce qu'il n'atteint rien chez le prisonnier qui ait une valeur psychologique.

Partant de là, je dis que la réforme essentielle à apporter dans les écoles, c'est l'approbation sociale. Tant que les garçons devront saluer des surveillants, se mettre en rangs ou au garde-à-vous quand le directeur d'école entrera dans la classe, il n'y aura pas de liberté, donc pas de chance d'approbation sociale. Homer Lane découvrit que lorsqu'un nouveau garçon entrait au *Little Commonwealth* [1], il recherchait l'approbation de ses compagnons, utilisant la technique en usage dans les bas quartiers : il se vantait de ses méfaits, de son adresse pour voler aux étalages, de ses ruses pour échapper à la police. Quand le nouveau venu s'apercevait qu'il se vantait devant des jeunes qui avaient abandonné ce genre d'approbation sociale, il était désorienté et souvent délaissait avec mépris ses compagnons comme de pauvres types. Graduellement, son désir naturel d'approbation, le forçait à rechercher celle-ci dans son nouveau milieu. Et sans aucune analyse individuelle de la part de Lane, il s'adaptait à ses nouveaux compagnons. En quelques mois il devenait un être sociable.

*

Permettez-moi maintenant de m'adresser au mari ordinaire, brave et sympathique, qui rentre le soir par le train de 18 h 30.

Je vous connais, John Brown. Je sais que vous voulez

1. Le *Little Commonwealth* était un centre de rééducation pour jeunes délinquants, fondé et dirigé en Angleterre, au début du siècle, par un éducateur américain extraordinaire, Homer Lane, qui mourut en 1925. (N.d.T.)

aimer vos enfants et être aimé d'eux en retour. Je sais aussi que quand votre fils de cinq mois se réveille à deux heures du matin et pleure avec persistance sans raison apparente vous ne l'aimez pas beaucoup à ce moment-là. Soyez tranquille, il a une raison pour pleurer, même si vous ne la découvrez pas immédiatement. Si vous êtes irrité, tâchez de ne pas le montrer. La voix d'un homme est plus terrifiante pour un enfant que celle d'une femme et vous ne savez pas quelle peur permanente vous pouvez laisser s'infiltrer dans un bébé en criant très fort au mauvais moment.

« Ne prenez pas le bébé dans votre lit », dit le manuel d'instructions aux parents. Oubliez-le. Donnez à votre bébé autant de baisers et de caresses que vous pouvez.

Ne vous servez pas de vos enfants pour vous enorgueillir. Soyez aussi prudent pour louer que pour blâmer. C'est mauvais de chanter les louanges d'un enfant en sa présence. *Oui, bien sûr, Mary travaille très bien. Première de sa classe ce mois-ci. C'est une enfant intelligente.* Non pas que vous ne devez pas faire d'éloges à votre enfant. Il est bon de dire à votre fils : « *C'est un bien joli cerf-volant que tu as fait là* », mais les éloges au service des autres sont inutiles. Les jeunes oies dressent le cou aussi bien que les cygnes quand on les admire. Par contre, si votre enfant ne réussit pas ce qu'il fait, n'enfoncez pas le couteau dans la plaie. Même si le carnet de notes n'est pas bon, ne dites rien. Et si Billy rentre en pleurant parce qu'il a été vaincu dans une bataille avec les copains, ne lui dites pas qu'il est une mauviette.

Si jamais vous dites. *Quand j'avais ton âge...* vous faites une grande erreur. En somme, acceptez votre enfant tel qu'il est et retenez-vous d'essayer de le faire vous ressembler.

Ma devise pour la maison, en toute circonstance,

c'est *Pour l'amour du ciel, laissez les gens vivre leur vie.* C'est une attitude qui sied à toutes les situations.

C'est la seule attitude qui encourage la tolérance. On apprend aux enfants à être tolérants en leur montrant de la tolérance.

La crainte

J'ai passé une bonne partie de ma vie à rafistoler des enfants blessés par des gens qui les avaient emplis de crainte. La crainte peut être une chose terrible dans la vie d'un enfant. Elle doit être entièrement éliminée — qu'elle soit crainte des adultes, crainte de la punition, de la désapprobation ou crainte de Dieu. Seule la haine peut s'épanouir dans une atmosphère de crainte.

Nous craignons tant de choses — la pauvreté, le ridicule, les revenants, les voleurs, les accidents, l'opinion publique, la maladie, la mort. La vie d'un homme, c'est l'histoire de ses peurs. Des millions d'adultes ont peur de marcher dans l'obscurité. Des milliers ont un vague sentiment de malaise quand un gendarme sonne à leur porte. La plupart des voyageurs ont l'idée que leur paquebot va sombrer ou que leur avion va s'écraser. Les voyageurs de chemin de fer choisissent les wagons du milieu. « Prudence d'abord », telle est la première pensée de l'homme.

Certainement, il y eut dans l'histoire humaine un temps où la peur d'être tué poussait l'homme à s'enfuir et à se cacher. Aujourd'hui, nous sommes tellement à l'abri du danger que la peur au service de la protection de soi-même n'a plus raison d'être. Et pourtant l'humanité, de nos jours, éprouve probablement plus de peur que nos ancêtres de l'âge de pierre. L'homme primitif ne craignait que les monstres géants, mais aujourd'hui nous craignons mille monstres — les trains, les paquebots, les avions, les voleurs, les automobiles et, mieux que tout cela, la peur d'être découverts. La peur nous est toujours nécessaire. La peur me fait traverser la rue prudemment.

Dans la nature, la peur sert à la conservation de l'espèce. Les lapins, comme les chevaux, survécurent parce que la peur les força à fuir devant le danger. La peur est un facteur important dans la loi de la jungle.

La peur est toujours égoïste : nous craignons pour nous-mêmes ou pour ceux que nous aimons. Mais surtout pour nous-mêmes. Quand j'étais jeune garçon, j'avais peur le soir d'aller à la ferme chercher le lait. Cependant, je n'avais pas peur quand ma sœur m'accompagnait. La peur doit être égoïste car toute peur, finalement, n'est que peur de la mort.

Le héros est celui qui peut transformer sa peur en énergie positive. Le héros maîtrise sa peur. La peur d'avoir peur est la plus effrayante pour un soldat. Le lâche est incapable de convertir sa peur en énergie positive. La lâcheté est plus universelle que la bravoure.

Nous sommes tous des lâches. Certains s'arrangent pour le cacher, d'autres se trahissent. La lâcheté est toujours relative. Vous pouvez être héroïque pour certaines choses et lâche pour d'autres. Je me rappelle mon premier exercice de lancer à la grenade quand j'étais jeune soldat. Une des recrues manqua le trou avec sa grenade. Celle-ci explosa et blessa quelques hommes. Heureusement, il n'y eut pas de morts. Ce jour-là, l'exercice fut arrêté, mais le lendemain nous retournions sur le champ de manœuvres. Lorsque je pris ma première grenade, ma main tremblait. Le sergent me regarda avec mépris et me dit que j'étais un lâche. Je reconnus qu'il avait raison.

Ce sergent, qui se conduisit héroïquement au point de mériter la Victoria Cross, ne connaissait pas la peur physique. Mais quelque temps après l'incident mentionné, il me confia : « Neill, je déteste diriger les manœuvres quand tu es dans le groupe. Tu me fous la frousse ». Surpris, je lui demandai pourquoi.

« Parce que tu es licencié en anglais, me dit-il, et que j'assassine la grammaire. »

Nous ne pouvons pas définir par la psychologie ce qui fait qu'un enfant naît avec du courage et qu'un autre naît avec une âme contractée. Les conditions prénatales pourraient en être la cause. Si un enfant n'est pas désiré, il se peut que la mère lui transfère son anxiété au moment de la naissance. L'enfant peut naître avec une nature timide, il peut être craintif de la vie et désireux de rester dans les entrailles de la mère.

C'est un fait que les influences prénatales sont au-delà de notre pouvoir d'action, mais il est certain aussi que bien des enfants sont rendus lâches par leur toute première éducation. La lâcheté de cette nature peut être évitée.

Un psychanalyste bien connu me cita le cas d'un jeune homme qui, à l'âge de six ans, fut découvert par son père alors qu'il exprimait un léger intérêt sexuel à l'égard d'une petite fille de sept ans. Le père lui flanqua une sévère volée. Cette volée fit de l'enfant un lâche pour la vie. Toute son existence, il se sentit obligé de répéter cette expérience infantile — il cherchait par tous les moyens à se faire battre, à se faire punir d'une façon ou d'une autre. Ainsi, il ne pouvait tomber amoureux que du fruit défendu, de femmes mariées ou fiancées ; et il avait toujours la crainte que le mari ou le fiancé lui flanquent une rossée. Cette même peur se retrouvait dans tout ce qu'il faisait. L'homme était malheureux, timide, il se sentait toujours inférieur et anticipait toujours quelque danger. Il trahissait sa timidité par de petites choses. Par un beau jour d'été, il prenait un imperméable ou un parapluie s'il se rendait à plusieurs kilomètres de chez lui. Il disait *non* à la vie.

Punir un enfant pour un intérêt sexuel est la façon la plus sûre de le rendre lâche. Le menacer de l'enfer en est une autre tout aussi certaine.

Les freudiens parlent du *complexe de castration*. Il n'y a pas de doute qu'il existe. A Summerhill, nous avons eu un petit gars auquel on avait dit que s'il touchait à son pénis, ce dernier lui serait coupé. J'ai découvert que c'est une peur commune chez les garçons comme chez les filles. C'est une peur qui a de terribles conséquences parce que la peur n'est jamais loin du désir — car la castration est une punition de la masturbation, mais c'est aussi une élimination de la tentation.

Pour l'enfant qui a peur, la sexualité *est tout*. Oui, l'enfant se sert de la sexualité comme support pour toutes ses craintes. Parce qu'on lui a dit que la sexualité est vilaine. L'enfant qui a des terreurs nocturnes est souvent celui qui a peur de ses pensées sexuelles. Le diable pourrait venir le chercher et l'emporter en enfer, car n'est-il pas un vilain garçon qui mérite d'être puni ? Le Père Fouettard, le fantôme, le farfadet sont tous des aspects du diable. La peur vient de la mauvaise conscience. C'est l'ignorance des parents qui donne à l'enfant sa mauvaise conscience.

Une forme commune de la peur chez certains enfants provient du fait qu'ils dorment dans la chambre de leurs parents. Un enfant de quatre ans voit et entend ce qu'il ne peut comprendre. Papa devient un méchant homme qui abuse de maman. Le sadisme chez l'enfant peut résulter de ce malentendu et de cette peur dans la première enfance. Un garçon, s'identifiant au père, plus tard associera la sexualité avec la souffrance. Par peur, il fera peut-être à sa partenaire ce qu'il pensait que son père faisait à sa mère.

Essayons de distinguer entre la peur et l'anxiété. La peur du tigre est naturelle et saine. La peur d'être conduit en voiture par un mauvais chauffeur est aussi une peur naturelle, et saine. Si nous n'avions pas peur, nous serions tous écrasés par des autobus. Mais la peur d'une araignée, d'une souris ou d'un fantôme n'est ni naturelle, ni saine. C'est une phobie. Une phobie est irrationnelle, c'est une anxiété exagérée au sujet de quelque chose. Dans une phobie, l'objet n'est qu'un symbole quoique l'anxiété qu'il cause est réelle.

En Australie, la peur de l'araignée est rationnelle, car la piqûre d'une araignée peut être mortelle. Mais en Angleterre ou aux Etats-Unis, la peur de l'araignée est irrationnelle ; c'est une phobie. Le fantôme symbolise quelque chose dont l'enfant a peur. Ce peut être la mort, s'il est élevé dans la crainte de Dieu. Ce peut être aussi ses impulsions sexuelles que sa famille lui a appris à réprimer parce que coupables.

On me demanda une fois de recevoir une fillette qui avait la phobie des vers de terre. Je lui demandai de m'en dessiner un et elle dessina un pénis. Puis elle me parla d'un soldat qui avait l'habitude de s'exhiber devant elle sur le chemin de l'école. Cela l'avait effrayée. Elle transféra sa peur sur les vers de terre. Mais bien avant que cette phobie se fût développée la fillette s'était fortement intéressée à ce qui l'avait causée — d'une façon neurotique. Cet intérêt maladif résultait de son éducation — ou du manque de celle-ci — en matière de sexualité. Le mystère dont les adultes autour d'elle avaient entouré cette question avait fait naître chez elle un intérêt anormal. Il est évident qu'elle aurait gagné à ne pas rencontrer d'exhibitionniste, mais une meilleure éducation lui aurait permis de faire face à cette rencontre sans réagir d'une façon neurotique, c'est-à-dire sans anxiété persistante quant à l'organe sexuel mâle.

Les phobies apparaissent chez les très jeunes enfants. Le fils d'un père sévère peut développer une phobie des chevaux, des lions ou des gendarmes. La phobie s'attachera à l'un de ces symboles, ou tout autre symbole paternel. A nouveau, nous voyons le terrible danger qu'il y a à introduire la peur de l'autorité chez l'enfant.

L'influence la plus puissante quant à la peur, c'est la pensée de la damnation éternelle.

Souvent, dans la rue, j'entends une mère dire : « Arrête, Tommy ! Voilà un gendarme. » Une conséquence de cette petite chose, c'est que l'enfant découvre que sa mère est une menteuse. La conséquence majeure, c'est que pour l'enfant le gendarme *est* le diable. C'est celui qui vous emporte et vous enferme dans le noir. L'enfant attache toujours la peur à ses plus grandes transgressions. Ainsi, l'enfant qui se masturbe peut développer une terreur anormale du gendarme quand celui-ci le surprend à lancer des cailloux. La peur, c'est celle du dieu qui châtie ou du diable qui vous emporte.

Beaucoup de notre peur est aussi due à la pensée de nos actes criminels. Nous avons tous tué des gens en imagination. Je suis sûr que l'enfant de cinq ans me tue en imagination quand je ne satisfais pas ses désirs.

Bien des fois, mes élèves m'inondent avec leurs pistolets à eau en criant « Haut les mains ! T'es mort ! », tuant ainsi le symbole de l'autorité et se libérant de leurs peurs. Il m'est arrivé certains matins d'agir volontairement de façon autoritaire avec mes élèves, afin de voir l'effet que cela aurait sur la fusillade de la journée. En ces occasions, je fus tué plusieurs fois. Après le crime en imagination, la peur pénètre — *Et si Neill mourait ! Je serais responsable parce que j'ai désiré sa mort.*

Une de nos élèves prenait plaisir à plonger la tête de ses camarades sous l'eau lorsque nous étions à la plage. Plus tard, elle développa une phobie de l'eau. Quoique bonne nageuse, elle n'allait jamais où elle n'avait pas pied. Ce qui s'était passé, c'est qu'en imagination elle avait noyé tant de rivales qu'elle craignait maintenant la justice divine : *Comme punition pour mes mauvaises pensées, je serai noyée.*

Le petit Albert tombait naturellement dans un état de terreur lorsque, à la plage, il voyait son père nager. Il avait peur de sa conscience coupable. Ce n'est plus choquant de découvrir qu'un enfant tue en imagination quand on réalise que la mort, pour un enfant, c'est tout simplement la disparition de la personne crainte.

J'ai connu des adultes qui, inconsciemment, étaient convaincus de leur responsabilité dans la mort de leur père ou leur mère. Cette sorte de peur pourrait être amoindrie si les parents voulaient bien refréner leur besoin d'instiller la haine, et par conséquent la culpabilité, dans le cœur de l'enfant, par leurs gronderies et leurs brutalités. De même que les centaines d'écoles qui pratiquent encore le châtiment corporel et autres types de punitions sévères qui font un mal irréparable aux petits enfants.

Beaucoup de gens pensent : *Si les enfants n'ont rien à craindre, comment peuvent-ils être droits ?* La droiture qui dépend de la peur de l'enfer, du gendarme ou de la punition n'est pas de la droiture du tout — c'est tout simplement de la lâcheté. La droiture qui dépend de l'espoir d'une récompense, d'une louange ou du ciel est une forme de corruption. La morale d'aujourd'hui fait de nos enfants des lâches, car elle leur fait craindre la vie. Et le « bien-fondé » de la discipline n'est pas autre chose. Des milliers de professeurs font un travail splendide sans avoir à recourir à la menace de la punition. Les autres sont des inadaptés incompétents qu'on devrait chasser de la profession.

Les enfants peuvent nous craindre et accepter nos valeurs. Mais alors, qu'elles valeurs nous, adultes, avons-nous donc ? Cette semaine, j'ai acheté un chien pour sept dollars, des outils pour dix et du tabac pour onze. Quoique je réfléchisse aux maux de la société et les déplore, il ne m'est pas venu à l'idée de donner tout cet argent aux pauvres. Par conséquent, je n'ai pas à prêcher aux enfants que les bidonvilles sont des abominations. Dans le passé, je le faisais — jusqu'au jour où j'ai réalisé que je n'étais qu'un charlatan.

Les foyers les plus heureux que je connaisse sont ceux dans lesquels les parents sont francs et honnêtes avec leurs enfants et ne les moralisent pas. La crainte n'entre pas dans ces foyers. Le père et le fils sont des copains. L'amour se développe. Dans les autres foyers, l'amour est écrasé par la crainte. La prétention de la dignité et le respect exigé éloignent l'amour. Le respect commandé implique *toujours* de la crainte.

Ici, à Summerhill, les enfants qui craignent leurs parents sont ceux qui sont continuellement autour des professeurs ; les enfants des parents vraiment libres ne nous tournent pas autour. Les enfants qui ont peur nous testent constamment. Un garçon de onze ans dont le père est sévère ouvre ma porte vingt fois par jour. De temps en temps, je lui crie : « Non, je ne suis pas encore mort. » Le gamin m'a donné l'amour que son propre père lui a refusé et il craint que son nouveau père idéal disparaisse. Derrière cette crainte se cache en vérité le désir que son père non satisfaisant disparaisse.

Il est plus facile de vivre avec des enfants qui vous craignent qu'avec ceux qui vous aiment — c'est-à-dire que la vie est plus tranquille. Car, lorsqu'ils vous craignent, les enfants se détournent de vous. Ma femme, les professeurs de Summerhill et moi-même sommes aimés par les enfants parce que nous les acceptons, et c'est tout ce qu'ils désirent. C'est parce qu'ils savent que nous ne les rejetterons pas qu'ils aiment être auprès de nous.

Je remarque rarement chez nos très jeunes enfants une peur du tonnerre. Ils dorment sous la tente par les temps d'orage les plus violents. De même, ils ont rarement peur de l'obscurité. Parfois, un gamin de huit ans plante sa tente au fin fond du parc et y dort, seul, plusieurs nuits durant. La liberté encourage l'intrépidité. J'ai souvent vu des petits gars timides devenir des adolescents solides et intrépides. Mais il ne serait pas juste de généraliser, car il existe des enfants introvertis qui ne deviennent jamais braves. Certaines gens vivent avec leurs fantômes toute la vie.

Si un enfant est élevé sans crainte et qu'il ait en dépit de cela des peurs, il est possible qu'il les ait amenées avec lui en naissant. Et la grande difficulté pour éliminer de tels fantômes, c'est notre ignorance des conditions prénatales. Car personne ne sait si, oui ou non, une femme enceinte peut transmettre ses propres peurs à l'enfant en gestation.

Par contre, un enfant très certainement acquiert des peurs une fois en ce monde. Aujourd'hui, même les tout petits enfants ne peuvent s'empêcher d'entendre parler des guerres à venir avec leurs terribles bombes atomiques. Il n'est que naturel d'associer la peur à de telles choses. Mais s'il n'y a pas de peur inconsciente de la sexualité et de l'enfer pour renforcer celle plus réelle des bombes, cette dernière ne sera plus qu'une peur naturelle — pas une phobie, pas une anxiété pénétrante. Les enfants libres et sains n'ont pas peur de l'avenir. Ils l'anticipent avec plaisir. Leurs enfants, à leur tour, tourneront leurs visages vers la vie, sans éprouver la peur maladive du lendemain.

Wilhelm Reich remarqua que, lorsque nous sommes pris d'une peur soudaine, nous retenons notre respiration un moment et que l'enfant qui vit dans la peur passe son existence à la retenir. Un enfant libre et bien élevé a une respiration régulière. Cela indique qu'il n'a pas peur de la vie.

J'aimerais dire quelques choses importantes au père qui s'inquiète d'élever son enfant sans la crainte paralysante que créent la haine ou la méfiance.

N'essayez jamais d'être le patron, le censeur, l'ogre

du foyer, comme votre femme l'indique quand elle dit : « Attends que ton père rentre, tu verras ! » N'acceptez pas cela. Vous recevrez la haine qui aurait dû aller à votre femme au moment où elle a parlé.

Et ne vous mettez pas sur un piédestal. Si vos garçons vous demandent si vous avez eu des éjaculations nocturnes et si vous vous êtes jamais masturbé, dites-leur la vérité — courageusement et sincèrement. Si vous êtes le patron, vous aurez leur respect, mais ce ne sera pas le bon respect — ce sera du respect mêlé de crainte. Si vous descendez à leur niveau et leur dites que vous étiez lâche à l'école quand vous étiez petit garçon, vous obtiendrez leur vrai respect — le respect qui comporte de l'amour, de la compréhension et une absence totale de crainte.

Il est comparativement facile pour les parents d'élever un enfant sans lui donner de complexes. Il ne faut jamais rendre l'enfant craintif ou coupable. On ne peut pas éliminer toutes les réactions de peur : on peut sursauter en entendant une porte claquer. Mais on peut éliminer la peur malsaine qui est surimposée à un enfant : celle de la punition, du dieu courroucé, des parents fâchés.

L'infériorité et les rêveries

Qu'est-ce qui donne à un enfant le sentiment de son infériorité ? Il voit les grands faire des choses qu'il ne peut pas faire ou qu'il ne lui est pas permis de faire.

Le phallus peut être la cause d'un sentiment d'infériorité. Les petits garçons ont souvent honte de la taille de leur phallus, de même que les petites filles souvent se sentent inférieures parce qu'elles n'en ont pas. Je tends à penser que l'importance du phallus comme symbole de puissance est due en majeure partie à son association avec le mystère et les tabous de la morale. Les pensées refoulées concernant le phallus réapparaissent dans les rêveries. La chose mystérieuse, jalousement gardée par la mère ou la nourrice, prend une importance exagérée. Nous la retrouvons dans les contes où le phallus a un grand pouvoir. Aladin frotte sa lampe — masturbation — et tous les plaisirs du monde lui sont offerts. Pareillement, les enfants ont des rêveries qui donnent aux excréments une grande importance.

Une rêverie est toujours égoïste. C'est un rêve dont le rêveur est toujours le héros. C'est une histoire d'un monde à venir. Le monde dans lequel nous, adultes, entrons grâce au verre de whisky, aux pages d'un roman, ou aux images d'un film, est un monde dans lequel les enfants entrent par l'imagination. La rêverie est toujours une évasion de la réalité, elle mène dans un monde où tous les désirs sont satisfaits, elle mène dans un monde sans frontières. Le fou y part en randonnée. Mais les rêveries sont aussi habituelles chez les enfants normaux. Le monde de la rêverie éveillée est plus attrayant que celui du rêve nocturne. Nos rêves de la nuit sont parfois des cauchemars, mais dans la rêverie éveillée, nous avons un certain contrôle et nous n'imaginons que ce qui plaît à notre ego.

Du temps que j'enseignais en Allemagne, j'eus une jeune élève juive de dix ans qui était fort craintive. Elle craignait, entre autres choses, d'arriver en retard en classe. Le jour de la rentrée, elle arriva avec un énorme cartable rempli de livres, s'assit et commença à diviser des nombres qui n'en finissent pas comme 4 563 207 867 par 4 379. Pendant trois jours elle ne fit que cela. Je lui demandai si elle y trouvait du plaisir et je reçus un timide *Ja* en guise de réponse.

Le quatrième jour, je la regardai alors qu'elle continuait ses misérables calculs. « Tu aimes vraiment cela ? », demandai-je.

Elle éclata en pleurs ; je pris tranquillement son cahier et le jetai à l'autre bout de la pièce. « Ici, c'est une école libre, tu fais ce que tu veux », dis-je. Elle eut l'air soulagé et siffla toute la journée. Elle ne fit rien d'autre que siffler.

Des mois plus tard, alors que j'allais à travers bois sur mes skis, j'entendis une voix et aperçus Slovia. Elle avait enlevé ses skis et marchait en riant et en se parlant à elle-même. Il était évident qu'elle jouait le rôle de plusieurs acteurs à la fois. Elle ne me vit même pas en passant.

Le lendemain matin, je lui dis que je l'avais entendue parler dans les bois. Elle devint confuse et quitta la pièce. Dans l'après-midi, je l'aperçus qui attendait à ma porte. Enfin, elle vint vers moi et me dit : « C'est difficile de vous dire ce que je faisais, mais je crois que je peux vous le dire tout de même maintenant. »

C'était une merveilleuse histoire. Pendant des années, elle avait vécu dans un village féerique du nom de Grundwald. Elle me montra les cartes qu'elle avait dessinées du village, elle me montra même le plan des maisons. Elle avait peuplé le village de personnages variés et, évidemment, les connaissait tous intimement. Ce que j'avais entendu dans les bois, c'était une conversation entre deux garçons, Hans et Helmuth.

Il me fallut plusieurs semaines pour découvrir ce qui se trouvait derrière cette rêverie. Slovia était fille unique et avait peu de camarades, aussi avait-elle créé un village de camarades. Elle me donna la clé de sa rêverie lorsqu'elle m'expliqua qu'Helmut avait été battu sévèrement par le garde pour être entré dans la forêt, ce qui était interdit. Plus tard, elle mentionna que la forêt ressemblait aux poils qui lui étaient poussés récemment sur le pubis. Puis, elle me révéla une histoire vraie, à savoir qu'un homme l'avait touchée sexuellement. Je compris alors qu'Helmut représentait l'homme qui avait pénétré la forêt interdite. Il représentait aussi sa main à elle lorsqu'elle se masturbait.

Je décidai de briser sa rêverie en lui expliquant ce en quoi elle consistait véritablement. Pendant deux jours, elle erra l'air abattu. « J'ai essayé de retourner à Grundwald la nuit dernière, me dit-elle en pleurant amèrement, mais je n'ai pas pu. Vous avez détruit ce que j'aimais le plus au monde. »

Dix jours plus tard, un des professeurs me dit : « Qu'est-il arrivé à Slovia ? Elle chante toute la journée et elle devient jolie. » C'était vrai, elle était devenue jolie. Elle avait soudainement pris intérêt à tout. Elle demanda même des devoirs et les fit très bien. Elle se mit à peindre et exécuta quelques bonnes esquisses. En somme, elle entra dans la réalité. Son horrible expérience sexuelle et sa solitude l'avaient forcée à trouver dans la rêverie un nouveau refuge où il n'y avait ni tentation ni mauvais hommes. Cependant, même là, Helmut continuait à violer l'entrée de son paradis.

Une autre de mes élèves s'imaginait être une grande actrice. Le public la rappelait jusqu'à seize fois.

A Summerhill, Jim, un garçon qui entre dans de violentes colères, m'avoua un jour ses rêves de miction et de défécation. Il se sert de sa sexualité comme d'une arme puissante.

Un autre petit garçon de neuf ans échafaude des rêveries compliquées, pleines de trains. Il est toujours conducteur et, habituellement, le roi et la reine (le père et la mère) sont des passagers.

Le petit Charlie, lui, imagine qu'il a des escadres aériennes et des caravanes d'automobiles.

Jim parle de son oncle fortuné qui lui a offert une Rolls-Royce — en miniature — mais qui marche à l'essence. Il me dit qu'il n'a pas besoin de permis pour conduire sa nouvelle auto. Un jour, je découvris quelques-uns de ses copains qui, poussés par lui, se dirigeaient vers la gare, à quelque quatre miles de l'école. L'oncle de Jim, me dirent-ils, avait expédié l'auto à la gare et ils devaient la ramener à l'école. Je pensais à l'amère déception qui suivrait cette marche de quatre miles dans la boue pour trouver une voiture qui n'existait que dans l'imagination de Jim. Je leur fis remarquer qu'ils manqueraient le déjeuner. Jim, qui semblait mal à son aise, s'écria : « C'est vrai, nous ne voulons pas manquer le déjeuner. » Leur surveillante pensa tout à coup à une compensation et leur offrit de les emmener au cinéma après le déjeuner. Ils enlevèrent prestement leurs imperméables. Jim était soulagé car, naturellement, il savait que l'oncle à la voiture n'était qu'un oncle imaginaire.

La rêverie de Jim n'était nullement liée à la sexualité. Depuis son arrivée à Summerhill, il s'était vanté de la sorte aux autres garçons. Pendant plusieurs jours, un groupe de ses copains avaient surveillé l'entrée du port de Lyme parce que Jim leur avait parlé d'un autre oncle qui avait deux paquebots. Les garçons avaient persuadé Jim de lui écrire pour lui demander de leur faire cadeau d'un canot automobile. Ils s'attendaient à voir arriver dans le port un paquebot remorquant leur canot. Ainsi, Jim découvrit sa supériorité. C'était un pauvre petit gars que ses parents avaient flanqué en pension et il compensait son sentiment d'infériorité par des rêveries.

Détruire toutes les rêveries rendrait la vie bien morne. Tout acte créateur doit être précédé d'un rêve. Wren dut bâtir en imagination la cathédrale de Saint-Paul, à Londres, avant que la première pierre en fût posée.

Le rêve qui vaut la peine d'être retenu, c'est celui qui peut devenir réalité. L'autre sorte — l'envol vers la fantaisie — doit être brisée si possible. De telles visions, si l'enfant les poursuit trop longtemps sont néfastes à sa croissance. Dans toutes les écoles, les soi-disant cancres sont généralement les enfants qui vivent le plus dans les rêves. Comment un garçon peut-il s'intéresser aux mathématiques alors qu'il attend la Rolls-Royce que son oncle doit lui envoyer ?

J'ai eu souvent des discussions acrimonieuses avec des parents au sujet des progrès académiques de leurs enfants. Une mère m'écrit : « Mon fils devra un jour s'adapter à la société. Vous devez le forcer à apprendre à lire. » Je réponds généralement : « Votre fils vit dans un monde imaginaire. Il me faudra probablement un an pour réduire ce monde. Lui demander de lire à présent serait un crime. Tant qu'il n'aura pas épuisé l'intérêt de son monde fantastique, il ne pourra apprendre à lire. »

Bien sûr, je pourrais prendre le gamin dans mon bureau et lui dire sévèrement : « Allez, sors de toutes ces rêveries d'oncles et de canots automobiles. Tu sais bien que ce sont des mensonges. Demain matin tu viendras au cours de lecture et tu comprendras ce que je veux dire. » Ce serait criminel. Briser le rêve d'un enfant avant qu'il puisse le remplacer par autre chose, c'est mal. La meilleure façon d'encourager un enfant à le briser, c'est de l'amener à vous en parler. Neuf fois sur dix, il perdra lentement intérêt à ses rêveries. Uniquement dans quelques cas spéciaux, quand le rêve dure des années, faut-il oser brusquement le briser.

J'ai dit qu'il fallait remplacer le rêve par quelque chose. Pour être sains, tout enfant et tout adulte devraient avoir un domaine dans lequel ils se sentent supérieurs. En classe, il y a deux méthodes d'acquisition de la supériorité : 1) Etre en tête de classe. 2) Etre pire que le dernier de la classe. La deuxième est nettement plus attrayante ; l'enfant extroverti y trouve facilement la supériorité.

C'est l'enfant introverti qui s'envole vers le rêve pour y trouver sa supériorité. Dans la réalité, il n'en a pas. Il ne sait pas se battre ; il n'est pas adroit aux jeux ; il ne sais pas jouer sur scène, ou chanter, ou danser. Mais dans le monde fantastique qu'il imagine, il est peut-être champion du monde des poids lourds. Trouver la satisfaction dans son ego est une nécessité vitale pour tout être humain.

La destructivité

Les adultes ont du mal à comprendre que les enfants n'ont pas le respect de la propriété. Ils ne détruisent pas délibérément — *ils le font inconsciemment.*

J'ai vu une fois une fille saine et normale faire des trous dans le manteau en noyer de la cheminée avec un tisonnier. Quand je l'interpellai, elle sursauta et eut l'air surpris. « J'ai fait cela sans y penser », dit-elle et c'était la vérité. Son acte était symbolique et inconscient.

Le fait est que les adultes sont exclusifs quant aux objets de valeur et que les enfants ne le sont pas. De toute vie en commun des enfants et des adultes résulte, par conséquent, un conflit au sujet de valeurs matérielles. A Summerhill, les enfants allumeront le chauffage cinq minutes avant de se coucher. Ils rempliront généreusement le poêle de charbon — car le charbon, pour eux, n'est que morceaux de pierre noire, alors que pour moi c'est une facture de mille dollars. Les enfants laissent les lumières allumées parce qu'ils ne voient pas de rapport entre la lumière et les factures.

Le mobilier, pour l'enfant, n'existe pratiquement pas. Aussi, à Summerhill, nous achetons des vieux sièges d'automobiles ou d'autobus. De temps en temps, au déjeuner, un élève qui attend que le plat repasse, tord les dents de sa fourchette et en fait pratiquement des nœuds. C'est habituellement inconscient ou, au pire, semi-conscient. Ce n'est pas seulement la propriété de l'école qu'un enfant néglige ou détériore, il laisse aussi son nouveau vélo sous la pluie, trois semaines après l'avoir reçu.

La destructivité des enfants à l'âge de neuf ou dix ans n'est ni mauvaise ni antisociale. Ils ne comprennent pas encore ce qu'est la propriété personnelle. Lorsqu'ils jouent, ils prennent draps et couvertures pour faire des voiliers de pirates ; les draps sont noircis et les couvertures déchirées au cours de la bataille. Et qu'est-ce qu'un drap sali quand vous avez hissé le drapeau noir et pris un navire à l'abordage ?

Pour bien faire, tout homme et toute femme qui veulent des enfants devraient être millionnaires, car il n'est pas juste que la négligence naturelle des enfants soit toujours en conflit avec le facteur économique.

L'argument de celui qui aime la discipline et qui exige que les enfants soient *obligés* à respecter la propriété ne me satisfait pas parce qu'il demande le sacrifice de la vie imaginative de l'enfant. Mon opinion, c'est que l'enfant doit acquérir le sens des valeurs de son propre choix. Quand les enfants abandonnent le stade préadolescent de l'indifférence à la propriété, ils deviennent ceux qui la respectent. Quand les enfants sont libres d'épuiser leur indifférence, il y a peu de risque qu'ils deviennent jamais des profiteurs et des exploiteurs.

Les filles ne sont pas aussi destructrices que les garçons, parce qu'elles ne rêvent pas de navires de pirates ou de hold-up. Cependant, pour être juste envers les garçons, je dois admettre que les chambres des filles à Summerhill sont dans un triste état. Je ne suis pas convaincu par l'explication des filles que c'est le résultat des bagarres avec les garçons qui viennent leur rendre visite.

Il y a quelques années, nous avons tapissé les chambres d'isorel afin qu'elles soient plus chaudes l'hiver. L'isorel étant une sorte de carton-pâte, un petit enfant n'a qu'à en voir pour avoir envie d'y faire des trous. L'isorel des murs de la salle de ping-pong ressemble à Berlin après les bombardements. Déchiqueter de l'isorel, c'est un peu comme se mettre les doigts dans le nez : c'est habituellement tout à fait inconscient et, comme toute autre forme de destructivité, cet acte a un mobile caché, souvent créatif. Si un garçon a besoin d'un morceau de métal pour le gouvernail de son bateau, il utilisera un clou s'il peut en trouver un. Mais s'il n'en trouve pas, il prendra un de mes outils coûteux si l'un d'eux a la taille requise. Un ciseau, comme un clou, n'est qu'un morceau de métal pour un enfant. Un de mes brillants élèves utilisa un jour une brosse à chaux fort chère pour goudronner un toit.

Nous avons observé à Summerhill que les valeurs des enfants sont entièrement différentes de celles des adultes. Si une école essaie d'inspirer un enfant en pendant aux murs des toiles de maîtres ou en installant un mobilier d'époque, elle commence par la fin. Les enfants sont primitifs et tant qu'ils ne demandent pas de culture, on devrait les laisser vivre dans une ambiance aussi primitive et peu conventionnelle que possible.

Il y a plusieurs années, quand nous avons emménagé dans notre résidence actuelle, nous avons été démoralisés en voyant les garçons flanquer des couteaux dans les portes de chêne. Nous achetâmes rapidement deux wagons d'un train désaffecté et en fîmes un bungalow. Là, nos primitifs pouvaient ficher leurs couteaux à qui mieux mieux. Pourtant, aujourd'hui, trente-trois ans plus tard, les wagons ne sont pas en mauvais état. Ils sont habités par les garçons de douze à seize ans. La majorité de ces garçons ont atteint l'âge auquel on aime le confort et les décorations aux murs. La plupart d'entre eux tiennent leurs coins respectifs très propres et en ordre. D'autres vivent dans le désordre; ceux-là sont, en majorité, des garçons nouvellement arrivés chez nous.

On peut toujours reconnaître à Summerhill les élèves récemment arrivés d'un collège privé : ils sont les plus sales, les plus crasseux et ils portent les vêtements les plus tachés. Il leur faut toujours un certain temps pour épuiser leurs énergies primitives qui n'avaient été que réprimées dans leurs écoles précédentes. Il leur faut quelques mois de liberté pour devenir véritablement sociables.

L'atelier est le plus grand casse-tête pour une école comme la nôtre. Au début, il était toujours ouvert aux enfants et le résultat fut que tous les outils furent perdus ou endommagés. Un gamin de neuf ans prenait aussi bien un ciseau comme tournevis. Ou une paire de pinces pour réparer son vélo, les pinces restant abandonnées dans l'allée.

Après bien des hésitations, je décidai d'avoir mon atelier privé, séparé de l'atelier principal par une cloison et fermé à clé. Mais ma conscience me tourmenta; je sentais que j'étais égoïste et antisocial. Finalement, je démolis la cloison. En six mois je n'avais plus un outil. Un garçon utilisa mes crampons pour faire des cales à son vélo. Un autre essaya d'embrayer mon tour mécanique pour tarauder pendant qu'il était en marche. Mes marteaux pour travailler le cuivre et l'argent furent utilisés pour casser des briques. Des outils disparurent qui ne furent jamais retrouvés. Pis, l'intérêt pour le travail artisanal commença à disparaître, car les plus vieux élèves disaient : « Pourquoi aller à l'atelier? Les outils sont tous cassés. » Ils étaient dans un triste état. Les lames des rabots avaient des dents et les scies, elles, n'en avaient plus.

Je proposai à une assemblée générale que mon atelier soit à nouveau fermé à clé. La motion fut acceptée. Mais en faisant faire le tour de l'école aux visiteurs, j'avais un sentiment de honte quand je sortais la clé de mon cadenas pour ouvrir la porte de l'atelier. *Quoi ? La liberté et des portes fermées à clé ?* Cela faisait plutôt mauvais effet ; aussi, je décidai d'installer pour les élèves un second atelier qui resterait toujours ouvert. J'y mis tout ce qu'il fallait — établi, étau, scies, ciseaux, rabots, marteaux, pinces, équerres, etc.

Un jour, quatre mois plus tard, je faisais visiter l'école à un groupe et lorsque j'ouvris la porte de mon atelier, l'un des visiteurs me dit : « Ça ne ressemble pas à de la liberté, ça. »

« Mais, dis-je rapidement, les enfants ont *un autre* atelier. Venez, je vais vous le montrer. » Rien n'y restait que l'établi. Même l'étau avait disparu. Dans quels coins perdus de nos six hectares se promènent les ciseaux et les marteaux, je n'en sais rien.

La situation de l'atelier continua à nous inquiéter. J'étais le plus touché parce que les outils ont une grande valeur à mes yeux. Je conclus que ce qui n'allait pas, c'était que les outils étaient utilisés par tout le monde. « Voyons, me dis-je, si nous introduisons l'élément de propriété — si nous donnions à chaque enfant ses outils personnels — les choses seraient différentes. »

J'en parlai à une assemblée générale et l'idée fut très bien accueillie. Le trimestre suivant, quelques grands apportèrent de chez eux leurs trousses à outils. Ils en prirent grand soin et elles restèrent en excellent état.

Peut-être est-ce la gamme étendue des âges qui est la cause principale de nos soucis à Summerhill. Car il est évident que les outils n'ont aucune valeur pour les très jeunes enfants. Aujourd'hui, notre chef d'atelier ferme les lieux à clé. Je permets gracieusement à quelques-uns de mes grands élèves de se servir de mon atelier personnel quand ils le désirent. Ils n'en abusent pas, car ils sont arrivés à l'âge auquel manipuler des outils soigneusement est devenu une nécessité consciente. Maintenant, ils comprennent la différence entre la liberté et l'anarchie.

Cependant, la fermeture à clé des portes semble avoir augmenté récemment à Summerhill. J'amenai la question sur le tapis, un samedi soir à l'assemblée générale. « Je n'aime pas cela, dis-je. J'ai amené des visiteurs ce matin et j'ai dû ouvrir l'atelier, le laboratoire, la salle de céramique et le théâtre. Je propose que ces salles restent ouvertes toute la journée. » Un orage de contestation suivit. « Le laboratoire doit être fermé parce qu'il s'y trouve des poisons, dirent certains, et comme la salle de céramique communique avec le laboratoire, elle doit aussi rester fermée. »

« Nous ne voulons pas que l'atelier soit ouvert. Rappelle-toi ce qui est arrivé aux outils la dernière fois », dirent d'autres.

« D'accord, plaidai-je, mais au moins laissons le théâtre ouvert. Personne ne va se sauver avec la scène. »

Les dramaturges, les acteurs, le régisseur et l'électricien se levèrent comme un seul homme et l'électricien dit : « Tu l'as ouvert ce matin et cet après-midi un crétin est venu et a allumé toutes les lumières — 3 000 watts à 9 centimes le watt ! »

Un autre continua : « Les petits prennent les costumes pour se déguiser. »

Le résultat fut que ma proposition de laisser les portes ouvertes fut appuyée par deux votes — le mien et celui d'une fillette de sept ans. Et je découvris plus tard qu'elle avait cru qu'on votait pour la motion précédente, à savoir que les enfants de sept ans aient le droit d'aller au cinéma. Enfin, les enfants apprenaient par leur propre expérience que la propriété doit être respectée.

Ce qui est triste, c'est que nous, adultes, sommes

trop souvent plus inquiets du sort des objets matériels que de celui des enfants. Un piano, des outils de menuiserie, des vêtements deviennent partie intégrale de l'individu. Voir un rabot mal utilisé fait mal à un homme. Cet amour des objets est souvent plus grand que l'amour de l'enfant. Chaque *Laisse ça tranquille* est une préférence pour l'objet et un rejet de l'enfant. L'enfant est irritant parce que ses désirs sont en contradiction avec les désirs égoïstes de l'adulte.

Trois petits garçons m'empruntèrent une fois une lampe électrique que j'avais payée fort cher. Ils commencèrent à la démonter pour en voir l'intérieur et la cassèrent. Vous dire que j'appréciai leur investigation serait un mensonge. Je fus ennuyé, en dépit du fait que je soupçonnais la signification psychologique de leur acte destructif : symboliquement la torche du père représentait son phallus.

Un de mes grands rêves, c'est d'avoir un jour parmi mes élèves le fils d'un millionnaire. En imagination, je lui permets de faire toutes les expériences qu'il désire — *aux frais de son père* — car donner la liberté à un enfant névrosé est une affaire coûteuse. Les enfants sains n'ont pas souvent le désir d'enfoncer des clous dans le poste de télévision.

Cela me fait penser à une question qui m'est souvent posée quand je fais des conférences : *Que feriez-vous si un garçon se mettait à enfoncer des clous dans votre piano à queue ?*

Aujourd'hui, j'ai assez d'expérience pour deviner souvent à l'avance, dans les visages du public, la personne qui va me poser cette question. Elle est généralement assise au premier rang et secoue la tête d'un air désapprobateur tout le temps de ma conférence.

La meilleure réponse à donner, c'est que *ce que vous faites à l'enfant n'a pas d'importance, c'est la façon dont vous le faites qui en a.* Ce n'est pas grave de faire déguerpir l'enfant d'auprès du piano, tant que vous ne lui donnez pas mauvaise conscience parce qu'il a enfoncé des clous. Il n'y a pas de mal à insister sur vos droits individuels, tant que vous ne portez pas un jugement moral impliquant l'idée du bien et du mal. Ce sont les mots comme vilain, mauvais, sale qui font du mal.

Il est évident que notre jeune marteleur devrait avoir une planche de bois pour enfoncer ses clous plutôt qu'un piano. Tout enfant a le droit d'avoir les outils dont il a besoin pour s'exprimer. Et ceux-ci devraient être à lui tout seul. Remarquez bien qu'il n'y attachera aucune valeur monétaire.

La destructivité de l'enfant difficile est tout à fait différente de celle de l'enfant normal. Les actes de ce dernier ne sont pas motivés par de la haine ou de l'anxiété : ce sont des actes imaginatifs et créatifs qui ne contiennent aucune méchanceté.

La véritable destructivité, c'est la haine en action. Symboliquement, c'est le meurtre. Elle n'est d'ailleurs pas limitée aux enfants difficiles. Les gens dont les maisons furent occupées pendant la guerre se rendirent compte que les soldats sont plus destructifs que les enfants. C'est naturel, leur fonction étant de détruire.

La création, c'est la vie ; la destruction, c'est la mort. L'enfant destructif est anti-vie.

La destructivité chez les enfants anxieux a de multiples faces. L'une d'elles peut être la jalousie d'un frère ou d'une sœur mieux aimés que ne se sent le destructeur. Une autre peut être la rébellion contre toute autorité oppressive. Une autre encore peut être la simple curiosité de voir ce qu'il y a à l'intérieur d'un objet.

Le facteur important qui doit nous concerner, ce n'est pas la destruction de l'objet lui-même, mais la haine refoulée par le destructeur — la haine qui, dans certaines circonstances, peut faire de l'enfant un sadique.

C'est une question extrêmement vitale, étroitement liée à la maladie d'un monde où la haine prospère du berceau à la tombe. Toutefois, il y a de l'amour en ce monde. S'il n'y en avait pas, ce serait à désespérer de l'humanité. Tous les parents et tous les éducateurs devraient sérieusement essayer de découvrir cet amour au fond d'eux-mêmes.

Le mensonge

Si votre enfant ment, ou il a peur ou il vous imite. Les parents menteurs ont des enfants menteurs. Si vous voulez que votre enfant dise la vérité, ne lui mentez pas. Je ne fais pas cette déclaration au nom de la morale, car nous mentons tous parfois. Quelquefois nous mentons pour ne pas faire de peine aux autres, et, naturellement, nous mentons sur nous-mêmes quand on nous accuse d'égoïsme ou de suffisance. Au lieu de dire : « Maman a mal à la tête, sois sage », il serait mieux et plus honnête de crier : « Arrête ce tintamarre ! » Mais vous ne pouvez dire cela impunément que si votre enfant ne vous craint pas.

Les parents mentent parfois pour sauvegarder leur dignité. « Papa, tu pourrais te battre contre six hommes, n'est-ce pas ? » Il faut du courage pour répliquer : « Non, mon fils, avec mon ventre et mes muscles mous, je ne pourrais même pas me battre contre un nain. »

Combien de pères oseraient admettre devant leurs enfants qu'ils ont peur du tonnerre ou de la police ? Y a-t-il un homme assez courageux pour ne pas hésiter à dire à ses enfants qu'à l'école on l'appelait « mauviette » ?

Le mensonge de la famille a deux mobiles : s'assurer de la bonne tenue de l'enfant et de l'impressionner avec la perfection des parents. Combien de pères ou d'éducateurs répondraient honnêtement à des questions comme *Vous êtes-vous jamais soûlé ? Avez-vous jamais dit des obscénités ?* C'est la peur des enfants qui rend les adultes hypocrites.

Quand j'étais petit, je ne pouvais pas pardonner à mon père d'avoir sauté un mur pour échapper à un taureau furieux. Les enfants dans leurs rêveries font de nous des héros, des chevaliers, et nous essayons de le devenir. Mais un jour nous sommes découverts. Un jour, l'enfant voit clairement que ses parents et ses professeurs lui ont menti et l'ont déçu.

Il est presque inévitable qu'à une certaine période de leurs jeunes vies les enfants critiquent et détestent leurs parents qu'ils trouvent vieux jeu. Cette période suit la découverte des parents par l'enfant. Le mépris, c'est ce que l'enfant ressent pour les parents qu'il a désirés en imagination. Le contraste est trop grand entre les parents rêvés et les vrais parents plus ternes. Plus tard, l'enfant retourne vers ses parents avec sympathie et compréhension, mais sans illusions. Et, pourtant, tout malentendu pourrait être évité si les parents se présentaient tout d'abord à leurs enfants comme ils sont.

La grande difficulté en ce qui concerne la vérité, c'est que nous ne nous la disons pas à nous-mêmes. Nous nous mentons et nous mentons aux autres. Toute autobiographie est un mensonge. Nous mentons parce qu'on nous a enseigné à atteindre un niveau de moralité inaccessible. C'est l'éducation reçue dans notre enfance qui nous donne un fantôme que nous essayons toujours de cacher.

L'adulte qui ment aux enfants — même de façon indirecte — c'est celui ou celle qui n'a aucune compréhension de l'enfant. Partant de là, tout notre système d'éducation est plein de mensonges. Nos écoles perpétuent le mensonge que l'obéissance et l'assiduité sont des vertus, que l'histoire et le français sont nécessaires à une bonne éducation.

Il n'y a pas de menteur habituel ou incorrigible parmi mes élèves. Quand ceux-ci arrivent à Summerhill, au début ils mentent parce qu'ils ont peur de dire la vérité. Quand ils s'aperçoivent que notre école n'a pas de gendarmes, ils n'ont plus besoin de mensonges. La plupart des mensonges chez les enfants sont motivés par la peur et, quand la peur est absente, le mensonge diminue. Je ne peux pas dire qu'il disparaît entièrement. Un garçon me dira bien qu'il a cassé un carreau, mais il ne me dira pas qu'il a fait une descente au réfrigérateur ou volé un outil. L'absence totale de mensonge serait trop leur demander.

La liberté n'élimine pas les mensonges imaginatifs des enfants. Trop souvent, les parents font une montagne d'une taupinière. Quand le petit Jimmy vient me dire que son père lui a envoyé une vraie Rolls-Bentley, je lui dis : « Je sais, je l'ai vue devant la porte. C'est une auto formidable.

— Ça va, dit-il, tu sais que je plaisantais. »

Cela peut paraître paradoxal et illogique, mais je fais une distinction entre le mensonge et la malhonnêteté. Vous pouvez être honnête dans les grandes lignes de votre vie et menteur pour les choses de moindre importance. Ainsi, beaucoup de nos mensonges ont pour but d'éviter de la peine aux autres. La vérité deviendrait un mal si je me sentais obligé de dire : « Cher Monsieur, votre lettre était si longue et ennuyeuse que je n'ai pu me forcer à la lire jusqu'au bout. » Ou bien si vous éprouviez le besoin de dire à un prétendu musicien : « Merci pour l'exercice, mais vous avez vraiment assassiné cette étude. » Le mensonge des adultes est généralement altruiste, mais celui des enfants est toujours personnel et intéressé. La meilleure façon de rendre un enfant menteur pour la vie, c'est d'exiger qu'il dise toute la vérité, rien que la vérité.

Je reconnais qu'il est difficile d'être toujours fidèle à

la vérité, mais lorsqu'on prend la décision de ne pas mentir à un enfant ou devant un enfant, la chose est plus facile qu'on le pensait initialement. Le seul mensonge tolérable est celui qu'on doit dire pour cacher qu'une vie est en danger ; par exemple quand un enfant est malade, on ne lui annonce pas que sa mère vient de mourir.

Presque toute notre étiquette est un tissu de mensonges. Nous disons « Merci » même quand nous ne le pensons pas ; nous nous découvrons devant des femmes que nous ne respectons pas.

Dire un mensonge est une faiblesse mineure ; vivre un mensonge est une calamité majeure. Ce sont les parents qui vivent un mensonge qui sont réellement dangereux. « Je n'ai demandé de mon fils qu'une chose — la vérité absolue en tout temps », me dit un jour le père d'un jeune voleur de seize ans. Cet homme détestait sa femme et était haï en retour, quoique toute cette haine fût déguisée sous des *chérie* et *ma très chère*. Le fils sentait que quelque chose n'allait pas dans son foyer. Quelle chance possible le fils d'un tel homme a-t-il de devenir mieux qu'un être conventionnel et malhonnête alors que son foyer est un mensonge flagrant ? Le vol était pour lui une façon pathétique de trouver l'amour qui manquait dans son foyer.

Un enfant peut aussi mentir pour imiter ses parents. Un enfant dont les parents ne s'aiment pas ne peut pas dire la vérité. La lamentable façade que le pauvre couple doit présenter au monde ne trompe pas l'enfant. Il est alors poussé à s'envoler vers un monde imaginaire. N'oubliez pas que les enfants *sentent* ce qu'ils ne savent pas.

Les églises perpétuent le mensonge en prêchant que l'homme est né du péché et qu'il doit être racheté. La loi perpétue le mensonge en insistant que l'humanité peut être améliorée par la haine sous forme de punition. Les docteurs et les pharmaciens gardent vivant le mensonge en laissant croire que la santé dépend de remèdes inorganiques.

Dans une société imprégnée de mensonges, les parents ont du mal à être honnêtes. Ils disent à leur enfant : « Si tu te masturbes, tu deviendras fou. » Dans tout mensonge des parents, il y a une ignorance incommensurable du mal fait à l'enfant.

Je suis convaincu que les parents n'ont pas besoin de mentir ; ils ne devraient pas *oser* le faire. Bien des foyers existent sans mensonge et c'est de ces foyers que sortent les enfants sincères dont le regard est clair. Des parents peuvent sincèrement répondre à toute question quelle qu'elle soit, qu'il s'agisse de l'origine de la vie ou de l'âge de la mère.

Je n'ai jamais consciemment menti à un élève depuis trente-huit ans et je n'en ai jamais éprouvé le désir. Ce n'est pas tout à fait vrai, parce qu'au cours d'un certain trimestre j'ai dit un énorme mensonge. Une fille, dont je connaissais l'histoire familiale malheureuse, avait volé un livre. Le comité du vol — trois garçons — l'interrogea. « C'est Neill qui m'a donné l'argent », leur dit-elle. Ils me l'amenèrent et me demandèrent : « As-tu donné du fric à Liz ? » Très vite, sentant la situation, je répliquai suavement : « Oui, bien sûr. » Si j'avais vendu la gamine, je savais que plus jamais elle n'aurait eu confiance en moi. Son vol symbolique de l'amour sous forme d'argent aurait reçu un nouveau coup qui eût été très mauvais. Je devais lui montrer que j'étais de son côté, que je la comprenais. Je savais que si son foyer avait été honnête et libre, une telle situation ne se serait jamais présentée. Je mentis donc dans un but — un but *curatif* —, mais dans d'autres circonstances, je ne mens pas.

Quand ils sont libres, les enfants ne mentent pas beaucoup.

Le gendarme de notre village, venant nous voir un jour, fut étonné parce qu'un garçon entra dans mon bureau pour me dire : « Neill, j'viens d'casser une vitre dans la grande salle. » Les enfants mentent généralement pour se protéger. Le mensonge s'épanouit dans les foyers où la crainte est toute-puissante. Abolissez la crainte et le mensonge disparaîtra.

Il existe cependant un type de mensonge qui n'est pas basé sur la crainte — c'est le mensonge imaginatif. « Maman, j'ai vu un chien qui était gros comme une vache », est un mensonge du même genre que celui du pêcheur dont le poisson est retombé à l'eau alors qu'il l'en sortait. Dans de tels cas, le mensonge rehausse la personnalité du menteur. La réaction la plus efficace à ce genre de mensonge, c'est d'entrer dans le jeu. C'est pourquoi quand Billy me dit que son papa a une Rolls-Royce, je lui réponds : « Je sais. C'est une magnifique voiture. Sais-tu la conduire ? » Je me demande si ce genre de mensonge romanesque existerait chez les enfants si ceux-ci étaient élevés dans l'autonomie depuis leur naissance. Je ne crois pas qu'ils éprouveraient le besoin de cette supercompensation de leur infériorité.

Un enfant illégitime ne sait pas qu'il est né hors du mariage, cependant, il sent qu'il est différent des autres. C'est parce que sentir est beaucoup plus important que savoir que les parents ignorants font souffrir par leurs mensonges et leurs prohibitions. C'est le cœur de l'enfant qui est blessé, plutôt que sa tête. *Les têtes, d'ailleurs, ne donnent pas de névroses, seuls les cœurs peuvent en donner.*

Les parents adoptifs doivent apprendre à leurs enfants la vérité sur leur situation. Une belle-mère qui laisse croire à son beau-fils d'un premier lit qu'il est son fils à elle se cherche des complications et, dans la plupart des cas, elle les trouve. J'ai observé au cours de ma carrière de sérieux traumatismes causés à des adolescents auxquels on avait caché la vérité trop longtemps. Il se trouve toujours dans l'entourage quelque mauvaise langue qui un jour crachera la vérité.

Cuirassez les enfants contre ces gens méchants en leur disant toujours la vérité — non seulement vos enfants, mais aussi ceux des autres. Il n'y a qu'une seule ligne à adopter avec l'enfant, c'est la ligne droite. Si papa a fait de la prison, fiston doit le savoir. Si maman a été serveuse dans un bar, sa fille doit l'apprendre.

La vérité devient malaisée quand l'enfant vous demande : « Maman, lequel d'entre nous aimes-tu le mieux ? » La réponse universelle, et souvent fausse, est une réponse tendre : « Je vous aime tous de la même façon. » Ce que devrait être la réponse, je n'en sais rien. Peut-être que le mensonge se justifie, car il serait effrayant de dire : « C'est Tommy que je préfère. » Et le résultat serait désastreux.

Les parents qui sont honnêtes en ce qui concerne la sexualité ne seront pas malhonnêtes quant aux autres choses. Ils ne s'embarrasseront pas de mensonges au sujet du policier qui va venir chercher les vilains enfants, ou du tabac qui empêche de grandir, ou encore de maman qui a mal à la tête parce qu'elle a ses règles et est fatiguée.

Récemment, une de nos institutrices nous quitta pour aller à Londres enseigner dans un jardin d'enfants. Ses petits élèves lui demandèrent d'où venaient les bébés. Le lendemain matin, une demi-douzaine de mères furieuses vinrent voir le principal pour demander que « cette chienne en chaleur » soit mise à la porte.

Un enfant élevé librement ne mentira pas consciemment, car il n'en ressentira pas le besoin. Il ne mentira pas pour se protéger, car il n'aura pas peur des conséquences de ses actes. Mais il inventera des histoires qu'il racontera comme étant arrivées.

Pour ce qui est du mensonge motivé par la peur, je

vois monter une nouvelle génération qui n'en aura pas besoin. Cette génération sera franche et honnête. Elle n'aura pas besoin du mot « mensonge » dans son vocabulaire. Le mensonge est de la lâcheté et la lâcheté est le résultat de l'ignorance.

La responsabilité

Dans bien des foyers, l'ego de l'enfant est opprimé parce que les parents traitent l'enfant comme un nouveau-né perpétuel. J'ai connu des filles de quatorze ans qui n'avaient pas la confiance de leurs parents pour allumer le feu. Les parents, avec les meilleures intentions, retiennent par-devers eux les responsabilités qu'ils devraient donner à leurs enfants.

« Prends ton pull-over, chérie, je sens qu'il va pleuvoir. »

« Ne va pas près des rails du chemin de fer. »

« T'es-tu lavé ce matin ? »

Une fois, une mère qui m'amena sa fille m'informa que celle-ci n'était pas propre, qu'il fallait lui répéter dix fois par jour de se laver. Du jour où l'enfant fut avec nous, elle prit un bain froid chaque matin et au moins deux bains chauds par semaine. Son visage et ses mains étaient toujours propres. Son manque de propreté à la maison — qui n'existait peut-être que dans l'imagination de sa mère — était dû au fait qu'on la traitait comme un bébé.

On devrait donner aux enfants un nombre presque infini de responsabilités. Les tout petits enfants élevés selon le système Montessori portent des soupières chaudes à la salle à manger. Un de nos plus jeunes élèves, âgé de sept ans, se sert de toutes sortes d'outils :

ciseaux, haches, scies, couteaux. Je me coupe les doigts plus souvent que lui.

Le devoir ne doit pas être confondu avec la responsabilité. Le sens du devoir devrait être acquis plus tard dans la vie. Le mot *devoir* a tant d'associations sinistres. Je pense aux femmes qui ont raté leur vie et l'amour parce qu'elles se sentaient obligées, par leur sens du devoir, de rester auprès de leurs vieux parents. Je pense aux couples mariés qui ont cessé depuis longtemps de s'aimer, mais qui restent ensemble misérablement à cause de leur sens du devoir. Bien des enfants en pension ou en colonie de vacances trouvent qu'écrire chez eux est ennuyeux, surtout quand ils doivent le faire le dimanche.

C'est une erreur de croire que le sens des responsabilités est proportionné à l'âge ; c'est une erreur qui met la vie des jeunes entre les mains de vieux hommes faibles — nos gouvernants. C'est une erreur qui présume que tout membre d'une famille est le guide et le protecteur de tout autre plus jeune que lui. Il est difficile pour certains parents de comprendre que leur fils de six ans n'est pas un être raisonnable et logique à qui l'on peut dire : « Tu es plus vieux que Tommy et à ton âge tu devrais savoir qu'il n'a pas le droit de traverser la rue. »

On ne devrait pas demander à un enfant de faire face à des responsabilités pour lesquelles il n'est pas prêt, pas plus qu'on ne devrait lui demander de prendre des décisions pour lesquelles il n'est pas assez mûr. Il faut agir avec bon sens.

A Summerhill, nous ne demandons pas aux enfants de cinq ans s'il veulent un garde-feu devant leur cheminée. Nous ne demandons pas à ceux de six ans s'ils veulent jouer quand ils ont de la fièvre. Nous ne demandons pas non plus à un enfant fatigué s'il veut aller se coucher. On ne demande pas l'avis d'un enfant quand il doit prendre des remèdes.

Mais l'imposition d'une autorité — nécessaire — à l'enfant n'est pas une contradiction avec l'idée que ce même enfant puisse avoir des responsabilités de son âge. Pour déterminer quelles responsabilités ils devraient donner à leurs enfants les parents doivent consulter leur âme. Ils doivent d'abord s'examiner intérieurement.

Les parents qui refusent à leurs enfants de choisir leurs propres vêtements, par exemple, sont toujours motivés par la pensée que ceux-ci pourraient choisir des vêtements qui ne feraient pas honneur à la situation sociale des parents.

Les parents qui censurent les lectures et les fréquentations de leurs enfants, ou bien les films qu'ils vont voir, sont des gens qui généralement essayent d'imposer leurs propres vues à leurs enfants en faisant pression sur eux. De tels parents se justifient en rationalisant qu'ils agissent pour le bien de leurs enfants, alors que leur mobile profond, c'est le désir d'exercer un pouvoir autoritaire.

Pour bien faire, les parents devraient donner le plus de responsabilités possible à l'enfant, tout en respectant sa sécurité physique. C'est la seule façon de développer sa confiance en lui-même.

L'obéissance et la discipline

Une question impie se pose : pourquoi un enfant devrait-il obéir ? Ma réponse est la suivante : parce qu'il doit satisfaire la soif de pouvoir de l'adulte. Autrement, pour quelle raison devrait-il le faire ?

Vous me direz : « Il peut avoir les pieds mouillés s'il n'obéit pas quand on lui dit de mettre ses chaussures. Il peut tomber de la falaise, s'il n'écoute pas les ordres de son père. » Oui, bien sûr, l'enfant doit obéir quand il s'agit d'une question de vie ou de mort. Mais combien de fois un enfant est-il puni parce qu'il désobéit quand il s'agit d'une telle question ? Rarement, probablement même jamais. Dans un tel cas, généralement, on le serre dans ses bras et on dit : « Mon Dieu ! Tu es sauf. » C'est pour les *petites choses* qu'un enfant est habituellement puni.

Un foyer peut être parfaitement équilibré sans qu'on y exige d'obéissance de la part des enfants. Si je dis à un enfant : « Prends tes livres et apprends ta leçon d'anglais », il se peut qu'il refuse parce que l'anglais ne l'intéresse pas. Sa désobéissance ne sera que l'expression de son propre désir qui, de toute évidence, ne gêne ou ne fait de mal à personne. Mais si je dis : « Le milieu du jardin est planté. Que personne n'y piétine ! », tous les enfants acceptent mes paroles de la même manière qu'ils acceptent l'ordre de Derrik quand celui-ci dit : « Personne ne se sert de mon ballon sans me le demander. » Car l'obéissance devrait être une question d'échange. A l'occasion, à Summerhill, on désobéit à une loi adoptée à l'assemblée générale. Les enfants eux-mêmes alors réagissent. Cependant, dans l'ensemble, Summerhill marche très bien sans autorité et sans obéissance. Chaque individu est libre de faire ce qui lui plaît *aussi longtemps qu'il ne viole pas la liberté des autres*. Et cela est réalisable au sein de n'importe quelle communauté ou groupe.

Dans un foyer où règne la liberté il n'y a pas d'autorité à proprement parler. Cela veut dire qu'on n'y entend pas de voix tonitruante clamer : « Je le veux ! Vous obéirez. » En pratique, bien sûr, il y a une autorité. On pourrait l'appeler tout aussi bien protection, affection, responsabilité adulte. Une telle autorité demande parfois de l'obéissance, mais elle en accorde aussi. Ainsi, je peux dire à ma fille : « Je te défends d'apporter de la terre dans le salon. » Je ne dis rien de plus qu'elle lorsqu'elle me dit : « Papa, sors de ma chambre, je ne veux pas de toi ici en ce moment. » Je lui obéis comme elle m'obéit.

Les parents désirent trop souvent que leurs enfants soient raisonnables. Les enfants ont les yeux plus grands que le ventre et demandent des assiettées qu'ils ne peuvent pas finir. Forcer un enfant à finir son assiette est injuste. Les bons parents sont ceux qui peuvent se mettre à la place de leur enfant, comprendre ses motifs, connaître ses capacités et ne nourrir ni ressentiment ni arrière-pensée.

Une mère m'écrivit un jour qu'elle désirait que sa fille lui obéisse, alors que j'enseignais à celle-ci de *s'obéir à elle-même*. La mère la trouve désobéissante, mais moi je la trouve *toujours obéissante*. Il y a cinq minutes, elle est venue dans mon bureau pour discuter de chiens et de leur dressage. « File, lui ai-je dit, je suis en train d'écrire. » Elle obtempéra sans un mot.

L'obéissance devrait être une courtoisie. Les adultes

n'ont aucun droit à l'obéissance des enfants. C'est une chose qui doit venir de l'intérieur — ce n'est pas une chose qui s'impose de l'extérieur.

La discipline n'est qu'un moyen qui justifie une fin. La discipline de l'armée vise à l'efficacité dans le combat. Toute discipline de ce genre subordonne l'individu à la cause. Dans les pays disciplinés, la vie d'un homme ne vaut pas cher.

Il existe cependant une autre discipline. Dans un orchestre, le premier violon obéit au chef d'orchestre parce qu'il est aussi intéressé que celui-ci à la réussite du concert. Le soldat qui se met au garde-à-vous ne s'intéresse pas généralement à l'efficacité de l'armée. Toute armée est gouvernée par la peur et les soldats savent que s'ils désobéissent ils seront punis. La discipline scolaire, quand elle est bonne, peut ressembler à celle de l'orchestre. Trop souvent, elle ressemble à celle de l'armée. C'est la même chose dans un foyer. Un foyer heureux est comme un orchestre et il jouit du même esprit d'équipe. Un foyer misérable est comme une caserne, gouverné par la haine et la discipline.

Ce qui est curieux, c'est que les foyers où règne une discipline consentie souvent acceptent des écoles où règne une discipline militaire. Des garçons sont battus à l'école — alors qu'ils ne le sont pas à la maison. Un visiteur venant d'une planète plus ancienne et plus avancée que la nôtre penserait sans doute que les parents dans nos pays sont mentalement déficients s'il apprenait que dans certaines écoles élémentaires les petits enfants sont encore punis parce qu'ils se trompent dans leurs additions ou dans leurs dictées. Quand des parents humains protestent contre le châtiment corporel infligé dans les écoles et qu'ils vont en justice pour défendre leur cause, la cour est souvent favorable au professeur brutal.

Les parents pourraient abolir le châtiment corporel demain — s'ils le voulaient. Apparemment, la majorité ne le veut pas. Le système lui plaît. Cela discipline filles et garçons. La haine de l'enfant est adroitement dirigée vers le professeur qui punit et non vers les parents qui paient ce dernier pour faire son vilain travail. Le système plaît aux parents parce qu'eux-mêmes n'ont jamais eu le droit de vivre et d'aimer. Eux aussi sont les esclaves d'une discipline de groupe et leurs pauvres esprits ne peuvent pas se représenter ce qu'est la liberté.

C'est vrai qu'il doit y avoir de la discipline dans un foyer. Une discipline qui protège les droits individuels de chaque membre. Par exemple, je ne permets pas à ma fille Zoé de jouer avec ma machine à écrire. Mais dans un foyer heureux ce genre de discipline est compris naturellement. La vie est un échange agréable. Les parents et les enfants sont des amis, des compagnons de travail.

Dans le foyer malheureux, la discipline est utilisée comme une arme de haine et l'obéissance devient une vertu. Les enfants sont des meubles, des possessions, et ils doivent faire honneur à leurs propriétaires. Je trouve que les parents qui s'inquiètent le plus des progrès de leur fils sont ceux qui se sentent des ratés parce qu'ils n'ont pas un bagage intellectuel suffisant.

Ce sont les parents qui ne se respectent pas qui exigent une discipline stricte. C'est le mondain jovial avec un stock d'histoires obscènes qui réprimande sévèrement son fils parce qu'il parle d'excréments. La mère malhonnête fessera son enfant parce qu'il a menti. J'ai vu une fois un père, la pipe à la bouche, frapper son fils parce qu'il fumait, j'en ai entendu un autre dire à son fils en le tapant : « Je t'apprendrai à jurer, espèce d'enfant de salaud ! » Comme je protestais, il dit avec aisance : « C'est différent dans mon cas. Lui n'est qu'un gosse. »

La discipline sévère dans un foyer est toujours une projection de haine. L'adulte a tendu vers la perfection dans sa propre vie, il a échoué misérablement et maintenant il essaie de la trouver dans ses enfants. Et tout cela parce qu'il ne peut pas aimer. Tout cela parce qu'il a peur du plaisir comme du diable. C'est d'ailleurs pour cela que l'homme a *inventé* le diable — celui qui chante, qui aime la vie, la joie et la sexualité. Le but de la perfection, c'est de conquérir le diable. Et de ce but dérivent le mysticisme, l'irrationalisme, la religion et l'ascétisme. De là dérive aussi la crucifixion de la chair, sous les formes de la brutalité, de l'abstinence sexuelle et de l'impuissance.

On peut dire à juste titre que le foyer discipliné vise à la castration dans son sens le plus large, c'est-à-dire la castration de la vie elle-même. Aucun enfant obéissant ne peut devenir un homme ou une femme libre. Aucun enfant puni pour s'être masturbé ne peut être sexuellement équilibré.

J'ai déjà dit que les parents désirent que leur enfant devienne ce qu'eux-mêmes n'ont pas pu devenir. Pis que cela : tous les parents refoulés sont aussi décidés à ce que leurs enfants ne trouvent pas plus de plaisir dans la vie qu'ils n'en ont trouvé eux-mêmes. Les morts vivants ne permettent pas à leurs enfants de vivre. Et de tels parents ont toujours une peur exagérée de l'avenir. La discipline, pensent-ils, sera le salut de leurs enfants. Ce même manque de confiance en soi les fait rechercher un dieu extérieur qui *oblige* à la bonté et à la vérité. La discipline est ainsi une branche de la religion.

La grande différence entre Summerhill et l'école traditionnelle, c'est qu'à Summerhill nous avons confiance dans la personnalité de l'enfant. Nous savons que si Tommy veut être docteur il étudiera volontairement pour passer ses examens. L'école disciplinée, par contre, est sûre que Tommy ne sera jamais docteur à moins d'être battu et contraint à étudier à des heures prescrites.

Je reconnais que, dans la plupart des cas, il est plus facile d'éliminer la discipline de l'école que celle du foyer. A Summerhill, quand un enfant de sept ans ennuie tout le monde, la communauté exprime sa désapprobation. Comme l'approbation des autres est quelque chose que chacun désire, l'enfant apprend à se bien conduire. La discipline n'est pas nécessaire.

A la maison, où tant de facteurs émotifs et autres entrent en jeu, les choses ne sont pas si faciles. La ménagère harcelée qui fait son dîner ne peut que perdre patience quand son enfant pleurniche. Ainsi que le père fatigué qui découvre en rentrant du travail qu'on a piétiné ses plates-bandes. Ce que je veux faire ressortir, c'est que *dans un foyer où l'enfant est autonome depuis le début de sa vie, la discipline n'est pas nécessaire.*

Il y a quelque temps, je rendis visite à mon ami Wilhelm Reich, dans le Maine. Son fils Peter avait alors trois ans. La maison était située au bord d'un lac profond. Reich et sa femme avaient tout simplement dit à Peter de ne pas s'en approcher. Ayant été élevé sans haine et ayant confiance dans ses parents, Peter n'allait pas près de l'eau. Ses parents *savaient* qu'ils n'avaient pas à s'inquiéter. Des parents autoritaires et sévères auraient vécu dans l'anxiété au bord de ce lac. Les enfants sont si habitués à ce qu'on leur mente que quand la mère leur dit que l'eau est dangereuse ils ne la croient pas. Ils éprouvent un désir irrésistible d'y entrer.

L'enfant discipliné exprimera sa haine de l'autorité en ennuyant ses parents. Il est certain que la mauvaise conduite d'un enfant est la preuve irréfutable qu'il est maltraité. Dans l'ensemble, l'enfant accepte le savoir de ses parents — s'il y a de l'amour dans le foyer. Si la haine règne dans la maison, il n'acceptera rien. Ou il acceptera les choses négativement : il sera destructif, insolent et malhonnête.

Les enfants sont sagaces. Ils répondent à l'amour par de l'amour, à la haine par de la haine. Ils réagiront facilement à la discipline consentie. Je soutiens, personnellement, que la méchanceté n'est pas fondamentale dans la nature humaine, pas plus que dans la nature du lapin ou du lion. Enchaînez un chien et de bon chien il deviendra chien méchant. Disciplinez un enfant et cet enfant a priori sociable deviendra mauvais, menteur et haineux. C'est triste à dire, mais la plupart des gens pensent que l'enfant veut être mauvais ; ils croient qu'avec l'aide de Dieu ou d'un bâton l'enfant a le pouvoir de choisir d'être bon. Et s'il refuse d'exercer ce pouvoir, ils feront tout pour qu'il souffre de son entêtement.

Dans un sens, l'esprit des vieilles écoles symbolise tout ce que représente la discipline. Le proviseur d'une de ces écoles me dit, voilà déjà longtemps, alors que je lui demandais quelle sorte de garçons il avait dans son établissement : « La sorte qui n'a ni idées, ni idéal. Ils partiraient comme chair à canon dans n'importe quelle guerre, sans se demander si leur action servirait à quelque chose. »

Je n'ai pas frappé un enfant depuis près de quarante ans. Cependant, quand j'étais jeune instituteur, je me servais de la ceinture sans même y penser. Je ne bats jamais plus un enfant maintenant parce que je suis devenu conscient des dangers de la brutalité et de la haine qui se cache derrière cette brutalité.

A Summerhill, nous traitons les enfants en égaux. Pour tout dire, nous respectons l'individualité et la personnalité d'un enfant comme nous le ferions avec un adulte, sachant qu'un enfant est différent d'un adulte. Nous, adultes, ne demandons pas à l'oncle Bill de manger des carottes s'il ne les aime pas, nous ne demandons pas à papa de se laver les mains avant de se mettre à table. En corrigeant continuellement les enfants, nous les rendons inférieurs. Nous insultons leur dignité naturelle. Tout est question de relativité. Franchement, est-ce que cela a tant d'importance si Tommy se met à table sans se laver les mains ?

Les enfants élevés dans la discipline non consentie vivent un mensonge toute leur vie. Ils n'osent jamais s'exprimer librement. Ils deviennent les esclaves de manières futiles et de coutumes établies. Ils acceptent leurs habits du dimanche sans sourciller. Parce que le motif essentiel de la discipline, c'est la crainte de la censure. La punition infligée par les camarades n'implique pas de crainte. Mais la punition infligée par l'adulte en implique automatiquement. Car l'adulte est grand, fort et impressionnant. Par-dessus tout, il est le symbole de l'autorité paternelle.

Depuis trente-huit ans, je vois entrer chaque année à Summerhill des enfants méchants, arrogants, haineux. Dans chaque cas, un changement s'effectue graduellement. Avec le temps, ces enfants gâtés deviennent heureux, sociables, sincères et amicaux.

L'avenir de l'humanité est entre les mains des nouveaux parents. S'ils détruisent la force vitale de leurs enfants par une autorité arbitraire, le crime et la guerre continueront à prospérer. S'ils suivent les traces de leurs parents sévères, ils perdront l'amour de leurs enfants. Car personne ne peut aimer ce qu'il craint.

La névrose commence avec la discipline familiale — qui est l'opposé de l'amour. Nous ne pourrons pas avoir une bonne humanité tant que nous la traiterons avec de la haine, des punitions et de la répression — il faut la traiter avec amour.

Une atmosphère d'affection, sans discipline familiale fera disparaître les maux de l'enfance. C'est ce que je voudrais que les parents comprennent. Si les enfants vivent à la maison dans une atmosphère de tendresse et d'approbation, ni la méchanceté, ni la haine, ni la destructivité ne prendront racine.

La récompense et la punition

La récompense ne présente pas le danger extrême de la punition, cependant elle sape le moral de l'enfant d'une façon plus subtile. La récompense est superflue et négative. Offrir un prix en récompense d'un acte revient à dire que cet acte n'a aucune valeur en lui-même.

Aucun artiste n'a jamais travaillé uniquement dans un but lucratif. Sa grande récompense réside dans sa joie de créer. D'autre part, la récompense perpétue la caractéristique la plus basse du système compétitif. Faire mieux que le voisin est un lamentable objectif.

La récompense a un effet psychologique désastreux sur les enfants, car elle éveille la jalousie. L'aversion d'un enfant pour son jeune frère est souvent due à une remarque de la mère dans le genre de « ton petit frère peut faire mieux que toi ». Pour l'enfant, la remarque de sa mère est une récompense donnée au frère meilleur que lui.

Si nous considérons l'intérêt naturel que l'enfant prend aux choses, nous pouvons comprendre les dangers de la récompense et de la punition. Les deux tendent à exercer une pression sur l'enfant pour l'obliger à s'intéresser. Mais le véritable intérêt, c'est la force vitale de la personnalité tout entière et un tel intérêt ne peut être que spontané. On peut obliger quelqu'un à prêter attention, car l'attention est un acte conscient. On peut être attentif à ce qui est écrit au tableau et en même temps rêver de pirates. Personne ne peut me forcer, par exemple, à collectionner des timbres, pas plus que je ne puis m'obliger à m'y intéresser. Pourtant, la récompense, comme la punition, tentent de forcer l'intérêt.

Nous avons un très grand parc. Il nous serait utile d'avoir des filles et des garçons pour le désherber. Il m'est possible de leur commander de le faire. Mais ces enfants de huit, neuf et dix ans n'ont jusqu'à présent formé aucune opinion quant à la nécessité, en ce qui les concerne, de désherber. Ils ne s'intéressent pas au désherbage.

Il m'est arrivé d'approcher mes petits gars et de leur demander : « Y en a-t-il parmi vous qui voudraient m'aider à désherber ? » Ils ont tous refusé.

Je leur ai demandé pourquoi. Ils m'ont répondu : « C'est trop ennuyeux. » « Pourquoi ne pas laisser les herbes pousser ? » « Je suis trop occupé pour l'instant avec mes mots croisés. » « Je déteste jardiner. »

Moi aussi, je trouve que désherber est ennuyeux. Moi aussi, j'aime faire des mots croisés. Si je veux être juste, quel intérêt le désherbage de mon jardin peut-il présenter pour les enfants ? Après tout, c'est *mon* jardin. C'est *moi* qui ai l'orgueil de voir pousser les petits pois. C'est moi qui fais des économies sur les achats de légumes. En d'autres termes, le jardin, c'est mon intérêt personnel. Je ne peux pas imposer cet intérêt aux enfants, alors que l'intérêt ne leur vient pas naturellement. La seule façon d'engager leurs services serait de leur offrir de l'argent. Nous nous retrouverions alors au même point : je m'intéresserais à mon jardin et eux à l'argent.

L'intérêt est fondamentalement égoïste. Maud, qui a quatorze ans, m'aide souvent dans le jardin, pourtant elle déclare qu'elle déteste jardiner. Mais elle aime ma compagnie. Elle désherbe le jardin parce qu'elle aime être avec moi. Désherber à mes côtés sert pour l'instant son intérêt personnel.

Quand Derrik, qui lui aussi déteste désherber, s'offre à m'aider, je sais qu'il va renouveler sa requête pour mon couteau de poche dont il a fort envie. C'est son seul intérêt.

Une récompense devrait être avant tout subjective : la satisfaction du travail accompli. Il y a tant d'emplois en ce monde qui ne donnent aucune satisfaction personnelle : creuser des mines, emboîter des vis dans des écrous, creuser des fosses sceptiques, établir des factures. Le monde regorge d'emplois qui n'ont aucune valeur intrinsèque et ne donnent aucun plaisir. Il semble que nous voulons adapter nos écoles à cet ennui de la vie. En forçant l'attention de nos étudiants sur des sujets qui ne présentent aucun intérêt pour eux, nous les conditionnons, en effet, pour des emplois qui ne leur apporteront aucune joie.

Si Mary apprend à lire et à compter, ce doit être parce qu'elle y trouve du plaisir — et non pas parce que cela doit lui rapporter une nouvelle bicyclette ou parce que maman sera contente.

J'ai connu une mère qui promit un jour à son fils un poste de radio s'il cessait de sucer son pouce. Quel conflit injuste à mettre dans la tête d'un enfant ! Sucer son pouce est un acte inconscient, incontrôlable par la volonté. L'enfant peut être courageux et faire des efforts. Mais, comme celui qui se masturbe par contrainte psychologique, il échouera sans cesse et s'enfoncera dans la culpabilité et le désespoir.

La peur que les parents ont de l'avenir est dangereuse quand elle s'exprime sous forme de suggestions qui ressemblent à du chantage comme : « Quant tu sauras lire, mon chéri, papa t'achètera un vélo. » Cette façon d'agir mène l'enfant à accepter les yeux fermés notre civilisation avide et profiteuse. Je suis heureux d'avoir connu beaucoup d'enfants qui préféraient l'analphabétisme à un beau vélo tout neuf.

Une variante du chantage, c'est l'appel aux sentiments de l'enfant : « Maman sera très malheureuse si tu es le dernier de la classe. » Ces deux méthodes de chantage ignorent les véritables intérêts de l'enfant.

J'ai les mêmes opinions en ce qui concerne les corvées que les adultes donnent aux enfants. Si nous voulons qu'un enfant accomplisse un travail pour notre profit, il faut le payer en conséquence. Aucun enfant ne veut ramasser des briques à mon intention parce que j'ai décidé de rebâtir un mur écroulé. Mais, si j'offre une certaine somme d'argent par brouettée, un garçon m'aidera peut-être parce que j'aurai alors éveillé son intérêt personnel. Cependant, je n'aime pas l'idée que l'argent de poche d'un enfant dépende de corvées. Les parents devraient donner à leurs enfants sans rien chercher en retour.

La punition ne peut jamais être infligée justement, car aucun homme n'est juste. La justice implique une compréhension totale. Nos juges ne sont pas plus moraux que nos éboueurs et ont tout autant de préjugés. Un juge qui est conservateur et militariste trouverait difficile d'être juste avec un antimilitariste arrêté pour avoir crié « A bas l'armée ! »

Consciemment ou inconsciemment, le professeur qui est cruel avec un enfant ayant commis une offense sexuelle est un homme qui a de profonds sentiments de culpabilité vis-à-vis de la sexualité. En justice, un juge qui a des tendances homosexuelles serait probablement très sévère lorsqu'il s'agirait d'infliger une peine à un prisonnier accusé de pratiques homosexuelles.

Nous ne pouvons être justes parce que nous ne nous connaissons pas et que nous ne savons pas reconnaître en nous-mêmes nos efforts refoulés. C'est tragiquement injuste pour nos enfants, parce qu'un adulte ne peut pas éduquer au-delà de ses propres complexes. Si nous sommes prisonniers de peurs refoulées, nous ne pouvons libérer nos enfants, nous ne pouvons que leur transmettre nos complexes.

Si nous essayons de nous comprendre, nous trouvons alors qu'il est difficile de punir un enfant sur lequel nous passons la colère que nous destinons ultérieurement à un autre. Il y a bien longtemps, j'ai frappé des élèves parce que j'étais inquiet — l'inspecteur devait venir, ou alors j'avais eu une dispute avec un ami. N'importe quelle excuse était bonne pour que je n'aie pas à m'étudier afin de connaître la véritable raison de ma colère passée sur un élève. Je ne punis jamais plus un enfant et ne suis jamais tenté de le faire.

Récemment, j'ai dit à un nouvel élève qui agissait d'une façon antisociale : « Tu fais toutes ces bêtises afin que je te frappe. Mais tu perds ton temps, je ne te frapperai pas, quoi que tu fasses. » Il cessa d'être destructif. Il ne ressent plus maintenant le besoin d'exprimer de la haine.

La punition est toujours un acte de haine. Dans l'action de punir, le professeur ou les parents haïssent toujours l'enfant — et celui-ci le sait. Le remords apparent ou la tendresse qu'un enfant fessé montre à ses parents n'est pas de l'amour. Ce que l'enfant ressent, c'est de la haine qu'il doit déguiser en amour afin de ne pas se sentir coupable. La fessée a conduit l'enfant dans le rêve. *Je voudrais que papa meure.* Le rêve immédiatement amène de la culpabilité. — *Je veux que papa meure, donc je suis méchant.* Et le remords mène l'enfant sur les genoux de son père avec une apparente tendresse. Mais au fond la haine est déjà là — pour y demeurer.

Le pire, c'est que la punition forme un cercle vicieux. Une fessée est de la haine exprimée ouvertement et chaque fessée éveille un peu plus de haine chez l'enfant. Puis, comme sa haine décuplée se manifeste par une conduite de plus en plus mauvaise, les fessées sont redoublées. Et ces nouvelles fessées renforcent à nouveau la haine de l'enfant. Le résultat, c'est qu'il est mal élevé, désagréable, haineux et si totalement rompu à la punition qu'il pèche afin de déclencher une réaction émotive chez ses parents. Même une réaction de haine est préférable au manque de réaction d'amour. Ainsi l'enfant est battu — et se repent. Mais le lendemain matin le cycle recommence.

Autant qu'il m'a été donné de l'observer, l'enfant autonome n'a pas besoin de punition et ne traverse pas ces cycles de haine. Il n'est jamais puni et n'éprouve pas le besoin de mentir ou de casser des choses. On ne lui a jamais dit qu'il était vilain ou sale. Il n'a pas envie de se rebeller contre l'autorité paternelle. Il peut prendre quelques colères, mais elles seront de courte durée et ne tendront pas à devenir des névroses.

Il est vrai qu'il n'est pas toujours facile de décider de ce qui est une punition et de ce qui n'en est pas. Un jour, un garçon emprunta ma meilleure scie. Le lendemain, je la trouvai abandonnée sous la pluie. Je dis au gamin que jamais je ne la lui reprêterais. Ce n'était pas une punition, car la punition implique un jugement moral. La pluie n'avait pas arrangé la scie, mais le gamin n'avait pas commis un acte immoral. Il est important qu'un enfant sache qu'il ne peut pas emprunter les outils des autres et les abîmer ou détériorer la propriété de tiers. Car livrer l'enfant à sa fantaisie et le laisser faire ce qui lui plaît *aux dépens des autres* serait mauvais pour lui. Cela le gâterait, et un enfant gâté devient un mauvais citoyen.

Il y a quelque temps, un petit garçon arriva chez nous d'une école où il avait terrorisé tout le monde par la violence de ses gestes et même par ses menaces de meurtre. Il essaya son petit jeu avec moi. Je conclus rapidement qu'il se servait de ses colères pour inquiéter les gens et ainsi retenir leur attention.

Un jour, entrant dans la salle de jeux, je trouvai tous

les enfants serrés les uns contre les autres au fond de la pièce. A l'autre bout, se tenait le petit terroriste, un marteau à la main. Il menaçait de frapper quiconque s'approcherait de lui.

« Ça suffit, mon garçon, dis-je brusquement, nous n'avons pas peur de toi. »

Il laissa tomber son marteau et se rua sur moi, mordant et donnant des coups de pieds.

« Chaque fois que tu me frapperas ou me mordras, dis-je, je te rendrai tes coups. » Et je tins parole. Il abandonna bientôt le combat et se sauva.

Ce n'était pas une punition de ma part, mais une leçon nécessaire : il devait apprendre qu'on ne frappe pas les autres pour sa gratification personnelle.

La punition, dans la plupart des foyers, est infligée pour la désobéissance. Dans les écoles aussi la désobéissance et l'insolence sont considérées comme des crimes. Quand j'étais jeune instituteur et que j'avais pour habitude de fesser les enfants, comme la plupart des instituteurs anglais avaient le droit de le faire, c'était toujours l'enfant désobéissant qui me fâchait le plus. Ma petite dignité personnelle était blessée. J'étais le dieu de pacotille de la salle de classe, comme papa est celui du foyer. Punir pour désobéissance, c'est s'identifier avec Dieu Tout-Puissant : *Un seul Dieu tu adoreras.*

Plus tard, lorsque j'enseignais en Allemagne et en Autriche, j'avais toujours honte quand des collègues me demandaient si la punition corporelle était encore pratiquée en Angleterre. En Allemagne, un instituteur qui frappe un élève est passible de prison pour agression et est généralement puni. La fustigation et la correction à la courroie sont deux des plus grandes disgrâces des écoles anglaises.

Un docteur d'une de nos grandes villes me dit un jour : « Il y a à la tête d'une de nos écoles une brute qui frappe cruellement les élèves. Souvent, on m'a amené des enfants qu'il avait rendus nerveux et je ne puis rien y faire. Il a l'opinion publique pour lui. »

Il n'y a pas si longtemps, les journaux se sont emparés d'un cas où le juge déclara à deux jeunes frères délinquants que s'ils avaient reçu quelques corrections dans leur vie ils n'auraient jamais eu à être jugés. Les dépositions de témoins finalement prouvèrent que les deux garçons avaient été battus quotidiennement par leur père.

Salomon avec sa théorie sur la fustigation a fait plus de mal que ses proverbes n'ont fait de bien. Aucun homme qui a tant soit peu de pouvoir d'introspection ne peut frapper un enfant ou en avoir le désir.

Je tiens à répéter que frapper un enfant ne lui donne de la crainte que *si le geste est associé avec un jugement moral, une idée de bien et de mal.* Si un gamin dans la rue lançait une pierre sur mon chapeau pour le faire tomber, je l'attraperais et lui tirerais les oreilles ; le gamin trouverait certainement ma réaction naturelle. Mais si j'allais voir le principal de son école pour demander que le coupable soit puni, la peur introduite par la punition serait très mauvaise pour l'enfant. L'incident deviendrait alors une question de morale et de punition. L'enfant penserait qu'il a commis un crime.

Il est facile d'imaginer la scène qui s'ensuivrait. Je me tiendrais là, le chapeau à la main. Le principal, assis à son bureau, fixerait le gamin d'un œil sévère. Celui-ci baisserait la tête, intimidé par ses accusateurs. Par contre, en l'affrontant dans la rue, j'agirais en égal, je n'aurais plus de dignité mon chapeau une fois tombé. Je ne serais qu'un type parmi tant d'autres. Le gamin apprendrait une leçon salutaire, à savoir que s'il attaque un homme dans la rue celui-ci ripostera.

La punition n'est nullement liée à l'emportement. Elle est glaciale et judiciaire. Elle est hautement morale. Elle affirme sa nécessité pour le bien du coupable (dans le cas de la peine capitale, c'est pour le bien de la société). La punition est un acte par lequel l'homme s'identifie à Dieu et siège en juge suprême.

Bien des parents s'imaginent que, comme Dieu récompense et punit, ils doivent eux aussi récompenser et punir leurs enfants. Ces parents honnêtement essaient d'être justes et souvent sont convaincus qu'ils punissent l'enfant pour son bien. *Cela me fait plus de mal qu'à toi* n'est pas tant un mensonge qu'une pieuse illusion.

Il faut se rappeler que la religion et la morale font de la punition une institution presque attrayante. Car la punition est le salut de la conscience. « J'ai payé mon tribut ! », s'exclame le pécheur.

Au cours de conférences, lorsque je réponds aux questions du public, il y a toujours une vieille baderne qui se lève pour me dire : « Mon père se servait de son soulier pour me frapper et je ne le regrette pas. Je ne serais pas ce que je suis aujourd'hui si je n'avais pas été battu. » Je n'ai jamais eu la témérité de lui demander : « Et, au fait, qu'êtes-vous donc *exactement* aujourd'hui ? »

Dire que la punition ne cause pas *toujours* de dégâts psychiques ne fait qu'éluder la question, car nous ne savons pas quelle réaction la punition amènera plus tard chez l'individu. Plus d'un exhibitionniste arrêté pour attentat à la pudeur est la victime de punitions qui lui ont été infligées dans son enfance pour des habitudes sexuelles.

Si la punition représentait un résultat positif, il y aurait quelques arguments en sa faveur. Bien sûr, elle peut inhiber la peur, ainsi que tout ancien soldat pourra vous le dire. Si des parents sont contents de leur enfant lorsque celui-ci est enfin complètement vaincu par la peur, il est évident alors, pour de tels parents, que la punition a un résultat positif.

Nous ne pouvons pas estimer la proportion d'enfants

châtiés dont l'âme est brisée et qui demeurent castrés pour la vie, ou de ceux qui se rebellent et deviennent antisociaux. Au cours des cinquante années que j'ai passées dans diverses écoles, je n'ai jamais entendu de parents dire : « J'ai battu mon enfant et maintenant c'est un bon garçon. » Au contraire, mille fois j'ai écouté la triste histoire : « Je l'ai battu, raisonné, aidé de toutes les façons et il est devenu pire chaque jour. »

L'enfant puni grandit de mal en pis. Mieux, il devient à son tour un père ou une mère sévère. Et le cycle de haine se perpétue à travers les âges.

Je me suis souvent demandé : « Qu'est-ce qui fait que des parents de nature aimante tolèrent de cruelles écoles pour leurs enfants ? » Ces parents semblent, a priori, s'intéresser à ce que leurs enfants reçoivent une bonne éducation. Ce qu'ils omettent de voir, c'est que le professeur sévère forcera l'intérêt de ses élèves, mais que cet intérêt résidera dans la punition et non dans ce qui sera écrit au tableau. En fait, la majorité de nos meilleurs étudiants, que ce soit à l'école ou à l'université, sombrent plus tard dans la médiocrité. Leur intérêt pour le succès est dû en grande partie à la pression familiale et non à l'intérêt réel qu'ils prennent au sujet.

La peur du maître et de la punition qu'il donne ne peut qu'affecter les relations entre parents et enfants. Car symboliquement, tout adulte est le père ou la mère de l'enfant. Chaque fois qu'un maître punit, l'enfant acquiert la peur et la haine de l'adulte derrière le symbole — la haine de son père ou de sa mère. C'est une pensée fort inquiétante. Les enfants ne sont pas conscients de leurs sentiments ; toutefois, un garçon de treize ans m'a dit un jour : « Le principal de ma dernière école me battait souvent et je ne peux pas comprendre pourquoi mon père et ma mère m'ont laissé dans cette école. Ils savaient que cet homme était une brute, mais ils n'ont rien fait pour changer les choses. »

La punition qui prend la forme d'un sermon est plus dangereuse encore qu'une rossée. Que ces sermons peuvent être affreux ! « Ne savais-tu pas que tu faisais mal ? » Sanglot affirmatif. « Dis-moi que tu regrettes de l'avoir fait. »

Pour préparer au charlatanisme et à l'hypocrisie, le sermon est sans rival ! Pardon, il y a pire : la lamentation sur le sort de l'enfant en sa présence. C'est impardonnable, car un tel acte ne peut qu'éveiller chez l'enfant un profond sentiment de culpabilité.

Une autre punition — non corporelle mais tout aussi destructive pour le développement de l'enfant — c'est la réprimande continuelle. Combien de fois ai-je entendu des mères dire sans cesse à leurs filles : *Ne va pas au soleil, ma chérie... Mon petit, ne va pas près de cette balustrade... Non, mon amour, tu ne peux pas te baigner aujourd'hui, tu attraperais froid et tu tomberais malade.* Ces gronderies ne sont pas des preuves d'amour, elles sont les preuves d'une anxiété maternelle qui masque une haine inconsciente.

Je voudrais que les défenseurs de la punition puissent voir et digérer un certain film français plein d'humour qui relate la vie d'un escroc. Quand celui-ci était enfant, on l'avait puni pour quelque bêtise en lui refusant de participer au repas du dimanche, au cours duquel on servit des champignons empoisonnés. Quand il vit sa famille emportée dans des cercueils, notre futur escroc décida qu'il était dangereux d'être bon. C'est une histoire immorale de laquelle, je le crains, bien des parents sévères ne comprendraient pas la morale.

La défécation et l'orientation vers la propreté

Les visiteurs qui viennent à Summerhill doivent souvent avoir de nous une impression ambiguë, car nous parlons tous de w.c. C'est absolument inévitable. Je découvre chaque jour que tous les enfants sont intéressés par les excréments.

On a tant écrit sur l'intérêt des enfants pour leurs selles et leur urine que je m'attendais à découvrir beaucoup en observant ma fille lorsqu'elle était bébé. Toutefois, elle ne montra ni intérêt ni dégoût en la matière. Elle ne sembla avoir aucun désir de jouer avec les produits de son corps. Mais quand elle eut trois ans, une petite amie à elle — qui avait quatre ans et à qui on avait appris à être propre — lui montra comment s'amuser avec des excréments, le tout ponctué de chuchotements et de petits rires coupables. C'était un jeu irritant, mais nous ne pouvions rien y faire, sachant que s'interposer risquerait de causer un inhibition. Zoé se fatigua rapidement de ce genre d'activité et le jeu prit fin.

Les adultes comprennent rarement que rien n'est choquant pour un enfant dans ses selles ou dans l'odeur de celles-ci. C'est l'attitude choquée de l'adulte qui lui donne mauvaise conscience. Je me souviens d'une fillette de onze ans qui vint à Summerhill. Son seul intérêt pour la vie était centré sur les w.c. Son plaisir consistait à regarder par le trou de la serrure. Je changeai promptement ses leçons de géographie en leçons sur les w.c., la rendant ainsi fort heureuse. Dix jours plus tard, je fis une remarque sur les w.c. « Ça ne m'intérese pas, me dit-elle d'un air blasé, j'en ai assez des w.c. »

Un autre de mes élèves ne pouvait s'intéresser à aucun cours car il ne pensait qu'aux excréments et aux matières qui y ressemblaient. Je savais que seulement lorsqu'il aurait épuisé cet intérêt il pourrait commencer à travailler. Je ne me trompais pas.

Le travail d'un maître est simple : découvrir en quoi réside l'intérêt d'un enfant et l'aider à l'épuiser. C'est la *seule* façon de faire. Le refoulement ou le silence ne font que repousser l'intérêt au fond de la psyché de l'enfant.

« Votre méthode ne donne-t-elle pas aux enfants un esprit tourné vers les choses sales ? demande Mme La Morale.

— Non, c'est la *vôtre* qui fixe toujours l'intérêt sur ce que vous appelez des choses sales. C'est seulement quand l'enfant a épuisé un intérêt qu'il est libre de passer à autre chose.

— Encouragez-vous les enfants à parler de w.c. ?

— Oui, quand je découvre qu'ils s'y intéressent. C'est d'ailleurs uniquement dans les cas de névrose les plus poussés que la conversation dure plus d'une semaine. »

Un de ces cas se présenta chez nous en la personne d'un petit gars qui nous avait été envoyé parce qu'il faisait constamment dans sa culotte. Sa mère l'avait battu pour cela et, en désespoir de cause, lui avait même fait manger ses selles. Vous pouvez imaginer quel problème nous avions à résoudre. Je découvris que ce petit garçon avait un frère plus jeune que lui et que ses difficultés avaient débuté avec la naissance du frère. La cause était évidente. Le petit s'était dit : « *Il m'a pris l'amour de maman. Si je deviens comme lui et salis ma culotte comme il salit ses couches, maman m'aimera à nouveau.* »

Je lui donnai quelques « leçons particulières » pour découvrir son véritable mobile; mais les guérisons sont rarement soudaines et spectaculaires. Pendant plus d'un an l'enfant fit dans sa culotte trois fois par jour. Nous ne nous fâchâmes jamais. Mme Corkhill, notre infirmière, nettoyait sa culotte sans un mot de reproche. Elle ne protesta que quand je commençai à récompenser le petit gars chaque fois qu'il se salissait plus que d'habitude. La récompense signifiait que j'approuvais sa conduite.

Pendant tout ce temps, le gamin était un démon hargneux. Je n'en étais pas surpris. Il avait des problèmes et des conflits. Mais après sa guérison, il devint propre et resta chez nous pendant trois ans. C'était un enfant charmant. La mère nous le reprit, sous préteste de l'envoyer dans une école où il *serait éduqué.* Quand il vint nous rendre visite un an plus tard, il était tout autre — insincère, timide et craintif. Il me dit qu'il ne pardonnerait jamais à sa mère de l'avoir enlevé de Summerhill, et je savais qu'il tiendrait parole. Il est curieux que cet enfant ait été le seul de ce genre que nous eûmes depuis la fondation de l'école. Probablement un cas de haine contre la mère qui refuse son amour.

On peut apprendre à un enfant à être propre sans amener dans son esprit un intérêt fixé ou refoulé pour ses fonctions naturelles. Ni le chaton, ni le veau ne semblent avoir de complexe quant à leurs excréments. Le complexe chez l'enfant est amené par l'éducation qu'il reçoit. Quand la mère dit *vilain* ou *sale,* ou même tout simplement *tut tut,* l'idée du bien et du mal apparaît. La question devient *morale,* alors qu'elle devrait rester *physique.*

Ainsi, la plus mauvaise façon de traiter un enfant coprophilique, c'est de lui dire qu'il est sale. La meilleure façon, c'est de le laisser épuiser son intérêt pour les excréments en lui donnant de la boue ou de la pâte à modeler. De cette manière, il sublimera son intérêt sans le refouler. Il le vivra et, ce faisant, le tuera.

Une fois, dans une lettre à un journal, je mentionnai le droit de l'enfant à faire des pâtés avec de la boue ou de la vase. Un éducateur montessorien bien connu répondit à ma lettre, expliquant que son expérience personnelle lui avait démontré que l'enfant n'éprouvait pas le besoin de faire des pâtés *si on lui donnait quelque chose de mieux à faire* (c'est moi qui souligne). Mais il n'y a rien de mieux à faire quand l'intérêt réside dans la boue ou dans la vase. Toutefois, l'enfant difficile *doit être informé* de la signification de son acte, car il pourrait pendant des années faire des pâtés de boue sans jamais épuiser son intérêt initial pour les excréments.

Je pense à Jim, un gamin de huit ans, qui avait toutes sortes de rêveries au sujet de ses selles. Je l'encourageais à faire des pâtés avec de la boue. Mais en même temps je lui disais à quoi il s'intéressait vraiment. Je ne lui disais pas directement : « Tu fais ceci parce que c'est une substitution pour cela. » Je lui rappelais seulement la similarité des deux éléments. Et je voyais les résultats. Un plus jeune enfant, de cinq ans par exemple, n'aurait pas eu besoin d'explications, il aurait pu naturellement épuiser son intérêt par la seule action de faire des pâtés.

Pour un enfant, l'excrément est le sujet d'étude le plus fascinant. Toute suppression de cet intérêt est dangereuse et stupide. Par contre, il ne faut pas attacher d'importance à l'excrément, à moins que l'enfant soit fier de sa production — auquel cas l'admiration est de règle. Si un enfant fait accidentellement dans sa culotte, la chose devrait être traitée normalement, avec désinvolture.

La défécation est non seulement une œuvre de création pour l'enfant, mais elle l'est aussi pour beaucoup d'adultes. Ceux-ci trouvent souvent du plaisir et de la fierté dans le fait qu'ils ont fait une grosse selle. Symboliquement, c'est une chose de grande valeur. Un voleur qui fait un besoin sur le tapis après avoir vidé le coffre-fort ne cherche pas à ajouter l'insulte à l'infraction. Il montre symboliquement qu'il se sent coupable, en laissant quelque chose de valeur en remplacement de ce qu'il a volé.

Les animaux sont inconscients de leurs fonctions naturelles. Les chiens et les chats couvrent leurs besoins automatiquement et instinctivement avec de la terre, sans doute parce que dans les temps primitifs il fallait garder à la nourriture sa propreté. L'attitude morale de l'homme vis-à-vis de ses selles est peut-être profondément liée à son régime alimentaire contre nature. L'excrément du cheval, du mouton ou du lapin est propre et nullement répugnant. Par contre, l'excrément de l'homme est dégoûtant parce que sa nourriture est un mélange de produits artificiels. J'ai parfois pensé que si l'excrément humain était aussi facile à toucher que celui des animaux les enfants auraient une meilleure chance de croître dans la liberté du cœur.

Ce dégoût que les adultes ressentent devant les selles humaines ne peut que jouer un rôle négatif et formateur de haine dans la psyché infantile. Parce que la nature a placé les organes de la défécation et de la sexualité l'un près de l'autre, l'enfant conclut que les deux sont sales. Par conséquent, la désapprobation des excréments par les parents donne à l'enfant mauvaise conscience en ce qui concerne la sexualité. Ainsi, la désapprobation des excréments et de la sexualité devient une répression unique des deux éléments liés.

Une mère peut n'avoir aucun dégoût quand elle lave les couches de son bébé. Mais trois ans plus tard, cependant, elle pourra montrer beaucoup de contrariété pour nettoyer une crotte sur le tapis. Toute mère devrait sérieusement réfléchir à la question des selles, se rappelant qu'aucune réaction de colère n'est perdue avec un bébé. Elle pénètre en lui et y demeure, marquant ainsi son caractère.

La nourriture

Le totalitarisme débute au berceau. La première interférence avec la nature de l'enfant est du despotisme. Cette première interférence est toujours causée par la nourriture. Elle commence avec la mère qui force son enfant à jeûner et à manger selon un horaire de tétées.

Il est évident qu'un horaire des tétées facilite la routine journalière et le confort des adultes. Mais le véritable motif de cet horaire, c'est la haine de la vie nouvellement née et de ses besoins naturels. On s'en rend compte en observant l'indifférence et la facilité avec lesquelles certaines familles écoutent les cris de leur bébé affamé.

L'autonomie de l'enfant devrait commencer à sa naissance, avec ses premières tétées. Tout bébé a le droit d'être nourri quand il a faim. C'est facile pour une mère de satisfaire son bébé si elle l'a auprès d'elle, à la maison. Mais dans la plupart des maternités le bébé est enlevé à la mère et placé dans une salle à part. La mère n'a pas le droit de donner à téter à son enfant pendant les premières vingt-quatre heures. Qui peut dire le mal permanent que ce simple fait cause à l'enfant ?

Dans certaines maternités, aujourd'hui, des aménagements sont prévus pour que la mère et l'enfant restent ensemble pendant la durée de leur séjour.

S'inscrire dans une maternité sans s'assurer que de tels aménagements sont prévus, c'est accepter le système tel qu'il est. Toute mère qui veut assurer l'autonomie de son enfant dès la naissance devrait se renseigner sur les aménagements prévus par la maternité de son choix. Il vaut mieux avoir un bébé chez soi que le mettre à la merci d'habitudes contre nature.

La tétée à heures fixes, préconisée pendant longtemps par les docteurs et les infirmières, a été attaquée si efficacement que bien des médecins l'ont abandonnée. Il est évident que c'est une pratique injuste et dangereuse. Si un enfant crie de faim à quatre heures et ne peut manger avant que son horaire le lui permette, il est assujetti à une discipline cruelle, stupide et anti-vie. *Le bébé doit téter quand il le désire.* Au début, ses besoins seront fréquents, car il ne pourra pas absorber de grandes quantités à la fois.

La pratique qui consiste à donner à l'enfant un biberon d'eau le soir est mauvaise. Si le bébé a faim durant la nuit, il doit téter comme pendant le jour. Après deux ou trois mois, il se réglera de lui-même pour absorber de plus grandes quantités de nourriture et les intervalles entre les tétées deviendront plus longs. A l'âge de trois ou quatre mois, le bébé voudra téter, disons, entre dix et onze heures le soir et entre cinq et six heures le matin. Il n'y a évidemment pas de règle absolue en cette matière.

On devrait afficher dans toutes les crèches cette vérité fondamentale : *On ne doit pas laisser crier un bébé.* Ses désirs doivent être satisfaits en tout temps.

Avec un horaire fixe, la mère est toujours prête avant l'enfant. Comme un expert de l'efficacité, elle sait toujours à l'avance ce qu'elle va faire. Mais elle élève un bébé mécanique, un bébé fait au moule. Un tel bébé, il est évident, donnera un minimum de soucis aux adultes, aux dépens de son développement personnel. Par contre, avec un bébé autonome, chaque jour —

chaque minute — est une nouvelle découverte pour la mère. Parce qu'alors la mère est toujours un peu *en retard* sur le bébé et apprend continuellement par l'observation approfondie de son enfant. Ainsi, si le bébé crie une demi-heure après une bonne tétée, la jeune mère devra résoudre le problème par sa propre intuition, sans s'occuper de l'avis des « mécanistes » de l'horaire fixe. Le bébé est-il mal à l'aise ? Souffre-t-il de coliques ? Ou veut-il encore téter ? Veut-il être tenu parce qu'il se sent seul ? La mère devrait réagir avec un amour spontané et non pas avec une misérable règle sortie d'un bouquin quelconque.

Tout bébé élevé librement développera lui-même son horaire. Cela veut dire que le bébé a en lui toutes les capacités pour devenir autonome, non seulement en ce qui concerne ses tétées, mais plus tard, en ce qui concernera les nourritures solides.

Un enfant qui suce son pouce longtemps, continuant à le faire jusque dans l'adolescence, est un enfant qui a été nourri à heures fixes. La succion a deux causes : la faim et le plaisir sensuel trouvé dans l'acte lui-même. A l'heure de la tétée, il montre chez l'enfant une fièvre soudaine de plaisir oral qui est satisfaite avant la faim. Si le bébé doit crier et attendre parce que la pendule dit qu'il n'a pas faim, les deux causes de la succion trouvent un barrage à leur expression naturelle.

J'ai vu une mère dans une salle de maternité qui, écoutant les instructions du docteur, arrachaient son bébé du sein parce que la pendule indiquait que le temps alloué pour la tétée était dépassé. Je ne peux pas imaginer un moyen plus efficace pour rendre un enfant difficile.

Il n'est pas tolérable que des médecins et des parents ignorants aient le droit d'interférer avec les impulsions et la conduite naturelles d'un bébé, détruisant ainsi sa joie, sa spontanéité, avec leurs idées absurdes d'orientation et de direction. Ce sont ces gens-là qui font contracter à l'humanité la maladie psychique et somatique. Plus tard, l'école et l'église continuent le processus avec l'éducation disciplinaire qui est anti-plaisir et anti-liberté.

Une mère m'écrivit un jour au sujet de son petit garçon élevé dans l'autonomie : quand il commença à manger des nourritures solides, je le laissais choisir ce qui lui plaisait et les quantités qu'il désirait. S'il refusait un certain légume, je lui en donnais un autre ou bien je lui donnais un dessert. Quelquefois, il ne voulait rien manger du tout — une indication qu'il n'avait pas faim. Puis, au repas suivant, il mangeait beaucoup.

Trop souvent, une mère pense qu'elle sait tout mieux que son enfant. Elle se trompe. C'est facilement démontrable dans le cas de l'alimentation de l'enfant. Toute mère peut placer sur la table de la glace, des bonbons, du pain de seigle, des tomates, de la laitue, ou tout autre aliment et ensuite laisser à l'enfant toute liberté dans son choix. L'enfant, s'il n'y a pas d'interférence, choisira son régime en une semaine environ. Je crois savoir que cela a été confirmé par des expériences contrôlées, aux Etats-Unis.

A Summerhill, nous laissons toujours aux enfants une liberté complète quant au choix de leur menu quotidien. Nous avons toujours trois plats principaux différents à chaque repas. Le résultat, c'est qu'il y a moins de gâchis de nourriture à Summerhill que dans la plupart des autres écoles. Mais ce n'est pas là notre but, car l'enfant, pour nous, est préférable à la nourriture.

Quand les enfants ont un régime équilibré, les bonbons qu'ils achètent avec leur argent de poche ne leur font pas de mal. Les enfants aiment les bonbons parce que leur corps a besoin de sucre et ont doit leur en donner.

Forcer un enfant à manger des œufs au lard alors

qu'il n'aime ni les œufs ni le lard est absurde et cruel. Zoé a toujours eu le droit de choisir ce qu'elle voulait manger. Quand elle avait un rhume, elle ne mangeait que des fruits, sans aucune suggestion de notre part. je n'avais jamais rencontré auparavant d'enfant aussi peu intéressé par la nourriture que Zoé. Une boîte de chocolats pouvait bien rester sur la table pendant des jours sans qu'elle y touchât et les plats les plus délectables au déjeuner ou au dîner la laissaient souvent indifférente. Si elle s'asseyait pour prendre son petit déjeuner et qu'un autre enfant lui criait de l'extérieur de venir jouer, elle laissait sa nourriture et ne revenait pas la manger. Pourtant sa santé était toujours excellente et nous n'avions aucune raison de nous inquiéter.

Naturellement, la plupart des parents préparent un menu qui convient à leurs goûts personnels. Si les parents sont végétariens, ils serviront à leurs enfants des repas de légumes. Je remarque souvent, cependant, que les enfants des foyers végétariens avalent des portions de viande avec beaucoup de plaisir.

Etant profane en matière de diététique, je pense qu'il importe peu qu'un enfant mange ou ne mange pas de viande. Tant que son régime est équilibré, sa santé sera vraisemblablement bonne. On ne me signale jamais de cas de diarrhées à Summerhill et rarement des cas de constipation. Nous avons toujours des crudités, mais parfois les nouveaux élèves les refusent. Habituellement, après quelque temps, ils les acceptent et les aiment. En tout cas, à Summerhill, les enfants sont fort peu conscients de la cuisine à proprement parler et c'est ainsi que cela devrait être.

Parce que manger est un des grands plaisirs de l'enfance, cette fonction fondamentale et vitale ne devrait pas être gâtée par de bonnes manières. L'expérience m'a prouvé qu'à Summerhill les enfants qui ont les plus mauvaises manières à table sont ceux qui ont été élevés dans le bon ton. Plus le foyer est exigeant et rigide, plus les manières à table, et ailleurs, seront mauvaises — dès que l'enfant se sentira en liberté.

Il n'y a rien à faire qu'à laisser l'enfant épuiser sa tendance refoulée jusqu'à ce qu'il développe de lui-même de bonnes manières dans son adolescence.

La nourriture est la chose la plus importante dans la vie d'un enfant, plus importante que la sexualité. L'estomac est égocentrique et égoïste. L'égoïsme est le trait fondamental de l'enfance. Un gamin de dix ans est bien plus exclusif lorsqu'il s'agit de sa côtelette de mouton qu'un vieux chef de tribu lorsqu'il s'agit de ses femmes. Quand l'enfant a le droit d'épuiser son égoïsme, comme il le fait à Summerhill, celui-ci se transforme en altruisme et en intérêt sincère pour les autres.

La santé et le sommeil

En trente-huit ans à Summerhill, nous avons eu peu de malades. Je pense que c'est parce que nous sommes trop occupés à vivre — car nous approuvons la chair. Nous plaçons le bonheur avant le régime nutritif. Je pense que c'est le bonheur qui rend nos filles jolies et nos garçons beaux.

Les crudités jouent sans doute un rôle important dans le bon fonctionnement des reins. Mais toutes les crudités du monde ne changeront en rien le mal d'une âme si ce mal est du refoulement. Un homme qui a un bon régime alimentaire peut pervertir ses enfants en les moralisant, alors qu'un homme libre de névrose ne fera pas de mal à ses enfants. Mon expérience me mène à conclure que les enfants pervertis sont moins sains physiquement que les enfants libres.

Soit dit en passant, je remarque que beaucoup de nos élèves deviennent grands, même lorsque leurs parents sont comparativement petits. Peut-être est-ce accidentel, mais peut-être est-ce aussi que la liberté de croître dans la grâce fait grandir en centimètres. Il est certain que j'ai vu des garçons se développer très rapidement après que l'interdit sur la masturbation était levé.

Il y a aussi une question de sommeil. Je me demande s'il y a beaucoup de vérité dans l'affirmation des médecins qu'un enfant a besoin d'un nombre défini d'heures de sommeil. Les petits, oui. Permettez à l'enfant de sept ans de veiller le soir et sa santé en souffrira parce qu'il ne peut pas dormir le matin. Certains enfants s'irritent d'être envoyés au lit parce qu'ils ont peur de rater quelque chose.

Dans une école libre, l'heure du coucher est un casse-tête — pas tant avec les petits qu'avec les grands. Les adolescents aiment à travailler tard dans la nuit et je sympathise avec eux, car j'ai moi-même horreur d'aller me coucher.

Le travail règle la question pour bien des adultes. Si vous devez être au bureau à huit heures le matin, vous renoncez à la tentation de veiller jusqu'à l'aube.

D'autres facteurs réels, tels que le bonheur et la bonne nourriture remplacent la perte de sommeil. Les élèves de Summerhill rattrapent leur manque de sommeil le dimanche matin, quitte à rater le déjeuner au besoin.

Quant au travail par rapport à la santé, beaucoup de mon travail a un mobile double. Je plante des pommes de terre sachant très bien que je pourrais passer mon temps plus intelligemment en écrivant des articles pour les journaux et en payant un jardinier pour faire mes plantations. Toutefois, je jardine parce que je veux rester sain — une raison bien plus importante pour moi que les dollars que je pourrais gagner.

Un de mes amis, qui vend des automobiles, me dit souvent que je suis un idiot de planter mon jardin à l'ère mécanique, et je lui réponds que les moteurs ruinent la santé de notre nation parce que justement aujourd'hui on ne marche ni ne jardine plus. Lui et moi sommes assez âgés pour être conscients des problèmes de santé.

L'enfant, lui, n'est pas conscient de la santé. Un garçon ne fait pas du jardinage pour rester en forme.

Dans quelque travail qu'il fasse, il n'a qu'un mobile — son intérêt du moment.

La bonne santé qui règne à Summerhill est due à la liberté, la bonne nourriture et le bon air — dans cet ordre.

La propreté et le vêtement

En matière de propreté personnelle, les filles sont plus ordonnées que les garçons. A Summerhill, les garçons comme les filles, lorsqu'ils ont atteint leur quinzième année, s'inquiètent de leur apparence. Jusqu'à l'âge de quatorze ans les filles ne sont pas plus ordonnées que les garçons en ce qui concerne leurs chambres. Elles habillent des poupées, font des costumes et laissent le plancher couvert des rebuts de leurs créations.

Il est rare de voir à Summerhill une fille qui ne se lave pas. Nous en avons eu une, de neuf ans, qui venait d'une famille où la grand-mère avait un complexe de propreté et, apparemment, lavait Mildred dix fois par jour. La surveillante me dit un jour : « Mildred ne s'est pas lavée depuis une semaine. Elle ne veut pas prendre de bain et elle commence à sentir mauvais. Que dois-je faire ?

— Envoie-la-moi », dis-je.

Mildred arriva le visage et les mains fort sales.

« Ecoute, dis-je, ça ne peut pas continuer comme ça.

— Mais je ne veux pas me laver, protesta-t-elle.

— Tais-toi, dis-je. Qu'est-ce qui te parle de te laver ? Regarde-toi dans la glace (*Ce qu'elle fit.*) Que penses-tu de ton visage ?

— Il n'est pas très propre, n'est-ce pas ? demanda-t-elle avec un large sourire.

— Il est *trop* propre, dis-je. Je ne veux pas de filles avec des visages propres dans mon école. Maintenant, va-t'en. »

Elle se rendit à la cave et se barbouilla le visage de charbon. Elle revint me voir, triomphante. « Et maintenant, ça va ? », demanda-t-elle.

J'examinai son visage avec toute la gravité voulue. « Non, dis-je. Il y a encore du propre sur cette joue. »

Mildred prit un bain ce soir-là. Encore que je me demande pourquoi.

Je me souviens du cas d'un garçon de dix-sept ans qui nous arriva d'un collège privé. Une semaine après son entrée à Summerhill, il devint copain avec les ouvriers qui déchargeaient le charbon à la gare et il entreprit de les aider. Il avait le visage et les mains noirs quand il arrivait pour le déjeuner, mais personne ne disait rien. En fait, personne n'y faisait attention. Il lui fallut plusieurs semaines pour se débarrasser de l'idée qu'il s'était faite de la propreté lorsqu'il était chez lui et dans son ancienne école. Quand il abandonna le déchargement du charbon, il redevint propre sur sa personne et dans ses vêtements, mais il y avait quelque chose de nouveau en lui : la propreté ne lui était plus imposée, il avait épuisé son complexe de saleté.

Quand Willie fait des pâtés avec de la boue, sa mère s'inquiète de ce que les voisins critiqueront l'état de ses vêtements. En ce cas, le besoin d'approbation sociale — le qu'en-dira-t-on — prend le pas sur le besoin d'approbation individuelle — la joie de s'épanouir dans l'action.

Trop souvent, les parents attachent une importance exagérée à l'ordre. Une des sept vertus capitales et mortelles. Celui qui est fier d'être ordonné est habituellement un homme qui ne donne de valeurs qu'aux choses de second plan. La personne la plus ordonnée est souvent celle qui a l'esprit le plus désordonné. Je dis cela avec tout le détachement d'un homme dont le bureau ressemble aux tas de papiers qu'on rencontre dans les jardins publics sous la pancarte *Défense de jeter des papiers*.

Dans ma propre famille, la plus grande difficulté à laquelle nous nous heurtons, c'est la question vestimentaire, car Zoé se promènerait nue toute la journée si on le lui permettait. Les parents d'un enfant autonome me dirent que quand la soirée se faisait fraîche, leur petite fille de deux ans demandait automatiquement des vêtements chauds. Nous n'avons rien remarqué de semblable avec Zoé. Au contraire, elle tremblait de froid jusqu'à ce que son nez et ses joues deviennent bleus et résistait à nos efforts pour la faire se vêtir.

Des parents courageux diront : « Son organisme l'aurait guidée. Vous auriez dû la laisser grelotter. » Mais nous n'étions pas assez courageux pour risquer une pneumonie et nous pestions pour qu'elle se vêtisse comme nous pensions qu'elle devait le faire.

Les parents doivent déterminer de quels vêtements leurs jeunes enfants ont besoin. Quand les enfants atteignent l'adolescence, toutefois, ils devraient avoir le droit de choisir leurs propres vêtements. Des millions de filles souffrent parce que leurs mères insistent pour choisir leurs vêtements. En règle générale, un garçon est plus facile à habiller. Si les parents peuvent se le permettre, la meilleure façon est de donner de l'argent de poche à l'adolescent pour qu'il s'habille. S'il décide de dépenser l'argent pour aller au cinéma ou s'acheter des bonbons, cela le regarde.

Ce qui est impardonnable, c'est d'habiller un enfant d'une façon qui le distingue des autres. Mettre un grand garçon en culottes courtes quand ses camarades ont des pantalons longs est assez cruel.

Les filles devraient être libres de choisir leur coiffure : d'avoir les cheveux longs, courts ou nattés. Si elle désirent mettre du rouge à lèvres, pourquoi pas ?

Je n'aime pas cela personnellement, mais si ma fille désire un jour se maquiller je n'essaierai pas de la dissuader.

Les jeunes enfants n'ont aucun intérêt inné pour les vêtements, mais l'enfant dont les parents sont neurotiques au sujet des vêtements acquiert rapidement lui-même un complexe. Il a peur de grimper aux arbres parce qu'il pourrait déchirer son pantalon.

Les enfants normaux abandonnent leurs vêtements dans tous les coins ; ils enlèvent un pull-over et ne se souviennent pas où ils l'ont laissé. Quand je me promène les soirs d'été dans le parc, je peux toujours ramasser un assortiment de chaussures et de sweaters.

Les enfants qui ne sont pas pensionnaires doivent lutter contre l'opinion des voisins. Pensez aux milliers d'enfants qui sont sacrifiés à cette abomination qu'on appelle les vêtements du dimanche. Vous les voyez sortir solennellement avec leurs cols blancs et leurs robes bien repassées, craintifs à l'idée de donner un coup de pied dans un ballon ou de sauter par-dessus un mur. Heureusement, cette ineptie est en train de disparaître.

A Summerhill, par temps chaud, les garçons et les professeurs viennent à la salle à manger torse nu. Personne n'y prête attention. Summerhill relègue les petites choses à leur place, les traitant avec indifférence.

C'est surtout sur la question des vêtements que les parents montrent leur complexe vis-à-vis de l'argent. Nous eûmes une fois un jeune voleur bien mal parti qui fut guéri après quatre ans de solides efforts et de patience de la part des professeurs. Le garçon nous quitta à l'âge de dix-sept ans. Sa mère nous écrivit : « Bill est rentré à la maison. Deux paires de chaussettes manquaient à son trousseau. Pouvez-vous faire en sorte qu'elles nous soient retournées ? »

Parfois, les parents se montrent jaloux de la surveillante qui s'occupe de leurs enfants à Summerhill. J'ai eu la visite de mères qui se rendaient directement au placard de leur enfant, fronçaient les sourcils et faisaient des *tut tut,* indiquant ainsi que la surveillance n'était pas adéquate. De telles mères, habituellement, sont très anxieuses quant à leurs enfants, car l'anxiété au sujet des vêtements en cache une autre au sujet des études et de tout en général.

Les jouets

Si j'avais le sens des affaires, j'ouvrirais un magasin de jouets. Toutes les chambres d'enfants sont pleines de jouets cassés et inutiles. Tous les enfants de la classe moyenne ont trop de jouets. En fait, tous les jouets qui coûtent plus de quelques francs sont du gaspillage.

Un jour Zoé reçut d'un ancien élève une superbe poupée qui marchait et parlait. C'était de toute évidence un jouet fort cher. A peu près à la même date, un nouvel élève lui donna un petit lapin bon marché. Elle ne joua avec la poupée qu'une demi-heure, mais elle joua avec le petit lapin pendant des semaines. D'ailleurs elle l'emportait dans son lit tous les soirs.

De tous ses jouets, son préféré était Betsy Wetsy, une poupée qui faisait pipi et que je lui avais achetée quand elle avait dix-huit mois. Le mécanisme pour faire pipi ne l'intéressa jamais parce que c'était du truquage puritain : le petit trou avait été mis dans le dos de la poupée. Zoé avait bien quatre ans quand un matin elle me dit : « Je crois que je ne veux plus de Betsy Wetsy, je vais la donner. »

Il y a quelques années, je passai un questionnaire aux grands élèves. « Quand votre petit frère ou votre petite sœur vous ennuient-ils le plus ? » Presque toutes les réponses furent : « Quand ils cassent mes jouets. »

On ne devrait jamais montrer à un enfant comment marche un jouet. D'ailleurs, on ne devrait jamais aider un enfant à faire quoi que ce soit, à moins qu'il ne soit pas capable de le faire.

Les enfants autonomes semblent heureux longtemps avec les mêmes jouets et jeux. Ils ne les cassent pas comme font les enfants qu'on façonne.

Il n'y a aucune raison pour qu'un bébé dans une maison, ou même dans un appartement relativement bien isolé, ne puisse pas jouer avec des ustensiles de cuisine, comme des couvercles et des cuillères en bois en guise de baguettes de tambour. Il est probable qu'il préférerait cela aux jouets qu'on vend dans le commerce. D'ailleurs le jouet, dans l'ensemble, est un soporifique qui berce le bébé dans une morne somnolence.

Tous les parents tendent à acheter trop de jouets. Le bébé tend les mains vers une petite babiole — un tracteur, une girafe qui remue la tête — et les parents l'achètent. Ainsi, les chambres d'enfants sont remplies de jouets qui n'intéressent jamais beaucoup l'enfant.

Il y a quelques jouets éducatifs sur le marché. Certaines constructions métalliques ou en bois, mais il n'y en a pas beaucoup. La plupart des jeux de constructions sont comme les mots croisés ou les énigmes mathématiques : quelqu'un les a fait avant vous, aussi leurs solutions ne sont jamais originales. Je dois avouer que je suis incapable d'inventer aucun jouet éducatif ou d'en suggérer un. Mais je suis certain que le monde des jouets attend un sorcier qui comprendra le cœur de l'enfant mieux que les fabricants de jouets d'aujourd'hui.

Le bruit

Les enfants sont naturellement bruyants et les parents doivent accepter ce phénomène et apprendre à vivre avec. Un enfant, pour grandir sainement, doit avoir le droit de faire du bruit.

Depuis quarante ans presque, je vis dans le bruit des enfants. En règle générale, je n'en suis pas conscient. C'est un peu comme si je vivais dans une fabrique de cuivres ; on s'habitue au son perpétuel des marteaux. Et ceux qui vivent dans des rues bruyantes deviennent immunisés quant au bruit du trafic. La différence, c'est que le bruit du marteau et du trafic est plus ou moins toujours le même, tandis que celui des enfants est varié et strident. C'est un bruit qui peut porter sur les nerfs. Je dois avouer que quand je déménageai du bâtiment principal pour m'installer dans un bungalow, il y a quelques années, la paix du soir fut des plus délectables après des années passées dans le bruit d'une cinquantaine d'enfants.

Le réfectoire de Summerhill est un lieu bruyant. Les enfants, comme les animaux, sont bruyants à l'heure des repas. Nous ne permettons qu'aux visiteurs sans complexes de se joindre à nous au réfectoire. Ma femme et moi dînons seuls, mais nous passons environ deux heures par jour à servir les repas des enfants, aussi nous avons besoin d'un peu de répit. Les professeurs n'aiment pas entendre trop de bruit, mais les adolescents ne semblent pas entendre celui que font les petits. Quand un grand s'insurge contre le bruit des petits à la salle à manger, ceux-ci protestent violemment et sincèrement, car les grands sont tout aussi bruyants.

La suppression du bruit ne cause jamais chez l'enfant le refoulement que cause la répression de l'intérêt qu'il trouve à ses fonctions naturelles. Le bruit n'est jamais défini comme *sale*. Le ton de voix que le père adopte pour crier : « Arrêtez ce tintamarre ! » est une expression sincère et ouverte de son impatience. Le ton de la mère qui dit : « Pff ! Que c'est sale », est un ton choqué et moralisateur.

A Summerhill, certains enfants jouent toute la journée, surtout quand le temps est ensoleillé. Leurs jeux sont généralement bruyants. Dans la plupart des écoles, le bruit, comme le jeu, est réprimé. Un de nos anciens élèves qui alla étudier dans une université écossaise me dit un jour : « Les étudiants font un boucan infernal dans les classes et ça devient fatigant parce que moi, à Summerhill, j'ai fait cela quand j'avais dix ans. »

Cela me rappelle un passage de l'excellent roman *La Maison aux volets verts*, dans lequel les étudiants de l'université d'Edimbourg scandaient *John Brown's Body* avec leurs pieds afin de chahuter et d'exprimer leur désapprobation d'un lamentable conférencier. Le bruit et le jeu vont de pair, mais ils ne sont vraiment appropriés qu'entre sept et quatorze ans.

Les manières

Avoir de bonnes manières, c'est penser aux autres — ou plutôt, c'est ressentir les autres. On devrait être sensible à l'existence des autres, pouvoir se mettre à leur place. Les manières évitent de blesser. Avoir des manières, c'est avoir du goût. Les manières ne peuvent pas s'enseigner, car elles ont leur siège dans l'inconscient.

L'étiquette, par contre, peut être enseignée, car elle appartient au domaine du conscient. C'est le vernis des manières. L'étiquette demande qu'on ne parle pas pendant un concert, elle permet les médisances et le scandale. Elle exige qu'on s'habille pour dîner, qu'on se lève lorsqu'une femme s'approche de la table, que nous disions « Excusez-moi » quand nous quittons la table. Tout cela est conscient, extérieur et sans valeur.

Les mauvaises manières émanent toujours d'une psyché désordonnée. La calomnie, le scandale et la médisance sont des fautes subjectives ; elles expriment la haine de soi. Elles prouvent que le cancanier est malheureux. Si nous pouvons offrir aux enfants un monde dans lequel ils seront heureux, nous les débarrasserons automatiquement de tout désir de haine. En d'autres mots, ces enfants auront de bonnes manières, c'est-à-dire qu'ils seront charitables.

Si des enfants mangent les petits pois avec leur couteau, ces mêmes enfants ne feront pas nécessairement l'erreur de bavarder pendant une symphonie de Beethoven. S'ils passent devant Mme Dupont sans la saluer, ils n'iront pas nécessairement répandre le commérage qu'elle se soûle au cognac.

Au cours d'une de mes conférences, un vieux monsieur se leva pour se plaindre des manières des enfants d'aujourd'hui. « Tenez, dit-il, samedi dernier je me promenais dans le parc et deux petits enfants passèrent près de moi. L'un d'eux dit : " Salut l'homme ! ". » Je répondis alors à ce vieux monsieur : « Qu'est-ce qui vous choque dans " Salut l'homme " ? Vous eussiez sans doute préféré qu'il vous dit " Bonjour Monsieur ". La vérité, c'est que vous êtes offensé dans votre dignité. Vous demandez des enfants de la servilité, pas des manières. »

Il en est ainsi de bien des adultes. Ils sont vaniteux. Ils veulent traiter les enfants comme des vassaux. C'est de l'égoïsme, et un adulte devrait confiner son égoïsme aux choses et non l'étendre aux gens.

J'ai observé que les enfants se corrigent mutuellement. Un de nos élèves faisait beaucoup de bruit en mangeant jusqu'au jour où ses camarades se moquèrent de lui. Par contre, quand un des petits utilisa son couteau pour manger ses petits pois, les autres trouvèrent que c'était une excellente idée. Ils se demandèrent mutuellement pourquoi les gens ne mangeaient pas les petits pois avec un couteau. L'explication qu'on peut se couper la bouche ne les satisfit pas, sous prétexte que la plupart des couteaux de table ne sont jamais assez aiguisés pour qu'on se coupe avec.

Les enfants devraient se sentir libres de discuter les questions d'étiquette, car manger des petits pois avec un couteau est une chose toute personnelle. Ils ne devraient pas se sentir libres de discuter les *manières sociales*. Si un enfant entre dans notre salon avec des bottes couvertes de boue, nous nous récrions parce que le salon appartient aux adultes et que ceux-ci ont le droit de décréter qui entre au salon et de quelle manière.

Quand un de nos garçons fut arrogant avec notre boucher, je fis remarquer à une assemblée que celui-ci était venu se plaindre à moi. C'eût été mieux, bien sûr, si le boucher avait tiré les oreilles de l'offenseur. Ce que les gens appellent généralement des manières ne vaut pas la peine d'être enseigné. Ce sont au mieux de vieilles coutumes. Se découvrir devant une femme est une coutume ridicule. Quand j'étais jeune garçon, je me découvrais devant la femme du pasteur mais pas devant ma mère ou mes sœurs. Encore que se découvrir, au pire, ne fait de mal à personne. Et les enfants plus tard, de toute façon, se plieront aux coutumes. Quand un enfant est très jeune, cependant, tout ce qui sent le faux devrait lui être évité.

Les manières ne devraient jamais s'enseigner. Si un enfant de sept ans veut manger avec ses doigts, il devrait pouvoir le faire. On ne devrait jamais lui demander de se conduire de telle ou telle façon parce que la tante Marie vient déjeuner. Sacrifiez la famille et vos amis plutôt que d'amoindrir votre enfant pour la vie en le rendant insincère. Les manières viennent naturellement. Les anciens élèves de Summerhill ont d'excellentes manières — même ceux qui léchaient leurs assiettes à douze ans. On ne devrait jamais faire dire « merci » à un enfant, on ne devrait même pas l'encourager à le faire.

La plupart des gens, parents et autres, seraient surpris par le manque de profondeur des manières parmi les élèves qui arrivent à Summerhill d'écoles où ils ont été façonnés. Des garçons qui arrivent chez nous avec de belles manières les abandonnent rapidement, réalisant sans doute que l'insincérité serait déplacée à Summerhill. L'abandon graduel de l'insincérité dans la voix, dans la façon d'être et dans l'action est de règle. Les élèves venant de collèges privés sont ceux qui mettent le plus de temps à perdre leur insincérité et leur toupet. Les enfants libres ne sont jamais insolents.

En ce qui me concerne, le respect pour un professeur est un mensonge artificiel qui exige de l'insincérité ; quand une personne éprouve du respect, elle ne s'en rend pas compte. Mes élèves peuvent me traiter d'idiot quand ils le veulent ; ils me respectent parce que je respecte leur jeunesse, non pas parce que je me tiens, tel un faux dieu, sur un piédestal. Mes élèves et moi-même avons un respect mutuel parce que nous nous approuvons mutuellement.

Une mère curieuse de notre école me demanda un jour : « Mais si j'envoie mon fils chez vous, ne se conduira-t-il pas comme un barbare lorsqu'il viendra en vacances à la maison ? »

Je lui répondis : « Si, si vous avez déjà fait de lui un barbare. »

Il est vrai que l'enfant gâté qui vient à Summerhill devient chez lui un barbare pendant au moins un an. Si on lui a inculqué des manières, il régressera dans la barbarie inévitablement. Ce qui ne fait que prouver que les manières artificielles n'imprègnent pas profondément l'enfant.

Les manières artificielles sont la première couche de vernis hypocrite qui disparaît dans une atmosphère de liberté. Les nouveaux élèves, généralement, montrent de bonnes manières — c'est-à-dire qu'ils se conduisent faussement. Après quelque temps à Summerhill, ils acquièrent de bonnes manières — de vraies manières, car à Summerhill on ne leur demande rien, pas même de dire « merci » ou « s'il vous plaît ». Pourtant, nos visiteurs s'exclament toujours : « Que leurs manières sont plaisantes ! »

Peter, qui resta chez nous depuis l'âge de huit ans jusqu'à dix-neuf ans, se rendit plus tard en Afrique du Sud. Son hôtesse nous écrivit : « Tout le monde ici est charmé par ses bonnes manières. » Pourtant, je n'ai aucun souvenir de ses manières du temps qu'il était à Summerhill.

Summerhill est une société sans classes. La fortune et la situation sociale du père ne comptent pas. Ce qui compte, c'est la personnalité de l'individu et sa sociabilité, c'est-à-dire qu'il soit un bon membre du groupe. Nos bonnes manières naissent de notre autodétermination ; chacun est obligé de voir le point de vue de l'autre. Il n'est pas pensable qu'un élève de Summerhill puisse se moquer d'un bègue ou d'un estropié ; dans les collèges privés on fait souvent les deux. Des garçons qui disent « s'il vous plaît », « merci » et « pardon » peuvent ne jamais penser aux autres.

Les manières sont une question de sincérité. Quand Jack, après avoir quitté Summerhill, alla travailler en usine, il remarqua que l'ouvrier qui fournissait les vis et les écrous était toujours de mauvaise humeur. Jack y réfléchit et conclut que le problème était le suivant : les hommes passaient devant Bill et criaient : « Eh ! Bill, envoie des vis Witworth d'un centimètre cinq. » Mais Bill portait une jaquette et une cravate. Jack pensa qu'à cause de cela il se sentait supérieur aux ouvriers en salopette et était de mauvaise humeur parce qu'il n'obtenait pas le respect auquel il pensait avoir droit. Quand Jack avait besoin de matériel, il allait vers Bill et lui disait : « Monsieur Brown, excusez-moi, mais j'ai besoin de vis et d'écrous. »

Jack me dit : « Ce n'était pas de la lèche de ma part. C'était de la psychologie. Le gars me faisait de la peine.

— Quel fut le résultat ? demandai-je.

— Oh ! dit Jack, j'étais le seul type de l'usine avec lequel il était courtois. »

J'appelle cela un excellent exemple des manières que la vie collective donne aux jeunes — penser aux autres et à ce qu'ils ressentent.

Je ne remarque jamais de mauvaises manières chez

les petits, sans doute parce que je ne les cherche pas. Pourtant, je n'ai jamais vu un enfant passer entre deux visiteurs pendant qu'ils parlaient. Les enfants ne frappent jamais à la porte de mon salon, mais s'ils voient que j'ai un visiteur, ils se retirent discrètement, disant souvent « pardon ».

Un représentant me fit compliment de leurs manières récemment. Il me dit : « Cela fait trois ans que je viens ici avec ma voiture et jamais aucun de vos élèves ne s'est permis d'y entrer ou d'en érafler un gardeboue. Pourtant on raconte que les enfants de votre école cassent des carreaux toute la journée. »

J'ai déjà parlé de la courtoisie des élèves de Summerhill envers les visiteurs. Cette courtoisie peut être classée parmi les bonnes manières, car je n'ai jamais entendu un visiteur, même le plus opposé à nos idées, se plaindre d'avoir été rudoyé de quelque façon que ce soit par aucun des élèves qui étaient chez nous depuis plus de six mois.

Au cours de nos séances théâtrales, les manières du public sont excellentes. Même un four est applaudi plus ou moins — moins naturellement — parce que le sentiment général, c'est que l'acteur ou le dramaturge ont fait de leur mieux et qu'ils ne devraient pas être censurés ou méprisés.

La question des manières est une vraie bête noire pour beaucoup de parents. Un garçon de dix ans, d'une bonne famille, vint à Summerhill. Il frappait à la porte du salon quand il entrait et fermait toujours la porte en sortant. Je me dis : « Ça durera une semaine. » Je me trompais. Cela ne dura que deux jours.

Naturellement, je crie à un enfant : « Ferme la porte ! » non pas parce que je veux lui enseigner des manières, mais parce que je ne veux pas me lever pour fermer la porte. Les manières sont une conception adulte. Les enfants, que ce soit vis-à-vis d'un professeur ou d'un porteur, ne s'intéressent pas aux manières.

Le progrès de la civilisation consiste à délivrer le monde de sa façade et de sa médiocrité. Nous devons laisser à nos enfants la liberté d'aller un peu plus loin que le vernis de notre culture. En les débarrassant de craintes et de haines, nous contribuerons à l'avancement d'une nouvelle civilisation de bonnes manières.

L'argent

Pour la plupart des enfants, l'argent est un symbole d'amour : mon oncle Bill me donne un franc, ma tante Margaret m'en donne cinq, donc tante Margaret m'aime mieux qu'oncle Bill. Les parents savent cela inconsciemment et trop souvent ils gâtent leurs enfants en leur donnant plus qu'il n'est nécessaire. En matière de compensation, l'enfant le moins aimé reçoit souvent le plus d'argent de poche.

Aucun d'entre nous ne peut échapper à l'estimation de l'argent. Nous le sentons partout autour de nous. On s'assoit à l'orchestre ou on s'assoit au balcon. Nos enfants prennent des vacances ou bien ils passent l'été dans les jardins publics de nos villes. L'argent est un danger pour tous.

Une mère s'écriera en plaisantant à moitié : « Je ne donnerais pas mon enfant pour tout l'or du monde », et cinq minutes plus tard elle le fessera parce qu'il aura cassé une tasse qui vaut à peine un franc. C'est la valeur donnée à l'argent qui est à la base de tant de discipline familiale. Ne touche pas à *ça* — *ça* coûtant cher.

Trop souvent, les enfants sont mis en contrepoids de l'argent — seulement les enfants, pas les adultes. Ma mère avait l'habitude de nous fesser si nous cassions une assiette, mais quand mon père en cassait une, ce n'était qu'un accident.

Les parents rendent leurs enfants anxieux pour des questions d'argent. Bien trop souvent j'ai entendu un enfant s'écrier : « J'ai laissé tomber ma montre et je l'ai cassée. Qu'est-ce que maman va dire ? j'ai terriblement peur de le lui dire. »

A l'occasion, on observe le phénomène opposé. J'ai vu des enfants casser délibérément dans une réaction de haine contre le foyer. « Je les ferai payer parce qu'ils ne m'aiment pas. Ils seront fous quand ils recevront la facture de Neill. »

Quelques-uns des parents de nos élèves envoient trop d'argent à leurs enfants, d'autres, trop peu. C'est un problème qui m'a toujours tracassé et que je ne peux pas résoudre. Tous les élèves reçoivent de l'école une petite somme d'argent de poche le lundi, mais certains reçoivent souvent un supplément d'argent de la maison ; d'autres en reçoivent rarement ou pas du tout.

Lors de notre assemblée générale hebdomadaire, j'ai souvent préconisé la mise en commun de tout l'argent de poche, expliquant qu'il était injuste qu'un élève ait trente francs par semaine alors qu'un autre n'en a que deux. En dépit du fait que les élèves qui ont les plus gros revenus sont une très petite minorité, mes propositions n'ont jamais été adoptées par un vote général. Les enfants qui n'ont qu'un franc par semaine rejettent toute proposition qui chercherait à limiter le revenu de leurs camarades plus riches.

Il vaut mieux donner trop peu à un enfant que beaucoup trop. Les parents qui glissent à leur fils trois billets de dix francs sont peu sages, à moins qu'un tel cadeau soit fait dans un but spécial, comme l'achat d'un phare pour une bicylette. Trop d'argent gâte le sens des valeurs de l'enfant. Il recevra une belle bicyclette très chère dont il ne prendra pas soin, ou un poste transistor, ou un jouet coûteux qui n'a aucune valeur éducative.

Trop d'argent handicape la vie imaginative de l'enfant. Lui donner un bateau qui coûte cent francs, c'est le priver de la joie créative de fabriquer son propre bateau avec un morceau de bois. Une petite fille préférera souvent une poupée de chiffon qu'elle aura faite elle-même et dédaignera la poupée achetée qui est coûteuse, bien vêtue, bien peignée, qui marche et qui parle.

Je remarque que les très jeunes enfants n'accordent pas de valeur à l'argent. Nos petits de cinq ans perdent leurs sous ou souvent les jettent. Cela suggère qu'il n'est pas bon d'enseigner aux enfants à épargner ; la tirelire de la maison exige trop de l'enfant ; elle lui dit : « Pense à demain », à une époque de sa vie où seul aujourd'hui compte. Pour un enfant de sept ans, avoir cinquante francs en banque ne veut rien dire, surtout s'il soupçonne que ses parents les retireront un jour pour lui acheter quelque chose qu'il ne désirera pas.

L'humour

Il y a trop peu d'humour dans nos écoles et malheureusement aucun dans les périodiques relatifs à l'éducation. Je sais que l'humour peut présenter des dangers et que certains s'en servent pour masquer les questions sérieuses de la vie, car il est facile de plaisanter au lieu de faire face à certaines choses. Mais les enfants ne se servent pas de l'humour dans un tel but. Pour eux, l'humour et la drôlerie sont des marques d'amitié et de camaraderie. Les professeurs sévères, qui comprennent la chose, bannissent l'humour de leurs salles de classe.

Une question se pose : ***un professeur sévère peut-il avoir un tant soit peu le sens de l'humour ?*** J'en doute. Il se trouve que dans mon travail quotidien, je me sers de l'humour continuellement. Je plaisante avec tous les enfants, cependant ils savent que je peux être vraiment sérieux quand l'occasion le demande.

Que vous soyez parents ou éducateurs, afin de pouvoir vous entendre avec les enfants, il faut que vous soyez à même de comprendre leurs pensées et leurs sentiments. Et vous devez avoir le sens de l'humour — de l'humour *enfantin*. Pour que les enfants comprennent votre humour, il faut qu'ils aient le sentiment que vous les aimez. Aussi, votre humour ne doit jamais être acerbe ou critique.

C'est vraiment merveilleux d'observer la croissance

du sens de l'humour chez un enfant. C'est plus de la drôlerie que de l'humour, car l'enfant a le sens de la drôlerie avant que son sens de l'humour se développe. David Barton était pratiquement né à Summerhill. Quand il avait trois ans, je lui disais : « Je suis un visiteur et je voudrais voir Neill. Sais-tu où il est ? »

David me regardait avec dédain. « Idiot, c'est toi Neill. »

Quand il avait sept ans, je l'arrêtai un jour dans le jardin. « Va dire à David Barton que je veux le voir, lui dis-je solennellement, je crois qu'il est dans le cottage. »

David sourit de toutes ses dents. « D'accord », répondit-il et il se dirigea vers le cottage. Il revint deux minutes plus tard.

« Il dit qu'il ne veut pas venir, dit-il avec un sourire malin.

— T'a-t-il donné une raison ?

— Oui, il est en train de donner à manger à son tigre. »

David pouvait se prêter à ce genre de pitrerie à sept ans. Par contre, quand je prévins Raymond, qui en avait neuf, qu'il aurait une amende parce qu'il avait volé la porte d'entrée, il se mit à pleurer et je compris que j'avais fait une erreur. Deux ans plus tard, il saisissait mes plaisanteries.

Sally, qui a trois ans, a des petits rires étouffés quand je la rencontre sur la route et que je lui demande le chemin de Summerhill, mais les filles de sept à huit ans réagissent en m'indiquant la direction opposée.

Quand je promène les visiteurs autour de la propriété, je présente généralement les enfants du cottage comme « les porcs » et ils grognent comme il convient. Une fois, je fus déconcerté, car, alors que je faisais les présentations habituelles, une fillette de huit ans me dit sur un ton hautain : « Tu ne trouves pas que la plaisanterie est un peu rassise, non ? » Je dus admettre qu'elle l'était.

Les filles ont autant le sens de l'humour que les garçons, mais elles l'utilisent rarement comme moyen de défense. Certains garçons savent très bien se défendre avec de l'humour. J'ai observé Dave, jugé pour un acte antisocial. Il expliqua son cas avec drôlerie, gagna les faveurs du groupe et s'en tira avec une punition minime. Les filles, dans l'ensemble toujours prête à avoir tort, n'agissent jamais ainsi. Même dans les foyers les plus éclairés, les filles souffrent de l'infériorité coutumière que notre société impose au sexe féminin.

Ne traitez jamais un enfant avec humour au mauvais moment et ne blessez jamais sa dignité. S'il se plaint sincèrement d'une injustice, il faut prendre cette dernière au sérieux. Plaisanter avec un enfant qui a trente-neuf de fièvre est une erreur. Mais quand il est convalescent, vous pouvez prétendre être le docteur ou l'employé des pompes funèbres ; il approuvera la plaisanterie. Peut-être les enfants aiment-ils être traités avec humour parce que celui-ci implique de l'amitié et les fait rire. Même nos grands élèves, qui manient les bons mots, ne sont jamais sarcastiques. Beaucoup de la réussite de Summerhill est dû à son sens de la drôlerie.

III

LA SEXUALITE

Les attitudes envers la sexualité

Je n'ai jamais eu à Summerhill d'élève qui ne soit pas arrivé avec une attitude malsaine envers la sexualité et les fonctions corporelles. Les enfants de parents modernes, auxquels on a expliqué d'où viennent les bébés, ont sensiblement la même attitude dérobée envers la sexualité que les enfants de parents fanatiquement religieux. Trouver une nouvelle orientation quant à la sexualité est la tâche la plus difficile pour les parents et les éducateurs.

Nous savons si peu de chose sur les causes du tabou sexuel que nous ne pouvons que nous hasarder à les deviner. Savoir pourquoi il y a un tabou sexuel ne m'intéresse pas directement. Mais que ce tabou *existe* doit être de la plus haute importance pour celui qui a la responsabilité de guérir des enfants refoulés.

Nous, adultes, avons été corrompus dans notre enfance; nous ne serons jamais libres en ce qui concerne la sexualité. *Consciemment* il se peut que nous soyons libres, nous pouvons même être membres d'une organisation en faveur de l'éducation sexuelle des enfants. Mais je crains qu'*inconsciemment* nous restions en grande partie ce que notre conditionnement de l'enfance a fait de nous : des gens qui craignent et haïssent la sexualité.

Je suis prêt à croire que mon attitude inconsciente envers la sexualité est celle qui me fut imposée dans ma plus tendre enfance par un village écossais calviniste. Peut-être n'y a-t-il pas de salut pour les adultes, mais il y a toutes les chances de salut pour les enfants si nous ne leur imposons pas les idées malsaines sur la sexualité qui nous furent imposées.

Tôt dans la vie, l'enfant apprend que le péché sexuel est le grand péché. Les parents, invariablement, punissent très sévèrement une offense contre la sexualité. Les mêmes gens qui se répandent en injures contre Freud parce qu' « il voit la sexualité partout » sont ceux qui ont raconté des histoires grivoises, les ont écoutées et en ont ri. Tout homme qui a été dans l'armée sait que le langage de l'armée est le langage de la sexualité. Presque tout le monde aime lire dans les journaux du dimanche les histoires de divorces scandaleux, celles de crimes sexuels, et la plupart des hommes racontent à leurs femmes les histoires qu'ils ont entendues au bureau ou au café.

Le plaisir que nous trouvons à écouter une histoire grivoise est entièrement dû à notre éducation malsaine en matière de sexualité. L'histoire, ainsi que le dit Freud, évente la mèche. La condamnation par l'adulte et l'intérêt que l'enfant prend aux questions sexuelles est hypocrite et sotte ; cette condamnation n'est qu'une projection, un report de culpabilité personnelle sur les autres. Les parents punissent sévèrement les offenses sexuelles parce qu'ils sont eux-mêmes d'une façon vitale, quoique malsaine, intéressés par ces mêmes offenses.

Pourquoi la crucifixion de la chair est-elle si populaire ? Les gens religieux pensent que la chair fait déchoir. Le corps est appelé vil : il entraîne au mal. C'est cette haine du corps qui fait que l'enfantement reste encore un sujet traité dans les coins retirés de l'école et qui dans la conversation de chaque jour masque les vérités toutes simples de la vie.

Freud vit la sexualité comme la grande force derrière

la conduite humaine. Tout honnête observateur ne peut qu'être d'accord avec lui. Mais l'éducation morale a accentué la sexualité. La première correction que la mère apporte lorsque son enfant se touche l'organe sexuel fait de la sexualité la chose la plus fascinante et la plus mystérieuse au monde. Défendre un fruit, c'est le rendre plus délectable et séduisant.

Le tabou sexuel est la racine du mal qui cause le refoulement chez les enfants. Je ne confine pas le mot *sexualité* aux organes génitaux. Il est probable que l'enfant au sein se sent malheureux si sa mère désapprouve quelque partie de son propre corps ou met un obstacle au plaisir de son corps à lui.

La sexualité est à la base de toutes les attitudes négatives envers la vie. Les enfants qui n'ont pas de culpabilité sexuelle ne demandent ni religion ni mysticisme d'aucune sorte. Puisque la sexualité est considérée comme le grand péché, les enfants qui sont relativement libérés de la peur et de la honte sexuelles ne cherchent pas de dieu auquel ils doivent demander pardon ou miséricorde, parce qu'ils ne se sentent pas coupables.

Quand j'avais six ans, ma sœur et moi découvrîmes mutuellement nos organes génitaux et, naturellement, nous jouâmes l'un avec l'autre. Ma mère nous prit sur le fait et nous rossa sévèrement ; je fus enfermé dans une pièce obscure pendant plusieurs heures et, une fois sorti, je dus, à genoux, demander pardon à Dieu.

Il me fallut bien des années pour me remettre de ce choc et, à vrai dire, je me demande parfois si je m'en suis jamais remis.

Combien d'adultes vivant aujourd'hui n'ont pas eu une expérience similaire ? Combien d'enfants aujourd'hui n'ont pas toute leur vie naturelle transformée en haine et en agressivité à cause d'un tel traitement ? On leur a dit que se toucher les organes sexuels est vilain et honteux, et que faire ses besoins est dégoûtant.

Tout enfant qui souffre d'un refoulement sexuel a un abdomen comme du bois. Observez la respiration d'un enfant refoulé et regardez ensuite avec quelle grâce un chaton respire. Aucun animal n'a le ventre raide, ni n'est timide quant à sa défécation ou sa sexualité.

Dans son ouvrage bien connu *L'Analyse du caractère,* Wilhelm Reich fait ressortir qu'une éducation morale non seulement fausse le processus intellectuel, mais aussi pénètre la structure du corps lui-même, y amenant une raideur de posture et une contraction du pelvis. Je suis de son avis. J'ai observé, au cours de mes expériences variées avec les enfants de Summerhill, que lorsque la crainte n'a pas raidi leur musculature, les jeunes marchent, courent, sautent et jouent avec beaucoup de grâce.

Que pouvons-nous faire alors pour prévenir le refoulement sexuel chez les enfants ? D'abord, dès sa naissance, l'enfant doit être complètement libre de toucher n'importe quelle partie de son corps.

Un de mes amis, psychologue, dut dire à son fils de quatre ans : « Bob, il ne faut pas jouer avec ta quéquette quand tu es avec des gens que tu ne connais pas. Tu ne peux le faire que dans la maison et dans le jardin. »

Mon ami et moi discutâmes de la question et tombâmes d'accord sur le fait qu'il est impossible de protéger l'enfant contre les haineux anti-vie et anti-sexe. La seule consolation, c'est que quand les parents croient sincèrement à la vie, l'enfant généralement accepte leur jugement et rejette vraisemblablement la pudibonderie du monde extérieur. Il n'en est pas moins vrai que le simple fait que l'enfant de cinq ans sait qu'il ne peut pas se baigner tout nu sur la plage est suffisant pour qu'il développe — ne serait-ce que d'une façon très limitée — une méfiance envers la sexualité.

Aujourd'hui, beaucoup de parents ne mettent pas d'obstacle à la masturbation. Ils sentent qu'elle est naturelle et ils connaissent les dangers que pourrait présenter sa suppression.

Mais certains de ces parents éclairés se refusent à accepter le stade suivant. Quelques-uns acceptent que leurs petits garçons aient une activité sexuelle avec d'autres petits garçons, mais ils se raidissent avec inquiétude si le petit garçon veut avoir la même activité avec une petite fille.

Si ma brave mère bien intentionnée avait ignoré les jeux sexuels auxquels ma sœur et moi nous livrions, nos chances de grandir avec une attitude saine envers la sexualité eussent été grandes.

Je me demande jusqu'à quel point l'impuissance et la frigidité chez les adultes ne sont pas dues à la première interférence dans une relation hétérosexuelle infantile. Je me demande aussi jusqu'à quel point l'homosexualité si répandue ne provient de ce qu'on tolère les activités homosexuelles chez un enfant et de ce qu'on condamne ses activités hétérosexuelles.

Les activités hétérosexuelles dans l'enfance sont, je crois, la voie royale qui mène à une vie sexuelle adulte équilibrée. Quand les enfants ne reçoivent pas une éducation morale en ce qui concerne la sexualité, ils atteignent une adolescence saine — pas une adolescence de promiscuité.

Je ne connais aucun argument contre la liberté sexuelle des jeunes qui vaille la peine d'être retenu. Presque tous sont basés sur une émotivité refoulée ou une haine de la vie — que ce soit l'argument en faveur de la religion, de la morale ou des convenances. Aucun ne répond à la question : pourquoi la nature a-t-elle donné à l'homme un fort instinct sexuel si la jeunesse n'a pas le droit de le satisfaire sans la sanction des aînés de la société ? De ces aînés, certains ont des intérêts dans des firmes cinématographiques qui présentent des films lourds de sexualité, ou dans des compagnies qui publient des magazines dont les photos et les histoires de sadisme sont des aimants pour leurs lecteurs.

La liberté sexuelle de l'adolescent est encore très limitée de nos jours. Pourtant à mon avis elle seule peut assurer la santé du monde de demain. J'ai le droit d'*écrire* cela, mais si demain à Summerhill, j'approuvais ouvertement les relations sexuelles de mes élèves, mon école serait supprimée par les autorités. J'écris en songeant au lointain demain, quand la société aura compris combien la répression sexuelle est dangereuse.

Je ne m'attends pas à ce que tout élève sortant de Summerhill soit exempt de névroses, car qui peut être sans complexes dans la société actuelle ? Ce que j'espère, c'est que dans les générations à venir ce début de libération des tabous sexuels artificiels mènera à un monde qui aimera la vie.

Les méthodes anticonceptionnelles devraient, à la longue, mener vers une morale sexuelle nouvelle, si nous considérons que la peur des conséquences est peut-être le facteur le plus important dans la morale sexuelle. Pour être libre, l'amour doit se sentir en sécurité.

La jeunesse aujourd'hui a peu l'occasion d'aimer véritablement. Les parents ne permettent pas à leurs fils et filles de vivre dans le péché, comme ils disent, aussi les jeunes amoureux doivent se chercher des bois humides, des parcs ou des automobiles. Ainsi, tout se ligue contre les jeunes gens. Les circonstances les obligent à convertir ce qui devrait être gracieux et joyeux en quelque chose de sinistre et honteux, en grivoiseries et en obscénités.

Les tabous et les craintes qui sont à la base de notre conduite sexuelle sont les mêmes que ceux qui produisent les pervertis qui violent et étranglent les petites filles dans les parcs ou qui torturent les Juifs et les Noirs.

La prohibition sexuelle ancre la sexualité à la famille. La prohibition de la masturbation force un enfant à s'intéresser à ses parents. Chaque fois que la mère donne une tape sur la main de son enfant parce qu'il touche à ses organes génitaux, l'instinct sexuel de l'enfant se cristallise sur la mère qui devient alors à la fois objet de désir et de répulsion, d'amour et de haine. Le refoulement prospère dans un foyer qui n'est pas libre. Il aide l'adulte à maintenir son autorité, mais au prix d'une pléthore de névroses.

Si l'on permettait aux enfants d'exprimer librement leur sexualité, l'autorité du foyer serait en danger ; le lien qui rattache les enfants aux parents serait relâché et les enfants automatiquement se libéreraient de la famille sur le plan émotif. Cela peut sembler absurde, mais je maintiens que ce lien est le pilier de support nécessaire à l'état d'autorité — comme la prostitution était la sauvegarde de la moralité des jeunes filles de bonnes familles. Abolissez le refoulement sexuel et l'autorité familiale disparaîtra.

Les pères et les mères font ce que leurs parents leur ont fait : ils élèvent des enfants respectables et chastes, oubliant commodément toutes les activités sexuelles cachées et les histoires pornographiques de leur propre enfance, oubliant aussi l'amère rébellion de leur adolescence qu'ils durent refouler avec une culpabilité infinie. Ils ne réalisent pas qu'ils donnent à leurs enfants les mêmes sentiments coupables qui rendirent, il y a bien longtemps, beaucoup de leurs nuits misérables.

La névrose sérieuse de l'homme débute avec les premières prohibitions génitales : ne touche pas. L'impuissance, la frigidité, l'anxiété plus tard dans la vie, datent du temps des mains attachées ou des mains retirées, généralement avec une tape. Un enfant qui peut toucher ses parties génitales a toutes les chances de grandir avec une attitude sincère et saine envers la sexualité. Les activités sexuelles entre petits enfants sont saines et naturelles et on ne devrait pas les désapprouver. Au contraire, on devrait les encourager, comme un prélude à une adolescence et à une vie adulte saines. Les parents ne sont que des autruches qui se cachent la tête dans le sable s'ils ignorent que leurs enfants ont des activités sexuelles dans des coins retirés. Ces sortes de jeux clandestins et furtifs entretiennent une culpabilité qui se traduira par une désapprobation des activités sexuelles quand ces mêmes enfants seront devenus à leur tour des parents. Permettre l'activité sexuelle ouvertement est la seule chose à faire. Il y aurait infiniment moins de crimes sexuels dans le monde si les activités sexuelles étaient acceptées comme un phénomène normal. Ce que les parents moraux ne peuvent, ou n'osent pas comprendre, c'est que tout crime sexuel et toute anomalie sexuelle ne sont que le résultat direct de la désapprobation de la sexualité dans la prime enfance.

Le fameux anthropologiste Malinowski nous raconte qu'il n'existait pas d'homosexualité chez les Tobriands jusqu'au jour où des missionnaires pudibonds mirent les filles et les garçons dans des habitations séparées. On ne connaissait pas le viol chez les Tobriands ni le crime sexuel. Pourquoi ? Parce que les petits enfants n'étaient pas refoulés sexuellement.

Les questions qui se posent pour les parents d'aujourd'hui sont les suivantes : voulons-nous que nos enfants soient comme nous ? En ce cas, la société continuera-t-elle à être ce qu'elle est avec ses viols, ses crimes sexuels, ses mariages malheureux et ses enfants névrosés ? Si la réponse à la première question est affirmative, elle doit l'être aussi pour la seconde. Et les deux réponses sont le prélude à la destruction atomique, parce que toutes deux postulent la perpétuation de la haine et l'expression de cette haine dans la guerre.

Je demande aux parents moralistes : vous inquiéterez-vous beaucoup si vos enfants se livrent à des activités sexuelles quand les bombes atomiques tomberont ? La virginité de vos filles aura-t-elle une grande importance quand les nuages de l'énergie atomique rendront la vie impossible ? Quand votre fils sera mobilisé pour la Grande Mort, maintiendrez-vous encore votre foi de petite chapelle en la suppression de tout ce qui est bon dans l'enfance ? Le dieu que vous priez avec impiété vous sauvera-t-il la vie alors, ainsi que celle de vos enfants ?

Certains d'entre vous peuvent me répondre que la vie sur terre n'est qu'un commencement, que dans l'autre monde il n'y aura ni haine, ni guerre, ni sexualité. En ce cas, qu'ils ferment ce livre — car eux et moi n'avons aucun point de contact.

Pour moi, la vie éternelle est un rêve — un rêve compréhensible d'ailleurs —, car l'homme a échoué pratiquement en tout sauf dans les inventions mécaniques. Mais le rêve n'est pas assez bien. Je veux voir le ciel sur la terre, pas dans les nuages. Et ce qui est pathétique, c'est que la plupart des gens désirent la même chose que moi. Ils la *désirent,* mais ils n'ont pas la volonté de l'atteindre, la volonté qui fut pervertie par la première tape, par le premier tabou sexuel.

Les parents ne peuvent pas ménager la chèvre et le chou, ils ne peuvent pas être neutres. Le choix est entre la sexualité coupable et secrète et la sexualité ouverte et épanouie. Si les parents choisissent la mesure commune de la morale, ils n'auront pas le droit de se plaindre de la misère et de la perversion sexuelle de la société, car celles-ci sont le résultat de notre code moral. Ils n'auront pas le droit de haïr la guerre, car la haine du moi qu'ils donnent à leurs enfants s'exprimera par la guerre. L'humanité est malade, émotivement malade, et elle est ainsi à cause de la culpabilité et de l'anxiété acquises dans l'enfance. La maladie émotive est partout dans notre société.

Quand Zoé avait six ans, elle vint me trouver et me dit : « Willie a la plus grosse bite de tous les garçons, mais Mme X (une visiteuse) dit que c'est mal poli de dire *bite.* » Je lui dis immédiatement que Mme X avait tort. Intérieurement je jurai contre l'ignorance de cette femme et la compréhension limitée qu'elle avait des enfants. Je pourrais, à la rigueur, tolérer la propagande en ce qui concerne la politique ou les manières, mais quand quiconque attaque un enfant en lui donnant mauvaise conscience quant à la sexualité, je m'insurge violemment.

Toute notre attitude grivoise envers la sexualité, nos rires étouffés dans les salles de music-hall, nos graffiti obscènes sur les murs des urinoirs ont leur source dans la culpabilité causée par la répression de la masturbation dans l'enfance et le refus de laisser les enfants se livrer à des activités sexuelles ouvertes. Il existe dans chaque famille des activités sexuelles secrètes, et, à cause du secret et de la culpabilité, on peut observer des fixations sur des frères et des sœurs qui durent toute la vie et rendent impossible les mariages heureux.

Si l'activité sexuelle entre frère et sœur à l'âge de cinq ans était acceptée comme un phénomène naturel, chacun trouverait librement l'objet de son choix sexuel en dehors de la famille.

On observe les formes extrêmes de la sexualité dans le sadisme. Aucun homme avec une vie sexuelle équilibrée ne pourrait torturer un animal ou un être humain, ou bien accepter des prisons. Aucune femme satisfaite sexuellement ne voudrait condamner la mère d'un bâtard.

Naturellement, je m'expose à une accusation : « Cet homme ne pense qu'à la sexualité. Il y a d'autres choses dans la vie : l'amitié, le travail, la joie, le chagrin. Pourquoi la sexualité ? »

Je répondrai que la sexualité offre le plaisir extrême de la vie. La sexualité dans l'amour est la forme suprême de l'extase parce que c'est la forme suprême du don de soi et de l'acceptation de l'autre. Pourtant, la sexualité est haïe ; autrement aucune mère n'interdirait la masturbation — aucun père ne défendrait des activités sexuelles en dehors du mariage conventionnel. Autrement nous n'aurions pas de plaisanteries obscènes dans les théâtres de vaudevilles ; le public ne perdrait pas non plus son temps à aller voir des films d'amour ou à lire des histoires sentimentales ; il pratiquerait l'amour.

Le fait que presque chaque film cinématographique traite de l'amour prouve que la sexualité est le facteur le plus important de la vie. L'intérêt que le public porte à ces films est, dans l'ensemble, neurotique. C'est l'intérêt des gens frustrés et coupables sexuellement. Incapables d'aimer naturellement, à cause de leur culpabilité sexuelle, ils se pressent dans les cinémas pour voir des films où l'amour est rendu romanesque et beau. Les refoulés expriment leur intérêt sexuel par procuration. Aucun homme, aucune femme avec une vie sexuelle épanouie ne pourraient aller s'asseoir deux fois par semaine dans une salle de cinéma pour y voir des films médiocres qui ne sont que des imitations de la vie.

C'est la même chose pour ce qui est des romans populaires. Ils traitent de la sexualité ou du crime, généralement ils sont un mélange des deux. Un roman très populaire, *Autant en emporte le vent,* eut beaucoup de succès non pas à cause du fond tragique présenté par la guerre de Sécession et les esclaves, mais parce que son centre d'intérêt résidait dans les histoires amoureuses d'une jeune femme égocentrique et irritante.

Les journaux de modes, les cosmétiques, les présentations de reines de beauté, les publications mondaines à prétentions intellectuelles, les histoires épicées — tout cela indique l'importance de la sexualité dans la vie. En même temps, cela prouve que seul l'esclavage de la sexualité est accepté — c'est-à-dire la fiction, les films, les présentations de reines de beauté.

C'est D. H. Lawrence qui fit ressortir l'iniquité des films traitant de la sexualité, devant lesquels le jeune homme émotivement refoulé, effrayé par les filles de son milieu, s'excite sexuellement — puis rentre à la maison pour se masturber. Lawrence, naturellement, ne voulait pas dire que la masturbation est une erreur ; il voulait dire que c'est la sexualité malsaine qui recherche la masturbation en imaginant l'acte sexuel avec une star de cinéma. La sexualité saine forcerait le garçon à se trouver une partenaire dans le voisinage.

Pensez aux intérêts énormes qui prospèrent sur la sexualité refoulée : le monde de la mode, les marchands de rouge à lèvres, l'Eglise, les théâtres et les cinémas, les écrivains de romans populaires et les fabricants de bas.

Il serait ridicule d'avancer qu'une société libre sexuellement abolirait les beaux vêtements. Bien sûr que non. Toute femme veut être au mieux pour l'homme qu'elle aime. Tout homme veut paraître élégant quand il sort avec la femme qui lui plaît. Ce qui disparaîtrait, c'est le fétichisme — la valeur donnée à une ombre parce que la réalité est défendue. On ne verrait plus de refoulés sexuels qui regarderaient de la lingerie dans les boutiques. C'est vraiment dommage que l'intérêt sexuel soit si refoulé. Le plus grand plaisir du monde est goûté avec culpabilité. Ce refoulement pénètre tous les aspects de la vie humaine, la rendant mesquine, vulgaire, haïssable.

Haïssez la sexualité et vous haïrez la vie. Haïssez la sexualité et vous ne pourrez pas aimer votre prochain.

Haïssez la sexualité et votre vie sexuelle sera, au pire, impuissante ou frigide. De là la remarque des femmes qui ont eu des enfants : « L'amour est un passe-temps surfait. » Si l'instinct sexuel n'est pas satisfait, il se trouvera un chemin détourné, car c'est un instinct trop fort pour être annihilé. Il se trouve un chemin dans l'anxiété et dans la haine.

Trop peu d'adultes voient dans l'acte sexuel un don ; autrement le pourcentage de gens affligés d'impuissance et de frigidité ne serait pas d'environ soixante-dix pour cent, comme certains experts nous en ont informés. Pour beaucoup d'hommes, l'acte sexuel est un viol poli ; pour beaucoup de femmes, un rite ennuyeux qu'elles doivent endurer. Des milliers de femmes mariées n'ont jamais eu un orgasme de leur vie ; il y a même quelques hommes éduqués qui ne savent pas qu'une femme est capable d'en avoir. Dans un tel système, le don ne peut être que minime et les relations sexuelles que d'une qualité plus ou moins brutale et obscène. Les pervertis qui ont besoin d'être fouettés ou de battre une femme avec un bâton ne sont que des cas extrêmes qui, à cause d'une mauvaise éducation sexuelle, ne peuvent donner l'amour que sous forme déguisée de la haine.

Tous les grands élèves de Summerhill savent, de par mes conversations et mes livres, que j'approuve la vie sexuelle épanouie pour tous ceux qui la désirent, quel que soit leur âge. On m'a souvent demandé au cours de conférences si je fournissais des préservatifs à Summerhill et sinon, pourquoi ? C'est une question à laquelle je pense souvent et qui me tracasse, car elle nous touche tous profondément. Ne pas fournir de préservatifs à mes élèves me donne mauvaise conscience, car tout compromis pour moi est difficile et angoissant. D'autre part, fournir des préservatifs à des enfants au-dessous ou au-dessus de l'âge nubile serait la plus sûre façon de faire fermer mon école. On ne peut pratiquement pas aller beaucoup plus loin que la loi.

Une question qui m'est souvent posée par les critiques de la liberté chez les enfants est la suivante : « Pourquoi ne permettez-vous pas aux jeunes enfants d'assister à l'acte sexuel ? » Répondre que cela pourrait leur causer un traumatisme ou un choc nerveux sévère serait faux. Chez les Tobriands, selon Malinowski, les enfants observent non seulement les rapports sexuels des parents, mais aussi les accouchements et la mort, comme des phénomènes naturels, et n'en sont pas affectés négativement. Je ne pense pas que la vue des rapports sexuels aurait aucun mauvais effet émotif sur un enfant autonome. La seule réponse honnête que je puisse donner, c'est que dans notre culture l'amour n'est pas une affaire publique.

Je n'oublie pas que beaucoup de parents ont des vues religieuses ou d'autres vues négatives sur la sexualité. On ne peut rien y faire. Par contre, nous devons les combattre lorsqu'ils empiètent sur le droit de nos propres enfants à la liberté sexuelle.

Aux autres parents, je dirai : « Votre vrai casse-tête commencera le jour où votre fille de seize ans voudra vivre sa vie. Elle rentrera à la maison à minuit. Surtout ne lui demandez pas d'où elle vient. Si elle n'a pas été élevée dans l'autonomie, elle vous mentira comme vous et moi avons menti à nos parents. »

Quand ma fille aura seize ans, si je découvre qu'elle est amoureuse d'un homme indifférent, je serai sans nul doute fort inquiet. Je sais aussi que je ne pourrai rien y faire. J'espère que je serai assez sage pour ne pas essayer de faire quoi que ce soit. Comme elle a été élevée dans l'autonomie, je ne pense pas qu'elle tombe dans les griffes d'un type d'homme indésirable ; mais on ne sait jamais.

Je suis sûr que beaucoup de mauvaises relations amoureuses sont à la base une protestation contre l'autorité familiale. *Mes parents n'ont pas confiance en moi, mais ça m'est égal. Je ferai ce que je veux et si cela ne leur plaît pas, c'est le même prix.*

Vous aurez peur que votre fille soit séduite. Mais les filles en règle générale ne sont pas séduites ; elles sont partenaires dans une séduction. Le stade des seize ans ne devrait pas être difficile si votre fille est votre amie et non votre subordonnée. Vous devez voir la réalité en face et vous dire qu'on ne peut pas vivre la vie des autres, qu'on ne peut pas transmettre l'expérience dans des choses aussi essentielles que les sentiments.

La question fondamentale, en somme, c'est l'attitude du foyer envers la sexualité. Si elle est saine, vous pouvez en toute sécurité donner à votre fille sa chambre et sa clé. Si au contraire elle a été malsaine, votre fille recherchera la sexualité de la mauvaise manière — probablement avec un homme qui ne lui conviendra pas — et vous ne pourrez rien y faire.

Ce sera la même chose quant à votre fils. Vous ne vous inquiétez pas autant à son sujet — parce qu'il ne pourra pas tomber enceinte. Cependant, avec une mauvaise attitude envers la sexualité, il pourra aisément gâcher sa vie.

Peu de mariages sont heureux. Considérant l'éducation que la majorité de nos jeunes enfants reçoivent, il est étonnant qu'il n'y ait pas plus de mariages malheureux. Quand la sexualité est sale dans la prime enfance, elle ne peut pas être propre dans le lit nuptial.

Quand la relation sexuelle est un échec, le mariage est en faillite. Le mari et la femme, tous deux élevés dans la haine de la sexualité, se haïssent mutuellement. Les enfants sont malheureux, car ils ne reçoivent pas la chaleur familiale nécessaire à leur développement. Les refoulements sexuels de leurs parents se reportent sur eux sans qu'ils en aient conscience. Les enfants les plus difficiles sont ceux dont les parents ont une mauvaise relation sexuelle.

L'éducation sexuelle

Si les parents répondent aux questions de l'enfant sincèrement et sans inhibition, l'éducation sexuelle ne doit présenter aucune difficulté. La méthode pseudo-scientifique est mauvaise. J'ai connu un jeune homme auquel on avait présenté la sexualité de cette manière et il m'avoua qu'il ne pouvait pas entendre prononcer le mot *pollen* sans rougir. La clarté des faits en ce qui concerne la sexualité est importante, naturellement, mais ce qui est le plus important, c'est leur contenu émotif. Les docteurs savent tout ce qu'on peut savoir en matière d'anatomie sexuelle, cependant ils ne sont pas de meilleurs amants que les Tahitiens — ils sont probablement même moins bons.

L'enfant n'est pas autant intéressé par le fait que papa met une quéquette dans le petit trou de maman qu'il l'est par *le pourquoi de la chose.* L'enfant qui aura eu le droit d'avoir ses propres activités sexuelles ne demandera pas pourquoi.

L'éducation sexuelle est inutile dans le cas d'un enfant autonome, car le terme éducation implique que le sujet a été négligé précédemment. Si la curiosité naturelle de l'enfant a été satisfaite entièrement par des réponses claires et sincères à toutes ses questions, celui-ci ne pensera pas à la sexualité comme à une chose qui lui aura été enseignée. Après tout, nous ne donnons pas à nos jeunes enfant de leçons sur le fonctionnement de l'appareil digestif ou du système éliminatoire. L'expression *éducation sexuelle* suggère des leçons d'anatomie et de physiologie maladroites et conventionnelles par un timide professeur qui craindrait que le sujet déborde sur un territoire défendu.

Dans la plupart des écoles d'Etat, dire toute la vérité au sujet de l'amour équivaudrait à se faire mettre à la porte. L'opinion publique, telle qu'elle est représentée par les mères d'aujourd'hui, ne l'accepterait pas. J'ai connu plus d'un cas où une mère a menacé un professeur de poursuites sévères pour avoir, disait-elle, corrompu un enfant par un enseignement « sale, athée et obscène ».

La seule difficulté réelle en ce qui concerne l'enseignement à l'enfant libre de tout ce qu'il peut savoir au sujet de la sexualité réside dans la clarté des explications. Un enfant veut savoir pourquoi tous les chevaux mâles ne sont pas des étalons ou pourquoi tous les moutons ne sont pas des béliers. La réponse implique des conceptions au-dessus de la compréhension d'un enfant de quatre ans, car la castration ne peut pas être expliquée en termes simples. Là, chaque parent doit faire au mieux, se rappelant qu'il ne sert à rien de mentir ou d'éluder.

Un garçon de cinq ans trouva un préservatif dans la poche d'un vêtement de son père et naturellement lui demanda ce que c'était. Il accepta facilement l'explication simple et claire de son père, sans émotion apparente.

Dans certains cas, cependant, je ne vois pas d'objection à dire à un enfant que le sujet est trop difficile pour qu'il comprenne et qu'il devra attendre. Après tout, on le fait bien lorsqu'il s'agit d'autres sujets. Par exemple, quand un enfant demande comment fonctionne un certain moteur ou qui a fait Dieu, des parents peuvent lui dire que la réponse est trop complexe pour son âge.

Il vaut mieux renvoyer à plus tard une réponse que

de faire comme certains parents peu sages — en dire trop. Je me rappelle une de mes élèves, une Suissesse de quinze ans, disant à une autre, Irmgart, âgée de dix ans : « Je sais depuis longtemps comment naissent les enfants. Ma mère me l'a dit. Et elle m'a dit beaucoup d'autres choses encore. »

Je lui demandai ce qu'elle savait et elle me parla de l'homosexualité et des perversions. Il n'était pas utile de lui expliquer tout cela. La mère aurait dû se contenter de répondre à la question que sa fille lui posait. Son ignorance de la nature de l'enfant lui en fit dire plus que celle-ci ne pouvait assimiler. Le résultat, c'est que la fillette était névrosée. Cependant, à tout prendre, je pense que cette mère peu sage l'était toutefois plus que la mère qui ment délibérément à son enfant quand il pose des questions sur la naissance. Car l'enfant s'aperçoit rapidement que sa mère lui a menti. Quand l'enfant découvre la vérité — habituellement à demi expliquée par ses camarades — et d'une manière vulgaire —, il croit savoir pourquoi on lui a menti. *Comment maman aurait-elle pu me raconter quelque chose d'aussi sale ?*

C'est d'ailleurs l'attitude générale de la société envers la naissance. C'est sale et honteux. Le fait qu'une femme enceinte essaie de s'habiller de façon à masquer son état est suffisant pour condamner ce que nous appelons notre moralité.

Il existe des mères qui disent la vérité à leurs enfants sur la question de la naissance. Cependant, parmi elles, beaucoup reculent devant la vérité sur la question de l'acte sexuel. Elles évitent de dire à leurs enfants que cet acte donne beaucoup de plaisir.

Ma femme et moi n'avons jamais tergiversé en ce qui concerne l'éducation de Zoé. Tout semblait si simple, évident et charmant — même dans les moments embarrassants, comme lorsque Zoé informa une vieille fille qui visitait l'école qu'elle, Zoé, était née parce que papa avait fécondé maman, ajoutant avec intérêt : « Et vous, qui est-ce qui vous fertilise ? »

A propos de cela, nous avons découvert qu'un enfant autonome apprend tôt dans la vie à avoir du tact. Zoé pouvait se permettre une telle remarque à trois ans et demi, mais à cinq ans notre fille commença à comprendre que certaines choses doivent être tues. J'ai remarqué le même savoir-vivre chez d'autres enfants, qui, à la différence de Zoé, n'avaient pas été autonomes dès leur naissance.

Depuis que Freud a découvert que les petits enfants ont une sexualité active, trop peu a été entrepris pour en étudier les manifestations. On a écrit des livres sur la sexualité des bébés, mais autant que je puisse en juger, personne n'a encore écrit un livre sur l'enfant autonome. Notre fille ne marqua aucun intérêt pour son sexe, celui de ses parents ou de ses camarades. Elle observa notre nudité dans la salle de bains ou dans les w.c. Elle réfuta, à ma satisfaction, la théorie émise par certains psychologues que l'enfant a une pudeur innée, instinctive et inconsciente vis-à-vis des organes génitaux de l'adulte et de ses fonctions naturelles. Cette théorie, comme celle de la culpabilité innée envers la masturbation, est fausse.

Les parents d'un enfant autonome éviteront probablement l'erreur, dangereuse et ridicule en matière d'éducation sexuelle, qui consiste à associer la sexualité avec le mal et le péché ; mais je ne suis pas sûr qu'ils ne rencontreront pas de danger par ailleurs — dans l'idéalisme par exemple. Bien longtemps avant qu'on sût même ce que pouvait être l'autonomie infantile, certains parents enseignèrent à leurs enfants que la sexualité était sacrée et spirituelle, quelque chose qui devait être traité avec respect et émerveillement, avec une révérence religieuse quasi mystique. Les parents modernes peuvent ne pas être tentés de suivre cette voie, mais ils peuvent tomber dans une voie semblable : rendre un culte à la fonction sexuelle comme à un nouveau dieu. Il m'est difficile d'être précis sur ce point — peut-être est-il trop vague pour être défini —, mais je remarque parfois une sorte de sainteté associée à la sexualité, un changement dans le ton de la voix de la personne qui aborde le sujet. Cette attitude évoque une peur de la pornographie : *Mon Dieu, si je ne parle pas de la sexualité avec respect, on croira que je suis de ces gens qui pensent à la sexualité comme à un sujet de plaisanterie.* J'ai été quelque peu perturbé de voir de jeunes parents sérieux user de mots et prendre un ton pas très différent de ceux qu'employait la vieille garde qui parlait du corps humain comme d'un vase sacré. La sexualité a été si longtemps l'objet de plaisanteries que la tendance maintenant est de tomber dans l'autre extrême et de ne pas oser la mentionner — non pas parce qu'elle est sale, mais parce qu'elle est trop belle. Une telle attitude ne peut que mener à la crainte et au refoulement sexuel. Pour que l'enfant ait une attitude saine vis-à-vis de la sexualité, et subséquemment une vie amoureuse également saine, la sexualité doit rester sur terre. Elle a tout en elle au départ pour s'épanouir, et toute tentative pour l'embellir ou l'élever vers un domaine supérieur est futile et dénuée de réalisme.

Dire aux enfants que la sexualité est sacrée n'est qu'une variante de la vieille histoire sur les pécheurs qui vont en enfer. Evidemment, si vous pensez que nous devons qualifier manger, boire et rire de sacré, alors je suis d'accord, la sexualité est sacrée. On peut *tout* appeler sacré, mais si nous choisissons uniquement la sexualité, nous trichons alors et nous fourvoyons nos enfants. C'est l'enfant qui est sacré — sacré dans le sens qu'il ne faut pas le gâter par un enseignement inadéquat.

Alors que la haine religieuse de la sexualité se meurt lentement, d'autres ennemis apparaissent. Nous avons les enthousiastes de l'éducation sexuelle qui montrent aux enfants des schémas et leur parlent des abeilles et du pollen, leur disant indirectement : « Comme vous pouvez le voir, la sexualité est une question scientifique et ne présente rien de particulièrent excitant. » Nous avons tous été si conditionnés quant à la sexualité qu'il est presque impossible de trouver la voie la plus simple à suivre ; nous sommes ou trop pro ou trop antisexualité. Etre pro est bon, mais l'être en matière de protestation contre une éducation anti que nous avons reçue dans notre enfance est sans aucun doute neurotique. D'où la nécessité de trouver une attitude saine envers la question, une attitude que nous ne pouvons trouver que dans la non-interférence, l'approbation et l'acceptation naturelle de la sexualité de l'enfant.

Si cela semble vague ou impossible, je suggère aux jeunes parents d'éviter toute exhibition de haine, de dégoût ou de sentiment moral, qu'ils se retiennent de prêcher ou d'apaiser les voisins quand ils parleront des questions sexuelles. De cette façon, le bébé grandira sans inhibition et sans haine de sa chair. Car la sexualité de l'enfant n'aura pas besoin de faire l'objet d'un enseignement, d'un avertissement ou de toute autre chose du même genre.

Si nous pouvions éviter que l'enfant voie le mal dans la sexualité, il deviendrait naturellement un homme moral — pas un moraliste, pas un prêcheur. Un don Juan, apparemment, satisfait l'élément de plaisir dans la sexualité tout en en rejetant l'élément d'amour. La masturbation, le donjuanisme, l'homosexualité sont improductifs parce qu'ils sont asociaux. L'homme moral nouveau découvrira qu'il doit remplir les *deux* fonctions de la sexualité, c'est-à-dire qu'à moins d'aimer il ne trouvera pas le plaisir extrême dans l'acte sexuel.

La masturbation

La majorité des enfants se masturbent. Pourtant on dit aux jeunes que la masturbation est néfaste, qu'elle empêche de grandir, qu'elle mène à la maladie et à bien d'autres choses encore. Si la mère était assez sage pour ignorer les premières explorations corporelles de son enfant, il se sentirait bien moins contraint de se masturber. C'est la prohibition qui fixe l'intérêt de l'enfant.

Pour un tout petit, la bouche est une zone beaucoup plus érotique que les parties génitales. Si les mères adoptaient envers les activités buccales la même attitude pudibonde qu'elles adoptent envers les activités sexuelles, sucer son pouce et embrasser deviendraient des questions de conscience.

La masturbation satisfait un désir de contentement, car elle est l'apogée de la tension. Mais, aussitôt l'acte terminé, la conscience de celui qui a reçu une instruction morale prend le dessus et lui crie : « Tu n'es qu'un pécheur ! » L'expérience m'a appris que lorsque le sentiment de culpabilité est aboli, l'enfant est moins intéressé par la masturbation.

Il semble que certains parents préféreraient voir leurs enfants commettre un crime que se masturber. Je pense personnellement que la masturbation refoulée est fréquemment à la source de la délinquance.

Un de nos élèves de onze ans était, entre autres

choses, pyromane. Il avait été rossé par son père et par ses professeurs. Ce qui était bien pis, on lui avait inculqué des principes religieux étroits dans lesquels figuraient le feu de l'enfer et un dieu courroucé. Peu après son arrivée à Summerhill, il prit de l'essence et la versa dans un seau de peinture et de térébenthine. Puis il mit le feu au mélange. La maison fut sauvée grâce à l'énergie de deux domestiques.

Je pris le gamin dans mon bureau. « Qu'est-ce que le feu ? demandai-je.

— Ça brûle, dit-il.

— A quelle sorte de feu penses-tu en ce moment ? continuai-je.

— A l'enfer, dit-il.

— Et la bouteille ?

— Une chose longue avec un trou au bout, répondit-il. (*Longue pause.*)

— Parle-moi de cette chose longue avec un trou au bout.

— Mon robinet, dit-il maladroitement, a un trou au bout.

— Parle-moi de ton robinet, dis-je gentiment. Est-ce que tu y touches ?

— Pas maintenant. Avant, oui, mais plus maintenant.

— Pourquoi ?

— Parce que Monsieur X (son dernier directeur d'école) m'a dit que c'était le plus grand péché du monde. »

Je concluai que sa pyromanie était une substitution à la masturbation. Je lui expliquai que Monsieur X avait tort, que son robinet n'était ni mieux ni plus mal que son nez ou son oreille. De ce jour, son intérêt pour le feu disparut.

Quand il ne se présente aucun problème au cours de la masturbation pendant la prime enfance, l'enfant naturellement passe en temps voulu au stade de l'hétérosexualité. Beaucoup de mariages malheureux sont dus au fait que le mari et la femme souffrent tous deux d'une haine inconsciente de la sexualité — une haine provenant de la haine cachée du moi, due elle-même à une prohibition de la masturbation dans l'enfance.

La question de la masturbation est extrêmement importante en éducation. Les matières académiques, la discipline et les jeux sont vains et futiles si le problème de la masturbation n'est pas résolu. La masturbation libérée de l'idée de péché permet à des enfants d'être contents, heureux, actifs et, en fait, pas très intéressés par la masturbation. La prohibition de la masturbation, par contre, donne des enfants tristes, malheureux, enclins aux rhumes et aux épidémies, se détestant et par conséquent détestant les autres. Je pense qu'une des sources de bonheur à Summerhill, c'est la suppression de la crainte et de la haine du moi que causent les prohibitions sexuelles.

Freud nous a familiarisés avec l'idée que la sexualité existe chez l'enfant dès sa naissance, que le bébé ressent un plaisir sexuel quand il suce et que graduellement la zone érotique de la bouche fait place à celle des parties génitales. Ainsi la masturbation pour l'enfant est une découverte naturelle, pas très importante au début parce que ses parties génitales ne lui sont pas aussi agréables que sa bouche ou même sa peau. C'est uniquement la prohibition des parents qui fait de la masturbation un si grand complexe. Plus la prohibition est sévère, plus le sentiment de culpabilité est profond ; et plus grand aussi est le désir de s'y adonner.

Le petit enfant intelligemment élevé devrait arriver à l'école sans aucun sentiment de culpabilité envers la masturbation. Il n'y a guère d'enfants dans la classe enfantine à Summerhill qui s'intéressent en particulier à la chose. La sexualité, pour eux, n'a pas l'attrait du mystère. Dès leur arrivée à l'école (si les parents ne l'ont pas fait auparavant), nous leur expliquons non seulement comment naissent les enfants, mais aussi comment ils sont conçus. A un si jeune âge, ils acceptent ces renseignements sans émotion, partiellement parce que nous-mêmes les donnons sans émotion. Ainsi, vers quinze ou dix-sept ans, les élèves de Summerhill peuvent discuter ouvertement de la sexualité sans aucun sentiment de malaise et sans attitude pornographique.

Les parents parlent au jeune enfant avec la voix de Dieu Tout-Puissant. Ce que sa mère dit de la sexualité est parole sacrée. L'enfant accepte entièrement ses suggestions. La mère d'un de nos élèves dit un jour à son fils que la masturbation le rendrait stupide. Il la crut et devint incapable d'apprendre quoi que ce fût. Quand nous persuadâmes la mère de lui dire qu'elle s'était trompée, l'enfant devint automatiquement plus ouvert.

Une autre mère avait dit à son fils que tout le monde le détesterait s'il se masturbait. Le gamin devint le plus détestable de l'école. Il volait, crachait sur les gens et était destructeur ; il essayait d'une façon pathétique d'être ce que sa mère lui avait suggéré. Dans ce cas, nous ne pûmes persuader la mère d'avouer à son fils son erreur passée et l'enfant resta plus ou moins en guerre contre la société.

Nous avons eu des garçons auxquels on avait raconté qu'ils deviendraient fous s'ils se masturbaient — et ils essayaient courageusement de le devenir.

Je doute qu'aucune influence subséquente ait le pouvoir de neutraliser une suggestion des parents dans la prime enfance. J'essaie toujours, en ce qui concerne mes élèves, d'amener les parents à corriger leur erreur initiale, car je sais que ce que je peux dire personnellement à l'enfant n'a pas, ou n'a que peu de valeur. J'entre trop tard dans sa vie. C'est pourquoi quand je dis à un garçon que la masturbation ne le rendra pas tou, il a du mal à me croire. La voix du père que l'enfant a entendue à l'âge de cinq ans est la voix de Dieu Tout-Puissant.

Quand le bébé inclut ses parties génitales dans l'ordre de ses intérêts, c'est le grand test pour les parents. L'attouchement des parties génitales doit être accepté comme désirable, normal et sain, et toute tentative de le supprimer est dangereuse, y compris celle qui consiste à dériver l'attention de l'enfant sur un autre objet.

Je pense au cas d'une petite fille autonome qui, lorsqu'elle commença à fréquenter l'école, semblait malheureuse. Elle appelait l'intérêt qu'elle prenait à ses parties génitales *se pelotonner*. Quand sa mère lui demanda pourquoi elle n'aimait pas l'école, l'enfant répondit : « Quand je veux me pelotonner, ils ne me défendent pas de le faire, mais ils me disent *Regarde ceci* ou bien *Viens voir cela*, si bien que je ne peux jamais me pelotonner dans la classe. »

L'intérêt que les enfants prennent à leurs parties génitales est un problème parce que presque tous les parents ont été conditionnés dès le berceau à donner une réponse négative à la sexualité et qu'ils ne peuvent pas vaincre leur sentiment de honte, de péché et de dégoût. Des parents peuvent avoir une solide opinion intellectuelle quant au bien-fondé de l'intérêt qu'un enfant prend à ses parties génitales et en même temps — par le ton de leur voix et par leur regard — faire sentir à l'enfant qu'ils n'acceptent pas son plaisir sexuel.

Des parents peuvent paraître approuver entièrement qu'un enfant se touche, cependant quand la tante Marie, très prude, vient à la maison, ils deviennent fort anxieux. Il est facile de dire à de tels parents : « Tante Marie représente l'élément anti-sexualité de votre personnalité refoulée », mais le leur dire ne changera en rien leur sentiment.

La crainte des parents que l'intérêt de leur enfant pour ses parties génitales dégénère en sexualité précoce est une crainte profonde très répandue. Et si cela doit être, qu'y faire ? La meilleure façon de s'assurer qu'un enfant prenne un intérêt morbide aux questions sexuelles au moment de l'adolescence, c'est de lui interdire de se toucher les parties génitales quand il est petit.

Il se peut que ce soit une sinistre nécessité d'avoir à dire à un enfant qui a atteint l'âge de raison qu'il ne doit pas se toucher en public. Ce conseil peut paraître lâche et injuste envers l'enfant, mais l'alternative est dangereuse. Car si l'enfant rencontre une désapprobation exprimée en termes haineux et hostiles chez des adultes incompréhensifs, cela peut lui faire plus de mal que celui que lui amènera l'explication de ses parents en qui il aura confiance.

Quand un petit enfant est libre de vivre sa vie pleinement, sans punition, sans instruction, sans tabou, il trouve cette vie trop intéressante pour confiner son activité à ses organes sexuels.

Je n'ai aucune expérience personnelle qui me permette de juger comment des enfants autonomes réagiraient l'un envers l'autre s'ils étaient intéressés par leurs organes génitaux respectifs. Les garçons auxquels on a appris que la sexualité est un mal associent généralement l'intérêt porté aux parties génitales au sadisme. Les filles qui ont reçu une éducation négative semblable paraissent accepter ce sadisme comme normal. A cause de l'absence d'agressivité haineuse chez l'enfant autonome, l'intérêt sexuel que deux enfants libres pourraient avoir l'un pour l'autre serait probablement tendre et généreux.

Notre désapprobation du moi nous vient de la prime enfance. Une grande partie a sa source dans la culpabilité envers la masturbation. Je trouve que l'enfant malheureux est très souvent celui dont la conscience est troublée par la masturbation. La suppression de cette culpabilité est l'acte le plus positif que l'adulte puisse faire en vue de transformer un enfant difficile en un enfant heureux.

La nudité

Beaucoup de couples, surtout dans la classe ouvrière, ne se voient jamais nus que le jour où il faut habiller l'un ou l'autre pour le mettre en bière. Une paysanne de ma connaissance fut un jour témoin en justice dans un cas d'exhibitionnisme. Elle fut sincèrement choquée. « Allons, allons, Jane, la plaisantai-je. Vous avez eu sept enfants.

— Monsieur Neill, dit-elle solennellement, je n'ai jamais vu John... je n'ai jamais vu mon homme nu de toute ma vie de femme mariée. »

On ne devrait jamais décourager la nudité. Le bébé devrait voir ses parents nus depuis sa naissance. Cependant, on devrait plus tard l'informer que certaines gens n'aiment pas voir les enfants nus et que, en présence de tels gens, il devra se vêtir.

J'ai vu une fois une femme se plaindre parce que notre fille se baignait à la plage, *au naturel*[1]. A ce moment-là, Zoé avait un an. La question du bain définit clairement l'attitude anti-vie de notre société. Nous connaissons bien tous l'irritation qui nous envahit quand nous essayons sur une plage de nous glisser dans notre maillot de bain sans montrer notre intimité. Les parents d'enfants autonomes savent combien

1. En français dans le texte.

il est difficile d'expliquer à un enfant de trois ou quatre ans pourquoi il ne peut pas se baigner nu en public.

Le simple fait que la loi ne permet pas qu'on expose ses organes sexuels ne peut que donner aux enfants une attitude faussée envers le corps humain. Je me suis moi-même promené nu et ai encouragé un de mes professeurs, une femme, à le faire, afin de satisfaire la curiosité d'un petit enfant qui avait honte de son corps. Cependant, toute tentative pour imposer le nudisme aux enfants est une erreur. Ils vivent dans une civilisation habillée et le nudisme est quelque chose que la loi ne permet pas.

Il y a bien des années, quand nous nous installâmes à Leiston, nous avions une mare à canards. Je m'y baignais nu. Quelques professeurs et élèves faisaient de même. Puis, il nous arriva un groupe de nouveaux élèves. Quand les filles commencèrent à porter des maillots de bain, je demandai à l'une d'elles, une jolie Suédoise, pourquoi. « A cause des nouveaux garçons, expliqua-t-elle. Les autres trouvaient la nudité naturelle, mais ceux-là nous fixent et ricanent — je n'aime pas cela. » Depuis lors, nous nous baignons nus le soir, à la plage, quand il fait nuit.

On pourrait penser qu'étant élevés dans la liberté les élèves de Summerhill se promènent nus l'été. Eh bien non. Les filles jusqu'à neuf ans se mettent nues quand il fait très chaud, mais les garçons le font rarement. C'est assez étonnant quand on considère que Freud disait que les garçons sont fiers d'avoir un pénis et les filles honteuses de n'en pas avoir.

Nos petits garçons ne montrent aucun désir de s'exhiber et les grands se mettent rarement nus. Pendant l'été, les garçons portent des shorts et restent torse nu. Les filles sont en maillots de bain. Personne ne semble être gêné pour prendre un bain et seuls les nouveaux élèves ferment la salle de bains au verrou. Quoique quelques-unes des filles prennent des bains de soleil nues dans le pré, jamais les garçons ne pensent à aller les observer.

J'ai vu un jour notre professeur d'anglais creuser une tranchée sur le terrain de hockey ; il était aidé par un groupe de filles et de garçons entre neuf et quinze ans. Comme il faisait très chaud, il s'était mis nu. A l'assemblée générale, nous lui conseillâmes de mettre un pantalon au cas où des fournisseurs et des visiteurs arriveraient. Cela pour illustrer l'attitude détachée que nous avons à Summerhill vis-à-vis de la nudité.

La pornographie

Tous les enfants sont des pornographes, parfois ouvertement, d'autre fois secrètement. Les moins pornographes sont ceux qui n'ont pas connu de tabous sexuels dans leur enfance. Je n'ai aucun doute que plus tard les élèves de Summerhill seront moins enclins à la pornographie que ceux qui auront été élevés selon des méthodes qui évitent la vérité. Ainsi, un de mes anciens élèves qui revint me voir pendant un congé qu'il avait à la faculté, me dit : « Summerhill nous gâte dans un sens. Les garçons de mon âge que je rencontre sont ennuyeux. Ils parlent de choses qui ne m'intéressent plus depuis des années.

— Comme les histoires grivoises ? demandai-je.

— Oui, plus ou moins. J'aime bien une bonne histoire grivoise de temps en temps, mais les leurs sont grossières et pas drôles. Puis, il n'y a pas que cela. Les autres choses aussi — comme la psychologie, la politique. C'est drôle, mais je finis par me retrouver avec des gens qui ont dix ans de plus que moi. »

Un nouvel élève à Summerhill, qui n'avait pas encore épuisé l'intérêt qu'il avait développé pour les obscénités dans son ancienne école, essaya de se rendre intéressant aux yeux des autres. Ceux-ci le firent taire, non pas parce qu'il était obscène, mais parce qu'il dérangeait une conversation déjà en cours.

Il y a quelques années, nous avions à l'école trois

filles qui avaient épuisé le stade des conversations sur les sujets défendus. Une nouvelle élève arriva et fut mise dans la même chambre qu'elles. Un jour, la nouvelle élève se plaignit que ses camarades étaient ennuyeuses. « Quand je leur parle de choses sexuelles, elles me disent de me taire. Elles disent que cela ne les intéresse pas. »

C'était vrai. C'est-à-dire la sexualité les intéressait, mais pas dans son aspect caché. Pour ces filles la sexualité avait cessé d'être sale. Pour une nouvelle élève encore toute fraîche des conversations usuelles dans les collèges privés féminins, ses trois camarades semblaient hautement morales. Et elles l'*étaient*, car leur moralité était fondée sur la connaissance — pas sur l'idée fausse du bien et du mal.

Les enfants qui sont élevés dans la liberté au regard de la sexualité ont l'esprit ouvert quant à ce qu'on appelle la vulgarité. Il y a quelque temps, j'allai voir un certain acteur de music-hall qui lançait des plaisanteries risquées à la manière élisabéthaine. Je remarquai en moi-même qu'il provoquait dans le public des rires qu'il ne pourrait jamais provoquer à Summerhill. Les femmes poussaient des cris aigus quand il parlait de dessous féminins, mais les élèves de Summerhill n'auraient pas trouvé cela drôle du tout.

Une fois, j'écrivis une pièce pour les enfants de la classe enfantine. C'était une pièce quelconque au sujet du fils d'un bûcheron qui avait trouvé un billet de cent livres et le montrait, extasié, à toute sa famille ainsi qu'à la vache. La stupide bête avalait le billet et tous les efforts de la famille pour le lui faire rejeter en faisant ses besoins s'avéraient vains. Le garçon avait alors une idée géniale : ils ouvriraient un stand à la foire et feraient payer un shilling pour deux minutes. Si la vache rejetait le billet au cours des deux minutes, la personne gagnerait le billet.

La pièce aurait eu un succès fou dans un music-hall

de West End. Nos enfants, par contre, n'y virent pas grand-chose. En fait, les acteurs (entre six et neuf ans), ne trouvèrent pas cette pièce amusante. Une des actrices, qui avait huit ans, me dit que j'étais ridicule de ne pas avoir utilisé dans mon texte le mot *propre ;* évidemment le mot qu'elle qualifiait de propre, les autres l'eussent appelé *malpropre.*

L'enfant libre ne risque pas de souffrir de voyeurisme à Summerhill. Nos élèves ne ricanent pas et ne se sentent pas mal à l'aise quand dans un film on parle de w.c. ou d'accouchement. De temps en temps, toutefois, nous avons une épidémie de graffiti sur les murs des w.c. Pour un enfant, les lieux d'aisance sont la pièce la plus intéressante de la maison. Les lieux d'aisance semblent inspirer beaucoup d'écrivains et d'artistes, ce qui est bien naturel si nous considérons que ce sont des lieux où l'on crée.

Il est faux que les femmes ont l'esprit plus pur que les hommes. Un club ou un bar d'hommes, cependant, seront plus facilement des lieux de pornographie qu'un club de femmes. La vogue de l'histoire risquée est entièrement due au fait que cette dernière n'est pas reconnue de bon ton par la société. Dans une société dénuée de refoulement sexuel, ce qui n'est pas de bon ton disparaîtrait. A Summerhill, tout est de bon ton, personne n'est choqué. *Etre choqué implique un intérêt obscène pour ce qui choque.*

Les gens qui s'écrient avec horreur : « Quel crime que de choquer l'innocence des petits enfants ! » sont des autruches qui se cachent la tête dans le sable. Les enfants ne sont jamais innocents, quoiqu'ils soient souvent ignorants. Et les autruches tombent dans l'hystérie à l'idée de priver l'enfant de son ignorance.

L'enfant le plus refoulé n'est jamais ignorant. Ses contacts avec les autres lui donnent ce « savoir » que les enfants misérables acquièrent dans les coins sombres. Pour ceux qui sont venus à Summerhill de bonne heure dans leur vie, il n'y a pas de coins sombres. Ils sont intéressés par la sexualité, mais pas d'une façon malsaine. Ils ont une attitude réellement propre envers la vie.

L'homosexualité

Récemment, un homosexuel m'écrivit, m'implorant de lui indiquer un pays où la loi permet l'homosexualité. Je lui répondis que je n'en connaissais aucun qui puisse lui donner satisfaction. (Depuis, j'ai entendu dire que la Hollande et le Danemark permettent légalement l'homosexualité.) A vrai dire, je ne connais aucun pays où l'on puisse être hétérosexuel sans écraser les pieds des rabat-joie.

Il n'y a pas à Summerhill d'homosexualité à proprement parler. Toutefois, dans chaque groupe d'enfants qui entrent chez nous, il existe une homosexualité à l'état inconscient à un certain stade du développement.

Nos garçons de neuf et dix ans ne s'intéressent absolument pas aux filles. Ils les détestent. Ils se réunissent en groupes et n'ont aucun intérêt pour le sexe opposé. Ils s'intéressent plutôt à faire « Haut les mains ! » Les filles du même âge, à l'instar des garçons, ne s'intéressent qu'à leur sexe et forment leurs propres groupes. Même au début de la puberté, elles ne recherchent pas les garçons. Il semble que l'homosexualité inconsciente des filles dure plus longtemps que celle des garçons. Tout en provoquant et en recherchant les garçons d'une façon amicale, elles restent en groupes féminins. Il est vrai qu'à cet âge les filles sont jalouses de leurs droits. La supériorité des garçons en force physique et en rudesse les ennuie. C'est pour elles l'âge de la protestation contre la masculinité.

En général, les garçons et les filles ne s'intéressent pas les uns aux autres avant les âges de quinze et seize ans. Ils ne montrent aucune tendance naturelle à former des couples. En fait, leur intérêt pour le sexe opposé prend une forme agressive.

C'est parce que les enfants de Summerhill ne souffrent pas de complexe de culpabilité quant à la masturbation qu'ils ne réagissent pas d'une façon malsaine à la phase d'homosexualité latente.

Il y a quelques années, un nouvel élève qui arrivait d'un collège privé essaya d'introduire la sodomie dans l'école. Il n'y réussit pas. Il fut de plus surpris et alarmé lorsqu'il découvrit que tout le monde était au courant de ses efforts.

L'homosexualité découle en quelque sorte de la masturbation. Vous vous masturbez avec un autre afin qu'il partage votre culpabilité, rendant ainsi plus léger votre fardeau. Cependant, quand la masturbation n'est pas considérée comme un péché, la nécessité de partager la culpabilité devient inutile.

Je ne sais pas quels refoulements de l'enfance mènent à l'homosexualité, mais il semble certain qu'ils prennent racine dans la prime enfance. Summerhill, de nos jours, ne prend plus d'enfants de moins de cinq ans, par conséquent nous avons affaire à des petits qui n'ont pas tous été éduqués sainement dans les premières années. Néanmoins, en trente-huit ans, l'école n'a produit aucun homosexuel. La raison en est que la liberté donne des enfants sains.

La promiscuité sexuelle, l'illégitimité et l'avortement

La promiscuité sexuelle tient de la névrose ; c'est un changement continuel de partenaire dans l'espoir de trouver éventuellement le bon. Mais le bon partenaire n'est jamais trouvé, car le chercheur est un don Juan neurotique ou impuissant, qu'il soit garçon ou fille.

Si le terme *amour libre* a une consonance sinistre, c'est parce qu'il évoque une attitude neurotique. La promiscuité sexuelle — le résultat direct du refoulement — est toujours triste et vulgaire. Chez les gens libres, l'amour libre n'existerait pas.

La sexualité refoulée s'attache à tout objet qui peut à priori paraître devoir la satisfaire : un gant, un mouchoir, ou toute autre chose en rapport avec le corps. Ainsi, l'amour libre est indigent parce que c'est de la luxure sans tendresse, ni chaleur, ni affection réelle.

Une jeune femme, après avoir vécu une période de promiscuité, me dit un jour : « Pour la première fois, avec Bill, j'ai une vie sexuelle épanouie. » Je lui demandai pourquoi pour la première fois. « Parce que je l'*aime* et que je n'aimais pas les autres. »

Il y a chez les enfants qui entrent tardivement à Summerhill (à treize ans ou plus) une tendance à la promiscuité, en imagination sinon en pratique. Les racines de la promiscuité remontent à la première enfance. Tout ce que nous en savons, c'est qu'elles sont malsaines. La promiscuité mène à la variété, mais rarement à l'épanouissement et jamais au bonheur.

La véritable liberté dans l'amour ne mène pas à la promiscuité. L'amour peut ne pas durer toujours. Toutefois, chez les gens sains, tant que l'amour *dure* il est sincère, loyal et heureux.

L'enfant illégitime a souvent devant lui un chemin bien difficile. Lui dire, comme le font certaines mères, que son père est mort à la guerre ou d'une maladie n'est pas bien du tout. Il en vient à penser que le monde est injuste parce qu'il voit que les autres ont un père. D'autre part la condamnation sociale de la bâtardise ne peut pas ne pas l'atteindre d'une façon ou d'une autre. A Summerhill, nous avons eu quelques enfants de filles-mères, mais personne n'a jamais fait attention à leur situation. Dans la liberté, l'enfant illégitime grandit aussi joyeusement que l'enfant né du mariage.

Dans le monde extérieur, l'enfant bâtard souvent blâme sa mère et se conduit mal envers elle. D'autres fois, il l'adore et craint qu'elle se marie avec un homme qui n'est pas son père.

Nous vivons dans un drôle de monde. L'avortement est illégal et la bâtardise, trop souvent, est mise au ban de la société. Il est heureux qu'aujourd'hui beaucoup de femmes passent outre la désapprobation sociale à la bâtardise. Elles ont leurs enfants ouvertement, sont fières d'eux et les rendent heureux. Autant que j'ai pu l'observer, leurs enfants sont des êtres équilibrés et francs.

Aucun professeur féminin dans un collège privé ne pourrait avoir un enfant illégitime et garder son emploi. Plus d'une fois, j'ai entendu parler d'une femme de pasteur qui avait renvoyé sa bonne parce qu'elle s'était trouvée enceinte.

La question de l'avortement est un des symptômes les plus écœurants de l'hypocrisie et de la maladie de notre société. Il n'y a guère de juges, de pasteurs, de docteurs, d'éducateurs ou de soi-disant piliers de la société qui préféreraient voir la famille déshonorée par la bâtardise plutôt que de voir leurs filles avorter.

Les riches évitent souvent les complications déplaisantes en envoyant leurs filles dans de chics cliniques privées. Là, on les traite pour de prétendues irrégularités de règles, ou Dieu sait quoi. C'est la classe moyenne peu aisée et les pauvres qui sont abandonnés littéralement le bébé sur les bras. Ils n'ont pas d'alternative. Si une jeune fille de la classe moyenne cherche énergiquement, elle pourra peut-être trouver un docteur qui l'avortera pour une somme substantielle, mais sa sœur plus pauvre courra le risque d'un avortement par un faiseur d'anges souvent sans scrupules, ou bien elle aura son enfant.

A Londres, il existe des cliniques dans lesquelles on adapte à l'utérus des femmes un appareil anticonceptionnel. Mais généralement la clinique ne pratique cette opération que si la femme porte une alliance. Porter une alliance sans être mariée, toutefois, n'est pas un crime.

Ce vilain jeu fait penser aux écrits pornographiques qu'on voit sur les murs des urinoirs. Il définit bien une civilisation qui mérite le prix qu'elle paie pour sa moralité répugnante. Ce prix, finalement, ce sont les maux de la chair, la misère et le désespoir.

IV

LA RELIGION ET LES MŒURS

La religion

Une femme qui visitait Summerhill récemment me demanda : « Pourquoi n'enseignez-vous pas à vos élèves la vie de Jésus, afin qu'ils s'inspirent de lui ? » Je lui répondis qu'on n'apprend pas à vivre en *écoutant* la vie des autres, mais en *vivant,* car les mots sont infiniment moins importants que les actes. Beaucoup ont qualifié Summerhill de religieux parce que les enfants y sont aimés.

C'est peut-être vrai, toutefois je déteste l'adjectif parce que je vois dans la religion de nos jours un antagonisme de la vie naturelle. Je ne désire pas être identifié à la religion comme je l'ai connue, c'est-à-dire pratiquée par des hommes et des femmes en vêtements ternes, qui chantaient des cantiques lugubres sans aucune valeur musicale et qui demandaient pardon de leurs péchés.

Je n'ai personnellement rien contre l'homme qui croit en un dieu — quel que soit le dieu. Mais je m'insurge quand un homme prétend que *son* dieu est l'autorité suprême qui lui permet d'imposer des restrictions à la croissance et au bonheur humains. Le conflit n'est pas entre croyants et non-croyants en matière de théologie, mais entre ceux qui croient en la liberté humaine et ceux qui croient en sa suppression.

Un jour, nous aurons une nouvelle religion. Vous pouvez ouvrir la bouche toute grande et vous exclamer : « Quoi ? Une nouvelle religion ? » Le chrétien peut se gendarmer et protester : « Le christianisme n'est-il pas éternel ? » Le juif peut faire de même et s'écrier : « Le judaïsme n'est-il pas éternel ? », il n'en est pas moins vrai que les religions ne sont pas plus éternelles que les nations. Toute religion — n'importe laquelle — a son jeune âge, sa maturité, sa vieillesse et sa mort.

Des centaines de religions ont existé. Des millions d'Egyptiens qui crurent en Amon Ra pendant près de quatre mille ans, il n'en reste pas un aujourd'hui. L'idée de Dieu change avec chaque culture : en pays pastoral Dieu était le Bon Pasteur ; dans les temps guerriers, il était le Dieu des Combats ; à l'époque du commerce, il était le Dieu de la Justice, jugeant l'équité et la miséricorde. Aujourd'hui, l'homme n'étant plus qu'un mécanicien, Dieu, c'est celui de H. G. Wells, « Le Grand Absent », car un dieu créateur n'a pas de place dans un âge qui peut faire ses propres bombes atomiques.

Un jour, les jeunes n'accepteront plus la religion et les mythes désuets d'aujourd'hui. Quand la nouvelle religion viendra, elle réfutera l'idée que l'homme est né dans le péché. Elle louera Dieu en rendant les hommes heureux.

La nouvelle religion refusera l'antithèse du corps et de l'esprit, ainsi que la culpabilité de la chair. Elle saura qu'un dimanche matin passé à se baigner est plus sacré qu'un dimanche matin passé à chanter des cantiques — comme si Dieu avait besoin de cantiques pour se satisfaire. Une nouvelle religion trouvera Dieu dans les prés et non pas les cieux. Imaginez un moment tout ce qui pourrait être accompli si dix pour cent seulement des heures passées en prières et en visites à l'église étaient consacrés aux bonnes actions, à la charité et à l'aide au prochain.

Chaque jour le journal me dit que notre religion

actuelle est morte. Nous emprisonnons ; nous étouffons les opinions qui ne s'accordent pas avec les nôtres ; nous opprimons les pauvres ; nous préparons la guerre. L'Eglise n'est plus qu'un organisme débile. Elle n'arrête pas les guerres. Elle fait peu, ou ne fait rien, pour adoucir notre code criminel. Elle proteste rarement contre les exploiteurs.

Vous ne pouvez pas servir Dieu et Mammon. En d'autres termes, vous ne pouvez pas aller à l'église le dimanche et vous battre le lundi. Je ne connais pas de blasphème plus vil que celui de toutes les Eglises en temps de guerre qui prétendent que le Seigneur est de leur côté. Dieu ne peut pas croire que les deux côtés ont raison. Dieu ne peut pas être Amour et en même temps protéger les armées.

Pour beaucoup de gens, la religion conventionnelle et établie est une évasion facile des problèmes individuels. Si un catholique pèche, il se confesse à son prêtre et celui-ci l'absout.

La personne religieuse rejette son fardeau sur le Seigneur ; elle croit, et le chemin de la gloire lui est assuré. Ainsi, la force de la valeur personnelle et de la conduite individuelle est reportée sur le credo. « Croyez et vous serez sauvés. » Cela revient à dire, en somme : faites une déclaration de foi et vos problèmes spirituels seront résolus. C'est une garantie certaine d'aller au ciel.

A la base, la religion a peur de la vie. Elle fuit devant elle. Elle déprécie la vie sur terre et la juge uniquement comme un préliminaire à une vie plus riche dans l'au-delà. Le mysticisme et la religion nous montrent la vie sur terre comme un échec ; ils nous disent que l'homme tout seul ne peut pas trouver son salut. Mais les enfants libres, eux, ne sentent pas que la vie est un échec, car personne ne leur a enseigné à dire non à la vie.

La religion et le mysticisme encouragent une façon de penser et une conduite qui ne sont pas réalistes. La vérité toute simple, c'est que nous, avec nos postes de télévision et nos avions à réaction, sommes plus éloignés de la vie *réelle* que l'indigène africain. C'est vrai qu'il a, lui aussi, sa religion née de la crainte, mais il n'est pas impuissant en amour, ni homosexuel, ni inhibé. Sa vie est primitive, mais il dit essentiellement oui à la vie.

Comme le sauvage, nous recherchons la religion parce que nous avons peur. Mais, contrairement à lui, nous sommes des gens castrés. Nous ne pouvons enseigner la religion à nos enfants qu'après les avoir amoindris pour toujours et avoir sapé leur énergie par la crainte.

J'ai eu beaucoup de cas d'enfants détruits par l'éducation religieuse. Relater ces cas ne servirait à personne. D'ailleurs, n'importe quel salutiste peut aussi citer des cas par centaines, des cas qui furent « sauvés ». Si l'on considère que l'homme est un pécheur et qu'il doit être racheté, alors les faiseurs de religion ont raison.

Mais je demande aux parents d'élargir leur vision, de voir plus loin que le cercle immédiat. Je leur demande de préparer une civilisation qui ne sera pas marquée dès sa naissance par le péché. Je leur demande d'éliminer tout besoin de rédemption, en disant à l'enfant qu'il est né bon — et non pas *mauvais*. Je leur demande de dire aux enfants que c'est *ce monde* qui doit être rendu meilleur, qu'ils doivent diriger leurs énergies vers la vie sur terre — et non pas vers une vie mythique à venir.

On ne devrait pas emplir l'âme d'un enfant de mysticisme. Celui-ci offre à l'enfant une évasion de la réalité — mais c'est une évasion dangereuse. Nous ressentons tous parfois le besoin de nous évader de la réalité, autrement nous ne lirions jamais de romans, nous n'irions pas au cinéma, ou nous ne prendrions pas de temps en temps un verre de whisky. Mais nous nous évadons les yeux ouverts et bientôt nous revenons à la réalité. Le mystique est capable de vivre continuellement dans l'évasion, plaçant toute sa libido dans la théosophie, le spiritualisme, le catholicisme ou le judaïsme.

Un enfant n'est jamais naturellement mystique. Un incident comme celui qui eut lieu à Summerhill, un soir d'art dramatique spontané, montre bien le sens de la réalité chez l'enfant quand son esprit n'a pas été faussé par la crainte.

Un soir, je m'assis sur une chaise et dis : « Je suis saint Pierre à la porte du Paradis. Vous, vous essayez d'y entrer. Allez-y. »

Les enfants vinrent me trouver avec toutes sortes de bonnes raisons pour entrer au Paradis. Une fillette arriva même de la direction opposée et me supplia de l'en laisser sortir. Mais le clou de la soirée nous fut offert par un garçon de quatorze ans qui vint vers moi en sifflant, les mains dans les poches.

« Hé ! criai-je, vous n'avez pas le droit d'entrer ici. »

Il se retourna et me regarda. « Oh ! dit-il, vous êtes nouveau ici, sans doute.

— Que voulez-vous dire ? demandai-je.

— Vous ne savez donc pas qui je suis ?

— Qui êtes-vous ? demandai-je.

— Dieu », dit-il et il entra au ciel en sifflant.

Les enfants ne désirent pas non plus vraiment prier. Chez les enfants, la prière est de la frime. J'ai demandé à des dizaines d'entre eux : « A quoi pensez-vous quand vous priez ? » Ils racontent tous la même histoire : ils pensent à autre chose tout le temps de la prière. Il *faut* qu'un enfant pense à autre chose, car la prière n'a aucun sens pour lui. C'est une imposition de l'extérieur.

Sur un million d'hommes qui récitent chaque jour le Benedicite avant le repas, il y en a probablement 999 999 qui le font mécaniquement, comme nous disons « pardon » quand nous passons devant quelqu'un pour entrer dans l'ascenseur. Mais pourquoi transmettre nos prières et nos coutumes mécaniques à la nouvelle génération ? Ce n'est pas honnête. Pas plus qu'il ne l'est d'inculquer la religion de force à un enfant qui n'en peut mais. On devrait le laisser entièrement libre jusqu'à ce qu'il prenne une décision de lui-même lorsqu'il aura atteint l'âge où il pourra choisir.

Un danger plus grand que le mysticisme, c'est celui qui consiste à rendre un enfant haineux. Si l'on enseigne à un enfant que certaines choses sont coupables, son amour pour la vie se transforme en haine. Quand les enfants sont libres, ils ne pensent jamais qu'un autre enfant est un pécheur. A Summerhill, si un enfant vole et est jugé par un jury constitué de camarades, il n'est jamais puni pour le vol commis. Tout ce qui lui arrive, c'est de devoir rembourser la dette. Inconsciemment les enfants comprennent que voler est une maladie. Ce sont de jeunes réalistes et ils sont bien trop intelligents pour envisager un dieu courroucé et un démon tentateur. L'homme en esclavage créa un dieu à son image, mais les enfants libres qui font face à la vie avec ardeur et courage n'ont besoin d'aucun dieu.

Si nous voulons que nos enfants aient une âme saine, nous devons éviter de leur inculquer de fausses valeurs. Bien des gens qui doutent de la théologie chrétienne n'hésitent pas à enseigner à leurs enfants des croyances qu'eux-mêmes mettent en doute. Combien de mères croient vraiment au feu de l'enfer ou à un paradis où l'on entend le son des harpes ? Pourtant, des milliers de mères incroyantes faussent l'esprit de leurs enfants en ressortant ces histoires naïves et démodées.

La religion prospère parce que l'homme ne veut pas, *ne peut pas,* faire face à son inconscient. La religion fait de l'inconscient le démon et ordonne aux hommes de fuir ses tentations. Mais rendez l'inconscient conscient et la religion n'aura plus d'utilité.

Le mot religion pour un enfant est presque toujours synonyme de crainte. Dieu est tout-puissant et il voit tout : il peut vous voir où que vous soyez. Pour un enfant, cela signifie souvent que Dieu peut voir ce qu'il fait sous les couvertures. Et amener la crainte dans la vie d'un enfant est le pire des crimes. Pour toujours, alors, l'enfant dit non à la vie ; pour toujours il est inférieur ; pour toujours il est lâche.

Quiconque dans son enfance a été empli de la crainte d'une vie future en enfer ne peut se libérer d'une anxiété neurotique quant à la paix de l'esprit *ici-bas*. Il en est ainsi même si la personne comprend d'une façon rationnelle que le ciel et l'enfer sont des fantasmes infantiles fondés uniquement sur des espoirs et des craintes humaines. Les dégâts émotifs infligés dans l'enfance sont presque toujours fixés pour la vie. Le dieu sévère qui vous récompense avec la musique des harpes ou vous jette en enfer est le dieu que l'homme a fait à sa propre image. Il n'est qu'une superprojection. Dieu devient le désir réalisé et Satan la crainte réalisée.

Ainsi, ce qui donne du plaisir est mal. Jouer aux cartes, aller au théâtre et danser sont du domaine de Satan. Trop souvent, être religieux, c'est être sans joie. Les vêtements apprêtés que les enfants sont obligés de porter le dimanche dans la plupart des villes de province témoignent de la qualité ascétique et punitive de la religion. La musique sacrée aussi est par trop souvent de nature lugubre. Pour beaucoup de gens, c'est un effort, un devoir, d'aller à l'église. Pour beaucoup de gens, être religieux, c'est en avoir l'air et se sentir misérable.

La nouvelle religion sera fondée sur la connaissance et l'acceptation du moi, car une nécessité préalable pour aimer les autres, c'est de s'aimer vraiment soi-même. Elle sera bien différente de l'éducation sous le stigmate du péché originel qui ne peut que donner la haine du moi et, par conséquent, des autres. « Celui qui prie le mieux est celui qui aime le mieux toutes les choses grandes et petites. » Ainsi Coleridge, le poète, exprima-t-il la nouvelle religion. Dans cette religion, l'homme priera mieux quand il aimera toutes les choses, grandes et petites — en *lui-même.*

L'instruction morale

La plupart des parents s'imaginent faillir vis-à-vis de leurs enfants s'ils ne leur enseignent pas de valeurs morales, s'ils ne leur indiquent pas constamment ce qui est bien et ce qui est mal. Pratiquement, tout père et toute mère considèrent que, mis à part les soins physiques dont leurs enfants ont besoin, l'inculcation de valeurs morales est leur devoir primordial et que sans cette instruction l'enfant deviendra un sauvage, sans contrôle sur sa conduite et sans grande considération pour les autres. Cette croyance émane en grande partie du fait que la plupart des gens de notre culture acceptent, pour le moins passivement, le dicton que l'homme est un pécheur dès sa naissance, qu'il est naturellement mauvais et qu'à moins d'être dressé à être bon il sera rapace, cruel, voire meurtrier.

L'Eglise chrétienne affirme ouvertement cette croyance : « Nous sommes de misérables pécheurs. » L'évêque et l'instituteur croient, par conséquent, que l'enfant doit être amené à la lumière. Il importe peu que la lumière soit celle de la croix ou de la culture. Dans les deux cas, le but est le même — « élever ».

Etant donné que l'Eglise et l'école acceptent que l'enfant est né du péché, nous ne pouvons pas nous attendre à ce que les parents soient en désaccord avec ces autorités suprêmes. L'Eglise dit : « Si vous péchez, vous serez punis dans l'au-delà. » Les parents s'alignent sur cette formule et disent : « Si tu recommences, je te punirai *immédiatement.* » L'Eglise et les parents, d'un commun accord, s'efforcent d'élever en imposant la crainte.

La Bible dit : « La crainte du Seigneur est le début de la sagesse. » C'est plus souvent le début de désordres psychiques. Car emplir un enfant de crainte, sous quelque forme que ce soit, est pernicieux.

Bien des parents m'ont dit : « Je ne comprends pas pourquoi mon fils a mal tourné. Je l'ai puni sévèrement et je suis sûr que nous ne lui avons jamais donné le mauvais exemple à la maison. » J'ai eu, hélas, trop de cas d'enfants qui avaient été brutalisés par la peur du ceinturon ou du Seigneur — d'enfants qui avaient été *contraints* à être bons.

Les parents réalisent rarement le terrible choc que cause à l'enfant la chaîne sans fin des prohibitions, des exhortations, des sermons et de l'imposition de tout un système de conduite morale pour lequel il n'est pas prêt, qu'il n'a pas compris et, par conséquent, qu'il n'a pas accepté volontairement.

Les parents excédés par l'enfant difficile ne pensent jamais à accuser leur propre code moral, étant pratiquement sûrs qu'ils savent exactement ce qui est bien et ce qui est mal, et que la mesure correcte des choses a été énoncée une fois pour toutes, avec autorité, dans les Ecritures. Ils pensent rarement à douter de l'enseignement que leur ont donné leurs parents ou leurs professeurs, ou encore le code accepté par la société.

Ils tendent à considérer le credo de leur culture comme allant de soi. Réfléchir à ces croyances et les analyser demande un trop grand effort cérébral. Les mettre en doute implique un trop grand choc.

Ainsi, les parents excédés croient que leurs enfants sont fautifs. Ils pensent que ceux-ci sont volontairement mauvais. Pour ma part, je suis convaincu que *l'enfant n'a jamais tort.* Chaque enfant difficile dont j'ai dû m'occuper était un cas d'éducation erronée au départ. Certains des principes les plus fondamentaux en psychologie sont ignorés au cours du processus d'endoctrinement des enfants quand ils sont tout petits.

Pour commencer, presque tout le monde croit que l'homme est une créature de volonté — qu'il peut faire ce qu'il veut. N'importe quel psychologue vous soutiendra le contraire. La psychiatrie a prouvé que les actes de l'homme sont contrôlés largement par son inconscient. La plupart des gens, sans doute, diraient que Dillinger aurait pu éviter de devenir meurtrier s'il avait usé de sa volonté. Le droit criminel est fondé sur la croyance erronée que tout homme est responsable et capable de vouloir le bien ou le mal. Ainsi, encore récemment, un homme fut emprisonné à Londres parce qu'il éclaboussait les femmes avec de l'encre. Pour la société, l'éclabousseur est un fieffé coquin qui pourrait être honnête si seulement il voulait bien essayer. Pour le psychologue, c'est un pauvre névrosé qui accomplit un acte symbolique dont il ne connaît pas la signification. Une société éclairée le dirigerait avec gentillesse vers le médecin.

La psychologie a démontré que la plupart de nos actes ont une source cachée que nous ne pouvons atteindre que par une analyse longue et minutieuse ; et même la psychanalyse ne peut pas atteindre les régions les plus profondes de l'inconscient. Nous agissons, mais nous ne savons pas pourquoi.

Il y a quelque temps, je mis de côté mes ouvrages de psychologie et commençai à faire de la céramique. Je ne sais pas pourquoi. Si je m'étais mis à éclabousser les femmes avec de l'encre au lieu de faire de la céramique, je n'aurais pas su pourquoi non plus. Parce que faire de la céramique est une activité sociale, je suis un citoyen respectable, et parce qu'éclabousser les femmes avec de l'encre est antisocial l'autre homme est un détestable criminel. Cependant, il y a une différence entre l'éclabousseur et moi : je suis conscient d'aimer le travail manuel, mais lui, le criminel, n'aime pas consciemment éclabousser les femmes avec de l'encre. Dans le travail manuel, mon conscient et mon inconscient sont à l'unisson ; dans l'acte de l'éclabousseur d'encre, le conscient et l'inconscient sont en désaccord. L'acte antisocial est le résultat d'un conflit.

Il y a quelques années, nous avons eu à Summerhill un garçon de onze ans — vivant, intelligent, attachant. Il lisait calmement assis, puis tout à coup sautait sur ses pieds, quittait la pièce et essayait de mettre le feu à la maison. Une impulsion le saisissait qu'il ne pouvait contrôler.

Un bon nombre d'éducateurs l'avaient encouragé, avec des conseils et des coups de canne, à *user de sa volonté* pour essayer de contrôler ses impulsions. Mais son désir inconscient d'allumer un feu était trop fort pour être contrôlé — il était plus fort que son désir conscient d'être bien vu. Ce garçon n'était pas *mauvais,* il était *malade.* Quelles influences l'avaient mis dans cet état ? Autant demander quelles influences font de garçons et de filles des délinquants. J'essaierai de l'expliquer.

Quand nous regardons un nouveau-né, nous savons qu'il n'est pas pervers — pas plus que ne l'est un chou ou un jeune tigre. L'enfant nouvellement né amène avec lui un élan vital : sa volonté et son besoin inconscient de *vivre.* Son élan vital le pousse à manger, à explorer son corps, à satisfaire ses désirs. Il agit comme la nature demande qu'il le fasse, comme il a été *créé* pour le faire. Mais pour l'adulte, la volonté de Dieu dans l'enfant — c'est-à-dire la volonté de la nature — c'est la volonté du mal.

Pratiquement chaque adulte est persuadé que la nature de l'enfant doit être améliorée. Partant de là, tous les parents se mettent en demeure d'apprendre à vivre à l'enfant.

L'enfant se heurte bientôt à tout un système de prohibitions. *Ceci* est vilain, *cela* est sale, *telle* et *telle* chose est égoïste. La voix primordiale de l'élan vital naturel de l'enfant entre en collision avec celle de l'instruction. L'Eglise appellerait la voix de la nature celle du diable et la voix de l'instruction morale celle de Dieu. Je suis convaincu que les noms devraient être inversés.

Je crois que c'est l'instruction morale qui rend l'enfant mauvais. J'ai découvert que quand je démolissais l'instruction que l'enfant avait reçue, il devenait bon.

Il se peut qu'il y ait un argument en faveur de l'instruction morale pour les adultes, mais j'en doute. Il n'y a pas d'argument soutenable, quel qu'il soit, en faveur d'une telle instruction pour les enfants. Elle est psychologiquement mauvaise. Demander à un enfant de ne pas être égoïste est nuisible. Tout enfant est égoïste et le monde lui appartient. Quand il a une pomme, son seul désir est de la manger. L'unique résultat obtenu par la mère lorsqu'elle l'encourage à la partager avec son petit frère, c'est qu'il se met à détester ce dernier. L'altruisme vient plus tard — et naturellement — *si l'on n'a pas enseigné à l'enfant à être généreux*. Si l'enfant a été forcé à être généreux, il ne sera probablement jamais altruiste. En refoulant l'égoïsme de l'enfant, la mère le fixe pour toujours.

Comment cela se produit-il ? La psychiatrie nous a démontré et prouvé que les désirs insatisfaits restent vivants dans l'inconscient. Par conséquent, l'enfant auquel on a enseigné à être généreux, pour plaire à sa mère, se conforme à la demande de celle-ci. Il enterrera ses désirs réels — des désirs égoïstes — mais, et à cause de ce refoulement, il retiendra ses désirs infantiles et demeurera égoïste tout au cours de sa vie. L'instruction morale, de cette façon, fait échouer son propre projet initial.

Il en est de même dans la sphère de la sexualité. Les prohibitions morales de l'enfance fixent l'intérêt infantile sur la sexualité. Les pauvres types qu'on arrête pour des actes sexuels infantiles — comme de montrer des cartes obscènes aux écolières ou d'exhiber leurs parties génitales en public — sont des hommes qui ont eu des mères moralisatrices. L'intérêt parfaitement innocent de l'enfance fut considéré comme un péché affreux. L'enfant le refoula. Mais il resta vivant dans l'inconscient et ressortit plus tard sous sa forme primordiale, ou, plus souvent, sous une forme symbolique. Ainsi, la femme qui vole des sacs à main dans un magasin commet un acte symbolique qui a son origine dans le refoulement dû à un enseignement moral dans l'enfance. Sa conduite est en réalité la gratification d'un désir sexuel infantile refoulé.

Tous ces pauvres gens sont des malheureux. Voler, c'est être détesté par les autres et l'instinct grégaire est puissant. Etre bien vu de ses voisins est un objectif normal dans la vie. L'Etre humain n'est pas antisocial par nature. Seul un facteur plus fort que l'égoïsme peut rendre une personne antisociale.

Quel est ce facteur ? Quand le conflit entre les deux « moi » — le moi naturel et le moi moral façonné par l'éducation — est trop violent, l'égoïsme retourne au stade infantile. L'opinion publique prend alors une place secondaire. Ainsi, le kleptomane connaît la honte affreuse de comparaître en justice et d'avoir son nom dans les journaux, mais la peur de l'opinion publique n'est pas aussi forte que le désir infantile. La kleptomanie, en fin de compte, n'est qu'un désir de trouver le bonheur, mais parce que le geste symbolique ne peut jamais satisfaire le désir originel, la victime répète constamment ses efforts.

Une illustration expliquera mieux le développement

du désir insatisfait et les chemins qu'il suit. Quand le petit Billie, âgé de sept ans, vint à Summerhill, ses parents me dirent qu'il était voleur. Il était à l'école depuis une semaine, quand un membre du personnel vint me dire que sa montre en or avait disparu de la table de nuit de sa chambre. Je demandai à la surveillante des petits si elle avait quelque indice.

« J'ai vu Billie avec les pièces d'une montre, dit-elle. Quand je lui ai demandé où il les avait eues, il m'a répondu qu'il les avait trouvées chez lui, dans un grand trou dans le jardin. »

Je savais que Billie mettait dans sa malle fermée à clé tout ce qui lui appartenait. J'essayai la serrure avec une de mes clés et réussis à ouvrir la malle. J'y trouvai des morceaux de la montre en or qui, apparemment, avait été ouverte avec un marteau et des ciseaux. Je refermai la malle et appelai Billie.

« As-tu vu la montre de Monsieur Anderson ? », demandai-je.

Il leva vers moi de grands yeux innocents. « Non », dit-il, et il ajouta : « Quelle montre ? »

Je le regardai pendant un moment. « Billie, dis-je, sais-tu d'où viennent les enfants ? »

Il me regarda avec intérêt. « Oui, dit-il, du ciel.

— Oh ! Non, dis-je en souriant. Tu as d'abord grandi dans le ventre de ta maman, puis quand tu es devenu assez gros, tu en es sorti. » Sans un mot, il se dirigea vers la malle, l'ouvrit et me tendit la montre cassée. Son besoin de voler était guéri, car ce qu'il volait, c'était la vérité. Son visage perdit son air embarrassé et inquiet, et Billie devint plus heureux.

Le lecteur peut être tenté de penser que sa cure fut magique. Mais elle n'eut rien de magique. Quand un enfant parle d'un grand trou à la maison, il est vraisemblable qu'inconsciemment il songe à la caverne d'où il est sorti. Je savais que le père de Billie avait plusieurs chiens, dont Billie devait savoir d'où venaient les chiots et, en réfléchissant, il avait deviné d'où lui-même était venu. Un mensonge timide de sa mère l'obligea à refouler ce qu'il avait deviné et son désir de connaître la vérité prit la forme d'une gratification symbolique. Symboliquement, il ouvrait des mères pour voir ce qu'elles avaient à l'intérieur. J'eus un autre élève qui n'arrêtait pas d'ouvrir les tiroirs pour la même raison.

Ce que les parents doivent comprendre, c'est qu'il ne faut pas forcer un enfant à atteindre un stade pour lequel il n'est pas prêt. Les gens qui ne peuvent pas se contenter de laisser leur enfant se développer naturellement entre le moment où il se traîne à quatre pattes et celui où il marche, qui mettent leur enfant debout alors qu'il n'est pas assez solide pour se tenir sur ses deux jambes, ces gens n'arrivent qu'au triste résultat d'avoir un enfant avec des jambes arquées. Les jeunes membres n'étant pas assez forts pour supporter le poids de l'enfant, l'exigence des parents est prématurée. Le résultat est désastreux. Si les parents avaient attendu que l'enfant soit *naturellement* prêt, celui-ci éventuellement aurait très bien marché de lui-même. De même, des efforts prématurés pour apprendre à l'enfant à être propre donnent de sinistres résultats.

Les mêmes considérations s'appliquent à l'instruction morale. Forcer un enfant à accepter des valeurs pour lesquelles il n'est pas prêt, non seulement bloque l'adoption de ces valeurs, mais provoque en plus des névroses.

Demander à un garçon de six ans de faire quatre tractions à la barre est excessif. Pourtant, si on laisse l'enfant se développer naturellement, il accomplira à dix-huit ans les tractions en question. De même, on ne devrait pas tenter de hâter le développement du sens moral de l'enfant. Les parents doivent montrer de la patience, être confiants dans la nature de leur enfant et être persuadés que celui-ci deviendra un homme honnête si son développement naturel n'est ni paralysé ni contrecarré par une interférence.

Ma longue expérience des enfants à Summerhill m'a convaincu qu'il *est absolument inutile d'enseigner à l'enfant comment il doit se conduire. Il apprend en temps voulu ce qui est bien et ce qui est mal, à condition qu'on n'exerce sur lui aucune pression.*

Apprendre est un processus d'acquisition des valeurs du milieu ambiant. Si les parents eux-mêmes sont honnêtes et véritablement moraux, leurs enfants en temps voulu seront de même.

L'influence sur l'enfant

Parents et éducateurs font profession d'influencer l'enfant parce qu'ils pensent savoir ce qu'il lui faut, ce qu'il doit apprendre et ce qu'il doit devenir. Je pense qu'ils se trompent. Je n'essaie jamais de faire partager mes croyances ou mes préjugés aux enfants. Je n'ai pas de religion, mais je n'ai jamais prononcé un mot contre la religion, ni d'ailleurs contre notre code pénal barbare, l'antisémitisme ou l'impérialisme. Je n'influencerai jamais consciemment un enfant pour qu'il devienne pacifiste, végétarien, réformateur ou quoi que ce soit. Je sais que prêcher ne prend pas avec les enfants. Je mets ma confiance dans le pouvoir de la liberté pour armer la jeunesse contre l'artifice, le fanatisme et les ismes de toutes sortes.

Toute opinion imposée à un enfant est un péché contre sa personne. Un enfant n'est pas un petit adulte et il ne peut pas voir les choses comme un adulte.

Permettez-moi une illustration. Un soir, je dis à cinq garçons entre sept et onze ans : « Mademoiselle Y a la grippe. Elle ne se sent pas bien. Essayez de ne pas faire de bruit en allant vous coucher. » Ils me promirent d'être silencieux. Cinq minutes plus tard, ils se battaient bruyamment à coups de polochons. Laissant de côté le fait que peut-être inconsciemment ils voulaient ennuyer Mademoiselle Y, je pense que leur conduite était motivée par leur âge. Je suis sûr qu'une voix sévère et la menace d'une punition eussent ramené la paix, mais c'eût été au prix de l'introduction de la peur dans la vie de ces enfants. La méthode universelle avec les enfants consiste à leur enseigner à s'adapter aux adultes et à leurs besoins. C'est une mauvaise méthode.

Peu de parents ou d'éducateurs comprennent que raisonner avec un jeune enfant est une perte de temps. Aucun enfant n'a jamais tiré profit de la réaction familiale bien connue, quand un enfant a tiré la queue du chat, qui consiste à lui dire : « Aimerais-*tu* cela si on *te* tirait l'oreille ? » De même, un enfant ne saisit jamais très bien ce que ses parents veulent dire quand ils lui disent : « Tu as piqué ton petit frère avec une épingle, hein ? Je vais te montrer comment ça pique une épingle. Je vais te faire la même chose. (Cris). La prochaine fois, tu ne recommenceras plus. » Il ne recommencera peut-être plus — mais le résultat d'une telle méthode, c'est l'encombrement de nos hôpitaux.

Je voudrais faire comprendre aux parents que l'enfant ne saisit pas la cause et l'effet. Dire à un enfant : « Tu as été si vilain que samedi tu n'auras pas d'argent de poche », est mauvais. Car lorsque le samedi arrive et qu'on lui rappelle sa mauvaise action et sa punition, il est sincèrement fâché et frustré. Parce que ce qui est arrivé, disons, le lundi est une chose de vieille date — qui n'a aucun rapport avec l'argent du samedi. Il ne se sent pas du tout coupable, mais il est plein de haine contre l'autorité qui le prive.

Les parents devraient toujours se demander s'ils n'imposent pas de directives par désir de domination et par besoin de satisfaire ce désir en façonnant quelqu'un. Chacun cherche à ce que les autres aient une bonne opinion de lui. A moins que d'autres forces poussent l'enfant à une conduite antisociale, il voudra faire ce qui lui amènera les bonnes grâces des autres, mais ce désir de plaire aux autres ne se développera qu'à un certain stade de sa croissance. La tentative des parents d'accélérer cette croissance fait à l'enfant un mal irréparable.

J'ai visité une fois une école moderne où chaque matin les garçons et les filles étaient assemblés pour écouter les paroles d'un pasteur. Celui-ci parlait sérieusement, leur conseillant de se préparer à répondre à l'appel du Christ. Le principal me demanda plus tard ce que je pensais du sermon du pasteur. Je lui dis que je le trouvais criminel. Il y avait là des dizaines d'adolescents, chacun avec une certaine conscience vis-à-vis de la sexualité et d'autres questions; le sermon ne faisait qu'accroître leur sentiment de culpabilité.

Une autre école nouvelle obligera, par exemple, ses élèves à écouter du Bach tous les matins pendant une demi-heure avant le petit déjeuner. Ce genre d'effort pour élever en imposant des valeurs bien définies a le même effet psychologique sur l'enfant que la vieille menace calviniste de l'enfer. Il force l'enfant à refouler ce qu'on lui présente comme un goût inférieur.

Quand le principal d'une école me dit que ses élèves aiment Beethoven et ne veulent pas écouter de jazz, je suis convaincu qu'il les a influencés — parce que mes élèves, en grande majorité, préfèrent le jazz. Personnellement, je déteste cette cacophonie bruyante. Mais je suis sûr que le principal a tort, en dépit du fait qu'il est probablement brave et honnête.

Quand une mère enseigne à son enfant à être bon, elle refoule les instincts naturels de l'enfant. Elle lui dit, en somme : « Ce que tu veux faire est mal. » C'est l'équivalent à un enseignement de la haine de soi. Aimer les autres et se haïr soi-même est impossible. Nous ne pouvons aimer les autres que lorsque nous nous aimons nous-mêmes.

La mère qui punit son enfant pour une petite habitude sexuelle est toujours celle dont l'attitude vis-à-vis de la sexualité n'est pas propre. L'exploiteur qui siège comme magistrat au tribunal est sincerement indigné par l'accusé qui a volé un sac à main. C'est parce que nous n'avons pas le courage d'affronter notre âme mise à nu que nous devenons moralistes. L'orientation que nous donnons à nos enfants est une orientation toute subjective. L'enfant que nous détestons le plus est toujours celui qui nous ressemble le plus. Nous nous identifions inconsciemment à nos enfants. Nous haïssons chez les autres ce que nous haïssons en nous-mêmes. Et parce que chacun de nous se hait, les enfants paient en taloches, en gronderies, en prohibitions et en sermons. Pourquoi nous haïssons-nous ? C'est un cercle vicieux. Nos parents essayèrent d'améliorer ce que la nature nous avait donné.

Lorsqu'ils ont affaire à un malfaiteur, les parents, les éducateurs ou les magistrats doivent faire face à des facteurs émotifs personnels. Sont-ils eux-mêmes des moralistes, des haineux, des sadiques ou des disciplinaires ? Désirent-ils refouler la sexualité chez les jeunes ? Ont-ils quelques notions de psychologie ? Agissent-ils dans un esprit conventionnel et avec des préjugés ? En quelques mots, dans quelle mesure sont-ils eux-mêmes des hommes libres ?

Aucun de nous n'est entièrement libre émotivement, parce que nous avons été conditionnés dès le berceau. Peut-être que la question à poser, c'est *sommes-nous assez libres pour nous abstenir d'intervenir dans la vie des autres, aussi jeunes soient-ils ? Sommes-nous assez libres pour être objectifs ?*

Jurons et gros mots

Une critique persistance de Summerhill, c'est que les enfants y jurent. Il faut avouer que c'est vrai — si toutefois on peut appeler jurer dire des vieux mots anglais. Et les nouveaux élèves jurent plus qu'il n'est nécessaire.

A notre assemblée générale, une fille de treize ans qui venait d'un couvent était constamment accusée d'appeler les autres *salauds* quand elle était à la plage. On lui fit remarquer qu'elle n'utilisait le mot que sur une plage publique, quand il y avait des étrangers autour d'elle et que, par conséquent, elle agissait ainsi pour se faire remarquer. Un garçon lui présenta la chose clairement. « Tu n'es qu'une sotte. Tu jures pour te faire remarquer et après tu prétends que tu es fière de Summerhill parce que c'est une école libre. Finalement, tu pousses les gens à avoir une mauvaise opinion de l'école. »

Je lui expliquai qu'elle essayait réellement de faire du mal à l'école parce qu'elle la détestait. « Mais, je ne déteste pas Summerhill, cria-t-elle. C'est une école du tonnerre.

— Oui, dis-je, c'est ainsi que tu le dis, une école du tonnerre, mais tu n'y vis pas vraiment. Tu es toujours dans ton couvent et tu as apporté avec toi toute ta haine de ce couvent et la haine des bonnes sœurs. Tu identifies encore Summerhill au couvent. Ce n'est pas vraiment à Summerhill que tu veux faire du mal — c'est au couvent. »

Mais elle continua à crier son mot favori jusqu'à ce que Summerhill devienne pour elle un lieu réel et non un symbole. Alors, elle cessa de jurer.

Les jurons sont de trois sortes : sexuels, religieux et excrémentiels. A Summerhill, le juron religieux n'est pas un problème parce qu'on n'y enseigne pas la religion aux enfants. Il est évident que la plupart des enfants et des adultes jurent. L'armée est bien connue pour ce qu'un personnage de Kipling appelait l' « adjectif ». Dans la plupart des universités et des clubs, les étudiants font usage d'un langage sexuel et excrémentiel. Les écoliers jurent secrètement et racontent des histoires obscènes. La différence entre Summerhill et un collège privé, c'est que dans une école on jure ouvertement et dans l'autre on jure secrètement.

Ce sont toujours les nouveaux élèves qui font des jurons un problème pour Summerhill. Non pas que les élèves les plus anciens aient un langage châtié, mais ils jurent quand il le faut, pour ainsi dire. Ils se contrôlent consciemment et font attention à ne pas offenser les étrangers.

Nos plus jeunes élèves s'intéressent aux vieux mots anglais se rapportant aux excréments. Ils s'en servent beaucoup, surtout ceux qui viennent de foyers comme il faut. Je pense à ces foyers où l'on parle de *faire la grosse commission* ou *un gros besoin*. Les enfants aiment les mots du terroir. Plus d'un enfant m'a demandé pourquoi on ne doit pas dire *merde* en public et pourquoi il faut dire les *selles* ou les *excréments*. Vraiment, je n'en sais rien.

Les enfants de la classe enfantine, quand ils sont libres de tout façonnage, ont un vocabulaire largement excrémentiel. Les élèves de Summerhill qui ont entre quatre et sept ans adorent utiliser les mots *pisser* et *chier*. Je réalise fort bien que la plupart d'entre eux ont été dressés d'une façon rigide à devenir propres quand ils étaient petits, et il est donc normal qu'ils aient des complexes au sujet des fonctions naturelles. Pourtant, quelques-uns d'entre eux ont été élevés dans l'autonomie et n'ont pas été disciplinés en matière de propreté, ou soumis à des tabous ou des mots comme *vilain* et *sale ;* les adultes n'ont pas caché leur nudité devant eux et n'ont fait aucune histoire en ce qui concernait leurs fonctions naturelles. Les enfants autonomes semblent se réjouir au même titre que les enfants disciplinés de l'emploi des bons vieux gros mots. Il semblerait donc évident que la liberté de jurer n'élimine pas automatiquement l'attrait des mots obscènes. Nos petits enfants utilisent ces mots librement et pas nécessairement dans leur contexte propre, tandis que les élèves plus âgés jurent comme des adultes — c'est-à-dire d'une manière appropriée.

A Summerhill les mots d'ordre sexuel sont plus communément usités que les mots d'ordre excrémentiel. Nos élèves ne trouvent pas que les w.c. soient un sujet de plaisanterie. Leur manque de refoulement dans le domaine excrémentiel rend la question sans intérêt et un peu terne. C'est différent en ce qui concerne la sexualité. C'est une chose si importante dans la vie que son vocabulaire imprègne notre existence entière. Sous sa forme socialement acceptable, nous le rencontrons dans toutes les chansons, que ce soit *My Red Hot Mama* ou *When I Get You Alone Tonight.*

Pour les enfants, les jurons sont naturels. Les adultes les condamnent parce que leur obscénité personnelle est plus grande que celle des enfants. Seule une personne obscène peut condamner l'obscénité.

Les parents doivent se poser la question suivante : « Permettrai-je à mes enfants de jurer ouvertement ou leur permettrai-je d'être obscènes secrètement ? » Il n'y a pas de demi-mesure. La façon secrète mène finalement aux histoires rabâchées des représentants de commerce. La façon ouverte mène à un intérêt franc et ouvert pour tout ce qui est la vie. Je dis sans crainte de me tromper que nos anciens élèves ont l'esprit le plus propre de l'Angleterre.

Pourtant, tôt ou tard il faut faire face à la famille et aux amis anti-vie qui désapprouvent et condamnent les jurons. Dans le cas de Zoé, nous avons découvert qu'elle accepte toute explication rationnelle sur la conduite des étrangers. Un enfant lui apprit un jour un certain mot que la loi ne nous permet pas d'imprimer. Alors que nous avions une entrevue avec un parent — un homme d'affaires conventionnel — elle essayait sans succès de faire s'emboîter deux parties d'un jouet et chaque fois qu'elle échouait dans sa tâche, elle prononçait le mot en question. Plus tard (à tort, je m'en rends compte maintenant), nous lui expliquâmes que certaines personnes n'aimaient pas ce mot et qu'elle devait s'abstenir de l'employer devant les visiteurs. Elle dit tout simplement « Okay ».

Une semaine plus tard, elle était en train de faire quelque chose de difficile. Elle leva la tête vers un professeur qui était là et lui demanda : « Est-ce que tu es un visiteur ? »

La femme répliqua : « Bien sûr que non. »

Zoé eut un soupir de soulagement et lâcha son mot.

J'ai vu bien des enfants, qui chez eux étaient libres de parler comme ils voulaient, se faire mal voir par d'autres familles. *Nous ne pouvons pas inviter Tommy à cette fête car il va corrompre nos enfants par son langage.* Etre proscrit est une punition pénible. Aussi faut-il apprendre à nos enfants à tenir compte dans une certaine mesure des tabous extérieurs. Mais cet enseignement ne doit jamais prendre la forme d'une censure punitive.

La censure

Dans quelle mesure devrions-nous censurer les lectures de nos enfants ? Dans la bibliothèque de mon bureau, il y a des ouvrages variés traitant de la psychologie et de la sexualité. Les enfants sont toujours libres de les emprunter. Pourtant, je ne crois pas que plus d'un ou deux d'entre eux s'y soient jamais intéressés. Aucun ne m'a demandé *L'Amant de Lady Chatterley,* ou *Ulysse,* ou *Krafft-Ebbing,* et seuls deux grands élèves m'ont emprunté l'*Encyclopédie de la sexualité.*

Une fois, cependant, une nouvelle élève de quatorze ans sortit *Le Journal d'une jeune fille* de ma bibliothèque. Je la vis s'asseoir et rire doucement en tournant les pages. Six mois plus tard, elle le relut et m'avoua qu'elle le trouvait sans grand intérêt. Ce qui lui avait paru excitant quand elle était ignorante était devenu commun une fois qu'elle avait acquis quelque savoir. Cette fille était arrivée à Summerhill ignorante et un peu obscène. Peu après, j'éclairai sa lanterne sur les questions sexuelles. La prohibition pousse toujours les enfants à lire en cachette.

Quand j'étais jeune, nos lectures étaient censurées, aussi notre plus grande ambition était-elle de trouver un exemplaire de *Tess d'Urberville,* de *Rabelais* ou de certaines traductions du français à couverture jaune.

En d'autres mots, la censure était un critère pour la sélection des livres intéressants.

La censure est inefficace parce qu'elle ne protège personne. Prenez *Ulysse,* de James Joyce, qui était autrefois interdit en Angleterre et aux Etats-Unis, mais qu'on pouvait acheter à Paris ou à Vienne. Cet ouvrage contient des mots prétendus obscènes. Un lecteur naïf ne les comprendrait pas ; par contre un lecteur éclairé, les connaissant déjà, ne pourrait pas être corrompu. Je me souviens d'un directeur d'école qui me critiqua pour avoir introduit dans la bibliothèque de l'établissement *Le Prisonnier de Zenda.* Surpris, je lui demandai pourquoi. Il me fit remarquer que les premiers chapitres traitaient de l'illégitimité. J'avais lu le livre deux fois sans m'en apercevoir.

L'esprit de l'enfant semble être plus propre que celui de l'adulte. Un garçon peut très bien lire *Tom Jones* et ne pas faire attention aux passages obscènes. Si nous libérons l'enfant de son ignorance des questions sexuelles, nous détruisons en même temps le danger d'un livre. Je suis tout à fait contre la censure des livres, à quelque âge que ce soit.

Quand nous laissons la sexualité de côté et passons à l'horreur, là, le problème de la censure est plus difficile. Un livre aussi effrayant que *Dracula,* par Bram Stocker, peut avoir un effet nuisible sur un enfant névrosé. Cependant, mon métier consistant à analyser les causes de la peur, je n'interdirais pas à un enfant de le lire. Je préférerais m'attaquer aux symptômes provoqués par la lecture de l'ouvrage.

Je me souviens avoir été terrifié dans mon enfance par l'histoire biblique des enfants qui furent dévorés par des ours, pourtant, personne n'a jamais conseillé de censurer la Bible. Beaucoup d'enfants la lisent, y cherchant des passages obscènes. Quand j'étais petit, je les connaissais tous, avec les numéros des chapitres et des versets. Je ne serais pas surpris que ma peur des ours ait été le résultat d'un remords de conscience lié à certains passages de la Bible.

Nous avons tendance à exagérer l'effet des histoires sanguinaires sur les enfants. La plupart d'entre eux aiment les histoires de sadisme. Le dimanche soir, quand je raconte à mes élèves des histoires d'aventures dans lesquelles ils sont sauvés in extremis du chaudron des cannibales, ils sautent de joie.

C'est l'histoire d'épouvante qui risque de les terrifier. La plupart des enfants ont peur des fantômes, surtout les enfants de foyers religieux. Là, comme en ce qui concerne les questions sexuelles, la bonne méthode consiste à abolir la peur plutôt que de censurer un livre. Je sais qu'il est difficile d'exorciser des fantômes entrés dans une âme, mais l'éducateur et le docteur doivent essayer de le faire. Le devoir des parents, c'est de faire en sorte que des fantômes ne pénètrent pas dans l'âme de l'enfant.

Les parents ne devraient jamais lire à leurs enfants des histoires dans lesquelles on trouve des géants cruels et de méchantes sorcières. Certains hésitent à leur lire *Cendrillon* sous prétexte que la morale n'en est pas bonne : soyez une pauvre fille sans ressort devant l'adversité et une bonne fée vous donnera un prince pour mari. Cela peut-il réellement avoir un mauvais effet sur un enfant sain ?

Le pourcentage d'histoires de crimes dans les kiosques des gares est très élevé. Quand un garçon de seize ans tire sur un policier, les un ou deux millions de lecteurs ne se rendent pas compte que ce garçon vit ce dont ils rêvent avec plaisir à travers leurs lectures. Le succès du roman policier dénote notre incapacité à jouer, à imaginer et à créer ; à la base, il touche à notre haine et à notre désir refoulé de faire du mal et de tuer.

Le cinéma et les livres appartiennent à deux catégories différentes. Ce qui est écrit n'est pas aussi terrifiant que ce qu'on voit ou ce qu'on entend. Certains films emplissent les enfants de terreur, et on n'est jamais très sûr où et quand, dans le film, une séquence effrayante peut apparaître. Il y a tant de brutalité sur l'écran. Les hommes se donnent des coups de poing dans la mâchoire et parfois même ils frappent les femmes. Les actualités montrent des combats de boxe et de catch. Pour compléter le tout, on vous passe un documentaire sur une corrida. J'ai vu des petits avoir peur du crocodile ou des pirates dans *Peter Pan*. *Bambi* est une charmante histoire, si humaine et si tendre que je ne peux pas comprendre comment quiconque peut tuer un cerf pour l'amour du sport après avoir vu le film. Les enfants l'adorent, quoique quelques-uns d'entre eux pleurent de peur que le chien du chasseur n'attaque Bambi. En conséquence, les parents sont justifiés lorsqu'ils interdisent certains films à leurs jeunes enfants.

Il est douteux que les films chargés de sexualité puissent faire du mal à la plupart des enfants. Ils n'en font en tout cas aucun aux enfants libres. Mes élèves ont vu *La Ronde* sans en être aucunement affectés. C'est parce que les enfants ne voient que ce qu'ils veulent voir.

Un film qui n'a pas son petit côté sexuel n'est pas assuré d'un grand succès. Les films sexuels prennent plus du revenu national que les livres et la musique. Les cosmétiques se vendent mieux que les billets pour le concert. Mais il ne faut pas oublier que derrière la forme avouable de la sexualité, il y en a une autre qui ne l'est pas. Derrière l'image de la calèche nuptiale et des dragées se trouvent les choses cachées que cette image symbolise.

La popularité des films est due au désir d'évasion qui est en chacun de nous et c'est pourquoi les producteurs nous offrent presque toujours des décors somptueux et des costumes rutilants. Dans tout ce luxe, les vilains personnages sont punis et les vertueux récompensés.

Récemment, nous avons vu un film sur un homme qui vendait son âme au diable. Les enfants décidèrent unanimement que le diable me ressemblait. Je deviens toujours le diable pour les garçons qui ont appris que le péché sexuel est un péché contre le Saint-Esprit. Quand je leur dis qu'il n'y a rien de mauvais dans le corps, ils me regardent comme un diable tentateur. Pour les enfants névrosés, je suis à la fois Dieu et le diable. Un petit gars, un jour, prit un marteau pour tuer le diable. Aider les névrosés est parfois dangereux.

Censurer les relations d'un enfant est trop difficile dans la plupart des cas. Je pense qu'on ne devrait le faire que dans le cas où un camarade est cruel. Heureusement, la plupart des enfants savent choisir et tôt ou tard ils trouvent les compagnons qui leur conviennent.

V
LES PROBLEMES INFANTILES

La cruauté et le sadisme

La cruauté est de l'amour perverti, c'est pourquoi l'extrême sadisme est de la sexualité pervertie. La personne cruelle ne peut pas donner, car donner est un acte d'amour.

Il n'y a pas d'instinct cruel. Les animaux ne sont pas cruels. Un chat ne joue pas avec une souris par cruauté. Ce n'est qu'un jeu dans lequel n'entre aucune cruauté consciente.

Chez les humains, la cruauté est due à des mobiles qui sont, pour la plupart, inconscients. Rarement, au cours de mon expérience à Summerhill j'ai vu un enfant désirer torturer des animaux. Il y eut une exception, cependant. Il y a quelques années, John, âgé de treize ans, reçut un petit chien pour son anniversaire. « Il adore les animaux », nous avait écrit sa mère. Alors qu'il promenait son petit Spot, il devint bientôt évident qu'il le maltraitait. J'en conclus qu'il identifiait le chien à son jeune frère Jim, le favori de sa mère.

Un jour, je le vis battre Spot. J'allai vers le petit chien, le caressai et lui dis : « Bonjour Jim. » Apparemment, je rendis John conscient qu'il passait sa haine de son frère rival sur le pauvre chien. Par la suite, il cessa d'être cruel avec Spot ; mais je n'avais touché que son symptôme, je n'avais pas guéri son sadisme.

Les enfants libres et heureux n'ont pas de raison d'être cruels. La cruauté chez beaucoup d'enfants vient de celle que leur infligent les adultes. On ne peut pas être battu sans vouloir battre en retour. Comme le fait le professeur, l'enfant choisit quelqu'un de plus faible que lui. Les élèves des écoles strictes sont plus cruels envers les uns et les autres que les enfants le sont à Summerhill.

La cruauté est invariablement rationalisée : *cela me fait plus de mal qu'à toi.* Peu de sadiques, probablement même aucun, disent franchement : « Je bats les gens parce que j'y trouve une satisfaction », quoique cela soit la véritable raison. Ils expliquent leur sadisme en termes moraux, disant : « Je ne veux pas que mon fils devienne une mauviette. Je veux qu'il puisse s'adapter à un monde qui le fera souffrir. Je flanque des rossées à mon fils parce que j'en ai reçu dans mon enfance et qu'elles m'ont fait beaucoup de bien. »

Les parents qui battent leurs enfants ont toujours une explication facile de leur attitude. Je n'ai jamais rencontré de parents qui m'aient dit honnêtement : « Je frappe mon gosse parce que je le déteste, parce que je me déteste et que je déteste ma femme, mon travail et mes amis — en fait, je déteste la vie. Je frappe mon fils parce qu'il est petit et qu'il ne peut pas me le rendre. Je le frappe parce que je crains mon patron. Quand mon patron m'embête, je passe ma colère rentrée sur mon fils, à la maison. »

Si les parents étaient assez honnêtes pour dire cela, ils n'éprouveraient pas le besoin d'être cruels avec leurs enfants. La cruauté naît de l'ignorance et de la haine de soi ; elle épargne au sadique la réalisation de sa propre nature pervertie.

En Allemagne, du temps de Hitler, la torture était infligée par des pervertis sexuels du type de Julius Streicher ; son journal *Der Stürmer* était plein de sexualité pervertie et basse, longtemps avant l'établissement des camps de concentration. Battre un enfant à la maison ou à l'école, c'est comme torturer un Juif. Si le sadisme était sexuel à Belsen, il est vraisemblable qu'il l'est tout autant à l'école ou en famille.

J'entends d'ici une mère protester : « Sottises ! Vous voulez dire que quand je tape la main de Jimmy parce qu'il a cassé le vase qui nous vient de grand-mère, je fais preuve de perversion sexuelle ? »

Je lui répondrai : « Oui, dans une certaine mesure. Si vous êtes heureuse en mariage et si vous avez une vie sexuelle satisfaisante, vous ne fesserez pas Jimmy. Fesser exprime littéralement une haine de la chair, et la chair, c'est tout le corps avec ses besoins et ses désirs. Si vous aimez votre chair, vous ne voudrez pas blesser la chair de votre enfant. »

Les parents ont le droit de battre leurs enfants autant qu'ils le veulent et aussi longtemps qu'ils ne laissent pas de marques qui peuvent être montrées au tribunal. Notre code pénal n'est qu'une longue liste de cruautés déguisées en justice.

La cruauté mentale est plus difficile à juger que la cruauté physique. Une loi peut interdire le châtiment corporel dans les écoles, mais aucune loi ne peut atteindre la personne qui pratique la cruauté mentale. La langue cynique ou hargneuse d'un père peut faire un mal incalculable à un enfant. Nous connaissons tous des pères qui usent de sarcasmes avec leurs fils. *Crétin, tu ne peux rien faire comme il faut.* De tels hommes montrent de même de la haine envers leur femme avec des critiques constantes. Il y a aussi des femmes qui dominent mari et enfants en les intimidant et les dénigrant sans arrêt.

Une forme spécialisée de la cruauté mentale, c'est celle que pratiquent ces pères qui passent sur leurs enfants la haine qu'ils ont pour leur femme.

Les professeurs parfois font preuve de cruauté en s'exprimant avec hauteur ou par des sarcasmes. De tels professeurs espèrent provoquer de grands éclats de rire chez leurs élèves, alors qu'ils torturent quelque pauvre enfant qui se fait tout petit.

Les enfants ne sont jamais cruels à moins qu'ils n'y soient poussés par le refoulement d'un sentiment très fort. Les enfants libres n'ont que peu, ou pas du tout, de haine de soi à exprimer. Ils ne haïssent pas les autres et ne sont pas cruels.

Tout enfant cruel est un enfant dont la vie a été faussée d'une façon ou d'une autre. Souvent, il ne fait aux autres que ce qui lui est fait. Chaque rossée rend un enfant sadique en imagination ou en pratique.

Les enfants opprimés sont cruels dans leurs plaisanteries. J'ai rarement été témoin de mauvais tours à Summerhill. Ceux que j'ai observés étaient généralement joués par de nouveaux élèves en provenance de collèges privés. Parfois, en début de trimestre, quand les élèves sont libérés du refoulement infligé dans certaines familles, il y a des taquineries — bicyclettes cachées et autres niches du même genre —, mais ces périodes ne durent pas plus d'une semaine. Dans l'ensemble, l'atmosphère à Summerhill est amicale. La raison en est que les enfants sont approuvés et aimés par leurs professeurs et que les enfants sont bons quand la nécessité de la haine et de la crainte est abolie.

La criminalité

Beaucoup de psychologues pensent qu'un enfant ne naît ni bon ni mauvais, mais avec des tendances à la fois bienfaisantes et malfaisantes. Je crois personnellement qu'il n'y a chez l'enfant aucun instinct criminel, ni aucune tendance naturelle à la malfaisance. La criminalité apparaît chez l'enfant comme une forme pervertie de l'amour.

C'est l'expression radicale de la cruauté. Elle aussi émane du manque d'amour.

Un jour, un de mes élèves, âgé de neuf ans, se chantait gaiement à lui-même en faisant un bateau : « Je veux tuer ma mère. » Il faisait cela inconsciemment, car toute son attention était dirigée sur son activité manuelle. Le fait est que sa mère vit sa propre vie et qu'elle ne vient pas souvent le voir. Elle ne l'aime pas et inconsciemment il le sait.

Mais ce garçon — un enfant des plus attachants — ne débuta pas dans la vie avec des pensées criminelles. C'est tout simplement la vieille histoire : *Si je ne peux pas être aimé, je peux au moins être haï.* Tout cas de criminalité chez un enfant peut être expliqué par le manque d'amour.

Un autre de mes élèves, âgé lui aussi de neuf ans, avait une phobie du poison ; il avait peur que sa mère l'empoisonne. Quand elle se levait de table, il observait tous ses mouvements et souvent lui disait · « Je sais où tu vas, tu vas chercher du poison pour le mettre dans la nourriture. » Je soupçonne que c'était un cas de projection. Sa mère semblait préférer son frère et probablement le fils névrosé imaginait d'empoisonner à la fois son frère et sa mère. Ses craintes étaient vraisemblablement des craintes de représailles — *Je veux l'empoisonner, peut-être m'empoisonnera-t-elle en revanche.*

Le crime est de toute évidence une expression de haine. Le problème de la criminalité infantile se résout par l'étude des raisons qui conduisent un enfant à haïr. C'est une question d'ego blessé.

Nous ne pouvons pas oublier le fait qu'un enfant, à priori, est un égotiste. Lui seul compte. Quand l'ego est satisfait, nous avons ce que nous appelons la bonté; quand l'ego est privé, nous avons la criminalité. Le criminel se venge sur la société parce que celle-ci n'a pas su apprécier son ego en lui montrant de l'affection.

Si les humains naissaient avec un instinct criminel, il y aurait autant de criminels venant de foyers de la classe moyenne aisée que de foyers de quartiers pauvres. Mais les gens aisés ont plus d'occasions de satisfaire leur ego. Les plaisirs qu'offrent l'argent, une ambiance de facilité, la culture, la fierté de ses origines, tout cela pourvoit aux besoins de l'ego. Parmi les pauvres, l'ego dépérit. Seuls quelques garçons pauvres arrivent à se distinguer. Etre un criminel ou un gangster, ou simplement un garnement, sont des façons de se distinguer.

Beaucoup de gens pensent que les mauvais films font des criminels. Cela me paraît une vue bien limitée. Je doute beaucoup qu'aucun film ait jamais corrompu personne. Un film peut certainement suggérer une méthode à un jeune, mais le mobile était là avant le film. Le film peut rendre le crime plus artistique, mais il ne peut suggérer un crime qu'à celui qui y a déjà pensé.

Le crime est tout d'abord une affaire de famille, puis

une affaire de société. La plupart d'entre nous, si nous voulons être honnêtes, devons admettre que nous avons tué nos familles en imagination. J'avais une élève qui faisait subir aux membres de sa famille des morts atroces — surtout à sa mère.

L'autorité et la jalousie sont derrière tous les désirs meurtriers. Aucun enfant ne peut supporter l'autorité. Et considérant que les désirs de tous les enfants sont contrecarrés entre les âges de quatre et seize ans, je m'émerveille qu'il n'y ait pas plus de meurtres dans le monde.

Chez un enfant, la volonté de puissance, c'est la volonté d'être admiré et aimé. L'enfant s'efforce d'attirer l'admiration et l'attention. Ainsi, nous trouvons des pensées criminelles chez les enfants introvertis — les enfants timides qui n'ont pas de dons apparents ; chez la petite fille sans grâce qui tisse des histoires macabres pendant que sa sœur joue en solo pour les invités.

L'extroverti n'a pas l'occasion de haïr ; il rit, il danse, discute et l'appréciation de son public satisfait son désir d'être admiré.

L'introverti s'assoit dans un coin et rêve de ce qui pourrait être. L'enfant le plus introverti dans mon école ne prend pas part aux activités sociales de la soirée. Il ne danse pas, il ne chante jamais ; il ne prend pas part aux jeux de culbute. Au cours de ses entretiens avec moi, il me parle du magicien merveilleux qui est à sa disposition. Il n'a qu'un mot à dire et le magicien lui apporte une Rolls-Royce. Je lui racontai un jour une histoire dans laquelle tous les enfants de Summerhill étaient naufragés sur une île déserte. Il ne sembla pas aimer l'histoire. Je lui demandai de l'arranger à sa façon. « Fais-moi être le seul rescapé », dit-il.

Nous connaissons tous ce mécanisme — celui qui consiste à écraser les autres pour arriver. Il est typique de la psychologie du rapporteur. « M'sieur, s'il vous plaît, Tommy a dit un gros mot », veut dire réellement *Moi je ne dis pas de gros mots, je suis un garçon bien.*

La différence entre celui qui tue son rival en imagination et celui qui le tue dans la réalité n'est qu'une question de degré. Dans la mesure où nous sommes tous privés d'amour, nous sommes tous des assassins en puissance. Je me flattais dans le passé de guérir des enfants de leurs rêveries criminelles par mes méthodes psychologiques, mais maintenant je comprends que leur guérison était due à l'amour. Prétendre que j'aime un nouvel élève serait ridicule, toutefois, l'enfant sent que je l'aime parce que je respecte son ego.

Permettre à un enfant d'être lui-même est la seule façon d'effectuer une cure possible de la criminalité. J'appris cela il y a quelques années lorsque j'allai rendre visite à Homer Lane, au *Little Commonwealth*. Il donnait aux jeunes délinquants la liberté d'être eux-mêmes et ils devenaient bons. Dans les bas quartiers, la seule façon qu'ont les délinquants de satisfaire leur ego, c'est de se faire remarquer par leur attitude antisociale. Lane me raconta qu'il vit quelques jeunes criminels regarder fièrement autour d'eux au cours de leur procès. Dans une grande ferme communautaire, avec Lane, ces mêmes garçons trouvaient de nouvelles valeurs sociales — de justes valeurs. Pour ma part, la démonstration de Dorset Farm fut une preuve convaincante qu'il n'y a pas à l'origine dans l'être humain de désir de criminalité.

Je pense à un nouvel arrivant qui s'était sauvé de la ferme. Lane se mit à sa poursuite et le rattrapa. Le garçon, habitué aux coups, leva un bras pour se protéger. Lane sourit et lui glissa un billet dans la main.

« Pourquoi me donnez-vous ça ? bégaya le garçon.

— Pour rentrer par le train, dit Lane, tu ne vas pas marcher, non ? » Le garçon revint au *Commonwealth* le soir même.

Quelle différence entre cette façon de faire et les méthodes sévères de la majorité des écoles de rééducation ! C'est la loi qui fait le crime. La loi de la maison exprimée par les ordres négatifs du père brise l'ego de l'enfant et, ce faisant, rend l'enfant mauvais. La loi de la société ne fait que rappeler les souvenirs inconscients de la contrainte familiale.

L'oppression éveille le défi et celui-ci naturellement cherche sa revanche. La criminalité est une revanche. Pour abolir le crime, nous devons abolir les choses qui poussent l'enfant à chercher vengeance. Nous devons lui montrer de l'amour et du respect.

Le vol

On doit distinguer entre deux sortes de vol : le vol de l'enfant sain et le vol de l'enfant névrosé.

Un enfant sain et normal peut voler. Il veut tout simplement satisfaire un besoin d'acquisition, ou bien, avec ses amis, il cherche l'aventure. Il n'a pas encore fait la distinction entre ce qui est *à moi* et ce qui est *à toi*. Beaucoup d'enfants à Summerhill pratiquent jusqu'à un certain âge cette sorte de vol. Nous les laissons libres d'épuiser ce stade.

En parlant à plusieurs directeurs d'écoles de leurs vergers, j'ai appris que leurs élèves en prenaient la plupart des fruits. A Summerhill, nous avons un immense jardin rempli d'arbres fruitiers, mais nos élèves en prennent rarement les fruits. Il y a quelque temps, à une assemblée générale, deux garçons furent accusés d'en avoir chapardé. C'étaient de nouveaux élèves. Une fois leur mauvaise conscience abolie, ils ne prirent plus aucun intérêt aux fruits du jardin.

Le vol dans les écoles est en grande partie une question communautaire. Le vol communautaire semble indiquer que l'esprit d'aventure joue un rôle important ; pas seulement l'amour de l'aventure d'ailleurs, mais aussi le besoin de parader, l'esprit d'entreprise et de commandement.

Le voleur solitaire est rare — le garçon rusé, au visage plein d'innocence angélique, qui se tire toujours d'affaire parce qu'à Summerhill il n'y a pas de mouton pour le dénoncer. On ne peut jamais deviner un jeune voleur par son visage. En fait, au moment où j'écris cela, je pense à un garçon au sourire innocent, aux yeux clairs, bleus et candides, que je soupçonne ne pas être complètement ignorant de la disparition d'une certaine boîte de fruits dans le garde-manger.

J'ai vu des enfants voler jusqu'à l'âge tardif de treize ans et devenir plus tard des citoyens honnêtes. Le fait est que les enfants mettent plus de temps à grandir que nous le pensons habituellement. Par grandir, j'entends devenir un être sociable.

L'enfant est avant tout un égoïste — généralement jusqu'au début de la puberté ; jusqu'alors il ne sait pas s'identifier aux autres. La notion du *mien* et du *tien* est adulte : les jeunes ne le comprennent qu'en atteignant leur maturité.

Si les enfants sont aimés et élevés librement, *avec le temps*, ils deviendront bons et honnêtes. J'ai l'air d'énoncer une vérité très simple, mais je suis conscient des obstacles qui se dressent devant nos efforts.

A Summerhill, je ne peux pas laisser le réfrigérateur ou la caisse sans les fermer à clé. Aux assemblées générales, les enfants s'accusent mutuellement d'avoir ouvert les malles les uns des autres. Un seul voleur peut rendre toute une communauté consciente qu'elle doit tout mettre sous clé ; pourtant, il y a des communautés de jeunes où l'on est tout à fait honnête. Il y a cinquante ans, à l'université, je n'aurais pas osé laisser un livre dans la poche de mon pardessus, et j'ai entendu dire que certains membres du Parlement hésitent à laisser des objets de valeur dans leurs poches de vêtements ou dans leurs serviettes.

L'honnêteté semblerait être une caractéristique que l'homme a acquise relativement tard dans son développement, sans doute avec l'apparition de la propriété privée. Il n'est pas impossible que ce soit la peur qui motive surtout l'honnêteté. Ce n'est pas par honnêteté que je ne triche pas sur la déclaration de mon revenu, c'est par peur que le jeu n'en vaille pas la chandelle, que le déshonneur qui suivrait ruinerait ma réputation, ma profession et mon foyer.

Quand il existe une loi qui interdit quelque chose, il est évident que cette loi a été établie à cause d'une tendance à la transgression. Dans un pays où la prohibition de l'alcool serait totale, on n'aurait pas besoin de loi contre la conduite d'un véhicule en état d'ivresse. Toutes les lois contre le vol simple, le vol qualifié, l'escroquerie, etc., sont fondées sur l'idée que les gens voleront chaque fois qu'ils le pourront. Et cette idée est juste.

Après tout, la plupart des adultes sont plus ou moins malhonnêtes. Il y a peu de gens qui ne sont pas capables de passer quelque chose en fraude à une douane ; il y en a encore moins qui ne le sont pas de tricher sur la déclaration de leurs revenus. Pourtant chacun est ennuyé quand son fils vole quelques pièces de monnaie.

Les gens sont plus honnêtes dans leurs rapports les uns avec les autres. Il serait facile de glisser dans votre poche une des cuillères d'argent de votre hôtesse, si vous y pensiez. Mais vous ne pensez jamais à faire une telle chose ; par contre, vous pensez à utiliser un billet de retour que le contrôleur a oublié de poinçonner. L'adulte établit une distinction entre l'individu et l'organisation, que cette organisation soit nationale ou privée. Il est normal d'escroquer une compagnie d'assurances, mais répréhensible de voler l'épicier. Les enfants, eux, ne font pas ce genre de distinction. Ils chaparderont sans discrimination les choses des copains, des professeurs et des commerçants. Tous les enfants n'agissent pas ainsi, mais beaucoup accepteront de partager le produit d'un vol. C'est pourquoi vous trouvez parmi les enfants libres et heureux de la classe moyenne la même sorte de malhonnêteté que chez les enfants pauvres.

J'ai observé que les enfants volent quand l'occasion s'en présente. Quand j'étais jeune garçon, je ne volais pas parce que j'avais été totalement conditionné à ne pas le faire. Voler signifiait une solide rossée si j'étais pris et le feu de l'enfer pour l'éternité. Mais les enfants qui n'ont pas été aussi intimidés que je le fus sont naturellement capables de voler. Toutefois, et j'insiste sur ce point, si un enfant est élevé dans l'amour, avec le temps, il dépassera le stade du vol et deviendra un homme honnête.

La seconde sorte de vol — le vol habituel et impulsif — est une évidence de névrose chez l'enfant. Le vol d'un enfant névrosé est dû généralement au manque d'amour. Son mobile est inconscient. Dans presque tous les cas confirmés de vols juvéniles, l'enfant se sent rejeté. Son acte est une tentative symbolique pour obtenir quelque chose de valeur. Que le vol soit un vol d'argent, de bijoux ou de toute autre chose, le désir inconscient, c'est de voler de l'amour. C'est pourquoi quand je donne de l'argent à un garçon qui me vole du tabac, je cherche à atteindre son sentiment inconscient, par sa pensée consciente. Il se peut qu'il pense que je suis un idiot, mais ce qu'il pense n'a pas d'importance, c'est ce qu'il sent qui en a. Et il sent que je suis son ami, que je l'approuve et que je l'aime au lieu de le haïr. Tôt ou tard le vol cessera, car l'amour qui était symboliquement volé sous la forme de choses matérielles est maintenant donné librement, il n'y a par conséquent aucun besoin de le voler.

Pour illustrer cette idée, je voudrais mentionner le cas d'un garçon qui roulait toujours sur les bicyclettes des autres. Il comparut à une assemblée générale et fut accusé de « violer constamment le règlement sur la propriété privée en utilisant les vélos des autres ». Verdict : « Coupable ! » Punition : « La communauté est priée de souscrire à l'achat d'une bicyclette pour le coupable. » La communauté souscrivit.

Il est nécessaire, toutefois, que je m'explique plus avant sur cette question de récompense pour vol. Si le voleur a une basse mentalité ou si, pis encore, il est émotivement bloqué, la récompense n'aura pas l'effet désiré. Ou s'il est arrogant, il ne bénéficiera pas du don symbolique. Au cours de mon expérience avec les enfants difficiles, j'ai observé que presque tous les jeunes voleurs réagissaient d'une façon positive à mes récompenses pour leurs vols. Mes seuls échecs furent quelques rares escrocs du genre conscient que ne pouvaient atteindre ni la thérapie directe, ni la thérapie déguisée en récompense.

La situation devient compliquée quand le vol dénote à la fois un manque d'amour familial et une prohibition sexuelle excessive. Dans cette catégorie, on trouve la kleptomanie ; la main incontrôlable qui s'avance pour prendre l'objet défendu — la masturbation. Cette sorte de vol a les meilleures chances de guérison quand les parents comprennent leur erreur et repartent à zéro en avouant à l'enfant qu'ils ont eu tort de refouler ses désirs. Un éducateur, sans l'aide des parents, ne peut que très rarement guérir une kleptomanie. La personne la plus qualifiée pour éliminer une prohibition est celle qui l'a généralement établie.

J'eus une fois un garçon de seize ans qui me fut envoyé parce qu'il était très avancé dans le vol. Lorsqu'il arriva à la gare, il me remit le billet à demi-tarif que son père avait pris à Londres, mais que ce dernier n'avait pu obtenir qu'en mentant sur l'âge de son fils. Je voudrais faire comprendre aux parents qui ont un enfant habituellement malhonnête qu'ils devraient s'examiner eux-mêmes sérieusement afin de déterminer lesquelles de leurs actions ont influencé leur enfant.

Les parents s'égarent lorsqu'ils invoquent les mauvaises fréquentations, les films de gangsters, le manque de contrôle familial quand papa était dans l'armée, ou toute autre chose, pour expliquer les habitudes malhonnêtes de leurs enfants. Par eux-mêmes ces facteurs ont peu, ou pas du tout, d'effet sur un enfant qui est élevé d'une façon naturelle en matière de sexualité et qui est aimé et approuvé.

Je ne vois pas très bien comment les jeunes voleurs peuvent profiter beaucoup de consultations quotidiennes ou hebdomadaires qu'on leur donne dans les cliniques d'enfants. Tout ce que je sais, c'est que les méthodes de ces cliniques ne sont ni dures ni effrayantes et que les travailleurs sociaux[1] essaient sincèrement de comprendre l'enfant et de le traiter sans porter sur lui de jugement moral ou sans le gronder. Mais le psychologue pour enfant et le délégué à la liberté surveillée sont handicapés dans leurs efforts par le foyer dans lequel vit l'enfant psychiquement malade. Il me semble qu'il ne peut y avoir succès que lorsque les parents peuvent être persuadés de changer leur façon de traiter leur enfant. Les jeunes voleurs sont l'acné de la jeunesse, le signe extérieur d'un corps malade, le corps de notre société. Aucune thérapie ne peut abolir les maux infligés par un mauvais foyer, une rue sordide, une famille indigente.

Il n'est que trop vrai que de l'âge de cinq ans à quinze ans la plupart des enfants reçoivent une éducation qui ne touche que la tête. Personne ne s'intéresse à leur vie émotive. Pourtant, c'est le trouble émotif qui pousse un enfant névrosé à voler. Rien de ce qu'il apprend, ou n'apprend pas, à l'école n'influence ses larcins.

La vérité toute simple, c'est qu'une personne heureuse ne vole pas impulsivement et continuellement.

1. En Angleterre, comme aux Etats-Unis, il n'y a pas seulement des assistantes sociales, mais des « travailleurs sociaux » des deux sexes.

Les questions qu'on doit se poser au sujet d'un voleur habituel sont les suivantes : quel a été son milieu familial et social depuis sa naissance ? a-t-il un foyer heureux ? son attitude envers la masturbation est-elle une attitude de culpabilité ? a-t-il une attitude coupable envers la religion ? pourquoi ne respecte-t-il pas ses parents ? sent-il qu'ils ne l'aiment pas ? Il doit y avoir quelque enfer au fond d'un enfant pour qu'il devienne voleur. Assurément, l'enfer où certains de nos juges l'enverraient ne neutraliserait pas cet enfer intérieur.

Des sessions de thérapie ne résoudraient pas nécessairement les problèmes du jeune voleur. Elles l'aideraient, bien sûr, en le débarrassant de craintes et de haines et en l'amenant à acquérir un certain respect de lui-même. Mais tant que les éléments originels de haine demeureraient dans l'ambiance où il vivrait, il pourrait régresser à tout moment. La thérapie des parents assurerait une réussite plus satisfaisante en fin de compte.

J'eus une fois un élève grassouillet qui avait à peu près quatre ans psychiquement. Il volait dans les magasins. Je décidai d'aller en ville avec lui et de chaparder dans une boutique en sa présence (après avoir mis le propriétaire au courant, bien entendu). Pour ce garçon, j'étais à la fois un père et le Bon Dieu. J'étais porté à penser que l'attitude désapprobatrice de son vrai père vis-à-vis de lui avait beaucoup à voir avec son habitude du vol. J'avais idée que s'il voyait son nouveau Père-Dieu voler, il se sentirait obligé de réviser ses vues sur le vol. Je m'attendais à une véhémente protestation.

Pour guérir l'enfant névrosé de voler, je ne vois pas d'autre méthode possible que celle de l'approbation. La névrose est le résultat d'un conflit entre ce qu'on vous a dit que vous ne pouviez pas avoir et ce que vous voulez vraiment. Invariablement, je découvre que si j'affaiblis la mauvaise conscience d'un enfant, je le rends meilleur et plus heureux. Abolissez la conscience d'un enfant et vous le guérirez de voler.

La délinquance

En ces jours de brutalité, alors qu'on joue du revolver et de la chaîne de bicyclette, les autorités ne savent plus à quel saint se vouer pour résoudre le problème de la délinquance, et elles paraissent incapables d'y mettre un frein. Les journaux nous parlent d'une nouvelle méthode pour l'enrayer. C'est une méthode sévère : envoyer les jeunes dans des maisons de correction où *on leur en fera baver* et où les réfractaires seront punis durement. Une photo que je vis montrait des garçons à l'exercice, avec d'énormes bûches sur les épaules. Dans ces lieux oppressifs, il ne semble pas qu'il y ait de privilèges.

Je veux bien admettre que quelques mois dans un tel enfer pourraient décourager quelques délinquants en puissance. Mais un tel traitement n'atteint jamais la cause profonde du mal. Pis, il n'est qu'une marque de haine pour la plupart des adolescents — et sa brutalité fait obligatoirement de ses victimes des êtres antisociaux.

Il y a plus de trente ans, Homer Lane prouva par son œuvre dans un centre de correction, *Little Commonwealth,* que la délinquance juvénile pouvait être guérie par l'amour — guérie par l'autorité qui se met du côté de l'enfant. Lane prit des garçons et des filles considérés par les tribunaux juvéniles de Londres comme antisociaux et irrécupérables, se glorifiant de leurs réputations de brutes, de voleurs et de gangsters. Ces « incorrigibles » étaient reçus au *Little Commonwealth* et trouvaient là une communauté au gouvernement de laquelle ils pouvaient participer et dans laquelle ils étaient approuvés. Graduellement, ces jeunes gens devenaient des citoyens convenables et honnêtes parmi lesquels j'ai compté beaucoup d'amis.

Lane avait un génie particulier avec les jeunes délinquants. Il les guérissait parce qu'il leur donnait constamment des preuves d'amour et de compréhension. Il cherchait toujours le mobile caché d'un acte délictueux, convaincu que derrière chaque crime il y a un désir qui à l'origine a été sain. Il découvrait que raisonner avec un enfant est inutile, que seule l'action compte. Il professait l'opinion que pour débarrasser un enfant d'une tendance antisociale, il faut le laisser épuiser ses désirs. Une fois, alors qu'un des jeunes qui étaient sous sa garde, Jabez, exprima le désir violent de casser les tasses et les soucoupes qui étaient sur la table pour le thé, Lane lui tendit un tisonnier et lui demanda de s'exécuter. Jabez le fit — mais le lendemain même il venait demander à Lane de lui donner un emploi meilleur et mieux rémunéré. Lane lui demanda pourquoi. « Parce que je veux rembourser les tasses et les soucoupes », dit Jabez. Lane expliquait que l'acte de violence de Jabez avait permis à ce dernier de se libérer et ainsi de réduire à néant un tas d'inhibitions et de conflits. Le fait que le jeune homme pour la première fois avait été encouragé par une autorité à détruire quelque chose et à se débarrasser de sa colère dut avoir sur lui un effet salutaire.

Les délinquants du *Little Commonwealth* venaient tous des plus bas quartiers des grandes villes, pourtant, je n'ai jamais entendu dire qu'aucun d'entre eux y soit jamais retourné. La méthode de Lane était une méthode d'amour. *En faire baver au délinquant* est une méthode de haine. Et comme la haine n'a jamais guéri personne, j'en conclus qu'en faire baver au délinquant ne peut jamais l'aider à devenir sociable.

Pourtant, si j'étais magistrat aujourd'hui et que je doive décider du sort d'un délinquant endurci et obstiné, je dois avouer que je serais bien ennuyé pour savoir quoi faire. Car il n'y a aujourd'hui en Angleterre, et j'ai honte de le dire, aucune maison de correction comme *Little Commonwealth* où je pourrais l'envoyer. Lane mourut en 1925 et les autorités anglaises n'ont rien appris de cet homme remarquable.

Au cours des récentes années, cependant, nos délégués à la liberté surveillée ont montré un désir sincère de comprendre le délinquant. Les psychiatres aussi, en dépit de l'hostilité des juges et des avocats, ont fait beaucoup pour éclairer le public et lui faire comprendre que la délinquance n'est pas de la perversité, mais plutôt une forme de maladie qui demande de la compassion et de la compréhension. Le vent qui souffle ces jours-ci est un vent d'amour plutôt que de haine, de compréhension plutôt que de fanatisme et d'indignation morale. C'est un vent faible. Mais même un vent faible emporte un peu de contamination avec lui ; et éventuellement le vent soufflera plus fort.

Je ne connais aucun exemple de personne qui ait été remise sur le droit chemin par la violence, la cruauté ou la haine. Au cours de ma longue carrière, j'ai eu affaire à beaucoup d'enfants difficiles dont de nombreux délinquants. J'ai observé leur tristesse, leur haine, leur sentiment d'infériorité et la confusion de leur âme. Ils sont arrogants et grossiers avec moi parce que je suis un éducateur, une image paternelle, un ennemi. J'ai vécu avec la sensation de leur haine et de leur méfiance. Mais ici, à Summerhill, les délinquants en puissance participent au gouvernement de leur communauté ; ils sont libres d'apprendre et libres de jouer. Quand ils volent, ils sont même récompensés.

On ne les moralise pas, on ne leur impose pas non plus d'autorité temporelle ou divine.

Dans quelques années, ces enfants haineux entreront dans le monde et seront heureux et sociables. Autant que je sache, aucun délinquant ayant passé sept ans à Summerhill n'a jamais été envoyé en prison, n'a violé ou n'est devenu antisocial. Ce n'est pas moi qui les ai guéris. C'est l'ambiance de Summerhill — car de cette ambiance émanent la confiance, la sécurité, la compassion et l'approbation.

Les enfants de Summerhill ne deviennent pas des criminels ou des gangsters une fois sortis de l'école, parce qu'on leur permet pendant leur séjour chez nous d'épuiser leurs complexes, sans crainte de punition ou de sermon. Ils ont le droit de se développer à leur rythme naturel.

Je ne sais absolument pas comment un criminel adulte réagirait devant l'amour. Je suis à peu près certain que récompenser un gangster pour avoir volé ne le guérirait pas, comme je suis certain qu'une peine de prison ne le guérit pas non plus. Un traitement ne laisse espérer qu'avec les enfants. Même lorsque la liberté leur est accordée tardivement, comme à l'âge de quinze ans par exemple, souvent ils deviennent de bons citoyens.

A Summerhill, nous avons eu une fois un garçon de douze ans qui avait été expulsé de nombreuses écoles pour conduite antisociale. L'autorité d'une maison de correction l'aurait achevé. Si la liberté peut sauver un enfant difficile, que ne pourrait-elle faire pour les millions d'enfants dits « normaux » qui sont pervertis par l'autorité familiale ?

Tommy, treize ans, était un sérieux problème ; il volait et détruisait. Pendant une certaine période de vacances, il ne put aller à la maison et nous le gardâmes à l'école. Pendant deux mois il resta à Summerhill. Il était parfaitement sociable. Nous n'avions pas besoin de mettre l'argent ou la nourriture sous clé. Mais dès que son groupe de copains revint, il organisa une descente au réfrigérateur — ce qui prouve qu'un enfant seul et un enfant en groupe sont deux personnes différentes.

Des professeurs de maisons de correction me disent que les adolescents antisociaux ont souvent une intelligence au-dessous de la normale. J'ajouterais qu'ils ont aussi une émotivité inférieure. Il fut un temps où je considérais l'enfant délinquant comme un sujet vif, doué d'énergie créatrice qui s'exprimait d'une manière antisociale parce qu'elle ne trouvait pas à se canaliser autrement. Il faut le libérer de ses inhibitions et de sa discipline, pensai-je, et éventuellement il deviendra adroit, créatif, voire brillant. J'avais tort, bien tort. Après avoir passé des années aux côtés de délinquants, je sais qu'ils sont pour la plupart inférieurs. Je ne peux me souvenir que d'un cas qui se distingua plus tard dans la vie. Beaucoup d'entre eux furent guéris de leurs attitudes antisociales et de leur malhonnêteté, et trouvèrent des emplois réguliers. Mais aucun d'eux ne devint un érudit, un bon artiste, un ouvrier spécialisé ou un acteur de talent. Une fois la tendance antisociale éliminée, il ne semblait rester chez la plupart de ces enfants rebelles qu'une monotonie lourde, et ils ne témoignaient d'aucune ambition.

Quand un adolescent doit rester dans un mauvais milieu avec des parents ignorants, il n'a pas l'occasion d'épuiser ses attitudes antisociales. Seule l'abolition de la pauvreté et des bas quartiers, combinée avec une éducation des parents, peut diminuer le nombre des délinquants.

L'ultime cure de la délinquance juvénile serait de guérir la société de sa propre délinquance morale et de la variété concomitante de celle-ci, l'indifférence morale. Nous devons prendre position. Ou l'on choisit d'en faire baver au délinquant, ou l'on choisit de l'aimer.

Laissez-moi pour quelques moments l'illusion que je suis ministre et que j'ai des pouvoirs illimités dans le domaine de l'éducation. Permettez-moi d'établir un programme, un « plan quinquennal » d'essai pour la rééducation des jeunes.

J'abolirais toutes les maisons de correction et y substituerais des centres mixtes dans tout le pays. Je mettrais sur pied immédiatement des stages de formation pour préparer un personnel qualifié en vue de s'occuper de ces centres comme professeurs et moniteurs. Le personnel n'aurait pas de privilèges spéciaux. Il mangerait la même nourriture et aurait le même chauffage que les élèves. Ces derniers seraient rémunérés pour tout travail qu'ils effectueraient pour la communauté. Le mot de passe de ces centres serait *liberté*. Aucune religion, aucune moralisation, aucune autorité ne seraient tolérées.

J'exclurais la religion parce qu'elle prêche, essaie de sublimer et refoule. La religion postule le péché où il n'existe pas. Elle croit au libre arbitre, alors que pour certains enfants enchaînés par leurs impulsions il n'y a pas de libre arbitre.

Au lieu de conditionnement à la religion, je préconiserais le conditionnement à l'amour, à la bonté et à la justice. Il n'y aurait qu'une façon d'atteindre cet idéal — laisser les jeunes aussi libres que possible, les libérer de toute autorité imposée, de haine et de punition. Je sais par expérience que c'est la seule façon.

Les professeurs apprendraient à être les égaux des élèves et non leurs supérieurs. Ils ne seraient ni paternalistes ni sarcastiques. Ils n'inspireraient pas de crainte. Ils devraient avoir une patience infinie, des idées larges et la foi dans le résultat de leur entreprise.

Quoique notre société qui se dit moderne n'admette pas la vie amoureuse épanouie, la mixité des sexes permettrait une atmosphère de tendresse et de bonnes manières, ainsi que la connaissance du sexe opposé, diminuant ainsi la pornographie et les ricanements furtifs.

La première caractéristique du personnel serait sa capacité à montrer de la confiance aux élèves, à les traiter comme des êtres dignes de respect et non comme des voleurs et des destructeurs. En même temps, ce personnel devrait être réaliste et ne pas demander à chaque individu plus qu'il ne pourrait donner ; par exemple, il n'assignerait pas un voleur au poste de trésorier pour le bal de fin d'année. Il devrait savoir résister à la tentation de moraliser, car l'action compte plus que les mots. Il devrait connaître le cas de chaque délinquant *dans le détail*.

Les tests d'intelligence ne tiendraient que peu de place dans ces centres. Ils ne dénotent pas de potentiels vitaux. Ils ne mesurent pas les sentiments, l'esprit de création, l'originalité et l'imagination.

L'atmosphère générale serait celle d'un hôpital plutôt que d'une maison de détention. De même qu'un médecin n'affecte pas d'attitude morale vis-à-vis d'un malade atteint de syphilis, le personnel n'en affecterait pas vis-à-vis de la maladie que nous appelons la délinquance. Ces centres différeraient d'un hôpital uniquement dans le fait qu'ils ne distribueraient pas de remèdes, pas même des remèdes psychologiques. La guérison résulterait de la présence d'amour sincère dans le milieu ambiant. Le personnel devrait avoir foi dans la nature humaine. Bien sûr, il y aurait des échecs, des incurables. La société devrait encore les accepter. Mais ils ne formeraient qu'une toute petite minorité, alors que la majorité des délinquants réagiraient positivement à l'amour, la tolérance et la confiance.

Je rappellerais constamment aux esprits cyniques l'histoire du délinquant qu'Homer Lane alla interviewer au tribunal pour enfants de Londres. Lane lui tendit un billet d'une livre avec lequel il aurait à payer son ticket de chemin de fer jusqu'à la ville voisine, et il savait que le garçon lui rapporterait la monnaie qui resterait sur le prix du trajet. Il ne se trompait pas.

Je rappellerais aussi constamment aux mêmes esprits cyniques l'histoire du gardien de prison américain qui envoya à New York un condamné à perpétuité pour acheter du matériel pour la cordonnerie de la prison. Le condamné revint avec le compte exact de ce qu'il avait dépensé pour ce matériel. Le gardien lui demanda : « Pourquoi n'as-tu pas saisi l'occasion pour foutre le camp ? » Le détenu se gratta la tête. « J' sais pas, peut-être parce que vous avez eu confiance en moi. »

La prison et les punitions ne peuvent pas remplacer la confiance en l'être humain. Cette confiance signifie pour la personne dans le malheur que quelqu'un l'aime au lieu de la haïr.

La guérison de l'enfant

Guérir dépend du malade plus que du thérapeute. S'il y a tant d'insuccès en psychothérapie, c'est parce que les gens sont poussés par la famille à aller se faire soigner. Si par exemple un mari réussit à envoyer son épouse non convaincue chez un analyste, elle y va naturellement à contrecœur. *Mon mari ne me trouve pas assez bien. Il veut que je change et cela ne me plaît pas.*

La même difficulté se présente pour le jeune criminel quand, sous la contrainte, il est obligé de subir une thérapie. La thérapie, pour l'adolescent comme pour l'adulte, doit être désirée par le sujet.

La liberté seule, sans thérapie, guérira la plupart des enfants de leur délinquance. Je parle de la liberté — pas de l'anarchie — ni de la sentimentalité. La liberté seule ne guérira pas les cas pathologiques. Elle touchera à peine les cas d'infantilisme. Mais elle réussira dans une école où les enfants seront pensionnaires — et à condition d'être appropriée en toutes circonstances.

Il y a quelques années, on m'envoya un jeune escroc très malin. Une semaine après son arrivée, je reçus un message téléphonique de Liverpool. « Ici M. X (un homme connu en Angleterre). Un de mes neveux est élève chez vous. Il m'a écrit pour me demander s'il pouvait venir passer quelques jours à Liverpool. Le lui permettez-vous ? »

« Mais bien sûr, répondis-je, seulement il n'a pas d'argent. Qui paiera son voyage ? Je pense que le mieux serait que vous vous mettiez en rapport avec ses parents. »

Le lendemain, la mère du garçon me téléphonait pour me dire qu'elle avait reçu un appel téléphonique de l'oncle Dick. Elle et son mari étaient d'accord pour qu'Arthur se rende à Liverpool. Ils s'étaient renseignés sur le prix du voyage qui était de vingt-huit shillings. Pourrais-je remettre à Arthur deux livres dix ? C'était Arthur qui avait donné les deux coups de téléphone d'une cabine publique du village. Son imitation des voix du vieil oncle et de sa mère était parfaite. Je m'y étais laissé prendre et lui remis l'argent avant de réaliser qu'il m'avait dupé.

J'en parlai avec ma femme. Nous fûmes d'accord que ce ne serait pas bien de redemander l'argent, car le garçon avait été soumis à ce genre de traitement pendant des années. Ma femme suggéra de le récompenser. Je me rendis donc le soir dans sa chambre.

« Tu es en veine aujourd'hui, dis-je gaiement.

— Ça, c'est vrai, dit-il.

— Mais tu es encore plus en veine que tu ne crois, dis-je.

— Que veux-tu dire ?

— Ta mère vient de me téléphoner, dis-je sérieusement. Elle m'a dit qu'elle avait fait une erreur sur le prix du voyage : ce n'est pas vingt-huit shillings — mais trente-huit. Aussi, elle m'a demandé de t'en donner dix de plus. » Négligemment, je jetai un billet de dix shillings sur son lit et sortis avant qu'il ait le temps de dire quoi que ce soit.

Il partit pour Liverpool le lendemain matin, laissant une lettre qui devait m'être remise après le départ du train. Elle commençait ainsi : « Cher Neill, tu es un bien meilleur acteur que moi. » Pendant des semaines, par la suite, il me demanda pourquoi je lui avais donné les dix shillings.

Un jour, je lui répondis : « Qu'est-ce que ça t'a fait quand je te les ai donnés ? » Il réfléchit sérieusement pendant une minute, puis dit lentement : « Tu sais, ce fut le plus grand choc de ma vie. Je me suis dit : voilà le premier homme qui est de mon côté. »

Ce garçon était conscient que l'amour est une forme de l'approbation. Habituellement, cette conscience met longtemps à se développer. Souvent, il faut des mois avant qu'un sujet n'en ressente que vaguement les effets.

Dans le passé, je m'occupais beaucoup plus de délinquants qu'aujourd'hui et je récompensais toujours leurs vols. Mais il fallait des années pour que l'enfant soit guéri, pour qu'il réalise que mon approbation l'avait aidé.

Avec les enfants, il faut travailler en profondeur, chercher les mobiles cachés de leur conduite. Un garçon est antisocial. Pourquoi ? Naturellement ses symptômes sont importuns et irritants. Peut-être est-il cruel, voleur ou sadique. Mais pourquoi ? L'irritation peut pousser un professeur à gronder, punir ou condamner, mais une fois qu'il aura exprimé son irritation, le problème restera à résoudre. La tendance actuelle qui consiste à demander le retour à la discipline d'autrefois ne traitera que des symptômes mais ne donnera aucun résultat définitif.

Des parents amènent à Summerhill une fille qui ment, vole et dit des méchancetés. Ils me font une longue description de ses travers. Ce serait fatal si j'informais l'enfant de ce que ses parents m'ont raconté sur elle. Je dois attendre, pour agir, qu'elle s'extériorise, soit avec moi, soit avec les autres.

Il y a bien des années, j'eus un enfant sérieusement troublé. Les parents ayant insisté pour qu'il soit examiné par un psychiatre, je le conduisis chez un docteur de Harley Street. Je passai une demi-heure à expliquer au psychiatre le cas de l'enfant et quand je lui amenai ce dernier, il lui dit sévèrement : « Monsieur Neill me dit que tu es un fort vilain garçon. » C'était *sa* version de la psychologie.

J'ai observé, hélas, trop souvent de semblables attitudes d'ignorance vis-à-vis des enfants. « Tu n'es pas très grand pour ton âge », dit un jour un visiteur à un garçon qui avait un complexe d'infériorité à cause de sa taille.

Un autre visiteur dit à une de nos filles : « Ta sœur est très habile, tu ne trouves pas ? » L'art de s'occuper des enfants pourrait se définir par *savoir quoi ne pas dire.*

Par ailleurs, il faut montrer à un enfant que vous n'êtes pas sa dupe. Laisser un enfant voler vos timbres sans rien lui dire serait mauvais ; vous devez l'informer que vous savez ce qu'il fait. Ce qui est impardonnable, c'est de lui dire : « Ta mère m'a dit que tu volais des timbres. » Il est différent de lui dire : « Je sais que tu m'as pris des timbres. »

Je suis toujours un peu anxieux quand je dois écrire aux parents au sujet de leurs enfants, car je crains qu'ils laissent traîner ma lettre quand ceux-ci sont en vacances. Plus encore je crains qu'ils écrivent à leurs enfants, disant : « Neill me dit que tu ne vas pas en classe et que tu as ennuyé tout le monde ce trimestre. » Aussi, habituellement, j'en dis aussi peu que possible, à moins d'être sûr que les parents sont des gens éclairés en qui je puis avoir confiance.

Généralement, je ne me trompe pas avec un enfant parce que ma longue expérience m'a enseigné ce qu'il est bon de faire. Ce n'est pas que je sois habile ou que j'aie un don spécial, mais j'ai de la pratique... et peut-être aussi sais-je écarter ce qui n'est pas essentiel.

Bill, un nouvel élève, a volé de l'argent à un autre

élève. La victime demande : « Est-ce que je dois l'accuser à la prochaine assemblée générale ? »

Sans réfléchir, je dis : « Non. Je m'occuperai moi-même de la question. » Plus tard, j'analyse : Bill n'est pas encore habitué à la liberté, il n'est pas à l'aise dans son nouveau milieu. Il s'est donné tant de mal pour plaire aux copains et se faire accepter qu'il commence à perdre pied et à jouer les durs. Rendre son larcin public le remplirait de honte, de crainte et il risquerait de devenir arrogant et de commettre quelque acte antisocial. Ou le contraire pourrait arriver, car dans sa dernière école c'était une forte tête et il était fier de ses actes destructifs commis en secret contre les professeurs ; une accusation publique pourrait lui faire crier victoire et montrer qu'il est vraiment un dur.

Une autre fois, une enfant me dit : « Je vais accuser Mary d'avoir volé mes crayons de couleur », et je lui demande de ne pas m'ennuyer avec de telles peccadilles. Je ne réfléchis pas sur le moment, mais je sais que Mary est chez nous depuis deux ans et qu'elle peut faire face à la situation.

Un nouvel élève de treize ans, qui a détesté la classe toute sa vie, arrive à Summerhill et flâne pendant des semaines. Enfin, mort d'ennui, il vient me voir et me demande : « Dois-je aller en classe ? » Je réponds : « Cela ne me regarde pas », parce que c'est à lui seul qu'il appartient de découvrir ses besoins intérieurs. Mais à un autre je répliquerai : « Oui, c'est une idée », parce que sa vie scolaire et sa vie de famille, basées toutes deux sur des emplois du temps stricts l'ont rendu incapable de décider, et je dois lui laisser le temps de développer de la confiance en lui-même. Sur le moment, quand je réponds, je ne pense pas consciemment à ces aspects individuels.

L'amour, c'est être du côté de l'autre. L'amour, c'est approuver. Je sais que les enfants sont longs à comprendre que la liberté est quelque chose d'entièrement différent de l'anarchie. Mais ils sont capables de le comprendre. A la longue, ils le comprennent — presque toujours.

Le chemin du bonheur

Freud expliqua que toute névrose est le résultat d'une répression sexuelle. J'ai pensé : « J'aurai une école dans laquelle il n'y aura aucune répression sexuelle. » Freud disait que l'inconscient était infiniment plus important et plus puissant que le conscient. J'ai pensé : « Dans mon école, nous ne censurerons, ni ne punirons, ni ne moraliserons. Nous permettrons à chaque enfant de vivre selon ses impulsions profondes. »

Je découvris lentement que la plupart des freudiens confondaient la liberté avec l'anarchie. Ils traitaient des enfants qui n'avaient jamais vécu dans la liberté et qui, par conséquent, n'avaient aucun respect de la liberté des autres. Je suis convaincu que les freudiens fondèrent leur théorie de la psychologie infantile sur des enfants au caractère perverti.

Les freudiens observèrent beaucoup d'érotisme anal chez les bébés, mais je n'en ai pas observé chez les bébés autonomes. L'agressivité antisociale que les freudiens trouvèrent chez les enfants qu'ils observèrent semble également absente chez les enfants autonomes.

J'ai appris graduellement que mon domaine était la prophylaxie — pas la guérison. Il me fallut des années pour en comprendre toute l'importance, pour réaliser que c'était la liberté qui aidait les enfants difficiles à

Summerhill, pas la thérapie. Je crois que ma tâche première est d'approuver tout ce qu'un enfant désapprouve en lui-même — c'est-à-dire de briser la conscience qui lui est imposée par l'éducation et qui n'aboutit qu'à la haine de son moi.

Un nouvel élève jure. Je souris et je dis : « Ne te gêne pas, va, il n'y a pas de mal à jurer. » De même, j'approuve quand il s'agit de masturbation, de mensonge, de vol ou de toute autre activité condamnée par la société.

Il y a quelque temps, j'eus un petit garçon qui m'inondait de questions comme : « Combien t'a coûté cette pendule ? quelle heure est-il ? à quelle date commencent les prochaines vacances ? » Il était très anxieux et n'écoutait jamais les réponses que je lui donnais. Je savais qu'il éludait la seule question à laquelle il désirait une réponse.

Un jour, il vint dans mon bureau et me posa une série de questions. Je ne répondis pas et continuai à lire mon livre. Après une douzaine de questions, je levai la tête négligemment et dis : « C'est ça que tu m'as demandé, d'où viennent les enfants ? »

Il se leva en rougissant. « Je ne veux pas savoir d'où viennent les enfants », dit-il et il sortit en claquant la porte.

Dix minutes plus tard il revint. « Où as-tu acheté ta machine à écrire ? qu'est-ce qui se joue cette semaine au cinéma ? quel âge as-tu ? (*pause*). Et puis, merde, d'*où* viennent les enfants ? »

Je lui donnai la réponse qu'il désirait. Il ne revint jamais me poser de questions.

Se frayer un passage parmi un fatras de choses sans valeur est toujours pénible. Ce genre de travail n'est tolérable que parce qu'il est agréable de voir un enfant malheureux se libérer.

Le revers de la médaille, c'est l'étude longue et fatigante d'un enfant qui ne semble donner aucun résultat. On peut l'aider pendant un an et à la fin de l'année être heureux à la pensée de l'avoir guéri. Puis un jour il y a rechute et l'on est alors presque désespéré. Il m'est arrivé de me féliciter au sujet d'un certain élève et de voir cinq minutes plus tard un professeur entrer dans mon bureau pour me dire : « Tommy a volé de nouveau. »

Toutefois, la psychologie c'est un peu comme le golf : vous pouvez faire deux cents coups dans une tournée, jurer et casser vos clubs — mais le lendemain matin vous attaquez le premier dé avec un nouvel espoir au cœur.

Si vous informez un enfant d'une vérité vitale, ou s'il vous confie ses soucis, il forme un transfert — c'est-à-dire que l'enfant déverse sur vous tous ses sentiments. Quand j'ai éclairé un petit enfant sur les questions de la naissance et de la masturbation, le transfert est alors très fort. A un certain stade, ce transfert peut même devenir négatif : c'est un transfert de haine. Mais avec un enfant normal, cette phase négative ne dure pas et un transfert positif suit peu après. Le transfert d'un enfant se dissout facilement. L'enfant m'oublie rapidement et ses sentiments s'attachent à d'autres enfants ou d'autres choses. Comme je suis une image paternelle, les filles, naturellement, forment des transferts plus forts à mon égard ; toutefois, je ne peux pas dire qu'une fille forme toujours envers moi un transfert positif et un garçon toujours un transfert négatif. Au contraire, j'ai observé que des filles me détestaient férocement pendant un certain temps.

Par le passé, j'étais à la fois professeur et psychologue. Puis, lentement, je me suis aperçu qu'un homme ne pouvait pas être l'un et l'autre. J'ai cessé d'être thérapeute, car peu d'enfants peuvent être analysés par leur père confesseur. Ils s'irritent et craignent toujours mes critiques. De plus, si j'admire le dessin de l'un, j'éveille beaucoup de jalousie chez les autres. Le psychologue ne devrait pas habiter l'école et les enfants ne devraient avoir avec lui aucun rapport en société.

Toutes les écoles de psychologie reconnaissent l'hypothèse de l'inconscient, le principe selon lequel nous avons enseveli des désirs, de l'amour, de la haine dont nous ne sommes pas conscients. Le caractère est l'ensemble de la conduite consciente et de la conduite inconsciente.

L'adolescent qui cambriole une maison est conscient qu'il désire acquérir de l'argent ou des biens matériels, mais il ne connaît pas le mobile profond qui le pousse à les acquérir de cette façon plutôt que de la façon sociale qui consiste à les gagner. Ce mobile est enseveli et c'est pourquoi les remontrances et les punitions ne peuvent le guérir. Il n'entend les gronderies qu'avec ses oreilles et ne ressent la punition que dans son corps. Mais les sermons et les punitions n'atteignent jamais le mobile inconscient qui est responsable de sa conduite.

C'est pourquoi, les sermons de la religion ne le touchent pas profondément. Mais si, un soir, le curé partait avec lui pour cambrioler, un tel acte entraînerait la dissolution de la haine du moi qui est la cause de la conduite antisociale. Ce geste de solidarité amènerait l'adolescent à réviser son attitude. La guérison de plus d'un jeune voleur a commencé lorsque je l'ai accompagné pour aller voler les poules du voisin ou lorsque je l'ai aidé à barboter dans la petite caisse de l'école. L'action atteint l'inconscient où les mots n'ont aucun effet. C'est pourquoi l'amour et l'approbation guérissent souvent un enfant de ses problèmes. Je ne dis pas que l'amour guérira un cas de claustrophobie, ou un cas de sadisme manqué, mais généralement il guérit presque tous les jeunes voleurs, les jeunes menteurs et les jeunes destructeurs. J'ai prouvé activement que la liberté et l'absence de discipline morale ont guéri beaucoup d'enfants dont l'avenir semblait devoir être une vie en prison.

La vraie liberté, vécue activement en communauté, comme à Summerhill, semble faire pour un grand nombre ce que la psychanalyse effectue pour l'individu. Elle libère ce qui est caché. C'est une bouffée d'air pur qui pénètre l'amour pour le débarrasser de sa haine du moi et des autres.

Pour défendre la jeunesse, il faut se déganter. Aucun d'entre nous ne peut rester neutre. Nous devons choisir : l'autorité ou la liberté ; la discipline ou l'autodétermination. Il ne peut y avoir de demi-mesure. La situation est trop urgente.

L'héritage que les parents et les éducateurs lèguent aux enfants, c'est la liberté, la joie dans le travail, le bonheur en amitié et en amour, ou bien c'est le conflit de l'âme, la haine de soi et de l'humanité.

Comment peut-on donner le bonheur ? *Abolissez l'autorité. Permettez à l'enfant d'être lui-même. Ne soyez pas après lui. Ne le sermonnez pas. Ne cherchez pas à l'élever. Ne le forcez pas à faire quoi que ce soit.* Cela peut ne pas vous plaire. Mais si vous rejetez mes vues, à vous, alors, d'en trouver de meilleures.

VI

LES PROBLEMES DES PARENTS

L'amour et la haine

L'enfant reçoit sa conscience de sa mère, de son père de son maître d'école, de son prêtre — de son milieu en général. Le mal de son âme est le résultat d'un conflit entre sa conscience et sa propre nature, ou, en termes freudiens, entre son sur-moi et son moi.

La conscience peut remporter une victoire si complète que l'enfant deviendra moine et renoncera au monde et à la chair. Dans la plupart des cas, il s'établit un compromis qui est partiellement exprimé dans le dicton : « Servir le diable pendant la semaine et Dieu le dimanche. »

L'amour et la haine ne sont pas des opposés. L'opposé de l'amour, c'est l'indifférence. La haine est de l'amour que des obstacles ont fait dévier. Elle contient toujours un élément de crainte. Nous le voyons dans le cas de l'enfant qui hait un jeune frère. Sa haine est causée par la crainte de perdre sa mère et aussi par celle de ses pensées vengeresses vis-à-vis de son frère.

Quand Ansi, une jeune Suédoise rebelle de quatorze ans, arriva à Summerhill, elle commença par me donner des coups de pied pour que je me fâche. J'étais une fois de plus la malheureuse image paternelle qu'elle détestait et craignait. Elle n'avait jamais eu le droit de s'asseoir sur les genoux de son père qui ne lui avait jamais montré d'affection. Son amour pour son père se changea en haine parce qu'il n'avait pas été apprécié. A Summerhill, elle trouva tout à coup un nouveau père qui ne réagissait pas avec sévérité, un père qu'elle ne craignait pas. C'est alors qu'elle extériorisa sa haine. Le fait que le lendemain elle fut extrêmement tendre et gentille me prouva que sa haine n'était que de l'amour déguisé.

Pour comprendre la pleine signification de l'attaque d'Ansi contre moi, il faut d'abord connaître et comprendre l'histoire de son attitude faussée vis-à-vis de la sexualité. Elle venait d'un pensionnat féminin où les filles discutaient de choses sexuelles d'une façon morbide et sale, en cachette. La haine qu'elle avait pour son père était en grande partie le résultat d'une éducation répressive en matière de sexualité. Ainsi que la haine intense qu'elle avait pour sa mère qui l'avait souvent punie.

Peu de parents réalisent qu'en punissant leur enfant ils changent son amour en haine. La haine chez un enfant est très difficile à voir. Les mères qui remarquent que leurs enfants sont tendres après une fessée ne savent pas que la haine éveillée par la fessée a été immédiatement refoulée. Mais les sentiments refoulés ne sont pas morts ; ils dorment seulement.

Il existe un petit livre de Marcus, intitulé *Morales pour les enfants*. J'en lis souvent quelques vers aux enfants pour observer leur réaction. Leur strophe favorite est la suivante :

> « Tommy vit sa maison prendre feu,
> Sa mère expirer dans les flammes
> Et son père tué par une brique.
> Tommy rit — à en être malade. »

Certains des enfants rient très fort quand je lis ces vers. Même ceux qui aiment leurs parents. Ils rient à cause de la haine refoulée qu'ils ont pour ces derniers

— la haine causée par les fessées, les critiques et les punitions.

Habituellement, cette sorte de haine apparaît dans des rêveries qui ne semblent pas inclure les parents. Un de mes jeunes élèves, un garçon qui aimait beaucoup son père, se plaisait à imaginer qu'il tuait un lion. Si je lui demandais de me décrire ce lion, il découvrit rapidement que celui-ci avait quelque ressemblance avec son père.

Un matin, je pris chacun de mes élèves individuellement et leur racontai l'histoire de ma mort. Chaque visage s'éclaira quand je décrivis l'enterrement. Tout le monde, ce jour-là, fut particulièrement gai pendant l'après-midi. Si les histoires de géants qu'on tue sont si populaires, c'est parce qu'au fond le géant c'est papa.

Nous ne devrions pas être choqués par la haine des enfants pour leurs parents. Elle remonte au temps où l'enfant était un égotiste. Le jeune enfant recherche l'amour et le pouvoir. Chaque mot de colère, chaque gifle, chaque injustice sont les privations d'amour et de pouvoir. Chaque gronderie de maman signifie pour l'enfant « Maman ne m'aime pas. » Chaque « Ne touche pas à cela » de papa signifie « Il est toujours sur mon chemin. Si seulement j'étais plus grand que lui. »

Il y a de la haine des parents chez l'enfant, mais elle n'est pas aussi dangereuse que la haine de l'enfant chez les parents. Les gronderies, les colères, les fessées et les sermons des parents sont des réactions de haine. Ainsi, l'enfant de parents qui ne s'aiment pas a peu de chance de se développer sainement, car passer ses frustrations sur l'enfant est l'habitude universelle de ce genre de parents.

Quand un enfant ne peut pas trouver d'amour, il cherche à y substituer de la haine. « Maman ne s'occupe pas de moi. Elle ne m'aime pas. Elle préfère ma petite sœur. Je la *forcerai* à s'occuper de moi. Oui, je la forcerai. » Et il donne des coups dans les meubles.

Tous les problèmes de conduite infantile sont à la base de problèmes amenés par le manque d'amour. Toutes les punitions, toutes les réprimandes ne font qu'augmenter la haine — elles ne résolvent jamais le problème.

Une autre situation qui engendre la haine, c'est celle de l'enfant dont les parents sont exclusifs. Il déteste ses liens tout en les désirant à la fois. Ce conflit s'exprime quelquefois sous forme de cruauté. La haine pour la mère exclusive est refoulée, mais étant donné qu'un sentiment doit toujours s'extérioriser d'une façon ou d'une autre, l'enfant donne des coups de pied au chat ou frappe sa petite sœur, car ces deux choses sont plus faciles à faire que de se rebeller contre la mère.

C'est devenu une platitude de dire que nous haïssons chez les autres ce que nous haïssons en nous-mêmes. Pourtant, platitude ou non, c'est vrai. La haine que nous avons reçue dans notre enfance, nous la léguons à nos enfants, même si nous avons rêvé de ne leur léguer que de l'amour.

On dit que si l'on ne peut pas haïr, on ne peut pas aimer. Peut-être. Je trouve difficile de haïr. Et je n'ai jamais pu donner ce qu'on pourrait appeler de l'amour personnel aux enfants ; et assurément jamais d'amour sentimental. Le mot sentimental est difficile à définir ; je dis que c'est accorder à l'oie les attributs du cygne.

Quand je traitais Robert, qui était pyromane, voleur et tueur en puissance, naturellement il transféra sur moi la haine qu'il avait pour son père. Un jour, après une conversation avec moi, il se sauva dehors et écrasa un escargot. Je lui parlais et lui demandai de me décrire un escargot. Il me répondit : « Une grande brute laide et visqueuse. »

Je lui tendis un morceau de papier et lui demandai d'écrire le mot *escargot*[1]. Il écrivit « A Snail ».

1. Un escargot : a snail.

« Regarde ce que tu as écrit », dis-je.

Soudain il éclata de rire. Il prit son crayon et écrivit en dessous :

A Snail
A. S. Neill

« Tu ne savais donc pas que j'étais la grande brute laide et visqueuse que tu voulais écraser ? », remarquai-je avec un sourire.

De cette façon, il n'y avait aucun danger pour Robert. Rendre sa haine consciente était une bonne chose. Mais supposez que je lui aie dit : « Naturellement c'était moi l'escargot, mais vraiment tu ne me détestes pas ; ce que tu détestes, c'est la partie de toi que je cherche à défendre. C'est toi la brute visqueuse que tu voulais tuer. Tu cherchais à tuer une qualité qui est en toi, etc. » C'eût été une psychiatrie dangereuse. Le rôle de Robert, c'est de jouer aux billes et de faire voler des cerfs-volants. Tout ce que j'ai le droit de faire, en qualité de professeur ou de docteur, c'est de le libérer des conflits qui l'empêchent de faire voler son cerf-volant.

Les parents qui attendent de la gratitude ne connaissent rien à la nature de l'enfant. Les enfants détestent devoir quoi que ce soit. J'ai fait longtemps l'expérience du ressentiment des élèves que je gardais à Summerhill gratuitement ou à prix réduit. Ils me montraient plus de haine que vingt élèves réunis qui payaient la pension complète. Shaw a écrit : « Nous ne pouvons pas nous sacrifier pour les autres sans les haïr pour nous être sacrifiés. »

C'est vrai. Et le corollaire est aussi vrai : « Nous ne pouvons pas nous sacrifier pour les autres sans que ceux-ci nous haïssent pour nous être sacrifiés. » Celui qui donne de bon cœur ne cherche pas de gratitude.

Les parents qui attendent de la reconnaissance sont toujours désappointés.

En résumé, chaque enfant sent que la punition est de la haine. Il a raison, naturellement. Et chaque punition nouvelle augmente un peu plus sa haine. Si vous observez les irréductibles qui disent : « Je suis pour le châtiment corporel », vous découvrirez que ce sont toujours des gens haineux. Je n'insisterai jamais trop sur le fait que la haine engendre la haine et que l'amour engendre l'amour. Aucun enfant n'a jamais été guéri de la haine que par l'amour.

L'enfant gâté

L'enfant gâté — et j'emploie le mot gâté dans tous ses sens possibles — est le produit d'une société gâtée. Dans une telle société, l'enfant gâté s'accroche à la vie en la redoutant. On lui a permis l'anarchie et non la liberté. Il ne connaît pas la vraie liberté dont le sens est *d'aimer* la vie.

L'enfant gâté est un poison pour lui-même et pour la société. Vous le voyez dans les trains écraser les pieds des voyageurs, crier dans les couloirs et ignorer la voix chagrine de ses parents harassés qui lui demandent de se tenir tranquille — une voix qu'il a cessé d'entendre il y a longtemps.

Plus tard dans la vie, tout lui est difficile, plus difficile même qu'à l'enfant qui a été soumis à trop de discipline. C'est un égocentriste. Il devient ce genre d'homme qui laisse traîner ses vêtements partout. Naturellement, à l'âge adulte, il essuie bien des échecs.

Souvent, l'enfant gâté est un enfant unique. N'ayant personne de son âge avec qui jouer, il s'identifie naturellement à ses parents : il veut faire ce que ceux-ci font. Les parents, le considérant comme la huitième merveille du monde, encouragent sa précocité apparente parce qu'ils craignent de perdre son amour s'ils le contrarient de la moindre façon.

J'ai rencontré parfois cette attitude chez des professeurs qui dorlotent leurs élèves. Ces professeurs ont toujours peur de perdre leur popularité auprès des élèves. Cette peur les pousse à gâter irrémédiablement ces derniers. De bons parents ou de bons éducateurs doivent s'efforcer d'être objectifs. Ils doivent protéger leurs relations avec l'enfant de leurs propres complexes — chose difficile à faire, je l'accorde, car nous sommes souvent aveugles en ce qui concerne nos complexes. La mère malheureuse, par exemple, risque de gâter son fils, car elle a tendance à lui donner une sorte d'amour qui ne lui est pas destiné.

A Summerhill, l'enfant gâté nous donne toujours beaucoup de soucis. Il épuise ma femme, car elle remplace sa mère. Il ne cesse de la questionner. « Quand sera-t-on en vacances ? Puis-je avoir un peu d'argent ? » Derrière ces questions, qui ne visent qu'à ennuyer, se cache la haine de la mère. Une fille gâtée essaye toujours d'obtenir de moi une réaction parce que je remplace son père. Généralement, ce n'est pas une réaction d'amour qu'elle cherche, mais de haine. Elle cache mon stylo, par exemple, ou dit à une autre élève : « Neill veut te voir », ce qui en réalité veut dire qu'elle voudrait que je la remarque, elle.

Les enfants gâtés donnent des coups de pied dans la porte de mon bureau, ou volent des objets qui m'appartiennent, simplement pour me voir réagir. L'enfant gâté est blessé d'être soudainement jeté dans une famille nombreuse. Il attend de moi et du personnel que nous le traitions comme ses parents le faisaient.

L'enfant gâté a généralement beaucoup trop d'argent de poche. Souvent, je me crispe quand je vois des parents donner un billet de cinquante francs à leur enfant pour ses plaisirs alors qu'à cause de leur situation financière je leur ai accordé une bourse partielle ou même complète.

On ne devrait pas donner à l'enfant tout ce qu'il demande. En général, les enfants aujourd'hui reçoivent plus qu'ils n'ont besoin ; ils reçoivent tant qu'ils n'apprécient plus ce qu'on leur donne. Les parents qui donnent trop à leurs enfants sont souvent ceux qui ne les aiment pas. Ces parents compensent leur manque d'amour par un excès apparent d'affection et de cadeaux, un peu comme un homme qui ayant été infidèle à sa femme lui offre un manteau de fourrure que ses moyens ne lui permettent pas. Pour ma part, j'ai pour règle de ne jamais rien rapporter à ma fille lorsque je vais en voyage à Londres et, de cette façon, elle n'attend rien de moi quand elle me voit revenir. L'enfant gâté apprécie rarement quoi que ce soit. Il est de ce genre d'enfant qui reçoit un superbe vélo avec dérailleur et qui, trois semaines plus tard, le laisse sous la pluie.

L'enfant gâté représente souvent pour ses parents la chance qu'ils n'ont jamais eue dans la vie. *Je n'ai pas fait grand-chose parce que je n'ai pas été élevé comme il faut, mais mon fils, lui, aura toutes les chances de réussir là où j'ai échoué.* C'est ce mobile qui pousse le père qui n'a reçu aucune éducation musicale à insister pour que son fils apprenne le piano. Ou la mère qui a abandonné une carrière pour le mariage à faire prendre des cours de danse à sa fille, même si celle-ci n'est pas douée. C'est ce genre de parents qui obligent des milliers de jeunes à poursuivre des études qu'ils n'auraient jamais rêvé d'entreprendre si on les avait laissés libres. Les pauvres parents ne peuvent s'empêcher d'agir comme ils le font. Il est très dur pour un homme qui est arrivé avec beaucoup d'efforts à faire fructifier une affaire de bonneterie, par exemple, de s'apercevoir que son fils veut être acteur ou musicien. Et pourtant il en est souvent ainsi.

Une autre sorte d'enfant gâté, c'est celui que la mère ne veut pas voir grandir. La maternité est une vocation — mais pas pour la vie ; pourtant, combien de mères n'entendons-nous pas dire de leur fille : « Elle grandit trop vite. »

Un enfant ne devrait pas avoir le droit de violer le droit des autres. Les parents qui ne veulent pas gâter leurs enfants *doivent* distinguer entre la liberté et l'anarchie.

Le pouvoir et l'autorité

Avant que la psychologie ait découvert l'importance de l'inconscient, l'enfant était considéré comme un être raisonnable qui avait le pouvoir de discerner le bien du mal. On pensait que son esprit était une argile vierge et malléable que n'importe quel professeur consciencieux pouvait modeler.

Maintenant, nous savons que rien n'est statique chez l'enfant ; celui-ci, au contraire, est dynamique. Il cherche à exprimer ses désirs dans l'action. Par nature il est égoïste et cherche toujours à exercer son pouvoir. De même que la sexualité, le désir de puissance est en tout.

Le bruit est souvent réprimé dans l'enfance, mais avant cela une autre répression prend place — celle qui consiste à rendre l'enfant propre. Nous ne pouvons que deviner qu'un enfant se sent puissant dans l'acte d'excrétion. Il est vraisemblable que ses besoins naturels ont beaucoup plus d'importance pour lui, car ils sont sa première création. Je dis que nous ne pouvons que deviner, car personne ne sait ce que pense un enfant d'un ou deux ans. Il est certain par contre que certains enfants de sept ou huit ans ont un sentiment très fort de puissance quand ils excrètent.

Une femme normale a peur d'un lion ; une femme névrosée a peur d'une souris. Le lion est réel, mais la souris représente un intérêt refoulé que la femme craint de reconnaître. De même, les désirs de l'enfant peuvent être convertis en phobies par refoulement. Bien des enfants ont des terreurs nocturnes : ils ont peur de fantômes, de voleurs, du Père Fouettard. Souvent, des parents ignorants pensent qu'une histoire racontée par la gouvernante est responsable des terreurs de leur enfant, mais l'histoire de la gouvernante ne fait que donner une forme à une phobie déjà existante. La source du mal, c'est la suppression par les parents de l'intérêt sexuel. L'enfant craint ses propres intérêts ensevelis, exactement comme la femme qui a une phobie des souris craint les siens.

Le besoin de suppression n'est pas nécessairement dirigé vers la sexualité. Le père fâché qui crie : « Cessez ce tintamarre ! » peut convertir l'intérêt de l'enfant pour le bruit en un intérêt craintif pour le père. Lorsque le désir de l'enfant est contrecarré, l'enfant hait. Lorsque je retire son jouet à un enfant intelligent de trois ans, il me tuerait s'il le pouvait.

Un jour, j'étais assis avec Billie. J'étais dans la chaise longue rayée de noir et d'orangé. Pour Billie, évidemment, je représentais le père.

« Raconte-moi une histoire, dit-il.

— Non, tu m'en racontes une, dis-je.

— Non, insista-t-il, il ne pouvait pas me raconter d'histoire, il fallait que je lui en raconte une.

— Bon, on va en raconter une ensemble, dis-je. Quand je m'arrêterai, tu diras quelque chose — hein ? Alors, je commence. Il était une fois un —.

Billie regarde ma chaise avec les raies noires et orangé.

— Tigre, dit-il, et je savais que j'étais l'animal à raies.

— Et il était arrêté sur la route, juste devant la porte de notre école. Un jour, un garçon sortit qui s'appelait...

— Donald, dit Billy. Donald est son meilleur copain.

— Alors le tigre sauta d'un bond et...

— Le dévora, dit Billy promptement.

— Alors Derrik dit : " Je ne laisserai pas ce tigre dévorer mon frère. " Ce disant, il brandit son revolver et sortit sur la route. Le tigre sauta d'un bond et...

— Le dévora, dit Billy gaiement.

— Alors Neill devint furieux. " Non, dit-il, je ne permettrai pas à ce tigre de dévorer toute mon école. " Ce disant, il brandit un de ses deux revolvers et sortit. Le tigre sauta d'un bond et...

— Le dévora, naturellement.

— C'est alors que Billie se fâcha. Il brandit ses deux revolvers, son sabre, son poignard, sa mitrailleuse et sortit. Le tigre sauta d'un bond et...

— Billie tua le tigre, dit Billie modestement.

— Merveilleux !, m'écriai-je. Il tua le tigre. Il traîna son corps jusqu'à la porte de l'école, entra et convoqua une assemblée générale. Alors, un des professeurs dit : "Maintenant que Neill a été dévoré, nous allons avoir besoin d'un nouveau directeur et je propose... "

Billie baissa les yeux et resta silencieux.

— Et je propose...

— Tu sais bien que c'était moi qu'il proposait, dit-il d'un air contrarié.

— Et c'est ainsi que Billie devint le directeur de Summerhill, dis-je. Et savez-vous ce qu'il fit pour commencer ?

— Il se rendit dans ta chambre et s'empara de ton tour mécanique et de ta machine à écrire », dit-il sans aucune hésitation ou embarras.

Je connais une autre histoire de Billie. Un jour il me dit : « Je sais où je peux trouver un chien plus gros que celui de papa. » Son père a deux terriers.

« Où ça ? », demandai-je, mais il secoua la tête et ne voulut pas me le dire.

« Comment appelleras-tu ton chien, Billie ?

— Tuyau », répondit-il.

Je lui tendis une feuille de papier. « Dessine-moi un tuyau », dis-je.

Il dessina un grand phallus. Je me souvins tout à coup d'une vieille pompe à bicyclette que j'avais. J'allai la chercher et lui montrais comment s'en servir comme d'une pompe à eau.

« Maintenant, dis-je, tu as un plus gros tuyau que papa », et il rit très fort. Pendant deux jours, il se promena dans l'école, aspergeant de l'eau autour de lui. Puis, il perdit tout intérêt pour son tuyau.

La question est de savoir si Billie est un cas sexuel ou un cas d'agressivité. Je pense que c'est un cas d'agressivité. Son désir de tuer le tigre (moi) était une répétition de son désir initial quand il vit son père pour la première fois. Cela n'avait aucun rapport direct avec la sexualité. Et son désir d'avoir un phallus plus gros que celui de son père était aussi un désir de puissance. Les rêves de Billie sont des rêves d'agressivité. Je l'entends souvent raconter aux autres qu'il peut conduire plusieurs avions à la fois. L'ego est en toute chose.

Le désir contrecarré est à la base de toute fantaisie de l'imagination. Chaque enfant veut être grand ; tous les éléments alentour lui rappellent qu'il est petit. L'enfant conquiert son environnement en s'en évadant ; il s'envole et vit son rêve en imagination. L'ambition d'être chauffeur de camion indique un mobile de puissance. Contrôler un train qui roule à toute allure est une des meilleures illustrations de ce mobile.

Peter Pan est aimé des enfants, non pas parce qu'il grandit, mais parce qu'il veut voler et combattre les pirates. Il est aimé des adultes parce que ceux-ci désirent être à nouveau des enfants, sans responsabilités, sans difficultés. Mais aucun petit garçon ne veut rester réellement un petit garçon. Le désir de puissance le pousse vers l'avant.

Or, la suppression du bruit et de la curiosité chez

l'enfant fausse son amour naturel du pouvoir. Les jeunes qu'on appelle délinquants et qu'on accuse généralement d'avoir eu la tête tournée par trop de films ne font qu'essayer d'exprimer ce qui a été refoulé. J'ai remarqué qu'habituellement l'adolescent antisocial, le meneur, une fois qu'il a fait l'expérience de la liberté, devient un défenseur convaincu de l'ordre.

Ansi avait été une meneuse dans son ancienne école et en avait été expulsée. Deux jours après son arrivée à Summerhill, elle commença à se battre avec moi pour jouer, mais bientôt l'élément de jeu dans la bataille disparut. Trois heures durant, elle me donna des coups de pied et me mordit, me disant sans arrêt qu'elle finirait bien par me faire fâcher. Je refusai d'abdiquer et souris tout le temps. C'était très difficile. Finalement, un des professeurs se mit au piano et commença à jouer doucement. Ansi se calma. Son attaque était partiellement sexuelle, mais à ses yeux je représentais aussi la loi. J'étais le directeur de l'école.

Ansi trouvait la vie déroutante. A Summerhill, elle découvrit qu'il n'y avait pas de lois à enfreindre et elle se sentait comme un poisson hors de l'eau. Elle essaya de fomenter des dissensions parmi les élèves, mais n'y réussit qu'avec les tout petits. Elle essayait une fois de plus d'exercer son pouvoir de meneuse contre l'autorité. En réalité, elle aimait l'ordre. Mais dans ce domaine où les adultes avaient tout le pouvoir elle n'avait aucune occasion d'exercer le sien. Comme pis-aller, elle choisit la rébellion contre l'ordre établi.

Une semaine après son arrivée, nous eûmes une assemblée générale. Ansi se leva et se moqua de tout. « Je voterai en faveur des lois, dit-elle, mais seulement pour avoir le plaisir de les enfreindre. »

Notre surveillante générale prit la parole. « Il est évident qu'Ansi veut des lois que tout le monde ne peut pas respecter. Je propose que nous n'ayons aucune loi. Je propose le chaos. »

Ansi cria « Hurrah ! » et sortit, suivie des élèves. Cela lui fut facile parce que ces derniers étaient très jeunes et n'avaient pas encore développé de conscience sociale. Elle les conduisit à l'atelier et ils s'armèrent tous de scies. Ils annoncèrent leur intention de couper tous les arbres fruitiers. Comme d'habitude dans un tel cas, je continuai à jardiner.

Dix minutes plus tard, Ansi vint vers moi. « Comment pouvons-nous arrêter le chaos et rétablir des lois ? demanda-t-elle d'une voix douce.

— Je n'en ai aucune idée, répliquai-je.

— Peut-on convoquer une autre assemblée générale ? demanda-t-elle.

— Bien sûr, tu peux le faire, mais je n'y assisterai pas. Nous avons décidé en faveur du chaos. » Elle s'éloigna et je continuai mon jardinage.

Peu après, elle revint. « Les enfants et moi nous sommes réunis, dit-elle, et nous avons voté en faveur d'une assemblée générale à laquelle toute l'école sera présente.

— Toute l'école ? dis-je. Alors, j'y serai. »

Pendant la réunion, Ansi fut sérieuse et les lois furent adoptées en paix. Les dégâts de la période chaotique se montèrent à un piquet coupé en deux.

Pendant des années, Ansi avait trouvé plaisir à mener sa bande contre l'autorité. En fomentant la rébellion, elle faisait ce qu'elle détestait. Elle détestait le chaos. Au fond, elle avait le respect de l'ordre établi. Mais elle avait soif de pouvoir. Elle n'était heureuse que lorsqu'elle dirigeait les autres. En se rebellant contre un professeur, elle essayait de se rendre plus importante que lui. Elle haïssait les lois parce qu'elle haïssait le pouvoir qui les établissait. Elle s'identifiait à sa mère qui la punissait, et elle était sadique avec les autres. Nous ne pouvons que conjecturer que sa haine de l'autorité était objectivement une haine de l'autorité de sa mère et subjectivement une haine de la mère autoritaire qu'elle sentait en elle-même. Je trouve ces cas d'agressivité plus difficiles à guérir que les cas sexuels. Il est comparativement facile de retrouver les événements et les enseignements qui ont donné mauvaise conscience à un enfant vis-à-vis de la sexualité, mais rechercher les mille incidents et enseignements qui ont rendu un enfant sadique et avide de pouvoir est très difficile.

Je pense en particulier à un de mes échecs. Quand j'enseignais en Allemagne, Maroslava, une jeune Slave de treize ans, me fut envoyée. Elle avait une haine intense de son père. Pendant six mois, cette fille fit de ma vie un enfer. Elle m'attaquait aux assemblées générales et, en une certaine occasion, elle proposa la motion que je sois renvoyé de l'école parce que j'étais inutile ; la motion fut acceptée. On m'accorda trois jours de repos, mais malheureusement, alors que je commençais à me sentir fort bien et à écrire un livre, il y eut une nouvelle assemblée générale au cours de laquelle on vota à l'unanimité (moins une voix naturellement) mon rétablissement dans mes fonctions. Maroslava disait toujours : « Je ne veux pas de patron dans l'école. » Elle était très agressive et avait un puissant ego. Quand elle quitta l'école (je dus dire à sa mère que je ne pouvais pas la guérir), je lui serrai la main.

« Eh bien, dis-je gentiment, je ne t'ai pas beaucoup aidée, n'est-ce pas ?

— Tu sais pourquoi ?, dit-elle avec un sourire amer. Je vais te le dire. Le premier jour où j'étais dans ton école, je faisais une boîte et tu m'as dit que j'utilisais trop de clous. A partir de ce moment-là, je savais que tu étais comme les autres directeurs d'école — le patron. A partir de ce moment-là tu n'as plus pu m'aider.

— Tu as raison, dis-je. Au revoir. »

Il se peut que la haine soit plus souvent due à de

l'agressivité contrecarrée qu'à de l'amour refoulé. On sentait la haine qui émanait de Maroslava. La recherche du pouvoir est tout aussi féminine que masculine. Généralement, la femme recherche le pouvoir sur les gens, tandis que l'homme le recherche sur les choses matérielles ; Maroslava et Ansi cherchaient à imposer à tout prix leur pouvoir sur les gens.

Aucun enfant n'est égoïste avant huit ans ; il n'est jusque-là qu'un égotiste. Dans le cas d'un gamin de six ans auquel son père enseigne de ne pas être égoïste et qu'il bat lorsqu'il l'est, la conscience de l'enfant est à priori objective : *Je dois partager mes bonbons quand papa me regarde.* Mais en même temps un processus d'identification commence. Le gamin veut devenir aussi fort que son père — le désir de puissance. Il veut avoir autant que ses parents. Il s'identifie à son père et emprunte sa philosophie. Il devient un petit conservateur ou un petit libéral. En somme, il imprègne son âme de son père. La conscience qui était auparavant la voix du père venant de l'extérieur devient maintenant la même voix venant de l'intérieur. C'est en suivant ce processus que certaines personnes deviennent baptistes, calvinistes ou communistes.

Les filles que leurs mères ont fessées deviennent des mères qui fessent à leur tour. Les enfants illustrent d'une excellente façon ce phénomène quand ils jouent à la maîtresse d'école : celle-ci donne toujours des fessées.

Le désir de l'enfant d'être grand est un désir de puissance. La taille seule de l'adulte suffit à donner à l'enfant un complexe d'infériorité. Pourquoi les adultes ont-ils le droit de veiller tard le soir ? Pourquoi ont-ils toujours les meilleures choses — des machines à écrire, des automobiles, des boîtes à outils, des montres ?

Mes garçons adorent se mettre du savon à barbe sur le visage quand je me rase. Le désir de fumer n'est qu'un désir d'être grand. Généralement, c'est l'enfant unique qui voit le plus souvent son désir de puissance contrecarré ; c'est pourquoi il est l'enfant le plus difficile à contrôler dans une école.

Je fis une fois l'erreur d'amener un jeune enfant dans mon école dix jours avant la rentrée officielle. Il était heureux d'être parmi les professeurs, de s'asseoir dans leur salle, d'avoir une chambre pour lui tout seul. Quand les autres élèves arrivèrent, il devint antisocial. Quand il était seul, il nous aidait à réparer toutes sortes de choses ; après l'arrivée des autres élèves, il commença à détruire. Son orgueil était blessé. Il avait soudainement cessé d'être adulte ; il devait partager sa chambre avec quatre autres garçons ; il devait se coucher de bonne heure. Ses protestations violentes me firent décider de ne plus jamais permettre à un enfant de s'identifier à des adultes.

Seule l'agressivité *contrecarrée* est cause de malfaisance. Les êtres humains sont bons ; ils veulent être bons ; ils désirent aimer et être aimés. La haine et la rébellion ne sont que de l'amour ou de l'agressivité contrecarrés.

La jalousie

La jalousie est causée par le désir de possession. Si l'amour sexuel était une transcendance sincère du moi, l'homme se réjouirait de voir la femme qu'il aime embrasser un autre homme parce qu'il serait heureux de la savoir heureuse. C'est l'homme profondément exclusif qui commet un crime de jalousie.

L'absence de toute jalousie sexuelle chez les Tobriands fait penser que la jalousie n'est peut-être qu'un produit de notre civilisation plus compliquée. La jalousie est causée par un mélange d'amour et de désir de posséder l'objet aimé. On dit souvent que l'homme jaloux ne tue pas le rival qui lui a pris sa femme — il ne tue que celle-ci. Il est probable qu'il tue la femme afin d'éloigner sa possession du désir des autres, de même que la lapine mange ses petits quand les humains les touchent par trop. L'ego du nouveau-né veut tout ou rien : il ne peut pas partager.

La jalousie est liée beaucoup plus à l'agressivité qu'à la sexualité. C'est une réaction de l'ego blessé. « Je ne suis pas le premier. Je ne suis pas le préféré. Je suis mis dans une situation inférieure. » C'est cela la psychologie du jaloux que nous rencontrons, disons, chez les chanteurs et les acteurs. Lorsque j'étais étudiant, je me faisais beaucoup d'amis parmi les acteurs rien qu'en dénigrant un autre acteur de la troupe.

Dans la jalousie, il y a toujours la peur de perdre.

Une cantatrice hait une autre prima donna parce qu'elle craint que son succès souffre de celui de l'autre. En vérité, la peur de perdre l'estime des autres est peut-être cause de plus de jalousie que tous les rivaux en amour du monde.

En famille, beaucoup dépend, par conséquent, de ce que l'aîné des enfants se sente apprécié. S'il a été élevé dans l'autonomie et si on lui accorde assez d'indépendance pour qu'il ne recherche pas constamment l'approbation de ses parents, il ne sera pas aussi jaloux d'une addition à la famille que pourrait l'être un enfant qui n'aurait pas été élevé librement, comme par exemple l'enfant qui est toujours pendu aux jupons de sa mère et qui, par conséquent, n'est jamais vraiment indépendant. Cela ne veut pas dire que les parents de plusieurs enfants devraient rester neutres et se contenter d'observer les réactions de l'aîné vis-à-vis des plus jeunes. Non, dès le début, toute action qui pourrait aggraver la jalousie devrait être évitée, comme, par exemple, montrer aux amis et louer avec excès le nouveau bébé. Les enfants, quel que soit leur âge, ont un sens très profond de la justice — ou plutôt de l'injustice — et les parents sages essaieront de ne pas favoriser l'enfant le plus jeune au détriment de l'aîné, quoique parfois cela ne soit pas toujours tout à fait possible.

Que bébé ait droit au sein de maman peut paraître injuste à son frère plus âgé. Mais il n'en est pas nécessairement ainsi si le grand frère sent qu'il a eu autant qu'il l'a désiré ce même sein quand il était petit. Il est difficile toutefois d'arriver à des conclusions définitives sur ce point, car nous n'avons pas assez d'évidence. Je n'ai, personnellement, jamais observé la réaction d'un enfant autonome lors de l'arrivée d'un nouveau-né. Je ne sais pas si la jalousie est un trait permanent de la nature humaine.

Au cours de ma longue expérience avec les enfants,

j'ai remarqué que plus tard dans la vie beaucoup de gens gardent en eux, avec du ressentiment, un souvenir d'enfance de quelque acte qui leur parut alors injuste. C'est spécialement vrai dans le cas des enfants qui furent punis pour un acte commis par un frère plus jeune. « C'est toujours moi qui me faisais attraper », est le leitmotiv de beaucoup d'aînés. Dans toute querelle, quand le tout petit pleure, la réaction automatique de la mère est de gronder le frère le plus âgé.

Jim, huit ans, avait pour habitude d'embrasser tous ceux qu'il rencontrait. Ses baisers étaient plutôt des suçons qu'autre chose. J'en conclus qu'il ne s'était jamais remis de son désir infantile de la succion. Je lui achetai un biberon. Il l'emportait avec lui tous les soirs en allant se coucher. Les autres garçons, qui au début rirent de lui (marquant ainsi leur propre intérêt pour le biberon), bientôt devinrent jaloux de lui. Deux d'entre eux demandèrent des biberons. Jim, soudainement, était devenu le petit frère qui dans le passé avait eu le monopole du sein de maman. Je leur achetai à tous un biberon. Le fait qu'ils en voulaient montrait qu'ils avaient gardé leur intérêt pour la succion.

La jalousie doit être évitée surtout au cours des repas. Il arrive qu'à Summerhill même des professeurs soient jaloux parfois lorsqu'on sert un plat spécial aux visiteurs ; et si la cuisinière donne des asperges à un des grands élèves, les autres s'indignent et l'accusent de favoritisme.

Il y a quelques années, l'arrivée d'une trousse à outils causa du remue-ménage à l'école. Les enfants dont les parents ne pouvaient se permettre de leur acheter de bons outils devinrent jaloux pendant trois semaines et furent antisociaux. Un garçon, qui était adroit de ses mains, emprunta un rabot. Il en sortit la lame en la tapant à coups de marteau et naturellement l'abîma. Il me dit qu'il avait oublié comment on sortait la lame d'un rabot. Conscient ou inconscient, son acte destructif était motivé par la jalousie.

Il n'est pas toujours possible de donner sa propre chambre à chaque enfant, mais tout enfant devrait avoir son petit coin pour y faire ce qui lui plaît. Dans les salles de classe à Summerhill, chaque élève a sa propre table et son coin qu'il décore avec joie.

La jalousie est parfois provoquée par les L.P. « Pourquoi Margaret a-t-elle des L.P. et pas moi ? » Il arrive qu'une fille se conduise consciemment et délibérément comme une enfant difficile pour le plaisir d'être incluse sur ma liste des L.P. Une fois, une fille brisa plusieurs vitres et quand on lui demanda pourquoi elle avait fait cela, elle répliqua : « Je veux que Neill me donne des L.P. » Une enfant qui se conduit ainsi généralement pense que son père lui accorde peu d'attention.

Etant donné que les enfants viennent à l'école avec leurs problèmes familiaux de jalousie, ce que je crains le plus ce sont les lettres que les parents leur écrivent. Je dus une fois ecrire à un père « Je vous en prie, n'ecrivez plus à votre fils. Chaque fois qu il reçoit une lettre de vous, il fait des bêtises. » Le père ne me répondit pas mais cessa d'écrire à son fils. Puis deux mois plus tard, je vis le garçon avec une lettre de son père Je fus ennuyé mais ne dis rien. Cette nuit-là, vers minuit, j'entendis des cris dans la chambre de l'enfant. Je me précipitai pour sauver de justesse notre petit chat que le gamin essayait d'étrangler. Le lendemain, je me rendis dans sa chambre et y trouvai la lettre. « Je suis sûr que tu seras content de savoir que nous avons fêté lundi l'anniversaire de Tom (le plus jeune frère) et que Tante Lizzie lui a offert un petit chat. » Les rêveries provoquées par la jalousie sont sans bornes. L'enfant jaloux tue ses rivaux en imagination. Deux frères devaient voyager ensemble entre Summerhill et leur maison au moment des vacances. Le plus âgé fut pris de panique et répétai sans cesse : « J'ai peur de perdre Fred en route. » Il craignait que son rêve devienne réalité.

« Non, me dit un jour un garçon de onze ans en parlant de son jeune frère, je ne voudrais pas vraiment qu'il meure, mais s'il pouvait s'en aller loin, comme aux Indes par exemple, ou quelque part comme cela et ne revenir que quand il serait un homme, cela me plairait. »

Chaque nouvel élève à Summerhill doit endurer trois mois de haine inconsciente de la part des autres. Car la première réaction d'un enfant à une nouvelle addition à la famille est une réaction de haine. L'aîné pense toujours que sa mère n'a d'yeux que pour le nouveau-né parce que celui-ci dort auprès d'elle et prend toute son attention. La haine refoulée de l'enfant pour sa mère est souvent compensée par un excès de tendresse à son égard. C'est l'aîné généralement qui a le plus de haine. L'enfant le plus jeune n'a jamais connu la sensation d'être le roi de la maison. Réflexion faite, mes cas les plus graves de névrose sont toujours les aînés d'une famille.

Les parents sans le vouloir entretiennent la haine de l'aîné. « Enfin Tom, ton petit frère ne ferait pas une telle histoire pour une coupure au doigt. »

Je me souviens que lorsque j'étais enfant on me présentait toujours comme exemple un autre garçon. C'était un excellent élève qui était toujours le premier de la classe et qui remportait tous les prix. Il mourut. Je me rappelle que son enterrement fut un événement assez plaisant.

Les professeurs sont souvent victimes de la jalousie des parents. J'ai perdu plus d'un élève parce que les parents étaient jaloux de l'affection que l'enfant avait pour Summerhill. C'est compréhensible. Dans une école libre, les enfants peuvent faire exactement ce qui leur plaît tant qu'ils n'enfreignent pas les lois sociales établies aux assemblées générales. Souvent, un enfant ne veut même pas aller en vacances chez lui parce qu'à la maison il y a des règlements restrictifs. Les parents qui ne deviennent pas jaloux de l'école ou de ses professeurs sont ceux qui traitent leurs enfants comme nous les traitons à Summerhill. Ils ont confiance en eux et leur accordent la liberté de s'épanouir. Ces enfants sont ravis de retourner chez eux.

Il ne devrait pas y avoir de rivalité entre parents et professeurs. Si des parents changent l'amour de leur enfant en haine par des ordres et des règlements arbitraires, ils doivent s'attendre à ce que l'enfant cherche l'amour ailleurs. Un professeur n'est qu'un remplaçant du père ou de la mère. C'est l'amour contrecarré par les parents qui est déversé sur le professeur parce que celui-ci est plus facile à aimer que le père.

J'ai connu un nombre incommensurable de pères qui haïssaient leurs fils par jalousie. Ces pères étaient des Peter Pan qui voulaient de leur femme un amour maternel et qui haïssaient dans leur fils le jeune rival, le battant souvent cruellement. Vous, Monsieur, qui serez père, vous trouverez votre situation compliquée par le triangle familial. Une fois que votre bébé sera né, vous serez dans une certaine mesure en surnombre. Certaines femmes perdent tout désir pour les relations sexuelles après avoir eu un enfant. En tout cas, l'amour partagé caractérisera le foyer une fois l'enfant né. Vous devriez être conscient de ce qui se passera, autrement vous deviendrez jaloux de votre propre enfant. A Summerhill, nous avons eu des dizaines d'enfants qui souffraient de la jalousie paternelle ou maternelle, surtout des cas de fils dont le père jaloux était devenu sévère et brutal. Si un père dispute à ses enfants l'amour de sa mère, ses enfants seront plus ou moins névrosés.

J'ai vu beaucoup de mères qui détestaient voir leur

fille s'épanouir physiquement alors qu'elles-mêmes n'avaient plus la fraîcheur de la jeunesse. Habituellement, ces mères étaient de celles qui n'avaient rien à faire dans la vie, qui vivaient dans le passé et rêvaient de conquêtes qu'elles avaient faites au cours de soirées dans leur jeunesse.

Dans le passé, j'étais irrité quand je voyais deux jeunes gens tomber amoureux l'un de l'autre. Je rationalisais mon sentiment en pensant qu'il était dû à la peur des conséquences. Quand je m'avouai qu'en vérité mon irritation était causée par ma jalousie des jeunes, cette irritation et mes craintes disparurent.

La jalousie des adultes vis-à-vis des jeunes est très réelle. Une fille de dix-huit ans me dit que dans un collège privé où elle avait été élevée un de ses professeurs considérait les seins comme des choses viles qui devaient être cachées et aplaties. C'était un cas extrême, sans doute, mais qui représentait toutefois une forme exagérée d'une vérité que nous avons tendance à oublier : l'âge — déçu et frustré — hait la jeunesse parce qu'il en est jaloux.

Le divorce

Qu'est-ce qui rend un enfant névrosé ? Dans bien des cas, c'est le fait que ses parents ne s'aiment pas. L'enfant névrosé est assoiffé d'amour et dans son foyer il n'y en a pas. Il entend ses parents se parler sur un ton désagréable. Même si ces derniers s'efforcent de garder leur secret, l'enfant sent l'atmosphère de mésentente. Il juge plus par les apparences que par ce qu'il entend. Aucun enfant n'est dupe de mots comme *chère* ou *chérie*.

J'ai eu, entre autres, les cas suivants :

Une fille de quinze ans, voleuse. Mère infidèle au père. La fille le savait.

Une fille de quatorze ans, rêveuse et malheureuse. Névrose datant du jour où elle surprit son père avec sa maîtresse.

Une fille de douze ans qui détestait tout le monde. Père impuissant. Mère aigrie.

Un garçon de huit ans, voleur. Père et mère se querellaient ouvertement.

Un garçon de neuf ans qui vivait dans un monde imaginaire (principalement érotique anal). Parents furtivement hostiles l'un à l'autre.

Une fille de quatorze ans qui urinait au lit. Parents vivant séparément.

Un garçon de neuf ans, odieux à la maison à cause de

sa mauvaise humeur; affligé de folie des grandeurs. Mère malheureuse en mariage.

Je réalise combien il est difficile de guérir un enfant dont le foyer est sans amour. Souvent j'ai dû répondre à une mère qui me demandait : « Comment puis-je aider mon enfant ? » par : « Faites-vous analyser. »

Souvent les parents disent qu'ils ne se séparent pas à cause des enfants. Il vaudrait mieux pour ces derniers que les parents qui ne s'entendent pas se séparent. Mille fois mieux ! Une vie conjugale sans amour est toujours la mort psychique d'un enfant.

J'ai souvent observé que le jeune fils d'une mère malheureuse dans le mariage réagit vis-à-vis d'elle avec haine. Il la tourmente d'une façon sadique. Un garçon que je connaissais avait l'habitude de mordre et de griffer sa mère. Dans des cas moins extrêmes, l'enfant torture la mère en demandant continuellement son attention. Selon la théorie du complexe d'Œdipe, ce devrait être le contraire. Le petit garçon voit dans son père un rival. On pourrait supposer naturellement que dans le cas où le père est éliminé, le fils, en tant que prétendant à l'amour maternel, montrerait un amour accru pour sa mère. Je trouve, au contraire, que souvent il montre une extraordinaire cruauté vis-à-vis de celle-ci.

La mère malheureuse dans le mariage fait toujours du favoritisme. L'épanouissement dans le mariage lui étant impossible, elle concentre son amour sur l'un de ses enfants. La chose essentielle pour un enfant, c'est l'amour, mais le conjoint malheureux dans le mariage ne peut pas donner à l'amour sa proportion normale. Il en donne trop ou trop peu. Il est difficile de dire en ce cas quel est le moindre mal.

L'enfant privé d'amour devient un enfant haineux et critique. L'enfant submergé d'amour devient un fils à maman, timide, féminin, recherchant toujours la sécurité maternelle. La mère peut être symbolisée par une maison (comme dans l'agoraphobie), par l'Eglise ou la patrie.

Je ne m'occupe pas des lois sur le divorce. Il n'est pas de mon ressort de conseiller les adultes. Mais il est de mon ressort d'étudier les enfants et il est important que je suggère aux parents de changer le foyer pour que l'enfant névrosé ait une chance de recouvrer la santé psychique. Les parents doivent avoir le courage d'essayer de comprendre que leur influence est mauvaise pour l'enfant. Une mère me dit un jour : « Mais si je ne vois pas mon fils pendant deux ans, je le perdrai. »

« Vous l'avez déjà perdu », répondis-je. Elle l'avait *vraiment* perdu, car il était malheureux à la maison.

L'anxiété parentale

On pourrait dire que les parents anxieux sont ceux qui ne peuvent pas donner — donner de l'amour, de l'honneur, du respect, de la confiance.

Récemment, un de mes nouveaux élèves eut la visite de sa mère. Pendant tout le week-end elle lui rendit la vie intenable. Il n'avait pas faim, mais elle était derrière lui dans la salle à manger et le força à déjeuner. Il était sale après avoir bâti une hutte dans un arbre ; elle l'envoya se laver. Il avait dépensé son argent de poche pour acheter des glaces ; elle lui fit un sermon sur le danger des glaces pour l'estomac. Elle le corrigea chaque fois qu'il m'appelait Neill et exigea qu'il m'appelle Monsieur Neill.

Finalement, je lui dis : « Pourquoi donc avez-vous mis votre fils dans mon école alors que vous êtes si anxieuse et tatillonne ? »

Elle répondit innocemment : « Pourquoi ? Mais parce que je veux qu'il soit libre et heureux. Je veux qu'il devienne indépendant et qu'il ne soit gâté par aucune influence extérieure. »

Je dis : « Oh ! » et allumai une cigarette. Cette femme ne se rendait absolument pas compte qu'elle traitait son fils cruellement et qu'elle reportait sur lui toute l'anxiété que sa propre vie frustrée lui donnait.

Que peut-on faire devant de tels cas ? Rien. Rien que donner quelques illustrations et espérer ; espérer que peut-être quelques parents parmi des millions diront : « Je n'avais jamais pensé à cela. Je croyais que je faisais bien. Peut-être avais-je tort. »

Une mère m'écrit : « Je ne sais plus que faire. Mon fils de douze ans a commencé à voler dans un Uniprix. Conseillez-moi, je vous en prie. » C'est un peu comme si un homme qui avait bu pendant vingt ans sa bouteille de whisky quotidiennement m'écrivait pour se plaindre qu'il a le foie en très mauvais état. Je ne l'aiderais sans doute en rien en lui conseillant, au point où il en serait, de cesser de boire. Aussi, quand une mère paniquée a de sérieux problèmes avec un enfant, je lui conseille de consulter un psychologue pour enfants ou de s'adresser à l'hôpital d'enfants le plus proche.

Je pourrais, bien sûr, répondre à la mère affolée : « Chère Madame, votre fils a commencé à voler parce que son foyer est instable et malheureux. Pourquoi ne lui donnez-vous pas un bon foyer ? » Mais en lui écrivant cela je lui donnerais mauvaise conscience. Même avec la meilleure volonté du monde, elle ne pourrait pas changer l'environnement de son fils parce qu'elle ne saurait pas comment s'y prendre. Pis, même si elle savait comment s'y prendre, elle n'aurait pas la capacité émotive de mener à bien son programme.

Il est certain qu'avec l'aide d'un psychologue pour enfants une femme qui le voudrait pourrait apporter un changement à son foyer. Un psychologue pourrait lui conseiller de se séparer du mari qu'elle n'aime pas, ou encore de mettre sa belle-mère à la porte. Mais le psychologue ne pourrait pas changer la nature intérieure de cette femme, la mère moralisatrice, anxieuse, apeurée, querelleuse et ennemie de la sexualité. Le changement seul des conditions extérieures ne pourrait apporter qu'un mieux limité.

Je me souviens d'une entrevue avec un autre type de mère qui désirait inscrire sa fille de sept ans à

Summerhill. Chaque question qu'elle me posait témoignait de son anxiété : « Pouvez-vous m'assurer qu'elle se brossera les dents matin et soir ? La surveillera-t-on quand elle traversera la route ? Aura-t-elle classe tous les jours ? Lui donnera-t-on ses remèdes tous les jours ? » Une autre mère était toujours inquiète au sujet de la santé de sa fille et m'écrivait continuellement de longues lettres, m'instruisant de ce que sa fille devait manger, ou plutôt ne pas manger, de ce qu'elle devait porter et ainsi de suite. J'ai eu beaucoup d'enfants de parents anxieux. Invariablement, l'enfant acquérait l'anxiété des parents ; l'hypocondrie en était fréquemment le résultat.

Martha avait un petit frère. Les parents sont du genre anxieux. J'entends encore Martha dans le jardin crier à son frère : « Ne va pas près de l'eau — tu vas te mouiller les pieds. » Ou : « Ne joue pas avec le sable — tu vas salir ton nouveau pantalon. » Je dis que j'entends Martha, mais je devrais dire plutôt que je l'entendais — quand elle était nouvelle élève chez nous. De nos jours, il lui importe peu que son frère ressemble à un ramoneur. Ce n'est que pendant la dernière semaine du trimestre que son anxiété réapparaît, parce qu'alors elle réalise qu'elle va retrouver à la maison une atmosphère d'anxiété constante.

Il m'arrive de penser que les écoles strictes doivent leur popularité au fait que les élèves se réjouissent d'aller chez eux en vacances. Les parents voient sur les visages heureux de leurs enfants l'amour du foyer, alors que ce n'est souvent que la haine de l'école. C'est le même mécanisme psychologique que la mère utilise quand elle transfère la haine que son enfant a pour elle sur le père en disant : « Attends que ton père rentre. Tu verras la volée que tu recevras. »

Souvent j'entends des médecins et autres professionnels dire : « J'envoie mes enfants dans un bon collège privé afin qu'ils rencontrent des gens qui leur serviront plus tard. » Ils s'imaginent que nos valeurs sociales dureront pendant des générations. La peur de l'avenir est profondément ancrée chez beaucoup de parents.

Les parents qui veulent des écoles strictes sont des parents autoritaires. L'école stricte reprend la tradition familiale qui consiste à garder l'enfant timoré, sage, respectueux, castré. De plus, l'école fait un excellent travail sur l'intellect de l'enfant. Elle restreint sa vie émotive et ses tendances créatrices. Elle le dresse à obéir à tous les dictateurs et patrons qu'il rencontrera dans la vie. La crainte qui débute au berceau s'accroît au contact des professeurs sévères dont la discipline rigide émane de leurs propres instincts agressifs. La plupart des parents qui ne voient que l'enfant extérieur dans son blazer, avec ses manières superficielles et son culte du football, sont heureux de la bonne éducation qu'il reçoit. C'est tragique de voir de jeunes vies sacrifiées à cet autel antédiluvien qu'on appelle une bonne éducation. L'école stricte ne réclame que le pouvoir — et les parents craintifs sont satisfaits.

Comme tout ego assoiffé de pouvoir, l'ego du professeur s'efforce de donner son empreinte à l'enfant. Un tel professeur est un dieu de pacotille. Il est le point de mire ; il commande et on lui obéit ; il rend la justice c'est toujours lui qui parle. Dans une école libre, l'élément de pouvoir est éliminé. A Summerhill, il n'y a pas de risque qu'un professeur parade son ego. Il ne pourrait pas concurrencer l'égoïsme plus vocal des enfants. Ainsi, au lieu de me respecter, les enfants me traitent souvent d'imbécile ou d'idiot. Généralement, ce sont des termes d'affection. Dans une école libre, l'élément d'amour devient le plus important. Les mots utilisés sont secondaires.

Un garçon arrive à Summerhill d'un foyer plus ou moins strict ou anxieux. On lui accorde toute la liberté qu'il désire. Personne ne le critique. Personne ne lui dit de bien se tenir. Personne ne lui demande d'être là et de se taire. L'école est un paradis pour un tel garçon, naturellement. Car le paradis pour un garçon, c'est le lieu où il peut exprimer son ego. Sa joie d'être libre de s'exprimer devient bientôt liée à ma personne. Je suis le papa que son père aurait dû être. Le garçon ne m'aime pas vraiment. Un enfant n'aime pas — il veut seulement être aimé. Sa pensée inexprimée, c'est *Je suis heureux ici, Neill est un type épatant. Il ne m'embête jamais. Il doit m'aimer, autrement il me commanderait.*

Les vacances arrivent. Il va chez lui. Là, il emprunte la lampe de poche de son père et la laisse vraisemblablement sur le piano. Papa proteste. Le garçon réalise que la maison n'est pas un lieu libre. Un de mes élèves me disait souvent : « Mes parents ne sont pas dans le coup, tu sais. Je ne suis pas libre chez moi comme ici. Quand j'irai chez moi, je vais leur apprendre à mes parents. » Je suppose qu'il mit ses menaces à exécution, car il fut envoyé dans une autre école.

Beaucoup de mes élèves souffrent de « famillite ». En ce moment, j'ai une forte envie de dire des choses peu aimables à certains membres de plusieurs familles de mes élèves : deux grands-pères (religieux), quatre tantes (religieuses et prudes), deux oncles (sans religion et moralisateurs). Je défendis sévèrement au père d'un de mes élèves de permettre les visites d'un grand-père qui ne parlait que de l'enfer à son petit-fils, mais le père me répondit que c'était absolument impossible. Quelle calamité pour l'enfant !

Dans une école libre, l'enfant est protégé de la famille. A Summerhill, je n'encourage pas les visites de la famille. Il y a deux ans, un oncle vint et emmena son neveu faire une promenade. Quand le gamin rentra, il commença à jeter du pain à travers la salle à manger. « Ta promenade ne t'a pas réussi, dis-je. De quoi ton oncle t'a-t-il parlé ?

— Oh ! dit-il légèrement, il m'a parlé de Dieu tout le temps de la promenade. De Dieu et de la Bible.

— Il ne t'a pas cité le passage qui parle de jeter son pain sur les eaux, non ? » demandai-je et il se mit à rire. Il cessa de jeter du pain. La prochaine fois que l'oncle reviendra, nous lui dirons que son neveu est « temporairement indisponible ».

En général, je dois dire que je n'ai pas à me plaindre des parents de mes élèves. Nous nous entendons très bien. La plupart d'entre eux coopèrent avec moi d'un bout à l'autre. Quelques parents sont un peu craintifs, mais ils continuent à avoir confiance quand même. J'informe toujours franchement les parents de mes méthodes. Je leur dis toujours qu'elles sont à prendre ou à laisser. Ceux qui ont mes idées n'ont aucune occasion d'être jaloux. Les enfants se sentent aussi libres à l'école qu'à la maison et ils aiment à retourner chez eux.

Les élèves dont les parents n'ont pas tout à fait confiance en Summerhill n'aiment pas aller chez eux pour les vacances. Les parents exigent trop d'eux. Ils ne réalisent pas qu'un enfant de huit ans est principalement intéressé par lui-même. Il n'a pas de sens social, de sens du devoir. A Summerhill, il épuise son égoïsme et s'en libère en l'exprimant. Un jour, il deviendra sociable, parce que son respect des droits et des opinions des autres modifiera son égoïsme. Du point de vue de l'enfant, le désaccord entre le foyer et l'école est désastreux. Il a un conflit : qui a raison, la maison ou l'école ? Il est essentiel pour la croissance et le bonheur d'un enfant que l'école et les parents aient un but unique, un point de vue combiné.

J'ai remarqué que la jalousie est une des causes principales de désaccord entre parents et professeurs. Une élève de quinze ans me dit un jour : « Si je veux rendre mon père fou de colère, je n'ai qu'à dire : " Monsieur Neill dit ceci, Monsieur Neill dit cela ". »

Les parents anxieux sont souvent jaloux de tout professeur que leur enfant aime. C'est naturel. Les enfants sont, après tout, des possessions ; ils sont une propriété ; ils font partie de l'ego des parents.

Le professeur aussi a des faiblesses humaines. Beaucoup d'entre eux n'ont pas d'enfants ; aussi, inconsciemment, ils adoptent leurs élèves. Ils s'efforcent sans s'en rendre compte de voler l'enfant à ses parents. Il serait bon que tout professeur soit analysé. L'analyse n'est pas une panacée, elle n'a qu'une portée limitée, mais elle éclaire bien des choses. Je pense que son mérite principal, c'est de vous aider à mieux comprendre les autres, à être plus charitable. Pour cette seule raison, je la recommande sérieusement aux éducateurs, car, après tout, leur travail c'est de comprendre les autres. Le professeur analysé accepterait volontiers d'examiner son attitude vis-à-vis des enfants et, ce faisant, l'améliorerait.

Si un foyer s'abandonne aux craintes et aux conflits, c'est un mauvais foyer. Un enfant dont les parents anxieux ont eu des exigences trop tôt développera du ressentiment. Inconsciemment, il refusera d'être vaincu par ses parents. Un enfant qui aura été élevé loin de l'anxiété et des conflits fera face à la vie avec un esprit d'aventure.

La conscience parentale

Etre conscient, c'est n'avoir ni préjugés ni attitudes infantiles — ou plutôt c'est en avoir aussi peu que possible, car qui peut jamais être complètement exempt de ce à quoi il a été conditionné depuis l'enfance ? Etre conscient implique de rechercher ce qui est sous la surface des choses, d'éliminer le superficiel. A cause de leur attachement émotif, cela n'est pas aisé pour les parents. *J'ai vraiment gâché mes enfants !* est le cri de nombreux parents qui m'écrivent. L'éducateur, n'étant pas handicapé par un fort attachement émotif à ses élèves, a plus de possibilités que les parents d'être conscient en permanence pour guider l'enfant vers la liberté.

Bien des fois, j'ai dû écrire à un père que son enfant difficile ne changerait pas à moins que lui, le père, change ses méthodes. J'ai dû faire remarquer, par exemple, que Tommy se trouve dans une situation impossible quand à Summerhill il a le droit de fumer alors qu'à la maison il reçoit une volée quand il fume. Au lieu de lui accorder le droit de fumer, on l'oblige à prendre un bain, à se laver, à apprendre, à ne pas jurer, et ainsi de suite.

Je n'ai jamais dressé un enfant contre son foyer. Seule la liberté pousse un enfant à faire son choix et, naturellement, le foyer dans lequel on n'est pas conscient ne peut pas accepter le défi, il ne peut pas comprendre ce que la liberté fait à un enfant.

J'aimerais illustrer par quelques exemples la mauvaise sorte de relation qui peut exister entre un enfant et ses parents. Les enfants que je choisis à cette intention ne sont en aucune façon anormaux. Ils sont simplement victimes d'un environnement dans lequel il n'y a aucune conscience des véritables besoins de l'enfant.

Mildred, par exemple, lorsqu'elle revient de chez elle après les vacances, est hargneuse, querelleuse et malhonnête ; elle claque les portes, se plaint de sa chambre, de son lit et de tas d'autres choses. Il lui faut plusieurs mois avant de redevenir sociable. Elle a passé ses vacances à se disputer avec sa mère, une femme mariée à un homme qu'elle n'aime pas. Aucune liberté au monde ne peut donner à Mildred le contentement durable dont elle a besoin. En fait, des vacances particulièrement mauvaises à la maison sont suivies de vol à l'école. La rendre consciente de la situation ne change pas le manque de conscience de son foyer, la haine qui y règne, la constante interférence avec la vie à laquelle elle aspire. Même à Summerhill un enfant ne peut pas toujours échapper à l'influence de son foyer — une influence dénuée de valeur, de compréhension de ce que l'enfant pense et ressent. Hélas ! On ne peut pas facilement faire acquérir aux gens des valeurs.

Johnny, qui a huit ans, revient à l'école avec un visage revêche. Il taquine et brime les plus faibles que lui. Sa mère a confiance en Summerhill, mais son père ne respecte que la discipline stricte. Johnny doit obéir à tous les commandements de son père, et il me dit qu'il reçoit souvent des gifles. Que peut-on faire pour lui ? Je n'en sais rien.

J'écris à un père : « Il vous est fatal de critiquer votre fils de quelque façon que ce soit. Ne vous mettez pas en colère contre lui. Surtout ne le punissez pas. »

Quand son fils rentre à la maison, son père l'attend à la gare. Et la première chose qu'il lui dit, c'est : « Tiens-toi droit et ne traîne pas les pieds. »

Peter a une mère qui lui a promis un penny chaque matin que son lit sera sec. Pour ma part, je lui ai offert trois centimes chaque fois qu'il l'aura mouillé. Mais afin d'éviter un conflit dans l'esprit de l'enfant, j'ai dû persuader la mère d'abandonner sa récompense avant que je commence à donner la mienne. Maintenant, Peter mouille son lit plus souvent à la maison qu'à l'école. Un des éléments de sa névrose, c'est qu'il veut demeurer un bébé ; il est jaloux de son petit frère. Il sent vaguement que sa mère essaye de le guérir. Ce que j'essaie de lui montrer, c'est que mouiller son lit n'a aucune importance. En deux mots, mes trois centimes de récompense l'encouragent à rester un bébé jusqu'à ce qu'il en ait épuisé le désir et qu'il soit prêt *à l'abandonner naturellement*. Une habitude, c'est quelque chose qui n'a pas été épuisé. La discipline ou le chantage ne feront rien que donner à l'enfant une mauvaise conscience et des mœurs teintées de haine. Il vaut mieux mouiller son lit que de poser à la vertu.

Le petit Jimmy rentre de vacances en disant : « Je ne vais manquer aucun cours ce trimestre. » Ses parents l'ont pressé de passer son examen d'entrée dans le secondaire. Il va au cours pendant une semaine, puis on ne l'y voit plus pendant un mois. Ce qui prouve une fois de plus que parler uniquement à un enfant est inutile. Pis, cela entrave ses progrès.

Ainsi que je l'ai dit, ces cas ne sont pas des enfants à proprement parler difficiles. Dans une ambiance rationnelle, et avec la compréhension de leurs parents, ces enfants seraient normaux.

J'eus une fois un garçon difficile qui avait souffert de mauvaises méthodes d'éducation et j'informai la mère qu'elle aurait à corriger son erreur. Elle me promit qu'elle le ferait. Elle ramena son fils après les vacances et je lui dis : « Alors, vous avez levé l'interdiction ?

— Oui, dit-elle.

— Bien. Que lui avez-vous dit ?

— Je lui ai dit que toucher son pénis n'était pas mal mais que c'était enfantin. »

Elle avait substitué une interdiction à une autre. Et naturellement, le pauvre gamin continua d'être antisocial, malhonnête, haineux et anxieux.

Ce que j'ai contre les parents, c'est qu'ils ne veulent pas apprendre. La majeure partie de mon travail consiste à corriger les erreurs des parents. Je ressens à la fois de la compassion et de l'admiration pour les parents qui reconnaissent honnêtement les erreurs qu'ils ont faites dans le passé et qui essaient d'apprendre à mieux traiter leurs enfants. Mais d'autres parents, je ne sais pourquoi, préfèrent rester fidèles à un code inutile et dangereux plutôt que d'essayer de s'adapter à l'enfant. Ce qui est pire, c'est qu'ils semblent être jaloux de l'affection que leurs enfants ont pour moi.

Les enfants ne m'aiment pas autant qu'ils aiment le fait que je ne me mêle pas de leurs affaires. Je suis le père dont ils rêvaient quand leur père réel criait : « Cesse ce chahut ! » Je ne réclame jamais de bonnes manières, ni de langage châtié. Je ne demande jamais si on s'est lavé la figure. Je ne réclame jamais d'obéissance, de respect ou de sens de l'honneur. En d'autres formes, je traite les enfants avec la dignité que les adultes réclament pour eux-mêmes. Je comprends, tout bien considéré, qu'il ne peut y avoir de concurrence réelle entre un père et moi. Son travail est de gagner le pain de sa famille. Le mien, c'est d'étudier les enfants et leur accorder mon temps et mon intérêt. Si les parents refusent d'étudier la psychologie infantile afin d'acquérir une compréhension du développement de leurs enfants, ils doivent s'attendre à être éliminés. Et ils le *sont*.

Un père écrivit à sa fille qui était élève à Summerhill : « Si tu ne peux pas faire moins de fautes d'orthographe, je préfère que tu ne m'écrives pas. » Lorsqu'il écrivit cela nous ne savions pas encore très bien si l'enfant n'était pas retardée mentalement.

Plus d'une fois je dus me fâcher avec des parents qui se plaignaient et leur écrire : « Votre fils est voleur et il urine au lit. Il est antisocial, malheureux et se sent inférieur. Et tout ce que vous trouvez à faire, c'est me chercher des noises parce qu'il arrive à la gare les mains et le visage sales. » Je me mets difficilement en colère, mais quand je rencontre des parents qui refusent de comprendre ce qui est important et ce qui ne l'est pas pour leur enfant, je me fâche. C'est peut-être pour cela qu'on dit que je suis anti-parents. Par ailleurs, c'est une joie pour moi de voir une mère qui rend visite à son enfant couvert de poussière dans le jardin et qui me dit : « Il a l'air heureux et en bonne santé. »

Je sais, c'est difficile. Nous avons tous nos convictions et nos valeurs personnelles, et nous jugeons les autres selon ces valeurs. Peut-être devrais-je m'excuser d'être fanatique quand il s'agit des enfants, d'être impatient avec les parents qui ne voient pas ceux-ci avec mes yeux. Mais si je m'excusais je serais hypocrite. Le fait est que je sais que j'ai raison — en ce qui touche aux enfants.

Les parents qui veulent changer leur relation avec leurs enfants doivent commencer par se poser quelques questions réalistes et pertinentes comme : *Suis-je fâché contre mon enfant parce que je me suis disputé avec ma femme (ou mon mari) ce matin ? Ou parce que mes relations sexuelles hier soir n'ont pas été satisfaisantes ? Ou parce que la voisine m'a dit que j'avais un enfant gâté ? Ou parce que mon mariage est un échec ? Ou parce que mon patron m'a enguirlandé ?* Il est utile de se poser de telles questions.

Les questions très profondes, celles qui conditionnent toute notre vie, hélas, sont au-delà du conscient. Il est peu probable qu'un père courroucé s'attarde à se poser cette question compliquée : *Suis-je irrité par le mauvais langage de mon fils parce que j'ai été élevé d'une façon stricte, avec des coups et des réprimandes, la peur de Dieu, le respect des conventions sociales sans valeur et une intense répression sexuelle ?* La réponse impliquerait un degré d'analyse personnelle dont la plupart d'entre nous ne sommes pas capables. C'est dommage d'ailleurs, car la réponse à une telle question épargnerait à bien des enfants des névroses et du malheur.

Le passage biblique au sujet des iniquités du père qui retombent sur le fils n'a été compris pendant des générations que dans son sens physique. Même celui qui n'est pas éduqué peut comprendre la morale des *Revenants* d'Ibsen où le fils est détruit par la syphilis du père. Ce que nous ne comprenons pas, c'est la destruction plus fréquente des enfants par les péchés psychologiques de leurs pères. Pour que l'enfant échappe à ce cycle infernal de destruction, il lui faut être guidé très tôt vers l'autonomie par des parents éclairés.

Je dois souligner que l'autonomie exige plus qu'un ensemble de règles. Les parents doivent y accorder beaucoup de temps et d'attention pendant au moins deux ans. Ils ne doivent pas jouer un jeu pour gagner l'amour ou la reconnaissance de leur enfant. Ils ne doivent pas considérer ce dernier comme une chose à exhiber, qui sourit et fait des grâces à la famille et aux amis. L'autonomie implique beaucoup de désintéressement de la part des parents. Je souligne cet aspect parce que j'ai connu de jeunes couples qui pensaient pratiquer l'autonomie avec leur enfant alors qu'ils l'obligeaient à s'adapter à ce qui leur convenait, essayant de lui faire accepter une heure de coucher qui les arrangeait parce qu'ils avaient envie d'aller au cinéma. Ou, plus tard, lui donnant des jouets silencieux afin que papa ne soit pas dérangé pendant sa sieste.

« Je vous en prie, arrêtez, me crieront les parents, vous ne pouvez pas *nous faire ça !* Nous avons quand même des droits, nous aussi. » Non, pas pendant les deux premières ou même les quatre premières années de la vie de votre enfant. Les premières années doivent exiger toute votre attention parce que tout ce qui est autour de vous est contre l'autonomie, et la bataille est serrée pour la protection de l'enfant.

Je voudrais donner quelques conseils aux parents qui veulent sérieusement élever leur enfant dans l'autonomie et la liberté.

Parquer un bébé dans un landau dans le jardin, plusieurs heures d'affilée peut-être, est une pratique dangereuse. Personne ne connaît les sentiments angoissants de peur et de solitude que peut ressentir un bébé qui se réveille soudainement sans personne auprès de lui. Ceux qui ont entendu les hurlements de bébés en de telles occasions ont quelque idée sans doute de la cruauté de cette habitude.

Si vous voulez que votre enfant grandisse sans névrose, il ne faut pas que vous vous éloigniez de lui. Jouez avec lui, pas seulement à ses jeux, mais aussi redevenez enfant avec lui, entrez dans sa vie et acceptez ses intérêts. Si vous êtes imbus de votre dignité, vous ne pourrez pas le faire.

C'est toujours mieux si les grands-parents vivent séparément, loin des enfants. Ce qui arrive, habituellement, c'est que les grands-parents veulent faire la loi en ce qui concerne l'éducation des enfants, ou qu'ils gâtent ces derniers en ne voyant en eux que le bien ou le mal. Dans les mauvais foyers où vivent les grands-parents, les enfants ont quatre maîtres au lieu de deux. Même dans les bons foyers. Il existe une gêne parce que la plupart du temps les grands-parents essaient d'imposer leurs vues démodées sur les enfants. Ils ont tendance à les gâter par un amour trop exclusif. C'est ce qui arrive surtout quand grand-mère n'a aucun intérêt personnel dans la vie après avoir élevé ses propres enfants. La troisième génération lui donne la chance de recommencer son métier de mère. Avec l'idée que sa fille ou sa belle-fille est incompétente, grand-mère prend les rênes : l'enfant est tiraillé des deux côtés et susceptible de se détacher des *deux*. Pour un enfant, les chamailleries indiquent que le foyer est sans amour, que ces chamailleries soient entre maman et grand-mère ou papa et maman. Même si les querelles sont subtilement cachées à l'enfant, il n'en est pas dupe. Il *sent* sans en être conscient qu'il n'y a pas d'amour dans sa maison.

La question de l'école peut aussi présenter des difficultés. La mère peut désirer envoyer l'enfant dans une école privée et le père peut préférer une école communale. Des difficultés très grandes peuvent se présenter aux parents de religions différentes. Je ne peux, là, donner aucun conseil. Les fossés idéologiques et religieux ne peuvent, trop souvent, être comblés. Ce que je peux dire, c'est que certains des élèves les plus difficiles dans mon école viennent de foyers dans lesquels les parents ont des convictions différentes au sujet de l'éducation de leurs enfants. Un garçon dont le père n'aimait pas Summerhill, et qui y envoyait son fils contre son gré, ne fit aucun progrès substantiel simplement parce qu'il savait que son père désapprouvait les idées de notre école. Une telle situation est tragique pour un enfant. Celui-là ne trouva jamais de stabilité car il craignait qu'un jour son père décide de le transférer dans une école stricte.

L'antagonisme entre parents et professeurs est rarement évitable. Les professeurs le savent et certains d'entre eux font beaucoup d'efforts pour avoir des contacts fréquents avec les parents. Les professeurs se doivent de comprendre que leur influence sur les enfants ne peut pas être aussi importante que celle des parents. C'est pourquoi il est presque impossible de guérir un enfant difficile quand le foyer garde vis-à-vis de lui l'attitude qui fut initialement responsable de ses difficultés.

Les parents doivent être réalistes et comprendre que tôt ou tard leurs enfants les quitteront. Naturellement, je ne veux pas dire que les enfants les quitteront pour ne jamais les revoir. Je veux dire que les enfants se sépareront physiquement de leurs parents, qu'ils se débarrasseront de leur sentiment de dépendance infantile. Il est naturel pour une mère d'essayer de garder ses enfants dépendants d'elle. J'ai connu bien des familles dans lesquelles la fille est restée à la maison pour s'occuper de ses parents devenus vieux. Dans la plupart des cas, d'ailleurs, ces familles n'étaient pas heureuses.

Une partie de la psyché de la fille lui commandait de sortir dans le monde et de vivre sa propre vie. Une autre partie, celle du devoir, l'obligeait à rester avec ses parents. Si bien qu'elle avait toujours un conflit intérieur qui se traduisait habituellement par de l'irritation. *Bien sûr, j'aime maman, mais elle est fatigante parfois.*

De nos jours, des milliers de femmes s'occupent à des tâches sans intérêt : elles préparent des repas, font la vaisselle, lavent le linge, le repassent, font le ménage. Ce sont des bonnes non salariées et leur vie est terne. Quand les enfants quittent le nid, leur travail est terminé. Le nid sans oisillon est un nid solitaire et on devrait compatir à la tristesse de la mère plutôt que la condamner. Sa tendance naturelle la pousse à faire son travail aussi longtemps que possible — souvent en faisant du mal à ses enfants. De cela il ressort que toute femme mariée devrait avoir une profession qu'elle pourrait reprendre une fois ses devoirs maternels remplis.

Les parents sont des dieux, des dieux jaloux. Ils ont légalement le droit de dire *Je ferai de mon enfant ce que je veux.* Ils peuvent battre et terroriser leur enfant et lui rendre la vie misérable. La loi ne peut intervenir que si trop de brutalités corporelles ont été commises. Elle ne peut intervenir quelle que soit l'importance des brutalités psychiques infligées. La tragédie, c'est que les parents pensent qu'ils agissent toujours dans l'intérêt de leurs enfants.

L'espoir qui reste à l'humanité, c'est qu'un jour ils *puissent vraiment* agir dans cet intérêt, qu'ils deviennent assez conscients pour être du côté de l'enfant et pour l'aider à se développer dans la liberté, l'intelligence et l'amour. Si mon ouvrage a aidé ne serait-ce que deux parents à comprendre l'importance de l'influence qu'ils exercent sur leur enfant, pour le meilleur et pour le pire, il n'aura pas été écrit en vain.

VII

QUESTIONS ET REPONSES

Quelques questions et réponses d'ordre général

Vous appelez l'humanité anti-vie. Que voulez-vous dire ? Je ne suis pas anti-vie, mes amis non plus.

Au cours de ma vie, j'ai vu deux guerres mondiales et je pourrais fort bien en voir une troisième. Des millions de jeunes sont morts dans ces guerres. Quand j'étais jeune garçon, les hommes mouraient pour la cause de l'Empire en Afrique du Sud. De 1914 à 1918, ils moururent pour « mettre fin à toutes les guerres ». De 1939 à 1945, ils moururent pour écraser le fascisme. Demain, ils mourront peut-être pour écraser ou favoriser l'avance du communisme. Cela veut dire que des masses de gens sont prêts à obéir à des autorités gouvernementales pour mettre leur vie au service de causes qui ne touchent en rien leur vie individuelle.

Nous sommes anti-vie et pro-mort quand nous faisons le jeu des politiciens, des mercantis et des exploiteurs. Nous faisons leur jeu parce qu'on nous a appris à rechercher la vie d'une façon négative, nous adaptant humblement à une société autoritaire et nous apprêtant à mourir pour les idéaux de nos maîtres. Les gens ne meurent par amour que dans les romans ; dans la réalité, ils meurent par haine.

Tout cela répond, en l'homme, à un besoin de s'identifier à la masse. Mais l'individu est aussi anti-vie dans son existence quotidienne. Ses relations sexuelles sont, dans l'ensemble, insatisfaisantes ; ses plaisirs sont, pour la plupart, de mauvais goût, bon marché et ils témoignent d'un désir d'évasion. L'individu est un moraliste qui considère la vie naturelle malsaine, ou pour le moins inadéquate et il élève ses enfants selon cette idée.

Des parents pro-vie ne pourraient pas donner mauvaise conscience à leurs enfants au sujet de la sexualité, pas plus qu'ils ne pourraient les instruire systématiquement de l'existence de Dieu, des bonnes manières ou d'une bonne conduite. Des parents pro-vie ne frapperaient pas leurs enfants. Des citoyens pro-vie ne toléreraient pas notre code pénal, nos méthodes d'exécution, les peines infligées aux homosexuels, notre attitude envers la bâtardise. Aucune personne pro-vie ne pourrait s'asseoir dans une église et se réclamer du titre de misérable pécheur.

Je tiens à préciser que je ne préconise nullement le libertinage. Mon test est toujours le même : *Est-ce que l'action de Monsieur X va gêner qui que ce soit ?* Si la réponse est non, alors, ceux qui objectent à l'action de Monsieur X sont anti-vie.

On peut discuter en partant de l'opposé et faire ressortir l'attitude pro-vie des jeunes quand ils dansent, font des randonnées, font du sport, vont au cinéma, au concert, au théâtre. Ces points sont importants, car la jeunesse a soif de ce qui est pro-vie ; elle est si vivante et optimiste qu'elle s'adonne au plaisir même lorsqu'il est défendu par quelque autorité. Plus tard, cette soif persiste, si bien que l'homme est ambivalent et cherche le plaisir tout en le craignant à la fois.

Quand je me sers du mot *anti-vie,* je ne veux pas dire « qui recherche la mort ». Je veux dire « qui craint la vie plus que la mort ». Etre anti-vie, c'est être pro-autorité, pro-église et religion, pro-refoulement, prooppression, ou pour le moins au service de toutes ces choses.

En somme, être pro-vie, c'est aimer l'amusement, les jeux, l'amour, le travail intéressant, les violons d'Ingres, le rire, la musique, la danse, la considération pour les autres et la foi en l'homme. Etre anti-vie, c'est aimer le devoir, l'obéissance, le profit et le pouvoir. Au cours de l'histoire, l'anti-vie a gagné et continuera à le faire aussi longtemps qu'on inculquera à la jeunesse qu'elle doit accepter les conceptions adultes du jour.

Ne croyez-vous pas que les maux de l'humanité seront guéris quand les problèmes économiques du monde seront résolus ?

Il n'est pas très satisfaisant de savoir que nos méthodes d'éducation à la maison et à l'école conduisent la majorité des humains vers des vies ternes. Bien sûr, les emplois ennuyeux dans les boutiques et les bureaux sont nécessaires ; ce qui ne l'est pas, c'est la torpeur des gens qui détestent leurs bureaux et leurs comptoirs et qui doivent chercher une évasion dans les films bon marché, les courses de chiens, les magazines illustrés et les journaux à scandales.

Les millionnaires dans leurs Cadillac ne sont pas plus heureux intérieurement que les porteurs des gares. La raison en est que personne ne peut jouir du confort et de la sécurité économique si son âme est anti-vie et anti-amour. Le riche et le pauvre ont ceci de commun : ils ont tous les deux été élevés dans un monde qui désapprouve l'amour, le craint et le rend obscène.

Beaucoup de ceux qui reconnaissent que l'homme est malheureux pensent qu'une fois les problèmes économiques résolus la vie sera satisfaisante, épanouie et libre. Pour ma part, je ne le crois pas. Le peu que j'ai vu du bien-être économique n'a pas été encourageant.

Le bien-être économique qui permet d'avoir une cuisine moderne ne mène ni à un plus grand bonheur ni à la sagesse ; tout ce qu'il fait c'est de donner un peu de confort qui est bientôt automatiquement accepté et perd sa valeur émotive.

Nos méthodes de formation du caractère ont apporté à l'Angleterre un grand bien-être matériel ; elles nous ont permis un niveau de vie élevé. Mais c'est à peu près tout. Dans l'ensemble, les gens sont encore malheureux. Non, la solution économique seule ne libérera pas le monde de sa haine et de sa misère, de ses crimes, de ses scandales, de ses névroses et de ses maladies.

Que peut-on faire quand un mariage est malheureux ?

Certains couples de la classe moyenne cherchent un remède dans la psychanalyse qui, souvent, aboutit à une rupture du mariage. Mais même si dans certains cas l'analyse donne un bon résultat, on ne peut pas analyser tout le monde. L'action curative sur l'individu n'est pas importante parce qu'elle n'affecte pas suffisamment les masses.

La solution pour l'humanité réside dans l'éducation saine des jeunes, pas dans la guérison des névroses. Je dois avouer que je ne sais pas comment on peut résoudre la question du mariage de nos jours. Ce que je vais dire pourra paraître dur, mais il me semble que si M. et Mme Brown ne sont pas heureux ensemble, c'est qu'ils ont été élevés dans une atmosphère anti-vie et qu'il n'y a rien à faire.

Cela doit sembler très pessimiste. Nous ne pouvons être optimistes que si nous nous efforçons de traiter les enfants de telle manière qu'ils ne haïront ni la sexualité ni la vie. Chaque fois que je vois qu'on fesse un enfant, qu'on lui ment, qu'on lui fait honte de sa nudité, je vois aussi que cet enfant deviendra un conjoint haineux dans le mariage.

Pensez-vous qu'il est important dans un mariage que les deux conjoints aient le même niveau intellectuel ?

L'angle intellectuel dans un mariage n'est pas très important. Un mariage de têtes est une affaire froide et terne, alors qu'un mariage de cœur implique de la chaleur et un désir mutuel de don. La nature est telle qu'on ne tombe pas amoureux à cause des prouesses intellectuelles de l'autre. Plus tard, cependant, quand les besoins sexuels diminuent, un intérêt commun de l'esprit aidera le couple à rester heureux. Un sens de l'humour identique est probablement le meilleur pronostic d'un mariage durable et heureux.

Quelle est la cause de l'anxiété excessive dans le travail et pourquoi tant de jeunes se suicident-ils de nos jours ?

Je doute qu'aucun enfant s'inquiète beaucoup de son travail. L'anxiété apparente a une source plus profonde ; presque toujours, elle émane d'un sentiment de culpabilité au sujet de la masturbation. Les enfants qui ne le ressentent pas sont généralement ouverts et vifs dans le travail.

Steckel a dit : « Le suicide est le dernier acte sexuel. » L'interdit sur la masturbation amène chez l'enfant une haine de son corps et de son âme, et la réaction logique, c'est le suicide. Si le corps est vil, il vaut mieux s'en débarrasser le plus vite possible.

Que pensez-vous des travailleurs sociaux ?

J'ai beaucoup de respect pour les travailleurs sociaux qui s'occupent des enfants difficiles et pénètrent dans leurs foyers sordides. Ils font un beau travail. Mais n'est-ce pas uniquement un travail de surface ?

Personne ne leur demande de psychanalyser les mères et les pères des enfants dont ils s'occupent. Nous savons tous combien leur tâche est ardue. Ils ne peuvent pas abolir les bidonvilles qui rendent les enfants antisociaux. Pas plus qu'ils ne peuvent changer les parents ignorants qui entravent la croissance de leurs enfants avec une mauvaise alimentation ou une attitude faussée envers la sexualité.

Les travailleurs sociaux sont des héros. Leur but est d'aider la jeunesse à vaincre les maux apportés par une mauvaise vie familiale. Mais même si un travailleur social avait toute confiance en la liberté, comment pourrait-il appliquer les principes de cette liberté dans un bidonville ? Pourrait-il dire à une mère : « Madame, votre fils vole parce que son ivrogne de père le bat, parce que vous l'avez fessé à l'âge de deux ans quand il se touchait le pénis et parce que vous ne lui avez jamais montré d'affection. » La pauvre femme comprendrait-elle ?

Je ne dis pas que cette femme ne pourrait pas être rééduquée. Mais je suis sûr qu'elle ne peut pas l'être par la discussion avec un travailleur social, ou toute autre personne. Là, le problème est partiellement économique. Il faudrait d'abord essayer d'abolir les bidonvilles.

Questions sur Summerhill

Comment, avec les méthodes de Summerhill, la volonté peut-elle se développer chez un enfant ? S'il a le droit d'agir à sa guise, comment peut-il acquérir la maîtrise de soi ?

A Summerhill, un enfant n'a pas le droit d'agir à sa guise. Ses propres lois le limitent de tous côtés. Il n'est libre d'agir à sa guise qu'en ce qui le concerne *lui-même,* et lui seul. Il peut jouer tout le jour s'il le désire parce que le travail et l'étude ne concernent que lui personnellement. Mais il n'est pas libre de jouer du piston dans la classe parce que son action gênerait les autres.

Après tout, qu'est-ce que la volonté ? Je peux, si je veux, abandonner le tabac, mais je ne peux pas me faire tomber amoureux ou me faire aimer la botanique. Pas plus qu'un homme ne peut se rendre bon ou même mauvais.

On ne peut pas apprendre à quelqu'un à avoir une forte volonté. Si vous éduquez vos enfants dans la liberté, ils deviendront conscients d'eux-mêmes, car la liberté permet à l'inconscient de devenir conscient. C'est pourquoi la plupart des enfants à Summerhill ont peu de doutes en ce qui concerne la vie. Ils *savent* ce qu'ils veulent. Et je crois fermement qu'ils l'obtiendront.

Rappelez-vous que ce qu'on appelle une faible volonté est habituellement un signe de manque d'intérêt. La personne faible qui est facilement persuadée de jouer au tennis quand elle n'en a aucun désir est une personne qui n'a aucune idée de ce qui l'intéresse réellement. Un système disciplinaire encourage une telle personne à rester faible de volonté et futile.

Si un enfant fait quelque chose de dangereux à Summerhill, le laissez-vous faire ?

Bien sûr que non. Les gens trop souvent ne comprennent pas que la liberté ne permet pas à un enfant de se conduire sottement. Nous ne permettons pas à nos très jeunes élèves de décider de l'heure de leur coucher. Nous les protégeons contre le danger que présentent les machines, les automobiles, les morceaux de verre brisé, les eaux où ils n'ont pas pied.

Vous ne devez jamais donner à un enfant une responsabilité pour laquelle il n'est pas prêt. Mais rappelez-vous que la moitié des dangers auxquels les enfants s'exposent sont dus à une mauvaise éducation. L'enfant qui joue dangereusement avec le feu est un enfant qu'on n'a pas informé du danger réel du feu.

Les enfants de Summerhill souffrent-ils de nostalgie familiale ?

J'ai observé que lorsqu'une mère malheureuse amène un nouvel enfant à Summerhill, celui-ci se cramponne à elle, pleure et crie pour qu'on le ramène à la maison. J'ai aussi observé que si l'enfant ne crie pas assez, la mère est ennuyée. Elle *veut* que son enfant ait de la nostalgie ; plus celle-ci est grande, plus son enfant l'aime. Souvent, le pauvre enfant joue joyeusement cinq minutes après le départ de sa mère.

Il est difficile de définir pourquoi l'enfant d'un foyer malheureux est nostalgique quand il entre à l'école. Il est probable que son foyer malheureux lui cause une anxiété aiguë. Que se passe-t-il à la maison, pense-t-il, à la minute présente ? L'explication la plus plausible, c'est que la mère malheureuse, dans son amour insatisfait pour son époux, a transféré trop de son affection et de sa haine sur son enfant.

La nostalgie familiale est habituellement l'indication d'un foyer malheureux, un foyer où il y a beaucoup de haine. L'enfant nostalgique soupire non pas après l'amour de son foyer, mais après le conflit et la protection de celui-ci. Cela peut paraître paradoxal, mais ce ne l'est pas lorsqu'on y réfléchit, car plus le foyer est malheureux, plus l'enfant recherche la protection. Il n'a pas d'ancre dans la vie et il exagère celle que représente son foyer quand il est loin ; il l'idéalise. Il ne soupire pas après son foyer, mais après celui qu'il voudrait avoir.

Acceptez-vous les enfants retardés à Summerhill ?

Certainement. Mais cela dépend de ce qu'on entend par retard. Nous ne prenons pas d'enfants déficients mentalement mais un enfant retardé à l'école est une autre affaire. Beaucoup d'enfants sont retardés à l'école parce que l'école est trop terne pour eux.

Le critère d'arriération à Summerhill n'a rien à voir avec les compositions, les opérations arithmétiques et les notes. Dans bien des cas, l'arriération indique tout simplement que l'enfant a un conflit inconscient et un sentiment de culpabilité. Comment peut-il s'intéresser à l'arithmétique ou à l'histoire si inconsciemment il se demande : « Suis-je bon ou mauvais ? »

Je parle par expérience personnelle sur ce point, car, étant enfant, j'étais incapable d'apprendre. Mes poches étaient toujours pleines de morceaux de ferraille et quand mes yeux se portaient sur mes livres de classe, je pensais à mes petits trésors.

J'ai rarement vu un enfant retardé qui n'avait pas en lui un potentiel de création ; et juger l'enfant d'après ses progrès académiques est futile et fatal.

Supposez qu'un enfant refuse de payer l'amende imposée au cours d'une assemblée générale. Que feriez-vous ?

Cela n'arrive jamais. Mais je suppose que si cela arrivait, c'est que l'enfant se sentirait injustement jugé. Notre système d'appel vient à bout de tout sentiment d'injustice

Vous dites que les enfants de Summerhill ont un esprit propre. Qu'entendez-vous par là ?

Un esprit propre est un esprit qu'on ne peut pas choquer. Etre choqué indique un refoulement qui rend la chose choquante intéressante.

Les femmes victoriennes étaient choquées par le mot *jambe* parce qu'elles prenaient un intérêt anormal aux choses qui se rapportent aux jambes. Ces choses étaient des symboles sexuels, des choses qu'elles avaient refoulées. Aussi, dans une atmosphère comme celle qui règne à Summerhill, où il n'y a ni tabous ni idée de péché quant à la sexualité, les enfants n'ont pas besoin d'y penser comme à quelque chose de sale dont on rit ou parle à voix basse. Ils sont naturels vis-à-vis de la sexualité comme vis-à-vis des autres choses de la vie.

A son retour de Summerhill, pour les vacances de Noël, Willie a un langage si grossier que les voisins ne veulent pas qu'il joue avec leurs enfants. Que puis-je faire ?

C'est dommage, triste et douloureux pour Willie, mais il n'y a pas d'alternative. Si vos voisins sont choqués par quelques *nom de Dieu* et *merde*, c'est qu'ils sont refoulés et ils ne devraient pas être mis en contact avec votre Willie.

Que pensent les enfants de Summerhill du cinéma ?

Ils voient toutes sortes de films. Nous n'avons pas de censure. Le résultat, c'est que quand ils quittent l'école, ils ont acquis un bon sens critique. Très souvent, un élève déjà âgé refuse d'aller au cinéma parce que le film ne lui paraît pas intéressant. Nos grands élèves, qui ont vu d'excellents films français, allemands et italiens, sont très critiques des productions moyennes de Hollywood. Les garçons qui n'ont pas atteint la puberté n'aiment pas les films d'amour. Pour eux, Kim Novak ne représente rien.

Quelle attitude adoptez-vous envers un enfant qui répond ?

Personne ne répond à Summerhill. Un enfant ne répond que lorsqu'il est traité comme un inférieur par quelqu'un qui prend une attitude digne. A Summerhill, nous parlons le langage des enfants. Si un professeur se plaignait qu'un élève lui a répondu, je saurais que ce professeur est un pédant.

Que faites-vous lorsqu'un enfant ne veut pas prendre ses remèdes ?

Je ne sais pas. A Summerhill, nous n'avons jamais eu d'enfant qui refusait de prendre ses remèdes. Notre régime alimentaire étant équilibré, la maladie n'est pas pour nous un problème.

Les grands à Summerhill s'occupent-ils des petits ?

Non, les petits n'ont pas besoin de la surveillance des grands. Ils sont bien trop occupés de leurs propres affaires.

Avez-vous des scouts à Summerhill ?

Non, je ne pense pas qu'on pourrait faire avaler à nos garçons une B.A. quotidienne. Une B.A. consciente par jour n'est rien d'autre que de la pose. Il y a beaucoup de bonnes choses dans le scoutisme, mais à mon avis elles sont gâtées par une implication d'élévation morale et par des idées bourgeoises de bien, de mal et de pureté.

Dans mon école, je n'ai jamais exprimé aucune opinion sur le scoutisme. Par ailleurs, je n'ai jamais remarqué aucun intérêt de la part de nos garçons pour le mouvement.

Quelle est votre ligne de conduite avec un enfant élevé dans un foyer sincèrement religieux ? Lui permettez-vous de pratiquer sa religion à Summerhill ?

Oui, l'enfant peut pratiquer sa religion sans crainte de commentaires hostiles de la part des professeurs ou des élèves. Mais j'ai observé qu'aucun enfant ne désire pratiquer de religion quand il est libre.

Certains de nos élèves vont à l'église pendant quelques semaines, puis cessent d'y aller. L'église est trop terne. Je n'ai trouvé aucune indication chez nos élèves me permettant de penser qu'avoir un culte est naturel pour un enfant. Quand l'idée de péché est abolie, la prière n'a plus de raison d'être.

Généralement, les enfants de foyers religieux sont insincères et refoulés. C'est inévitable, notre système religieux ayant perdu son amour originel de la vie et concentrant sa force sur la peur de la mort. Vous pouvez instiller dans un enfant la peur du Seigneur, mais jamais l'amour de celui-ci. Les enfants libres n'ont pas besoin de religion parce que leur vie est spirituellement créative.

Les enfants de Summerhill s'intéressent-ils à la politique ?

Non. C'est peut-être parce qu'ils viennent de foyers de la classe moyenne et qu'ils n'ont pas fait l'expérience de la pauvreté. J'ai pour règle de veiller à ce que les professeurs n'essaient pas d'influencer politiquement les élèves. La politique, comme la religion, est une question de choix personnel que l'enfant fait plus tard lorsqu'il grandit.

Des élèves de Summerhill s'engagent-ils dans l'armée quand ils sont grands ?

Jusqu'à présent, un seul l'a fait — il s'est engagé dans la R.A.F. Peut-être que l'armée est trop terre à terre pour intéresser des enfants libres. Le combat, après tout, c'est la destruction. Les enfants de Summerhill se battraient pour leur pays comme les autres, mais ils voudraient probablement savoir pourquoi ils se battent.

Nos anciens élèves ont combattu pendant la Seconde Guerre mondiale et plusieurs sont morts.

Pourquoi les garçons et les filles ont-ils des chambres séparées ?

Summerhill est une école anglaise, nous sommes bien obligés de respecter les lois et les usages de l'Angleterre.

De la pédagogie

Pensez-vous que tous les parents qui lisent vos livres ou assistent à vos conférences traitent leurs enfants différemment et mieux une fois qu'ils ont compris ? La guérison des enfants gâtés réside-t-elle dans l'éducation des parents ?

Une mère exclusive en lisant ce livre peut se sentir mauvaise conscience et s'écrier dans une attitude de défense : « Je ne peux pas m'empêcher d'être comme je suis. Je ne cherche pas à faire de mal à mon enfant. Il vous est facile de diagnostiquer, mais quel remède préconisez-vous ? »

Elle aura raison. Quel *est* le remède? Ou, plus exactement, y a-t-il un remède? Voilà une question bien difficile à résoudre.

Quelle guérison y a-t-il pour une femme dont la vie est terne et remplie de craintes ? Quelle guérison y a-t-il pour un père qui pense que son arrogant de fils est le nombril du monde ? Pis, quel remède y a-t-il pour des parents ignorants qui ne savent pas ce qu'ils font et qui s'indignent à la moindre suggestion que peut-être ils n'ont pas raison ?

Non, l'éducation des parents ne sert à rien en elle-même, à moins que les parents soient *émotivement prêts* à recevoir cette éducation et qu'ils aient la capacité de profiter d'un enseignement.

Pourquoi insistez-vous tant sur la nécessité du bonheur pour l'enfant ? Personne n'est-il jamais vraiment heureux ?

Il n'est pas aisé de répondre à cette question, les mots étant une source de malentendus. Naturellement, personne n'est heureux tout le temps ; nous avons des maux de dents, des amours malheureuses, des tâches sans intérêt.

Si le mot bonheur a quelque signification, c'est dans le sens de bien-être intérieur, d'équilibre, de contentement de vivre. On ne peut ressentir cela que dans la liberté.

Les enfants libres ont des visages ouverts sur lesquels on ne lit aucune peur ; les enfants disciplinés ont l'air timide, misérable et craintif.

Le bonheur peut se définir comme un état de moindre refoulement. La famille heureuse vit dans une maison où réside l'amour, la famille malheureuse vit dans un foyer tendu.

Je donne au bonheur la première place parce que le bonheur c'est la croissance. Il vaut mieux être libre, satisfait et ignorant des fractions complexes que de passer des examens et avoir le visage couvert d'acné. Je n'ai jamais vu d'acné sur le visage heureux d'un adolescent libre.

Si l'on donne à l'enfant une liberté absolue, réalisera-t-il tôt, ou ne réalisera-t-il jamais que la discipline personnelle est essentielle dans la vie ?

Il n'existe pas de liberté absolue. Quiconque permet à un enfant de faire tout ce qui lui plaît est sur une voie dangereuse.

Personne ne peut avoir une liberté totale, car les droits des autres doivent être respectés. Mais chacun devrait avoir la liberté individuelle.

Pour être plus concret, je dirai que personne n'a le droit de forcer un enfant à étudier le latin parce que l'étude est une question de choix individuel ; mais si dans la classe de latin l'enfant s'amuse tout le temps on devrait l'en éjecter parce qu'il interfère avec la liberté des autres.

Quant à la discipline personnelle, c'est assez indéfini. Trop souvent, c'est de la discipline du moi instillée dans l'enfant par une morale adulte. La véritable discipline personnelle n'est *pas* une question de refoulement ou d'acceptation. Elle s'inquiète du droit du bonheur des autres. Elle amène l'individu à chercher délibérément à vivre en paix avec les autres en concédant certaines choses à leurs points de vue.

Pensez-vous honnêtement qu'il est juste de permettre à un enfant naturellement paresseux de se laisser aller au farniente et de perdre son temps ? Comment l'amenez-vous à travailler si le travail lui est désagréable ?

La paresse n'existe pas. L'enfant paresseux est physiquement malade, ou bien il n'a pas d'intérêt pour ce que les adultes lui demandent de faire.

Parmi les enfants qui sont entrés à Summerhill avant l'âge de douze ans, je n'ai jamais connu de paresseux. Beaucoup de « paresseux » ont été transférés à Summerhill d'écoles strictes. Ils restent « paresseux » pendant longtemps, c'est-à-dire jusqu'à ce qu'ils se remettent de leur éducation. Je n'essaye jamais de faire faire à de tels enfants des travaux qui leur sont désagréables parce qu'ils ne sont pas prêts à les entreprendre. Comme vous et moi, ces enfants plus tard auront à accomplir des tâches qui leur déplairont, mais si on les laisse libres d'épuiser leur besoin de jouer ils seront plus aptes à faire face à n'importe quelle difficulté. Autant que je sache, aucun ex-Summerhillien n'a jamais été accusé de paresse.

Pensez-vous qu'on doive cajoler les enfants ?

Quand ma fille Zoé était petite, elle fut une fois effrayée par le claquement d'une porte et se mit à crier. Ma femme la prit dans ses bras, la serra contre elle, puis la tint de telle façon qu'elle était libre de se mouvoir.

Au moindre raidissement, les parents devraient jouer avec leur enfant en le laissant libre de mouvoir ses muscles. Je trouve qu'une bataille pour rire avec un enfant de quatre ou cinq ans est efficace, à condition que je veuille bien perdre. Le rire permet l'extériorisation des émotions et la relaxation du corps ; un bébé sain rit et fait mille petits bruits. Le chatouillement des côtes provoque le rire et... Là, je dois faire mention d'une certaine école de psychologie qui désapprouve l'attouchement de l'enfant sous prétexte que cela pourrait lui donner une fixation paternelle ou maternelle. Quelle baliverne ! Il n'y a aucune raison pour laquelle les parents ne devraient pas cajoler leurs enfants, les chatouiller, les caresser et les câliner.

Il faut passer outre ces psychologues craintifs de la vie qui vous défendent de prendre votre bébé dans votre lit ou de le chatouiller. L'idée inconsciente derrière ce genre de prohibition, c'est que tout contact physique peut éveiller une émotion sexuelle chez l'enfant. Un tel danger ne pourrait se présenter que si les parents étaient assez névrosés pour trouver eux-mêmes un plaisir égocentrique au contact physique de leur enfant ; mais j'écris pour des parents plus ou moins normaux, pas pour des parents qui sont encore eux-mêmes des bébés.

Que peuvent faire des parents éclairés face à l'agressivité des autres enfants ?

Si Willie qui est élevé dans l'autonomie est envoyé à

l'école communale par ses parents, il y rencontrera naturellement de la cruauté, de l'agressivité et de la méchanceté parmi les autres enfants. Ses parents devraient-ils le laisser découvrir par lui-même que la haine et la violence font mal ?

Quand Peter avait trois ans, son père me dit qu'il lui apprendrait à boxer pour qu'il puisse se défendre contre la haine des autres. Considérant que nous vivons dans un monde faussement chrétien, dans lequel tendre l'autre joue n'est pas un signe d'amour ni de charité mais de lâcheté, ce père avait raison. Si nous ne faisons rien de positif, nos enfants autonomes seront lourdement handicapés.

Quelle est votre opinion sur le châtiment corporel ?

Le châtiment corporel est mauvais parce qu'il est une marque de cruauté et de haine. Il rend à la fois celui qui le donne et celui qui le reçoit haineux. Il est l'expression d'une perversion sexuelle inconsciente. Dans les communautés où la masturbation est réprimée, le châtiment est donné sur la main — le moyen de la masturbation. Dans les écoles de garçons où l'homosexualité est réprimée, les coups de canne sont donnés sur le derrière — l'objet du désir. La haine religieuse de la chair vile fait que le châtiment corporel est populaire dans les pays religieux.

Le châtiment corporel est toujours un acte de projection. Celui qui l'inflige se hait et projette sa haine sur l'enfant. La mère qui fesse son enfant se hait et, par conséquent, hait son enfant.

Dans le cas d'un professeur qui a une classe nombreuse, l'utilisation de la règle n'est pas tant une question de haine que de commodité. C'est la méthode facile. La meilleure serait d'abolir les classes nombreuses. Si l'école était un lieu de jeu, où les enfants avaient la liberté d'apprendre ou de ne pas apprendre, le châtiment corporel disparaîtrait. Dans les écoles où les professeurs connaissent leur métier, le châtiment corporel n'existe pas.

Croyez-vous sérieusement que la façon d'éliminer les mauvaises habitudes consiste à permettre aux enfants de continuer à pratiquer leurs vices ?

Leurs vices ? Lesquels ?

Des mauvaises habitudes ? Vous voulez parler de la masturbation peut-être ?

En réprimant de force une mauvaise habitude, on ne la guérit pas. La seule cure possible pour quelque habitude que ce soit, c'est d'en permettre l'épuisement. Les enfants qui ont la permission de se masturber le font moins que les enfants auxquels on l'a défendu.

Le châtiment corporel prolonge l'incontinence. Attacher les mains d'un bébé fait de lui un perverti qui se masturbera toute la vie. Les prétendues mauvaises habitudes ne sont pas du tout mauvaises ; ce sont des tendances naturelles. L'expression « mauvaises habitudes » est le résultat de l'ignorance et de la haine.

Une bonne éducation à la maison peut-elle neutraliser une mauvaise éducation à l'école ?

Dans l'ensemble, oui. La voix du foyer est plus puissante que celle de l'école. Si le foyer est exempt de crainte et de punition, l'enfant ne croira jamais que l'école a raison.

Les parents devraient informer leurs enfants de ce qu'ils pensent d'une mauvaise école. Trop souvent, les parents ont un sens absurde de la loyauté, même envers des professeurs stupides.

Quelle est votre attitude vis-à-vis des contes de fées et du Père Noël ?

Les enfants aiment les contes de fées et cela en soi même est suffisant pour qu'on les accepte.

Quant au Père Noël, je ne pense pas que nous devrions nous inquiéter de lui outre mesure, car les enfants apprennent rapidement la vérité en ce qui le concerne. Toutefois, il rappelle les choux dans lesquels les enfants naissent. Les parents qui désirent que leurs enfants croient au Père Noël sont habituellement ceux qui racontent des mensonges sur les origines de la vie.

Personnellement, je ne parle jamais aux enfants du Père Noël. Si je le faisais, je soupçonne que mes élèves de quatre ans me riraient au nez.

Vous dites que créer vaut mieux que posséder, pourtant quand vous permettez à un enfant de créer, ce qu'il fait devient une possession à laquelle il donnera plus de valeur qu'elle n'en a. Qu'en pensez-vous ?

Il ne lui donne pas plus de valeur qu'elle n'en a. Un enfant donne une valeur à ce qu'il fait pendant un jour ou une semaine. Le sens de la possession chez un enfant est faible ; il oubliera sa bicyclette neuve sous la pluie et abandonnera ses vêtements n'importe où. Le véritable artiste n'a plus d'intérêt pour sa création une fois qu'elle est terminée. Aucune œuvre d'art ne satisfait son créateur parce que son but est la perfection.

Quelle serait votre attitude envers un enfant qui ne s'intéresserait à rien très longtemps, qui passerait de la musique à la danse, puis à autre chose ?

Je laisserais faire. Telle est la vie. Au cours de mon existence, je suis passé de la photographie à la reliure, ensuite du travail sur bois au travail sur cuivre. La vie est pleine de fragments d'intérêts. Pendant des années je fis du dessin à la plume ; quand je compris que j'étais un artiste de dixième catégorie, j'abandonnai.

Un enfant est toujours éclectique dans ses goûts. Il touche à tout ; c'est ainsi qu'il apprend. Nos garçons passent des journées à fabriquer des bateaux, mais si un aviateur vient nous rendre visite, ces mêmes garçons laisseront leurs bateaux à demi terminés pour fabriquer des avions. Nous ne suggérons jamais à un enfant de terminer son travail ; si son intérêt s'évanouit, il est injuste de le presser de terminer.

Devrait-on être sarcastique avec les enfants ? Pensez-vous que cela pourrait les aider à développer un sens de l'humour ?

Non, le sarcasme et l'humour n'ont aucun rapport. L'humour est une question d'amour, le sarcasme de haine. Etre sarcastique avec un enfant, c'est le faire sentir inférieur et dégradé. Seuls un professeur ou des parents méchants peuvent être sarcastiques.

Mon enfant me demande toujours ce qu'il doit faire et à quoi il doit jouer. Que dois-je lui répondre ? Est-ce mauvais de lui donner quelques suggestions ?

Il est bon pour un enfant d'avoir quelqu'un qui lui donne des choses stimulantes à faire, mais ce n'est pas nécessaire. Les choses qu'il trouve à faire tout seul sont les meilleures. Ainsi, à Summerhill, un professeur ne conseille jamais à un enfant de faire quoi que ce soit. Mais il aide volontiers un enfant qui demande des renseignements techniques sur la façon de faire une chose.

Approuvez-vous les cadeaux comme marque d'amour ?

Non. L'amour n'a pas besoin de témoignages extérieurs. Toutefois, les enfants devraient recevoir des cadeaux pour les occasions usuelles — comme un anniversaire ou la Noël. Mais aucune gratitude ne devrait être exigée ou espérée.

Mon fils fait l'école buissonnière. Comment puis-je y remédier ?

Il est probable que l'école est ennuyeuse et que votre fils est actif.

Au sens large des choses, faire l'école buissonnière signifie que l'école n'est pas satisfaisante. Si cela vous est possible, essayez de mettre votre fils dans une école où il y a plus de liberté, d'esprit de création et d'amour.

Devrais-je apprendre à mon enfant à épargner en lui donnant une tirelire ?

Non, un enfant ne voit pas plus loin que le jour qui passe. Plus tard, s'il désire acheter quelque chose de coûteux, il épargnera sans qu'on lui apprenne.

Permettez-moi de souligner de nouveau qu'un enfant doit croître à son rythme naturel. Bien des parents font de terribles erreurs en voulant accélérer les choses.

N'aidez jamais un enfant à faire ce qu'il peut faire seul. Quand un enfant essaie de grimper sur une chaise, les parents qui aiment guider l'aident, gâchant ainsi la plus grande joie de l'enfance — celle de conquérir la difficulté.

Que dois-je faire quand mon fils enfonce des clous dans les meubles ?

Enlevez-lui le marteau des mains, dites-lui que les meubles vous appartiennent et que vous ne lui permettez pas d'abîmer ce qui ne lui appartient pas.

Et s'il recommence, chère Madame, alors vendez vos meubles et avec le profit que vous en tirerez, menez-le chez un psychologue qui vous aidera à comprendre que vous avez fait de votre enfant un enfant difficile. Aucun enfant heureux et libre n'a le désir d'abîmer les meubles, à moins évidemment qu'il n'ait rien d'autre sous la main.

La première chose à faire pour empêcher ce genre de destruction, c'est de donner à votre fils du bois et des clous, de préférence dans une pièce autre que le salon.

Si fiston refuse le bois et insiste pour enfoncer des clous dans les meubles, alors c'est qu'il vous hait et essaie de vous fâcher.

Quelle attitude adoptez-vous vis-à-vis d'un enfant obstiné et boudeur ?

Aucune idée. J'ai rarement eu ce cas à Summerhill. L'enfant libre n'a pas de raison d'être obstiné. Le défi chez un enfant est toujours causé par les adultes. Un enfant obstiné a quelque chose sur le cœur. Je chercherais à connaître la source du tort qui lui a été fait, car il me semble que son sentiment, c'est qu'il a été traité injustement.

Comment dois-je me conduire envers mon fils qui fait des dessins obscènes ?

Encouragez-le, naturellement, mais en même temps faites le ménage chez vous, car toute obscénité dans la maison ne peut provenir que de vous. Un enfant de six ans n'est pas naturellement obscène.

Vous voyez de l'obscénité dans ses dessins parce que vous-même avez une attitude obscène envers la vie. Je peux imaginer que les dessins obscènes dont vous parlez ont un rapport avec les W.C. et les organes sexuels. Traitez donc ces choses naturellement, sans auune idée de bien ou de mal et votre fils se lassera de cet intérêt enfantin temporaire comme il se lassera de tous les autres intérêts enfantins.

Pourquoi mon petit garçon dit-il tant de mensonges ?

Peut-être parce qu'il imite ses parents ?

Mes deux enfants, un frère et une sœur de cinq et sept ans, se querellent continuellement. Quelle méthode dois-je adopter pour qu'ils cessent ? Ils s'aiment bien.

S'aiment-ils vraiment ? L'un reçoit-il plus d'amour

de vous que l'autre ? Imitent-ils leurs parents ? Ont-ils une mauvaise conscience vis-à-vis de leurs corps ? Les punissez-vous ? Si la réponse à toutes ces questions est non, alors les querelles expriment un désir norma' d'exercer leur pouvoir.

Toutefois, un frère et une sœur devraient être mis en contact avec d'autres enfants qui n'ont pas pour eux le même attachement émotif. Un enfant doit se mesurer aux autres. Il ne peut pas se mesurer à ses propres frères et sœurs parce que toutes sortes de facteurs émotifs entrent en jeu dans leur relation — la jalousie, le favoritisme, etc

Comment puis-je empêcher mon enfant de sucer son pouce ?

N'essayez pas. Si vous réussissiez, vous pousseriez probablement votre enfant à retourner à un intérêt antérieur à la succion. Est-ce si important ? Après tout, des tas de gens de valeur ont sucé leur pouce.

Se sucer le pouce indique que l'intérêt pour le sein n'a pas été épuisé. Puisque vous ne pouvez donner le sein à un enfant de huit ans, tout ce que vous pouvez faire, c'est de vous assurer que votre enfant a toutes les occasions possibles de faire quelque chose de créatif. Mais cela n'est pas toujours suffisant. J'ai eu des élèves très créatifs qui ont sucé leur pouce jusqu'à l'âge de la puberté.

Laissez votre enfant tranquille.

Pourquoi mon enfant de deux ans détruit-il toujours ses jouets ?

Très probablement parce qu'il est fort sagace. Les jouets n'ont généralement aucune valeur créative. Le but de la destruction, c'est de voir ce qu'il y a à l'intérieur des choses.

Mais, évidemment, je ne connais pas les circonstances de votre cas. Si votre enfant est rendu haineux par des fessées et des sermons, il est naturel qu'il détruise tout ce qu'il trouve sur son chemin.

Que peut-on faire pour guérir un enfant de son désordre ?

Pourquoi l'en guérir ? La plupart des gens créatifs sont désordonnés. Celui dont la chambre et le bureau sont des modèles de netteté est habituellement un homme terne. J'ai observé que les enfants jusqu'à neuf ans sont dans l'ensemble désordonnés ; entre neuf et quinze ans, ils peuvent encore l'être. Les enfants ne voient tout simplement pas le désordre. Plus tard, ils deviennent aussi ordonnés qu'il leur est nécessaire.

Notre fils de douze ans ne veut pas se laver avant de venir à table. Que pouvons-nous faire ?

Pourquoi attachez-vous tant d'importance à la question de propreté ? Vous êtes-vous demandé si se laver n'est pas pour vous un symbole ? Etes-vous sûr que votre inquiétude au sujet de la propreté de votre enfant ne cache pas chez vous une peur qu'il ne soit pas moralement propre ?

Ne soyez pas toujours après votre fils. Croyez-moi, votre complexe de propreté n'est qu'un complexe subjectif. Si vous ne vous sentez pas propre, vous attacherez une importance exagérée à la propreté. Si vous voulez que votre fils se présente à table propre — c'est-à-dire si la tante Marie vous rend visite et qu'il y ait des chances qu'elle laisse une fortune à son neveu —, eh bien, la meilleure façon, c'est de lui interdire de se laver.

Comment peut-on faire comprendre à un enfant de quinze mois qu'il ne doit pas s'approcher du poêle ?

Mettez un garde-feu. Mais laissez l'enfant se rendre

compte par lui-même que les poêles brûlent en lui permettant de se brûler légèrement les doigts.

Si je critique ma fille pour des vétilles, vous direz que je la hais, mais au fond, je ne la hais pas.

Alors, vous vous haïssez. Les vétilles sont des symboles de choses plus graves. Si vous critiquez pour des vétilles, vous êtes une femme malheureuse.

A quel âge les parents devraient-ils permettre à leurs enfants de boire de l'alcool ?

Je ne me sens pas, là, en terrain sûr parce que j'ai un complexe au sujet de l'alcool. Personnellement, j'aime ma bouteille de bière, mon verre de whisky et j'aime aussi le vin et les liqueurs. Je ne suis assurément pas pour l'abstinence. Cependant, je crains l'alcool parce que j'ai vu dans ma jeunesse le mal qu'il peut causer. En conséquence, je n'aime pas donner d'alcool aux enfants.

Quand ma fille voulut goûter ma bière et mon whisky, je la laissai faire. Après avoir goûté la bière, elle fit une grimace amère et dit : « Mauvais ! » Du whisky, elle dit : « Délicieux », mais n'en redemanda pas.

Au Danemark, j'ai vu de très jeunes enfants autonomes demander à goûter du curaçao ; on leur en donna chacun un verre qu'ils burent jusqu'à la dernière goutte, mais ils n'en redemandèrent pas. Je me souviens d'un fermier qui avait l'habitude de venir chercher ses enfants à l'école dans son cabriolet, les jours de pluie ou de froid. Il apportait toujours une gourde de whisky et en donnait à chacun un petit verre. Mon père secouait la tête tristement. « Souviens-toi de mes mots, disait-il, ils seront tous des ivrognes plus tard. » Quand les enfants furent grands, ils étaient tous sobres.

Tôt ou tard, tout enfant devra se heurter à la question de l'alcool et seuls ceux qui ne seront pas aptes à faire face à la vie abuseront de la boisson.

Quand mes anciens élèves reviennent à Summerhill, ils vont boire au bistrot du coin et pourtant je n'ai jamais entendu dire qu'aucun d'eux ait bu à l'excès.

C'est tout à fait illogique, mais je défends les alcools forts dans mon école ; pourtant certains pourraient penser que je devrais laisser les enfants apprendre par eux-mêmes ce que peut faire l'alcool.

Comment vous conduisez-vous avec un enfant qui refuse de manger ?

Je ne puis répondre. Nous n'avons jamais ce cas à Summerhill. Si nous l'avions, je penserais que l'enfant fait preuve d'une attitude de défi envers ses parents. Nous avons un ou deux enfants qui furent envoyés à Summerhill parce qu'ils ne voulaient pas manger, mais ils n'ont jamais fait jeûne à l'école.

Dans un cas difficile, je considérerais la possibilité que l'enfant soit arrêté émotivement au stade du sein et j'essaierais de lui donner un biberon. Je soupçonnerais aussi que les parents ont fait des histoires et ont été insistants sur la question de nourriture, donnant à l'enfant des aliments dont il ne voulait pas.

De la sexualité

Qu'entend-on exactement par pornographie ?

Il n'est pas facile de répondre à cette question. Je définirais la pornographie comme une attitude obscène et coupable envers la sexualité et autres fonctions naturelles, semblable à celle qu'adoptent les écoliers refoulés qui ricanent tout bas dans les coins, avec des regards polissons ou qui écrivent des obscénités sur les murs.

La plupart des histoires grivoises sont pornographiques en dépit du fait que le conteur souvent rationalise en expliquant que ce n'est pas la grivoiserie qui rend l'histoire drôle mais l'esprit et l'humour. Comme la plupart des hommes, j'ai raconté et écouté mille histoires grivoises, mais en y repensant maintenant, je n'en connais qu'une ou deux qui vaudraient la peine d'être racontées à nouveau.

Je trouve qu'habituellement le conteur d'histoires grivoises a une vie sexuelle non satisfaisante. Ce serait exagérer que de dire que toute histoire grivoise est le résultat d'un refoulement, car cela suggérerait que tout humour l'est aussi. J'ai ri tout mon soûl à la vue de Charlie Chaplin en costume de bain plongeant dans cinq centimètres d'eau, pourtant je n'ai aucun refoulement en matière de plongeon. L'humour existe dans toute situation grotesque, qu'elle soit sexuelle ou non.

Dans la société actuelle, aucun de nous n'est libre de décider fermement de ce qui est pornographique et de ce qui ne l'est pas. Beaucoup d'histoires de « représentants de commerce » m'amusaient lorsque j'étais étudiant alors qu'aujourd'hui je pense que quatre-vingt-dix-neuf pour cent d'entre elles étaient tout simplement obscènes.

Dans l'ensemble, la pornographie, c'est de la sexualité additionnée de culpabilité. Le public qui roucoule aux plaisanteries suggestives des comiques est composé de gens qui ont acquis une attitude malsaine envers la sexualité. Quand les adultes racontent des histoires grivoises aux enfants, ils sont eux-mêmes à un stade de développement infantile.

Si tous les enfants étaient libres et correctement orientés en matière de sexualité, les obscénités des adultes ne leur feraient ni chaud ni froid, mais comme des millions d'enfants sont ignorants et ont une attitude coupable envers la sexualité, les obscénités des adultes ne font qu'ajouter à leur ignorance et à leur culpabilité.

Pensez-vous que certaines formes de conduite sexuelle sont inconvenantes ?

Toute forme de conduite sexuelle est convenable si les deux partenaires y trouvent du plaisir. La sexualité est anormale et pervertie uniquement quand elle est pratiquée d'une manière qui ne permet pas le plaisir aux *deux* participants.

Le mariage est associé avec la sexualité décente — c'est-à-dire restreinte. Même les jeunes des deux sexes qui acceptent la vie sexuelle de leurs parents pourraient être choqués s'ils imaginaient que leurs parents prennent du plaisir dans toutes sortes de jeux sexuels.

Les piliers de vertu de la société ont relégué les jeux

sexuels au domaine de la pornographie et de l'obscénité, ainsi que leurs adeptes qui ont peur de les pratiquer. S'ils osaient, ils ressentiraient probablement des sentiments violents d'agressivité et d'excitation dans la luxure, provoqués principalement par le plaisir de faire ce qui est défendu.

Quand les relations sexuelles sont tendres et baignées d'amour, rien n'est inconvenant.

Pourquoi les enfants se masturbent-ils et comment pouvons-nous les en empêcher ?

Nous devons distinguer entre la masturbation infantile et la masturbation adulte. La masturbation infantile n'est pas à proprement parler de la masturbation. Elle débute comme de la curiosité. L'enfant découvre ses mains, son nez, ses doigts de pied et maman pousse des cris de joie. Mais quand il découvre ses organes sexuels, maman, en hâte, en éloigne sa main. L'effet premier, c'est de donner à ces organes la plus extrême importance.

La zone érotique de l'enfant, c'est la bouche et lorsqu'on ne défend pas la masturbation aux petits enfants ils prennent très peu d'intérêt à leurs organes sexuels. Si un petit enfant se masturbe, pour l'en guérir, il faut laisser faire, car alors l'enfant n'aura aucune impulsion morbide pour le faire.

Avec les enfants plus âgés qui ont atteint l'âge de la puberté, l'approbation réduira l'habitude. Mais souvenez-vous que la sexualité doit trouver une issue et que, le mariage survenant tardivement parce que les jeunes ne peuvent pas s'installer avant de subvenir à leurs besoins, ceux qui sont mûrs sexuellement n'ont qu'une alternative — la masturbation ou les relations sexuelles clandestines. Le moraliste condamne les deux, mais il n'offre rien en échange. Oh ! oui, bien sûr, il préconise la chasteté, ce qui veut dire la crucifixion de la chair. Mais étant donné qu'apparemment seuls quelques moines peuvent la pratiquer indéfiniment, le reste du monde ne peut échapper à la recherche d'une issue

Tant que le mariage ne sera pas rendu indépendant de l'élément financier, le problème de la masturbation continuera à être crucial. Nos films et nos livres éveillent la sexualité chez les jeunes et les conduisent à la masturbation, puisque les relations sexuelles proprement dites leur sont refusées. Le fait que chacun en ce monde s'est masturbé n'aide en rien le problème. Le concubinage semblerait être la seule solution, mais tant que l'idée de péché sera associée à la sexualité, il ne pourra être accepté par la société.

Mais pour en revenir à notre question, dites bien à votre enfant qu'il n'y a aucun mal à se masturber. Si vous lui avez déjà raconté des mensonges au sujet des conséquences de cet acte — maladie, folie, etc. — soyez assez brave pour lui dire que vous lui avez menti. Alors, et seulement alors, la masturbation perdra pour lui de son importance.

Ma fille de douze ans aime lire des ouvrages malpropres. Que dois-je faire ?

Donnez-lui à lire tous les ouvrages malpropres que vous pourrez acheter. Elle en épuisera l'intérêt.

Mais pourquoi est-elle intéressée par la malpropreté ? Y cherche-t-elle une vérité concernant la sexualité que vous lui auriez cachée ?

Réprimanderiez-vous un garçon de douze ans qui raconte des histoires grivoises ?

Bien sûr que non. Je lui en raconterais de bien meilleures qu'il ne connaît pas. La plupart des adultes racontent des histoires grivoises. Quand j'étais étudiant, je tenais les meilleures d'un pasteur. Condamner l'intérêt pour la sexualité est de la pure hypocrisie.

L'histoire grivoise est le résultat direct du refoulement. Elle permet d'extérioriser ce que la doctrine du péché a refoulé au plus profond de nous-mêmes. Si nous étions libres, l'histoire grivoise disparaîtrait naturellement. *Presque* — pas tout à fait —, car la sexualité est un intérêt fondamental.

Qui devrait instruire les enfants de la sexualité — les professeurs ou les parents ?

Les parents, bien sûr.

De la religion

Pourquoi êtes-vous opposé à l'instruction religieuse ?

Eh bien, entre autres choses, j'ai observé au cours de ma carrière que les enfants les plus névrosés étaient ceux qui avaient reçu une éducation religieuse rigide. C'est elle qui donne à la sexualité son importance exagérée.

L'instruction religieuse cause des dommages à la psyché de l'enfant parce que les adhérents à la religion, pour la plupart, acceptent l'idée du péché originel. Les juifs comme les chrétiens haïssent la chair. Le christianisme conventionnel, trop souvent, donne à l'enfant un sentiment d'insatisfaction de lui-même. Quand j'étais jeune garçon en Ecosse, on m'enseigna dès l'enfance que je risquais d'aller en enfer.

Un garçon de neuf ans, d'une bonne famille anglaise de la classe moyenne, vint un jour à Summerhill. J'eus avec lui la conversation suivante :

« Qui est Dieu ?

— Sais pas, mais si vous êtes bon vous allez au ciel et si vous êtes mauvais vous allez en enfer.

— Et quelle sorte de lieu est l'enfer ?

— C'est tout noir. Le diable est méchant.

— Je vois. Quelles sortes de gens vont en enfer ?

— Les mauvaises gens : ceux qui jurent et ceux qui tuent. »

Quand comprendrons-nous qu'il est absurde d'enseigner aux enfants de telles sottises, de rendre le blasphème égal au meurtre et de faire de chacun une cause de châtiment irrémédiable ?

Quand je demandai au gamin de me décrire Dieu, il me dit qu'il n'avait aucune idée de ce à quoi il ressemblait. Mais, m'assura-t-il, il aimait Dieu. Quand il me dit qu'il aimait un dieu qu'il ne pouvait me décrire et qu'il n'avait jamais vu, il se servait tout simplement de mots conventionnels qui n'avaient pour lui aucune signification.

Croyez-vous au Christ ?

Il y a quelques années, nous eûmes à Summerhill le fils d'un pasteur. Un dimanche soir, alors qu'il y avait bal, ce dernier secoua la tête. « Neill, dit-il, votre école est merveilleuse, mais pourquoi êtes-vous de tels païens ?

— Brown, lui répondis-je, vous passez votre vie perché sur des boîtes à savon à expliquer aux gens comment ils peuvent être sauvés. Vous *parlez* du salut, nous, nous le *vivons*. »

Nous ne suivons pas consciemment les préceptes chrétiens, mais, d'un certain point de vue, Summerhill est à peu près la seule école en Angleterre qui traite les enfants d'une façon que Jésus aurait approuvée. Les pasteurs calvinistes en Afrique du Sud frappent les enfants, comme le font les prêtres catholiques. A Summerhill, nous approuvons et nous aimons les enfants.

Comment les enfants devraient-ils être tout d'abord informés de l'existence de Dieu ?

Qui est Dieu ? Je ne sais pas. Dieu, pour moi, c'est le meilleur de chacun de nous. Si vous essayez d'instruire un enfant d'un être dont vous n'avez vous-même qu'une vague idée, vous lui ferez plus de mal que de bien.

Ne pensez-vous pas que jurer c'est prononcer le nom de Dieu en vain ?

Les jurons des enfants ont en général trait à la sexualité et aux fonctions naturelles — pas à Dieu. Il est difficile d'argumenter avec une personne religieuse qui fait de Dieu un personnage sacré et qui accepte la Bible littéralement. Si Dieu était présenté comme un être d'amour et non de crainte, personne ne penserait à prononcer son nom en vain. La seule façon d'éliminer le blasphème, c'est de rendre nos dieux chaleureux et humains.

De la psychologie

N'est-il pas inévitable que chacun grandisse névrosé ?

L'autonomie est la réponse aux questions pressantes qui résultent des découvertes de Freud. Tout analyste doit sentir, ne serait-ce que vaguement, que les heures passées à analyser un malade n'auraient pas été nécessaires si ce dernier avait été élevé dans l'autonomie dès sa prime enfance. Mais, évidemment, nous ne sommes sûrs de rien.

Ma fille, élevée dans la liberté, ira peut-être un jour chez un analyste et lui dira : « Docteur, j'ai besoin de votre aide, je souffre d'un complexe paternel. Je n'en peux plus d'être présentée comme la fille de A. S. Neill. Les gens attendent beaucoup trop de moi ; ils pensent que je devrais être parfaite. Mon père est mort maintenant, mais je ne peux pas lui pardonner d'avoir fait étalage de moi dans ses livres. Pensez-vous que je doive être analysée ? » On ne sait jamais...

Comment la haine du moi se manifeste-t-elle ?

Chez un enfant, la haine du moi s'exprime par la conduite antisociale, les querelles, la hargne, le mauvais caractère et la destructivité. Toute haine du moi tend à être projetée, c'est-à-dire transférée sur les autres.

La mère de l'enfant illégitime condamnera le relâchement sexuel chez les autres. Le professeur qui aura essayé pendant des années d'éliminer la masturbation frappera les enfants avec sa règle. La vieille fille qui aura sublimé sa sexualité, c'est-à-dire qui l'aura refoulée, exprimera sa haine du moi par de l'amertume et des commérages. Toute haine est haine du moi.

La persécution des Juifs est pratiquée par des gens qui se haïssent. La persécution des gens de couleur est aussi pratiquée par la même sorte de gens. Le métis, comme l'Eurasien d'ailleurs, est bien plus intolérant du véritable indigène que ne l'est le Blanc.

Se mettre du côté de l'enfant n'est-ce pas une façon d'en prendre possession ?

Et après ? Si cela aide l'enfant, qu'importe mon mobile ?

Je connais une fillette de huit ans qui bégaie en présence de sa mère. Pourquoi ?

Bégayer indique très souvent un désir de gagner du temps pour éviter de se trahir par les mots. Quand on me pose une question difficile au cours d'une conférence, j'essaie de masquer mon ignorance et ma confusion en commençant par : « Eh bien... euh... hum... »

L'enfant dont vous parlez semble avoir peur de sa mère. Je soupçonne cette dernière d'être une moraliste.

J'ai observé chez un de mes petits élèves que le bégaiement était dû à l'effort qu'il faisait pour cacher qu'il s'était masturbé et qu'il se sentait coupable. La guérison survint lorsque je le convainquis que la masturbation n'était pas un péché. Dans l'ensemble, toutefois, la psychologie du bégaiement est un domaine presque inexploré.

Un mari peut-il analyser sa femme ou une femme son mari ?

A aucun prix des personnes de la même famille ne devraient tenter de s'analyser mutuellement. J'ai connu des cas de maris qui avaient analysé leur femme et vice versa. Ces analyses étaient toutes des erreurs et ont fait quelquefois beaucoup de mal.

Aucun parent ne devrait analyser son enfant, quelle que soit la méthode employée.

Pourquoi tant d'adultes expriment-ils de la gratitude envers un professeur sévère de leur enfance ?

Par amour-propre, presque toujours. L'homme qui se lève au cours d'une réunion pour dire : « J'ai été battu quand j'étais petit et cela m'a fait un bien immense », dit virtuellement : « Regardez-moi. J'ai réussi en dépit — même à cause — des volées que j'ai reçues dans mon enfance. »

Un esclave ne veut jamais vraiment la liberté. Il est incapable de l'apprécier. La discipline imposée fait des hommes des esclaves, des inférieurs, des masochistes. Ils s'accrochent à leurs chaînes.

Un professeur ordinaire peut-il psychanalyser ?

Je crains que non. Il devrait d'abord lui-même être analysé, car si son propre inconscient lui est un domaine inconnu, il n'ira pas loin dans l'exploration de l'âme de l'enfant.

De l'étude

Vous n'approuvez pas le latin ni les mathématiques ; comment suggérez-vous alors de développer l' « esprit » de l'enfant ?

Je ne sais pas ce qu'est l' « esprit ». Si les experts en mathématiques et en latin ont un esprit supérieur, je ne m'en suis jamais aperçu.

Votre désapprobation des mathématiques pousse-t-elle les élèves de Summerhill à ne pas les étudier ?

Je ne parle jamais de mathématiques aux enfants. Pour ma part, elles me plaisent tant que souvent je fais des problèmes géométriques et algébriques tout simplement pour m'amuser.

Mon argument contre les mathématiques, c'est que l'étude en est trop abstraite pour les enfants. Presque tous détestent les mathématiques. Quoique tout enfant comprenne ce que sont *deux* pommes, peu comprennent ce que sont x pommes.

De plus, je pense des mathématiques ce que je pense du latin et du grec : quel est le but de l'enseignement des équations algébriques à des garçons qui répareront des automobiles ou vendront des cravates ? C'est de la folie.

Pensez-vous qu'on doive donner des devoirs ?

Je ne pense pas qu'on doive en donner, à moins que les enfants en demandent. L'habitude des devoirs est scandaleuse. Les enfants abhorrent les devoirs et cela est suffisant pour qu'on les condamne.

Pourquoi certains enfants ne peuvent-ils apprendre que sous la contrainte d'une punition corporelle ?

Je pense que je pourrais apprendre à réciter le Coran si je savais qu'on me cravacherait si je ne le faisais pas. Un des résultats, évidemment, serait que je détesterais à jamais le Coran, mon bourreau et moi-même.

Que peut faire un professeur quand un garçon joue avec son crayon pendant qu'il essaie d'expliquer une leçon ?

Le crayon, c'est le pénis. On a défendu au garçon de jouer avec son pénis. Guérison : obtenir des parents qu'ils lèvent l'interdiction.

TABLE

Dans la même collection

Essais

Mumia Abu-Jamal, *Condamné au silence.*
— *En direct du couloir de la mort.*

Lounis Aggoun et Jean-Baptiste Rivoire, *Françalgérie, crimes et mensonges d'États.*

Hocine Aït-Ahmed, *L'affaire Mécili.*

Fadela Amara, *Ni putes ni soumises.*

Paul Ariès, Le socialisme gourmand.

Patrick Artus et Marie-Paule Virard, *Comment nous avons ruiné nos enfants.*
— *Le capitalisme est en train de s'autodétruire.*

Serge Audier, *La pensée anti-68.*

Michel Authier et Pierre Lévy, *Les arbres de connaissances.*

Morjane Baba, *Guérilla Kit.*

Étienne Balibar, *L'Europe, l'Amérique, la guerre.*

Nicolas Bancel, Pascal Blanchard et Sandrine Lemaire (dir.), *La fracture coloniale.*

Louis Barthas, *Les carnets de guerre de Louis Barthas, tonnelier, 1914-1918.*

Denis Bayon, Fabrice Flipo, François Schneider, *La décroissance.*

Nicolas Beau et Catherine Graciet, *Quand le Maroc sera islamiste.*

Nicolas Beau et Jean-Pierre Tuquoi, *Notre ami Ben Ali.*

Michel Beaud, *Le basculement du monde.*

Stéphane Beaud et Younès Amrani, *« Pays de malheur ! ».*

Stéphane Beaud, Joseph Confavreux et Jade Lindgaard, *La France invisible.*

Miguel Benasayag et Diego Sztulwark, *Du contre-pouvoir.*

Sophie Bessis, *L'Occident et les autres.*

Mongo Beti, *La France contre l'Afrique.*
— *Main basse sur le Cameroun.*

Pascal Blanchard et Isabelle Veyrat-Masson (dir.), Les guerres de mémoires.

Paul Blanquart, *Une histoire de la ville*

Augusto Boal, *Jeux pour acteurs et non-acteurs.*
— *Théâtre de l'opprimé.*

Lucian Boia, *La fin du monde.*

Philippe Breton, *Éloge de la parole.*
— *L'utopie de la communication.*
— *La parole manipulée.*

Valérie Brunel, *Les managers de l'âme.*

François Burgat, *L'islamisme en face.*

François Chobeaux, *Les nomades du vide.*

Alain Chouet, entretiens avec Jean Guisnel, *Au cœur des services spéciaux.*

Daniel Cohn-Bendit, *Une envie de politique.*

Benoît Collombat et David Servenay (dir.), *Histoire secrète du patronat de 1945 à nos jours.*

Sonia Combe, *Archives interdites.*

Georges Corm, *La question religieuse au XXI*e *siècle.*
— *Le Liban contemporain.*
— *Orient-Occident, La fracture imaginaire.*
— *L'Europe et le mythe de l'Occident.*

La Découverte/Poche

La Découverte/Poche

Armand Mattelart, *La globalisation de la surveillance.*

John Mearsheimer et Stephen M. Walt, *Le lobby pro-israélien et la politique étrangère américaine.*

Gérard Mendel, *Une histoire de l'autorité.*

Charles-Albert Michalet, *Qu'est-ce que la mondialisation ?*

Alexander S. Neill, *Libres enfants de Summerhill.*

Sven Ortoli et Jean-Pierre Pharabod, *Le cantique des quantiques.*

Bruno Parmentier, *Nourrir l'humanité.*

François Partant, *La ligne d'horizon.*

Daya Pawar, *Ma vie d'intouchable.*

Paulette Péju, *Ratonnades à Paris.*

Élisabeth Pélegrin-Genel, *Des souris dans un labyrinthe.*

Michel Peraldi et Michel Samson, *Gouverner Marseille.*

Philippe Pignarre, *Le grand secret de l'industrie pharmaceutique.*
— *Comment la dépression est devenue une épidémie.*

Philippe Pignarre et Isabelle Stengers, *La sorcellerie capitaliste.*

Michel Pinçon et Monique Pinçon-Charlot, *Le président des riches.*

André Pochon, *Les sillons de la colère.*

Bernard Poulet, *Le pouvoir du Monde.*

Marcel Reggui, *Les massacres de Guelma.*

Jeremy Rifkin, *L'âge de l'accès.*
— *La fin du travail.*

Mathieu Rigouste, *L'ennemi intérieur.*

Marie-Monique Robin, *Escadrons de la mort, l'école française.*
— *Le monde selon Monsanto.*

Charles Rojzman, *Savoir vivre ensemble.*

Sylvain Rossignol, *Notre usine est un roman.*

Marc Saint-Upéry, *Le rêve de Bolivar.*

Christian Salmon, *Storytelling.*

Bertrand Schwartz, *Moderniser sans exclure.*

Amartya Sen, *L'économie est une science morale.*

Victor Serge, *L'an I de la révolution russe.*
— *Vie et mort de Léon Trotsky.*

Catherine Simon, *Algérie, les années pieds-rouges.*

Yves Sintomer, *Petite histoire de l'expérimentation démocratique.*

Habib Souaïdia, *La sale guerre.*

Maryse Souchard, Stéphane Wahnich, Isabelle Cuminal, Virginie Wathier, *Le Pen, les mots.*

Isabelle Stengers, *Sciences et pouvoirs.*

Benjamin Stora, *Imaginaires de guerre.*
— *La gangrène et l'oubli.*

Charles Szlakmann, *Le judaïsme pour débutants* (2 tomes).

Daniel Tanuro, *L'impossible capitalisme vert.*

Annie Thébaud-Mony, *Travailler peut nuire gravement à votre santé.*

Laurence Théry, *Le travail intenable.*

Pierre Vermeren, *Le Maroc en transition.*
— *Le Maroc de Mohammed VI*

Pierre Vidal-Naquet, *Les crimes de l'armée française.*
— *Les assassins de la mémoire.*

Michel Villette et Catherine Vuillermot, *Portrait de l'homme d'affaires en prédateur.*

Günter Wallraff, *Parmi les perdants du meilleur des mondes.*
— *Tête de Turc.*

Michel Wieviorka, *Le racisme, une introduction.*
— *Une société fragmentée ?*

Malcolm X, *Le pouvoir noir.*

Idith Zertal, *La nation et la mort.*

BUSSIÈRE

Impression réalisée par CPI Bussière
à Saint-Amand-Montrond (Cher).
Dépôt légal du 1er tirage : mars 2004.
Suite du 1er tirage (8) : juin 2013.
N° d'impression : 2003536.
Imprimé en France